中华传世藏书

【图文珍藏版】

国学智慧全书

马肇基⊙主编

线装书局

目　录

子学智慧

國學智慧全書

目录

1

第二篇 《韩非子》智慧通解

第三篇 《荀子》智慧通解

第四篇　《吕氏春秋》智慧通解

诗学智慧

第一篇　《诗经》智慧通解

第二篇　《楚辞》智慧通解

第三篇　《唐诗》智慧通解

第四篇　《宋词》智慧通解

國學智慧全書

目録

子学智慧

国学智慧全书

马肇基◎主编

导　语

先秦时代是子学时代,先秦学术是诸子之学。

本篇通过中国古代杰出的子学思想家的言论,让您沉醉在撼动心灵,一读三叹的文字力量中,阅读、品尝、咀嚼、反思、沉淀,并撷取您人生中来不及深入的感动。

本篇的名言,典故,皆取自权谋重法的《韩非子》,循循善诱的《荀子》《墨子》,以及《吕氏春秋》等这些子学的代表著作,诸如韩非子的"举世有道,计入有计出""欲成其事,先败其事""不知而言,不智;知而不言,不忠"、荀子的"非我而当者,吾师也;是我而当者,吾友也;谄谀我者,吾贼也""蓬生麻中,不扶而直;白沙在涅,与之俱黑""目不能两视而明,耳不能两听而聪"管子的"上下不和,虽安必危""君臣失道,国亡身死""上下贵贱皆从法""士不厌学故能成其圣""见予之形,不见夺之理"等等,通过对这些名言、典故的剖析,从符合现代社会需要的宏观角度,深入浅出,完全呈现子学思想的积极意义,为时代注入安定的力量,为生活带来勃勃的生机。

本篇内容能让你在做人上春风得意,让你在办事上手到擒来,让你在智慧上高人一筹,让你在语言上舌绽如花,让你在识人上火眼金睛,让你在管理上运筹帷幄,决胜千里!本篇从子学的基本思想为出发点,在子学对天人的思考范畴上,对做人、做事、处世、言谈、交际、识人、用人等方面作了深入细致、又浅显易懂的探讨。希望在重读这些先哲智慧的同时,能给我们的领导以新的启发,那么我们的目的也就达到了。

第一篇 《墨子》智慧通解

导读

《墨子》是墨家学派的著作总结。学术界一般认为《墨子》是由墨子的弟子及其后学在不同时期记述编纂而成，反映了前期墨家和后期墨家的思想。

墨子虽然是两千多年前的人，但他的若干主张，不仅适用于战国时期，也适用于现代。他的兼爱、非攻、尚贤、尚同、节用等主张，不仅与现代生活不相违背，而且还有启迪作用。

毋庸置疑，墨子是世界文明史上的巨人。胡适称之"也许是中国出现的最伟大的人物"，鲁迅称之"是中国的脊梁"，毛泽东称之"是比孔子高明的圣人"。无论是当时还是当今，墨子的思想都具有巨大的发掘研究价值和重要的现实意义。

第一章 亲士:亲近贤士,使用贤才

★人才是事业的根本

墨子言曰:"入国而不存其士,则亡国矣。"

——《墨子》

《墨子·亲士》篇中有:

"入国而不存其士,则亡国矣。见贤而不急,则缓其君矣。非贤无急,非士无与虑国,缓贤忘士而能以其国存者,未曾有也。"

意思是说,进入朝廷治理国家不恤问那些贤士,那么国家就会灭亡。发现了贤士不马上重用,那么他们就会怠慢君主。没有比重用贤士更着急的事了,假如没有贤士就没有同君主商量国家大事的人。如果不重用贤士想使自己的国家得到保全,这是不曾有的事。

正所谓"得贤则昌,失贤则亡"。得到贤人才能繁荣昌盛,失掉贤人就会走向衰亡。

古代著名的思想家范仲淹在《选任贤能论》中也指出"得贤杰而天下治,失贤杰而天下乱"。得到贤明和杰出的人才,国家就安定而有秩序;抛弃了贤明和杰出的人才,国家就会混乱。人才对于国家而言,就像利器对于高明的工匠、绳墨对于灵巧的木匠一样必不可少。

楚汉相争,实际上是人才之争。

陈平是一个从楚来的逃犯,刘邦与之谈话,见他很有才智,心中大喜,便任其为都尉,兼参乘,典护军,这虽非大官,但却是重要的官职,参乘是亲信侍卫,与刘邦同车出入,非心腹之人不能胜任,尽管诸将知道了都为之哗然,但并不能动摇刘邦对陈平的信任,反而更厚待陈平。

刘邦对陈平如此器重,足见他确是知人善任。而后来的事实证明,陈平确实是一个

奇才。刘邦之所以能战胜项羽，处于危机能够转危为安，以及刘氏政权不被吕氏所夺，陈平出奇计起了重要的作用。除了陈平之外，刘邦还物色了韩信、英布、张良等奇人猛将为己所用。

项羽是叱咤风云的英雄人物，他深谙兵法，力可拔山举鼎，他"破釜沉舟"，于巨鹿与秦主力决战，九战九胜，大破秦军，诸侯颤栗；楚汉相争，他屡战屡胜。他总结其一生的战绩时说："吾起兵至今八岁，身七十余战，所当者破，所击者服，未尝败北。"

然而，这位盖世英雄最后却自刎乌江，其故安在？说到底还是识人用人的问题。项羽自恃勇冠三军，对韩信、陈平、英布等一干谋臣武将视而不见，致使后者纷纷离楚归汉。人才在身边不知任用，终把自己弄成孤家寡人。因此，在这场楚汉之争中，谁胜谁败，早成定局。

项羽

在《亲士》篇中，墨子举例"夏桀、商纣不正是不重用天下那些贤士吗？最终自身被杀而丢掉了天下"。他因此而提出了"送国宝，不如荐贤士"的名言。

贤人对于国家如此重要，对于竞争日趋激烈的企业，又何尝不是这样呢？可以毫不夸张地说："人才决定着一个企业的命运。"君不见一些企业重视贤能人才，不惜重金吸引与聘用贤人，为企业注入高附加值的人力资本，为企业发展注入新的活力。

世界著名企业家艾柯卡在总结自己成功经验时，曾反复提到人才的重要性。他认为，身边围绕着一大批能干的专家是每一个企业管理者所必须做到的，因为人才是企业的根本，失去人才必然失去企业的生命力。

在美国微软公司，发现和选聘优秀的人才是其首要任务。比尔·盖茨认为，微软公司的成功是"聘用了一批精明强干的人"。

历史和现实均证明了墨子亲士思想的正确性与合理性。

古人云："知能不举，则为失才。"乃是高明之见，谋求发展必须把人才作为根本，有才必举是顺理成章的事情，如果知道人才而不举荐，识了奸人而不贬斥，像寒蝉一样默不作声，那么一个国家就会没落，一个团队就不可能兴旺发达。因此，"在位者以求贤为务，受任者以进才为急"。

★ 驾御良才有方可循

墨子言曰:"良弓难张,然可以及高入深;良马难乘,然可以任重致远;良才难令,然可以致君见尊。"

——语出《墨子》

《墨子·亲士》篇中有:

"良弓难张,然可以及高入深;良马难乘,然可以任重致远;良才难令,然可以致君见尊。"

意思是说,良弓难以拉开,却能射得高入得深;良马难于骑乘,却能载着重任到达远方;良才难于驾御,却能使君主被尊敬。

在企业管理中,知识工作者常被人们称之为"最难管理的人",但正如墨子所说:"良才难令,然可以致君见尊。"因此,在你抱怨知识工作者不好管理的时候,请先问一问自己:我是否具备了管理知识工作者的能力? 我是否找到了管理知识工作者的有效方法?

知识工作者之所以被认为是"最难管理的人",其主要原因是:

在管理知识工作者的时候,管理者一方面迫切需要有创造力而且能独立思考的人,一方面又需要用一定的纪律来约束他们;一方面他们总的来说自我管理意识比较强,对被人"管着"很反感,可一方面又不能不去管理他们;一方面管理者经常需要他们做不易做出明确结论的工作,一方面又必须对他们的工作绩效给予明确的评估。由这些方面所构成的矛盾,即是管理知识工作者的难点之所在。因此,一个管理者能否有效地管理这些"最难管理的人",就看其是否能妥善处理这些矛盾。

在使用他们时,要辨其志,用其能

按社会心理学的性格论分析,知识工作者多属"理论志向型",他们擅长理性思维,对事物好坏的辨别一般比较敏锐,喜欢挑毛病,并且一旦看出来就会毫无情面地讲出来,常给人以"面子可丢,但理不可不明"的感觉;他们即使得到你某种程度的赞扬,也不像一般人那样受宠若惊,并对你感恩戴德;他们对事物一般不轻信,很少有盲目崇拜心理,更喜欢的是求实、较真、平等。

所以,要管理好知识工作者,首先管理者自己就应在某一领域或方面是个"行家",这可在心理上获得他们的认同。很难想象,一个无所专长的人会管理好一批专家,一个业

务不精的人能领导好一批业务尖子。

其次以品学兼优、技有所专为基础,诚心诚意地对待他们,多为他们提供服务,多替他们着想,从思想上、工作上、生活上关心他们,维护他们的正当权益。在工作中即使偶有差错,在情况没弄明白之前,也要暂且将其视为"无辜",尽量多表扬,少埋怨;如果真的出了差错,即使责任都在他们身上,自己也要主动做出检讨,切不可幸灾乐祸,推过诿责,甚至抓他们的"小辫子"。

三是尊重他们的个性,不耻下问。知识工作者大都有他们独到的见解,自尊心较强,不喜随声附和,这就要求管理者应有良好的民主意识和开明作风,在做某一决策时,要尽可能地与他们多交流并虚心向他们咨询,尤其是在做某一决策时,要尽量发挥知识工作者的智能优势,大开言路,广征博采,不耻下问。尤其要注意尊重他们的首创精神,即使他们所提意见有所偏激或完全错误,也应采取积极的态度,耐心倾听后再作取舍,切不可不加分析,动辄予以"封杀"。

四是要根据他们的性格、专业、爱好等不同特点,将他们合理配置起来,以便使他们之间相互补充、相得益彰,以更好地发挥整体最佳效应。

在批评他们时,要顾于情,达于理

知识工作者大都对批评比较在意,他们很爱面子,一些人还有较强的虚荣心,这就要求管理者在必须批评他们的时候掌握一定的艺术。概而言之,一要点到为止,知识工作者一般都比较敏感,在很多情况下,批评他们只需"旁敲侧击"即可,而不必大呼小叫、指手画脚,这样往往适得其反。二要选择场合,批评最好在私下、单独的场合进行,切不可在大庭广众之下揭其短处,指其不足,这样只能增加他们对你的怨恨。三要语气缓和,最好用协商的口吻,摆事实,讲道理,拿出充分的依据来证明他的所作所为是不妥的,而不能暴跳如雷,生硬蛮横,这只会使他们从心眼里瞧不起你。

对于如何更得体地批评知识工作者,美国时代—沃纳公司前总编辑多诺万也提出过一个总的原则,他说:"成功地批评知识工作者必须包含三点意思:第一,你能干得更好。事实上有些工作你已经干得很好了,我只是希望你能将其余的工作干得同样出色;第二,对你的同事也是以同样的标准来衡量的;最后一条,对我本人,也希望你和其他人以这些标准来要求。"当然,对于大是大非问题、原则问题,也不排除"爆发式"或者"冷处理"的解决办法,此当别论。

在评价他们的工作时,要得之理,处之公

知识工作者的劳动成果有很多是不好明确衡量的,这与他们所从事的工作的性质有关,因此在评价他们的工作时要尽量注重公论,着眼实际,避免主观武断和偏颇,以使评

价结果及过程科学公正,让他们口服心服。此外,在评价方法上也要有所讲究,一般地讲,采取民主与个人鉴定相结合、定性与定量相结合、研究成果与实际效果相结合等多方位、多侧面、多层次地进行考评,就非常有利于衡量知识工作者的工作成效。对做出重大贡献的知识工作者一定要予以重奖,因为他们受之无愧。

第二章 修身：本不安者，无务丰末

★傲慢于子不祥，谦虚必得后福

其傲也出，于子不祥。

——《墨子》

墨子非常强调做人谦虚的重要性，在其他地方他也同样强调过。

每一个人都有强烈的自我表现欲，适当地对自己进行吹捧也无可厚非，但绝不能让这种吹捧成为一种固有的心态，为逞一时之快，盲目的进行吹嘘必会遭人所厌。吹嘘的心态每个人都有一些。在取得成绩时希望让人知道，最好能受到赞美，这种心理很正常。但是你要知道每个人都讨厌别人的吹嘘。有涵养的人会顾着你面子，假装微笑，假装欣赏，而你可千万别认为每个人都这么有涵养。大部分时候，你不会那么幸运。很多人会在你吹嘘自己的时候很冷静地刺你一下，把你自我吹嘘时不小心露出的漏洞给捅出来。

自吹自擂、善于吹嘘的人很容易给人不踏实的感觉，让别人觉得华而不实。如果你去面试，想得到一个好的工作，在短时间内不能把你的优点和成绩全告诉对方，拼命地显示自己的好，把自己大大吹嘘一下，那么经理会认为你这个人好大喜功，做事肯定不踏实。如果有这样的印象，那你肯定没戏了。

当罗斯福在白宫的时候，他曾这样承认——如果他每天有百分之七十五的时候是对的，那是到达到他最高程度的标准了。

如果你要纠正某人的错误，就不应该直率地告诉他；而要运用一种非常巧妙的方法，才不会把对方得罪了。

就像吉士爵士向他儿子说的："我们要比人家聪明，可是你却不能告诉他，你比他聪明。"

人们的观念，是随时在改变的，二十年前我们认为对的事，现在看来却似乎是不对了。甚至当我们研读爱因斯坦的理论时，我们也开始存怀疑的态度。再过二十年，我们或许不相信自己在这本书上，所写下的东西。苏格拉底屡次跟他的门徒这样说："我所知道的只有一件事,那就是我什么也不知道。"

如果有人说了一句你认为错误的话,你知道他是说错了。若是用下面的口气来说,似乎比较好一些:"好吧,让我们来探讨一下,"或者是,"让我们看看究竟是怎么一回事?"

如果你想要知道,人与人之间如何相处,如何管理你自己,又如何改善你的人性、品格,你可以看一部《富兰克林自传》。这是一部有趣味的传记,也是一部美国文学名著。在这部自传中,富兰克林指出,他如何改造他自己好辩的恶习,使他成为美国历史上一个最能干、和蔼、善于外交的人物。

当富兰克林还是一个经常犯错的年轻人时,一天,一位教友会里的老教友,把他叫到一边,结结实实地把他训了一顿。

"弗",这位老教友叫富兰克林的名字,"你太不应该了。你打击跟你意见不合的人,现在已没有任何人会理你的意见。你的朋友发觉你不在场时,他们会获得更多的快乐。你知道得太多了,以致再也不会有人,告诉你任何事情……其实,你除了现在极有限度的知识外不会再知道其他更多了。"

富兰克林之所以能成功,要归功于那位教友尖锐有力的教训。那时富兰克林的年纪已不小,有足够的聪明来领悟其中的真理。他已深深知道,如果不痛改前非,将会遭到社会所唾弃。所以他把自己所有不切合实际的人生观,完全改了过来。

富兰克林这样说:"我替自己订了一项规则,我不让自己在意念上,跟任何人有不相符的地方,我不固执肯定自己的见解……凡有肯定含意的字句,就像'当然的','无疑的'等话,我都改用'我推断','我揣测',或者是'我想象'等话来替代。当别人肯定地指出我的错误时,我放弃立刻就向对方反驳的意念,而是作婉转的回答……在某一种情形下,他所指的情形是对的,但是现在可能有点不同。

不久,我就感觉到,由于我态度改变所获得的益处……我参与任何一处谈话的时候,感到更融洽,更愉快了。我谦虚地提出自己的见解,他们会快速地接受,很少有反对的。当我给人们指出错误时,我并不感到懊恼。在我'对'的时候,我更容易劝阻他们放弃他们的错误,接受我的见解。

这种做法,起先我尝试时,'自我'很激烈地趋向敌对和反抗,后来很自然地形成习惯了。在过去五十年,可能已没有人听我说出一句武断的话来。在我看来,那是由于这种习惯的养成,使我每次提出一项建议时,得到人们热烈的支持。我不善于演讲,没有口才,用字艰涩,说出来的话也不得体,可是大部分有关我的见解,都能获得人们的赞同。"

所以即使你知识渊博,也应谦虚些,尊重别人的意见,而不能总是说"你错了"。时间会证明一切的。

有一份矜持,便有一份挫折;有一份谦逊,便有一份受益。骄傲往往使我们看不到自

國學智慧全書

子學智慧

身的缺点,因而也就常常把别人的意见当作耳旁风。骄傲就像笼罩在人身上的一团臭气,赶走了给你良言的朋友。

作为一名领导者,面对一个使人难堪的批评时,你会不会静下心来,反思自己,虚心接受别人的批评? 中国有句老话:"谦受益、满招损。"因此,当你对别人的意见不以为然、自以为是时,你最好静下心来,反省自身。这样,你会变得虚心,变得更加成熟。

有一个成语叫"虚怀若谷",意思是说,胸怀要像山谷一样宽阔,这是形容谦虚的一种很恰当的说法。只有空,才能容得下东西,而自满,除了你自己之外,容不下任何东西。

生活或工作之中,我们领导者常常不自觉地变作一个注满水的杯子,容不下其他的东西。因而,学会把自己的自满先放下来,以虚心的态度去倾听和学习,你会发现还有很多东西是你所不知道的。

俗话说:"天外有天,人外有人。"保持一颗谦逊的心,你更能时刻前进。

★听人劝,吃饱饭

江河不恶小谷之满已也,故能大。圣人者,事无辞也,物无违也,故能为天下器。……江河之水,非一源之水也。千镒之裘,非一狐之白也。夫恶有同方取不取同而已者乎?

——《墨子》

墨子认为,江河不拒绝小溪流入,因此能让自己的水量不断增大。圣人能接受别人的意见,所以能成为天下的大才。

然而,2000 多年后的今天,仍有很多人与墨子的观点背道而驰。

这些人往往喜欢沉浸在自己狭小的空间中,沾沾自喜,总认为自己是完美的。他们对别人的意见、建议、批评最直接的反应就是排斥、抵制和拒绝。这种以自我为中心的为人处世方式,显然阻碍了与别人的正常交流和沟通,不利于自己的进步和提高。这些人应该从墨子和他的弟子耕柱的一番对话中吸取教训。

耕柱是一代宗师墨子的得意门生,不过,他老是受到墨子的责骂。有一次,墨子又责备了耕柱,耕柱觉得自己非常委屈,因为在许多门生之中,自己被公认为最优秀的,但又偏偏遭到墨子的指责最多,让他感觉很没面子。

一天,耕柱愤愤不平地问墨子:"老师,难道在这么多学生当中,我就是如此的差劲,以至于要时常遭您老人家责骂吗?"

墨子听后反问道:"假设我现在要上太行山,依你看,我应该用良马来拉车,还是用老牛来拖车?"

耕柱回答说:"再笨的人也知道要用良马来拉车。"

墨子又问:"那么,为什么不用老牛呢?"

耕柱回答说:"理由非常简单,因为良马足以担负重任,值得驱遣。"

墨子说:"你答得很好,我之所以时常责骂你,也是因为你能够担负重任,值得我一再地教导与匡正你。"

以上墨子的这个故事,其实也是虚心接受别人意见的更进一步的要求,即变被动为主动,虚心向别人求教。

一个人在某些问题上处理不当时,如果有人向他指出他的缺陷和不足,不管这个人对此抱什么态度,接不接受,采不采纳,应该说这个人都是幸运的,因为至少他已经有了一个改正的机会。但当一个人犯错误,同时他周围的人任由他犯错误而不闻不问时,那么他是很不幸的,因为他正陶醉在自以为是的错误里而浑然不知。

因此,作为一名领导者,一方面,在有意见、建议和批评时,我们要正确面对,虚心接受和采纳,另一方面,其他人没有对我们提出相关的意见、建议甚至批评时,我们更应该主动去寻求别人的意见。仁者见仁,智者见智,博采百家之长,这样才有利于领导者正确地面对问题和处理问题。

三峡大坝截流成功时,记者向两院院士、三峡工程开发总公司技术委员会主任潘家铮提问:"谁对三峡工程的贡献最大?"潘家铮回答说:"那些反对三峡工程和提出了许多不同意见的人贡献最大。"潘家铮认为,持反对意见者从国力能否承受、移民如何安置、生态怎样保护、文物怎么保留等方面提出了一系列问题,使决策者不得不进行充分讨论,以解决一个又一个"不可行"问题。当这些"不可行"被一个个解决后,真正科学的决策也便产生了。"反对意见和不同意见"的价值和贡献也就在这里。

据介绍,在国外,为了避免工程留下遗憾,往往首先要对设计方案及规划进行批判,且由专业群体来操作。这种前置性批判,并不都是"全盘否定",而是从各个角度提出质疑,使方案和规划更完善。反对性意见也好,不同意见也好,都是另一种判断,另一种思路,对主导性意见是有益补充。大量事实证明,好决策往往是以前置性冲突意见为基础,而不是从"众口一词"中来。三峡工程为此做了最好的诠释。

虚心使人进步,骄傲使人落后。伟人往往清楚地知道他们的优点,看出他们的过人之处,但他们绝不会因此就不谦虚。他们的过人之处越多,他们就越认识到自己的不足。当别人指出他们的不足时,他们都能谦虚地面对。这就是他们能不断提升自我,成就伟

业的原因。

★宽天下者,得天下

天地不昭昭,大水不潦潦,大火不燎燎,王德不尧尧者,乃千人之长也。其直如矢,其平如砥,不足以覆万物。是故溪陕者速涸,逝浅者速竭,硗者其地不育。

——《墨子》

像箭一样直,像磨刀石一样平,那就不能覆盖万物了。所以狭隘的溪流干得快,平浅的川泽枯得早,坚薄的土地不长五谷。

墨子的话语很深刻,指出做人要有海洋的气魄,能容人,宽容别人。屠格涅夫说过:"不会宽容别人的人,不配受到别人宽容。"

宽容意味着理解和通融,是融合人际关系的催化剂,是友谊之桥的紧固剂,是书写精彩人生的画笔,是化解敌意的阳光。

宽容是处世做人的要点。一个以敌视的眼光看人,对周围的人戒备森严,心胸窄小,处处提防,不能宽大为怀的人,必然会因孤独而陷于忧郁和痛苦之中;而宽宏大量,与人为善,宽容待人,能主动为他人着想,肯关心和帮助别人的人,则讨人喜欢,被人接纳,受人尊重,具有魅力,因而能赢得更多人的喜欢。

宽以待人,就是在人际交往中有较强的相容度。人们往往把宽广的胸怀比作大海,能广纳百川之细流,也不惧暴雨和冰雹;也有人把忍耐性比作弹簧,能屈能伸。谁若想在困难时得到援助,就应在平时待人以宽。这就是说,相容接纳、团结更多的人,在顺利的时候共奋斗,在困难的时候共患难,进而增加成功的力量,创造更多的成功的机会。反之,斤斤计较,则会使人疏远,减少合作力量,人为地增加阻力。

古希腊神话中有一位大英雄叫海格里斯。一天他走在坎坷不平的山路上,发现脚边有个袋子似的东西很碍脚,海格里斯踩了那东西一脚,谁知那东西不但没有被踩破,反而膨胀起来,并且在加倍地扩大着。海格里斯恼羞成怒,操起一条碗口粗的木棒砸它,那东西竟然长大到把路堵死了。

正在这时,山中走出一位圣人,对海格里斯说:"朋友,快别动它,忘了它,离它远去吧!它叫仇恨袋,你不犯它,它便小如当初,你侵犯它,它就会膨胀起来,挡住你的路,与你敌对到底!"

我们在茫茫人世间,难免与别人产生误会、摩擦。如果不注意,在我们轻动仇恨之

墨子

时,仇恨袋便会悄悄成长,最终会导致堵塞了人与人之间的交往之路。所以我们一定要记着善待仇恨,这样我们就会少一分烦恼,多一分机遇。宽容别人也就是宽容自己。

学会宽容,对于化解矛盾,赢得友谊,保持家庭和睦、婚姻美满,乃至事业的成功都是必要的。因此,在日常生活中,无论对子女、对配偶、对同事、对顾客等等都要有一颗宽容的爱心。

法国19世纪的文学大师雨果曾说过这样的一句话:"世界上最宽阔的是海洋,比海洋宽阔的是天空,比天空更宽阔的是人的胸怀。"此话虽然很浪漫,但具有现实意义。

拿破仑在长期的军旅生涯中养成宽容他人的美德。作为全军统帅,批评士兵的事经常发生,但每次他都不是盛气凌人的,他能很好地照顾士兵的情绪。士兵往往对他的批评欣然接受,而且充满了对他的热爱与感激之情,这大大增强了他的军队的战斗力和凝聚力,成为欧洲大陆一支劲旅。

在征服意大利的一次战斗中,士兵们都很辛苦。拿破仑夜间巡岗查哨。在巡岗过程中,他发现一名站岗士兵倚着大树睡着了。他没有喊醒士兵,而是拿起枪替他站起了岗,大约过了半个小时,哨兵从沉睡中醒来,他认出了自己的最高统帅,十分惶恐。

拿破仑却不恼怒,他和蔼地对这位开小差的哨兵说:"朋友,这是你的枪,你们艰苦作战,又走了那么长的路,你打瞌睡是可以谅解的,但是目前是关键时刻,一时的疏忽就可能断送全军。我正好不困,就替你站了一会儿,下次一定小心。"

拿破仑没有破口大骂,没有大声训斥士兵,没有摆出元帅的架子,而是语重心长、和风细雨地批评士兵的错误。有这样大度的元帅,士兵怎能不英勇作战呢?如果拿破仑不宽容士兵,那后果只能是增加士兵的反抗意识?丧失他本人在士兵中的威信,削弱军队的战斗力。

宽容是一种艺术,宽容别人,不是懦弱,更不是无奈的举措。在短暂的生命中学会宽容别人,能使生活中平添许多快乐,使人生更有意义。

领导者应当有广阔的胸怀,宏大的气度。大河里生活的鱼,不会因遇到一点风浪就惊慌失措;而小溪里的鱼就不同了,一感觉到有点异常动静,立刻四处逃窜。领导者也是这样的。胸襟坦荡宽广的领导者不是这样,他们不为犹如芝麻般的小事而忙得团团转,他们把目光投向生活的深度和广度,他们是做事稳重、态度从容不迫的人。

正因为有了宽容,我们的胸怀才能比天空还宽阔,才能尽容天下难容之事。

★言必信，行必果

言必信，行必果，使言行之合，犹合符节也，无言而不行也。

——《墨子》

墨子针对当时社会纷乱、国家之间互相攻伐的局面提出了"兼相爱、交相利"的主张，反对"交相恶"，并一再强调应"以兼易别"，兼，就是相爱，别，就是相恶。墨子倡导人们以相爱来取代相恶，认为厌恶别人的人，别人也会厌恶他，给别人带来伤害的人，别人也会反过来伤害他。

在《兼爱下》篇，墨子反复论证了"以兼易别"的重要性和可行性，他列举了许多种情况，指出有些人虽然口口声声反对"兼"（相爱），认为"兼"是不可能实现的，但如果让他来选择是把亲人托付给主张"兼"（相爱）的人，还是托付给主张"别"（相恶）的人，那么他肯定会选择前者。在这里墨子严厉批判了这些言行不合的人，因为在他看来，人们无论做什么事，都应该"言必信，行必果""无言而不行也"，而这些嘴上主张"别"（相恶）的人，实际上心里也是希望别人能"兼相爱"的。通过这种对比揭露，墨子进一步提出"兼相爱"是可以行得通的。"言必信，行必果，使言行之合，犹合符节也，无言而不行也"这句名言在《墨子·兼爱下》篇中主要是用来证明其"兼爱"理论的可行性，用的是这句话的本来意义。在今天这句名言的意义没有什么变化，仍是指人们为人处事要言行合一，这是对人们最基本的要求，人们都应该把"言必信，行必果""言行合一"作为一条人生准则来要求自己，完善自己。

守信，是中华民族的优秀文化传统之一，自古以来，中国人都十分注重讲信用，守信义。清代顾炎武曾赋诗言志："生来一诺比黄金，哪肯风尘负此心。"表达了自己坚守信用的处世态度和内在品格。因此，中国人历来把守信作为为人处世，齐家治国的基本品质，言必信，行必果。中国古人有言："君子以诚信为本，小人以趋利为务。"可见，处之本，在于诚信。为人处世决不能见利忘义，不讲信用。

做人最根本的一条是诚信。一个人如果时时、处处、事事讲信用，那么他的事业将会走向成功，人生将会亮丽多姿。

诚信乃做人之本，这是多少成功人士恪守的人生准则。人生向上的基础是诚、敬、信、行。诚是构成中国人文精神的特质，也是中国伦理哲学的标志。诚是率真心、真情感,诚是择善固执,诚是用理智抉择真理、以达到不疑之地。不疑才能断惑,所谓"不诚无物"就是这个道理。而"信"则是指智信,不是迷信、轻信,这种信依赖智慧的抉择,到达不疑,并且坚定地践行。

为人处事,信守诺言是非常重要的。那些受欢迎的人,常用各种不同的方式把他们的特点展现在人们面前,其中最显著的特点便是任何时候都有守信、遵约的美德。

顾炎武

东汉时,汝南郡的张劭和山阳郡的范式同在京城洛阳读书,学业结束,他们分别的时候,张劭站在路口,望着天空的大雁说:"今日一别,不知何年才能见面……"说着,流下泪来。范式拉着张劭的手,劝解道:"兄弟,不要伤悲。两年后的秋天,我一定去你家拜望老人,同你聚会。"

落叶萧萧,篱菊怒放,这正是两年后的秋天。张劭突然听见天空一声雁叫,牵动了情思,不由自言自语地说:"他快来了。"说完赶紧回到屋里,对母亲说:"妈妈,刚才我听见天空雁叫,范式快来了,我们准备准备吧!""傻孩子,山阳郡离这里一千多里路,范式怎么会来呢?"他妈妈不相信,摇头叹息,"一千多里路啊!"张劭说:"范式为人正直、诚恳、极守信用,不会不来。"老妈妈只好说:"好好,他会来,我去备点酒。"其实,老人并不相信,只是怕儿子伤心,宽慰宽慰儿子而已。

约定的日期到了,范式果然风尘仆仆地赶来了。旧友重逢,亲热异常。老妈妈激动地站在一旁直抹眼泪,感叹地说:"天下真有这么讲信用的朋友!"范式重信守诺的故事一直为后人传为佳话。

在现实生活中讲信用,守信义,是立身处世之道,是一种高尚的品质和情操,它既体现了对人的尊敬,也表现了对己的尊重。但是,我们反对那种"言过其实"的许诺,也反对使人容易"寡信"的"轻诺";我们更反对"言而无信""背信弃义"的丑行!

天下没有一种广告能比诚实不欺,言行可靠的美誉更能获得他人的信任和好感。诚信之人一时可能会丢掉芝麻,但最终他会拾得西瓜。

在社会交往中,如果真能主动帮助朋友办点事,这种精神当然是可贵的。但是,办事要量力而行,说话要注意掌握分寸。因为,诺言的能否兑现不仅有个自己努力程度问题,还有一个客观条件的因素。有些在正常情况下是可以办到的事,后来由于客观条件起了变化,一时办不到,这种情况是有的,这就要求我们在朋友面前,不要轻率地许诺。有的

國學智慧全書

子學智慧

事,明知办不到,就应向朋友说清楚,要相信朋友是通情达理的,是会原谅的,千万不要打肿脸充胖子,在朋友面前逞能,轻率许诺。这样,不但得不到友谊和信任,而且反而会失去朋友。

第三章　兼爱:兼爱天下,雄霸天下

★像爱自己一样去爱别人

若使天下兼相爱,爱人若爱其身,犹有不孝者。

——《墨子》

墨子指出,像爱自己一样去爱别人,这世界还会有战争,仇怨吗? 爱人,并不是不爱自己,当然你更该的是去爱别人。光爱自己是远远不够的,也不是真正的有爱心,做人有爱心,最主要的还是要能爱别人,要有博爱之心,那怎样去爱人呢? 这就要求我们要平等,己所不欲、勿施于人,像爱自己那样去爱别人。

战国时梁国与楚国相邻。两国颇有敌意,在边境上各设界亭(哨所)。两边的亭卒在各自的地界里种西瓜。梁国的亭卒勤劳,锄草浇水,瓜秧长势良好;楚国的亭卒懒惰,不锄不浇,瓜秧又瘦又弱,目不忍睹。

人比人,气死人。楚亭的人觉得失了面子,在一天晚上,乘月黑风高,偷跑过去把梁亭的瓜秧全都拉断。梁亭的人第二天发现后,非常气愤,报告县令宋就,说我们要以牙还牙地过去把他们的瓜秧扯断!

宋就却说道:"楚亭的人这种行为当然不对。别人不对,我们再跟着学就更不对,那样未免太狭隘、太小气了。你们照我的吩咐去做,从今开始,每晚去给他们的瓜秧浇水,让他们的瓜秧也长得好。而且,这样做一定不要让他们知道。"

梁亭的人听后觉得有理,就照办了。

楚亭的人发现自己的瓜秧长势一天比一天好起来,仔细观察,发现每天早上地都被人浇过,而且是梁亭的人在夜里悄悄为他们浇的。

楚国的县令听到亭卒的报告后,感到十分惭愧又十分敬佩,于是上报楚王。楚王深感梁国人修睦边邻的诚心,特备重礼送梁王以示歉意。结果这一对敌国成了友好邻邦。

在矛盾面前,应该大事化小,小事化了,不要冤冤相报,没完没了,古人尚且知道这样的道理,你应该如何面对呢? 不要抱怨别人对你不好,因为你用什么样的心态对待别人,别人就用什么样的心态对待你。不能友好示人的人,也终究只有敌人,而你的错也已经无可挽回了。

中国古代哲人有"以德报怨"这种做人方式,对于这一点我们当然不可能要求每一个人都做到,在当今这样一个物欲横流的时代,这种处世方式对年轻人来说是一种苛求了。但是,我们的老祖宗毕竟是高瞻远瞩的。做人也一样,如果凡事都像对待自己一样去对待别人,把敌人当成朋友,那么还有什么不可以平心静气地解决呢!

爱,是一个你中有我,我中有你的爱心圆。

韦利是一个患有先天性心脏病的小男孩,但他开朗活泼,和所有的人几乎都能成为朋友。正是因为他的乐观和快乐,很少有人知道他是一个可能随时离开人间的高危病人。

韦利有早起晨练的习惯。尽管医生不让他做高强度和激烈的运动,但是韦利还是愿意早起看看清晨看看太阳看看一天的开始是如何的美丽。那是一个薄雾和轻烟笼罩的早晨,韦利走到城市中央广场的时候,发现一个人倒在地上,身上洒落了露水,脸色发紫呼吸微弱,显然他正处在生命即将逝去的危险之中。韦利早已知道心脏病发作时的痛楚,他对这个陌生人的痛苦感同身受。四周很静,真正晨练的人一般不会来这里。韦利知道自己一个人无论如何也扶不起地上这个身材高大的人,怎么办? 时间来不及了,韦利顾不上医生的警告俯身拉起他的衣服。就这样,十二岁的韦利用尽全身力气一点点地把这个人在地上拖行了二百米。终于有人发现了他们,韦利只说了一句"快送他去医院"便昏倒在地。

韦利醒来后看到的是陌生人一脸的关切和自责。他说自己因贪杯醉倒在街头,如果不是韦利救了他,医生说他会冻死在那里。陌生人愧疚地说:"对不起,医生告诉我说你的心脏病差一点就要了你的命,你是在拿你的命救我。真不知道该如何感谢你!"韦利笑了:"我现在没事了,你也没事了。这就是最好的感谢!"陌生人一定要报答韦利。韦利想了想说:"我真的不需要你对我有什么报答,只是希望你能像我救你一样,尽自己所能在需要的时候,去救助比自己的处境还要差上许多的陌生人,我想这就足够了。"

许多年过去了,韦利活过了比医生的预言长数倍的时间。他还是和以前一样乐观,并且真诚地对待每一个人,在需要的时候尽自己所能帮助别人。但是韦利的病终于在一个冬天的早晨击倒了他。当时韦利正在一个很偏僻的地方散步,忽然感到心口一阵剧烈的疼痛,韦利挣扎了几下终于支持不住倒在了地上。

韦利醒来时发现自己躺在医院里,身边站着一个十几岁的男孩,正瞪着一双大眼睛

关切地看着他。韦利很感激地握住了男孩的手说:"谢谢你,孩子,你救了我。你是怎么发现我的?"男孩很开心的样子:"我早上要去爷爷家陪他,正好路过那个地方,看到你躺在地上,我就想起了爷爷说他年轻的时候被一个和我一样大的男孩救起来的事。我想我也一定能够做到,于是我就使出全身的力气拉你。幸好你还不算重,我成功了,回去后一定告诉爷爷,他告诉我要尽力帮助每一位需要帮助的陌生人,我今天做到了。"

韦利不知道该如何形容自己的心情,一次对人施以援手竟会带来一生受用不尽的恩惠。爱,真是一个同心圆,我中有你,你中有我。爱能产生人间一切的美德与奇迹。

韦利竭己所能地救了陌生人,不想在许多年后却又意外地被救于那个陌生人的孙子,而那孩子正是因为当年韦利救了他爷爷,才从爷爷那里得到了教诲:要尽力帮助需要帮助的人。于是韦利悟出了:爱是无止境的。

虽然韦利深知自己的能力有限,可他还是在需要时尽自己所能去帮助别人。尽管故事只提到了他救陌生人那一件事,但我们都能联想到,有许许多多的人也曾受到过韦利的援助。面对那些人,韦利从不接受任何报酬,只是希望他们也能像自己一样,在需要的时候尽自己所能去帮助别人。同样地,有似于故事中的陌生人,获救于韦利后,不仅自己铭记韦利的愿望,还将韦利的愿望传予他人……于是懂得"在需要的时候尽己所能去帮助别人"的人便越来越多,爱心圆在越来越浓的爱意中不断地扩大,爱也就无止境地延伸开了。

★送人玫瑰不求"手有余香"

无言而不信,无德而不报,投我以桃,报之以李。

——《墨子》

从墨子的话中我们可以感受到墨子知恩图报的高尚情操。而在现实社会中,有些人总是记得别人的回报,总是希望得到别人的感激,而他却没有真正牢记自己。

我们天天埋怨别人不知回报,不知我们有没有反思过自己的行为,到底该怪谁? 是我们太了解人性,还是我们忽略了人性? 帮助别人的目的不是为获得回报。如果我们偶尔得到别人的感激,的确是一件令人惊喜的事。如果没有,也不要为此伤感、抱怨不休。

假如你救了一个人的生命,你会期望他感激吗? 你也许会。可是乔治在他当法官前曾是位有名的刑事律师,曾使 78 个罪犯免除了牢狱之灾。你猜猜看其中有多少人曾当

面致谢,或至少寄张贺卡来? 你可能猜对了:一个也没有。

耶稣在一个下午使十个瘫痪的人起立行走,可有几个人回来感谢他呢? 只有一位。耶稣环顾门徒问道:"其他九位呢?""他们都跑了,谢也不谢就跑得无影无踪!"那么,像你我这样的普通人,给了人一点小恩惠,凭什么就希望得到比耶稣还多的感恩呢?

如果这里面涉及金钱,那可就更难说了! 查尔斯曾说,当一位银行职员挪用银行基金去炒股票而造成亏损,面临指控时,查尔斯帮他补足金额以免他吃上官司,这位银行职员是否感谢他呢? 是感谢他,但只是那一阵子,后来这个人还跟曾经救他脱离牢狱之灾的人作对呢!

假如你送亲戚一百万美元,他就应该会感谢你吧? 钢铁大王安德鲁·卡内基就资助过他的亲戚,不过如果安德鲁·卡内基重新活过来,一定会意想不到地发现这位亲戚正在诅咒他呢! 为什么? 因为,卡内基遗留了三亿多美元的慈善基金,但他只继承了一百万美元。

现实就是如此。人性就是人性,你千万别指望会有任何改观,何不干脆接受呢?

尼玛是一位住在纽约的妇女,她整天埋怨自己寂寞。没有一个亲戚愿意接近她。如果你去看望她,她一定会絮絮叨叨告诉你,她侄儿们小的时候,她是如何照看他们的。他们得了麻疹、腮腺炎、百日咳,都是她照看的,他们跟她生活了很久。她还资助一位侄子读完商业学校,一直到他结婚前,他都住在她家。

这些侄子会常回来看望她吗? 噢! 有的! 有时候! 完全是例行公事式的。他们都害怕回来看她,真正使他们受不了的是要坐几个小时听那些絮絮叨叨、无休止的抱怨与自怜。当她终于发现无论如何也没法叫她的侄子们回来陪她时,她就拿出她的绝招——心脏病发作。这心脏病当然不是装出来的,医生也说她的心脏相当神经质,经常心悸。可是医生们也是无能为力,因为她的情绪往往是她病发的起因。

这位老妇人需要的是关爱,但她表现的却是需要"感恩",可惜她可能永远也得不到她所设想的感激或敬爱了,因为她认为这是她应得的,她要求别人给她这些东西。

世界上有很多像她一样的人,认为别人都忘恩负义,他们渴望被爱,但是在这世上真正能得到爱的唯一方式,不是去索求,相反的,而是要不求回报的付出。

这是不是听起来太理想化、太不符合实际了? 其实不是这样! 这是追求幸福最好的一种方法。亚里士多德说:"一个理想、完美的人会从施予中得到快乐。"

真正的快乐是你付出多少,别人得到了多少帮助,而不是你该得多少回报,否则你陷入了为索取回报而与别人斤斤计较的争论当中,又何谈快乐呢?

为人父母者一向抱怨子女不知感恩。甚至莎剧主人翁李尔王也不禁叫道:"不知感恩的子女比毒蛇的利齿更吞噬人心。"可是如果我们不教育他们,为人子女者怎么会知道

感恩呢？忘恩原是人的天性，它像随意生长的稗草。感恩有如花草，需要细心栽培及爱心的滋润，才能开出美丽的花作为回报。

要是子女们不知感恩，应该怪谁？也许该怪的就是为人父母的我们。如果我们从来不教导他们向别人表示感谢，怎么能希望他们来感谢我们？

让我们记住，孩子是我们造就的。

要想有知恩善报的子女，只有自己先成为感恩的人。让我们把这句话永远铭记于心。我们的言行非常重要。在孩子面前，千万不要诋毁别人的善意。也千万别说："看看表妹送的圣诞礼物，都是她自己做的，连一分钱也舍不得花！"这样对我们可能是随便说说而已，但是孩子们却听进心里去了。因此，我们最好这么说："表妹准备这份圣诞礼物，一定花费了不少时间和精力！她的心真好！我们得写信感谢她。"这样，我们的子女在无意中也学会了养成赞赏感激的好习惯。

请牢记，感恩是一种需要培养的品德。希望儿女们感恩，就必须训练他们成为感恩的人。

教师节那天，一大群孩子争着给他送来了鲜花、卡片、千纸鹤……一张张小脸蛋洋溢着快乐，好像过节的不是老师倒是他们。

一张用硬纸做成的礼物很特别，硬纸板上画着一双鞋。看得出纸是自己剪的——周边很粗糙，图是自己画的——图形很不规则，颜色是自己涂的——花花绿绿的，老师能穿这么花的鞋吗？

上面歪歪扭扭地写着："老师，这双皮鞋送给你穿。"看着署名像是一个女孩——这个班级他刚接手，一切都还不是很熟，从开学到教师节，也就是十天。

他把"鞋"认真地收起来，"礼轻情义重"啊！

节日很快就过去了，一天他在批改作文的时候，看到了这个女同学送给他的这双"鞋"的理由。

"别人都穿着皮鞋，老师穿的是布鞋，老师肯定很穷，我做了一双很漂亮的鞋子给他，不过那鞋不能穿，是画在纸上的，我希望将来老师能穿上真正的皮鞋。我没有钱，我有钱一定会买一双真皮鞋给老师穿的。"

这是一个不足十岁的小姑娘的心愿，他的心为之一动。但是，她怎么知道穿布鞋是穷人的标志？

他想问问她。

这是一个很明净的女孩子，一双眼睛清澈得没有任何杂质。当她站到他面前的时候，他似乎找到了答案。

他看见了她正穿着一双方口布鞋，鞋的周边开了花，这双布鞋显然与他脚上的这双

布鞋不一样。

于是有了下面的问话。

爸爸在哪里上班？

爸爸在家，下岗了。

妈妈呢？

不知道……走了。

他再一次看了她脚上的布鞋，那一双开了花的布鞋。

他从抽屉里拿出那双"鞋"来。这时他感受出这双鞋的分量。

她问，老师你家里也穷吗？他说，老师家里不穷。你家里也不穷。

同学都说我家里穷。她说。

他说，你家里不穷，你很富有，你知道关心别人，送了那么好的礼物给老师。老师很高兴，你高兴吗？

她笑了。

和老师穿一样的鞋子，高兴吗？

她用力地点点头。

他带着她来到教室，他问大家，老师为什么穿布鞋呢？有的同学说，好看。有的说，透气，因为自己的奶奶也穿布鞋。有的同学说健身，因为自己的爷爷打拳的时候都穿布鞋。很奇怪没有人说他穷。他说穿布鞋是一种风格，透气，舒适，有益健康。

后来这位老师告诉同学们，脚上穿着布鞋心里却装着别人，是最让老师感到幸福的！只有富有的人才能给予别人幸福，能给予就不贫穷。

在同学的眼光中，小女孩意识到自己是贫穷的，在强烈的物质对比下，她那颗敏感的心敏锐地得出一个结论：穿布鞋是穷人的标志。在她注意到老师也和自己一样穿布鞋后，她便在教师节时画了一双皮鞋送给老师。这个"脚上穿着布鞋心里却装着别人"的小女孩让我很感动，她是物质上的穷人，却是爱心上的真正富人，她小小年纪就懂得去关心他人，并把爱心给予他人。然而日常生活中，有的人凭着父母物质上的富有到处炫耀，一切以自我为中心，看不起比他穷的人，甚至嘲笑别人，这种人实际上是爱心的乞丐，是灵魂的穷人。

没有人能选择自己的出生，但是人人都有选择做爱心富人的权利，如果我们从现在起就选择做爱心富人，爱心的大门将随时为我们敞开，那么，我们所收获的，将不仅仅是别人的感激，而是更加富有的灵魂！

墨子

★即使是敌人，也要有爱之心

大人之爱小人也，薄于小人之爱大人也；其利小人也，厚于小人之利大人也。

——《墨子》

墨子的兼爱是一种无差等的爱，即使是你的敌人，也要有爱之心。

为什么神在开始的时候，不一下子就造出许多人，却只造出一个人来，让全人类自一个人而繁衍成许多人呢？

这是神为了告诉我们，谁夺取了一个人的生命，就等于杀害全人类。相对的，如果谁能救一个人的生命，那么他就等于拯救了全世界人的生命；同样地，爱上一个人时，也就等于爱上整个世界的人。

人非圣贤，要去爱我们的敌人也许真的有点强人所难；但出于自身的健康与幸福，学习宽恕敌人，甚至忘了所有的仇恨，也可以算是一种明智之举。有句名言说："无论被虐待也好，被抢掠也好，只要忘掉就行了。"

在我们对我们的仇人心怀仇恨时，就等于给了他们制胜的力量：给他机会控制我们的睡眠、胃口、血压、健康，直至我们的心情。如果我们的仇人知道他带给我们这么多的烦恼，他一定要高兴得手舞足蹈！

憎恨伤不了对方一根毫毛，却把自己的日子弄得像地狱一般。

莎士比亚说过："仇恨的烈焰会烧伤自己。"报复别人如何转移到伤及自己呢？《生活》杂志上曾载报复会毁了人的健康。它是这样说的："高血压患者最主要的个性特征是容易仇恨，长期的愤恨造成慢性心脏疾病，导致高血压的形成。"

如今你该领悟耶稣所谓"爱你的敌人"不只是道德上的训诫，宣扬的也是一种养生之道了。当耶稣说"原谅他们77次"，他无异是在告诉我们如何避免高血压、心脏病、胃溃疡以及过敏性疾病。

一份警方报告说："一位咖啡店老板，因和厨师意见不合，一怒之下他竟抓起左轮手枪追杀厨师，结果造成自己心力衰竭倒地不起。验尸报告宣称：他因愤怒引发心脏病而死。"对于严重的心脏病人，医生总会告诫他不论发生任何情况都不能生气。医生了解心脏衰弱的人，一发脾气就可能丧命。

仇恨最容易损害一个人的容颜。相信都看过一些女士因为怨恨而脸生皱纹，由于悔

恨而表情僵硬的情形。这时,再好的整形外科对她们容貌的改进远不及因宽恕、温柔和爱意所能改进的一半。

仇恨会让我们面对山珍海味也没有丝毫胃口。《圣经》上是这么说的:"怀着爱心吃青菜要比带着愤怒吃海鲜强得多。"

如果我们的仇人知道因对他的仇恨而消耗我们的精力,使我们精疲力竭、社会关系老化,搞得我们心脏发病、未老先衰,难道他不会拍手称快吗?

就算我们没办法爱我们的敌人,起码也应该更多爱惜自己。我们应该爱自己不要让敌人控制我们的心情、左右我们的健康以及外表。

有人问艾森豪威尔将军的儿子,他父亲是否也曾憎恨过一些人。他当即回答:"没有,我父亲从不浪费一分钟去想那些他不喜欢的人。"

有一句话说:"不能生气的人是傻瓜,而不去生气的人才是智者。"

德国哲学家叔本华在《悲观论》中把生命比喻为痛苦的旅程,可是在绝望的深渊中他仍说:"假如有可能的话,任何人都不应有怨恨的心理。"

没有任何人能干扰我们,除非我们自己允许。19世纪前,艾比克泰德就曾指出,我们收获的就是我们曾播种的,命运总是很公平,它会要我们为自己的罪行付出代价,他说:"从长远来看,每一个人都会为自己的错误付出代价。能将此铭记于心的人就不会跟人生气,不会跟人争吵,不会辱骂别人、责难别人、冒犯别人、恨别人。"

林肯大概是美国历史上最备受责难的人物了。但林肯从不以自己的喜恶来判断事情,不论是自己的朋友或对手,他都以公正的态度去处理。他很注意"唯才是用",从不因对方是政敌或讨厌的人而存有偏见。

很多人借着批评林肯而获得地位,虽然林肯备受侮辱,却还是不改其不偏听偏信的信念。因为他认为人们的行为是他所处的环境、教育、习俗的产物,不能过分地要求他们。

林肯也许是对的。如果你我像我们的敌人一样承袭了同样的处境及心理特征,如果我们的人生完全相同,我们也许会做出跟他们完全相同的事,因为我们别无选择。让我们以印第安人的祈祷词提醒自己:"伟大的神灵!在我穿上别人的鹿皮靴走上两星期路以前,请帮助我不要批评他人。"因此,与其恨我们的敌人,何不让我们同情他们,并感谢苍天没有让我们跟他们有同样的生活。与其诅咒、报复我们的敌人,何不给他们以谅解、同情、帮助、宽容和祝福。

"爱你的敌人,宽恕那些诅咒你的人,善待那些仇恨你的人,并为伤害你的人祝福。"耶稣的这段圣言,会赐给无数人内心的平安,然而,可悲的是这个世界上许多有权有势的人都无缘享受这样的平安。

领导者要培养内心的平安与快乐，就请记住：永远不要尝试去报复我们的敌人，那样对自己的伤害将大大超过给予他人的。决不要把时间浪费在仇恨上，哪怕一秒钟。

★爱心无功利

爱人非为誉也，其类在逆旅。

——《墨子》

墨子认为，有爱心是一种自然而然的生活观，它不是一种具有什么具体形状的实质，人有爱心并不是为了获取别人的感激、帮助或者别的什么东西，虽然这些在你付出爱心后会随之而来，有些人以金钱来衡量爱心，但金钱并不是万能，真正的爱心是发于真诚，救人于危难之中。

一个失去了双亲的小女孩与奶奶相依为命，住在楼上的一间卧室里。一天夜里，房子起火了，奶奶在抢救孙女时被火烧死了。大火迅速蔓延，一楼已是一片火海。

邻居已呼叫过火警，无可奈何地站在外面观望，火焰已经封住了所有的进出口。小女孩出现在楼上的一扇窗口，哭叫着救命，人群中传布着消息说：消防队员正在扑救另一场火灾，要晚几分钟以后才能起来。

突然，一个男人扛着梯子出现了，梯子架到墙上，人钻进火海之中。他再次出现时，手里抱着小女孩。孩子交给了下面迎接的人群，男人消失在夜色之中。

调查发现，这孩子在世上已经没有亲人了，几周后，镇政府召开群众集会，商议谁来收养这孩子。

一位教师愿意收养这孩子，说她能保证孩子受到良好的教育。一个农夫想收养这孩子，他说孩子在农场会生活得更加健康惬意。

其他人也纷纷发言，述说把孩子交给他们抚养的种种好处。

最后，本镇最富有的居民站起来说话了："你们提到的所有好，我都能给她。并且能给她金钱和金钱能够买到的一切东西。"

从始至终，小女孩一直沉默不语，眼睛望着地板。"还有人要发言吗？"会议主持人问道。一个男人从大厅的后面走上前来。他步履缓慢，似乎在忍受着痛苦。他径直来到小女孩的面前，朝她张开了双臂。人群一片哗然。他的手上和胳膊上布满了可怕的伤疤。

孩子叫出声来："这就是救我的那个人！"她一下子蹦起来，双手死命地抱住了男人的

國學智慧全書

子学智慧

脖子,就像她遭难的那天夜里一样。她把脸埋进他的怀里,抽啼着哭泣了一会儿。然后,她抬起头,朝他笑了。

"现在休会。"会议主持人宣布道……

在我们的生活中处处充满了爱的阳光,将你感受到的爱讲给大家听,在人们的心上也增添了一份爱。比如:亲情之爱,慷慨之爱,社会之爱,诚挚之爱……

爱是一种付出,有付出自然有回报,这种回报可以有形可以无形,但是我们需要谨记回报不是爱的目的,我们也不能抱着这个目的去爱或者不爱。

当然在现今社会去奢求每个人都抱着这种爱的态度可能是困难的,所以我们在生活中做人一定要保持自己的爱心,不要为世俗利欲所熏染,要知道爱永远比任何东西都更珍贵。

★对下属要用真感情

墨子言曰:"爱人者必见爱也,而恶人者必见恶也。"

——《墨子》

在《墨子·兼爱下》中,墨子引《诗经·大雅》文字说:

"无言而不信,无德而不报。投我以桃,报之以李。"

意思是说,没有言辞不获得回应,没有恩德不得到报答。有人赠给我桃子,我会回敬他李子。

墨子把这样的诗句看作"兼爱"思想的"本原",从中引申出"爱人者必见爱也,而恶人者必见恶也",即以爱的态度待人,会得到爱的回报;以恶的态度待人,会得到恶的回报。在墨子看来,"兼爱"就犹如"投桃报李"。

"投我以桃,报之以李。"中国人素来讲求礼尚往来,所谓"滴水之恩,涌泉相报",说的就是这个道理。

《史记》中有信陵君窃符救赵的故事,他之所以能够顺利出城,与看守城门的一个小吏侯生的帮助是分不开的。侯生是一名隐士,他在放信陵君出城后引颈自杀。那他为什么会不顾性命帮助信陵君呢?原因就在于信陵君不顾侯生贫贱而与他结交,并与他同乘一辆马车同行过,使侯生产生了士为知己者死的念头。

在当今社会的用人实践中,也一定要有所付出,才能得到回报。在用人以报的投入中,不仅物质投入可以获得回报,情感的投入也可以收到意想不到的效果,正如墨子所说:"爱人者必见爱也,而恶人者必见恶也。"实践也证明,在用人过程中,感情投入不可忽略。

其一,领导对员工的感情投资,可以有效地激发员工的潜在能力,使员工产生强大的使命感与奉献精神。得到领导的感情投资的员工,在内心深处会对领导心存感激,认为领导对自己有知遇之恩,因而"知恩图报",愿意更加尽心尽力地工作。

其二,领导对员工的感情投资,会使员工产生"归属感",而这种"归属感"正是员工愿意充分发挥自己能力的重要源泉之一。人人都不希望被排斥在领导的视线之外,更不希望自己有朝一日会成为被炒的对象,如果得到了来自领导的感情投资,员工的心理无疑会安稳、平静得多,所以更愿意付出自己的力量与智慧。

其三,领导对员工的感情投资,可以有效地激发员工的开拓意识和创新精神,鼓足勇气,不会"前怕狼后怕虎",所以工作起来便无所担心。人的创新精神的发挥是有条件的,当人们心中存有疑虑时,便不敢创新,而是抱着"宁可不做,也不可做错"的心理,只求把分内的工作做好就行了。如果领导能够对员工进行感情投资,建立的信任感、亲密感越充分,就会越有效地消除员工心中的各种疑虑和担忧,员工就会更愿意把自己各方面的潜能都发挥出来。

这是领导对员工进行感情投资的最根本原因。不懂得对员工进行感情投资的领导,不可能成为成功的、卓越的领导。想让别人听从你的指挥,拼命为你工作,不能只靠强制和命令,还必须通过感情投资激发员工的巨大潜能。领导如何对员工进行感情投资呢?

(1)对员工要关爱

作为领导,要关心、爱护员工。只有关爱员工,才能获得员工的尊敬。在对员工的工作严格要求的同时,要为员工开展工作及创造业绩提供条件,还要在生活上关心员工。当员工在工作、生活中遇到困难时,要及时给予帮助;当员工工作不顺利、情绪低落时,要及时与其一起分析原因并给予鼓励;当员工身体不舒服时,要问寒问暖;当员工家庭成员及其亲属遇到困难时,也要尽可能给予帮助。

(2)尊重员工

每个人都有自尊心,都希望被人尊重。一旦被尊重,便会产生不辱使命的心理,工作意念与干劲格外高昂。一个人不论具有多大的才能,若无法满足其被尊重的欲望,便会削弱他的工作积极性。尊重员工,可以从以下几个方面入手:不强制工作,凡事先征得员工的同意;诚恳、友善对待员工;信赖员工;帮助员工升迁;遵守与部属约定的事项;尊重员工的自尊心,不要瞧不起员工;以员工的立场考虑事情。

所谓好的领导都是尊重人的领导,他并非以工作为重心而加以监督,而是以人为重

心加以信赖。对下属从不以支配者自居,是一种懂得下属心情与立场的领导者。员工得到领导的尊重,心中就会有满足感,自然会尽心尽力做事。

(3)宽容下属

一般来说,领导者的工作能力和管理经验都要比下属略胜一筹,领导者居高临下很容易发现下属的不足之处,而且也容易向他们提出高标准严要求。

领导者应当清楚地了解下属的能力,而且要因材施用,不要总以自己的工作能力来衡量和要求下属。对员工进行严格要求是必要的,但严格要求与宽容之间并不矛盾。严格要求是指领导对下属制定高标准,而宽容则是当下属犯错误或由于某种原因而未能达到工作要求时,应该采取的态度。当宽容下属时,下属不会因此而散漫,反而会激发他的工作热情。如果一个领导总是挑下属的毛病,就会极大地削弱下属的工作热情,甚至会使他们产生反感。所以每一位领导都应该做到"严于律己,宽以待人"。

宽容也是一种重要的用人之道。作为一名领导必须想得开,看得远,从发展的角度考虑,从大局考虑,得饶人处且饶人,对员工要学会宽容。

(4)善于赞扬员工

领导的赞扬可以满足员工的荣誉感和成就感,使其在精神上受到鼓励。当员工做出成绩时,对其进行物质的激励是必要的,但物质激励具有很大的局限性。员工的优点和长处也不都适合用物质奖励。相比之下,对下属进行恰当的赞扬,不需要冒多大风险,也不需要多少本钱或代价,就很容易满足一个人的荣誉感和成就感。领导的赞扬可以使员工认识到自己在群体中的位置和价值,以及在领导心目中的形象。

人们都很在乎自己在领导心目中的形象,非常在乎领导对自己的看法。领导的表扬往往具有权威性,是员工确立自己在本单位的价值和位置的依据。员工很认真地完成了一项任务或做出一些成绩,从内心里盼望或期待着领导给予肯定。如果领导没有关注或给予不公正的表示,他就会产生"反正领导也看不见,干好干坏一个样"的想法。领导的赞扬不仅表明领导对员工的肯定和赏识,还表明领导很关注员工的事情,对他的一言一行都很关心。领导对员工的赞扬,还能够消除员工对领导的疑虑与隔阂,密切两者关系,有利于上下团结。

(5)利用待遇满足员工的物质需求

工资待遇是满足员工生存需要的重要手段。较高的工资收入,不仅是员工生活的保障,也是员工社会地位、角色扮演和个人成就的象征。

工资激励必须贯彻业绩挂钩、奖勤罚懒的原则。工资水平与劳动成果挂钩,使升了级的人满足,升不了级的人服气。奖金是超额劳动的报酬,设立奖金是为了激励人们超额劳动的积极性。在发挥奖金激励作用的实际操作中,要信守诺言,不能失信于职工。

墨子

失信一次，会造成千百次重新激励的困难。不能搞平均主义，奖金如果平均发放，就起不到激励作用了。要使奖金的增长与企业的发展紧密相连，让员工体会到，只有企业兴旺发达，自己的奖金才能不断提高，而员工的这种认识就会收到同舟共济的效果。

（6）及时提升下属，并帮助下属进步

提升，是对下属卓越表现最具体、最有价值的肯定方式和奖励方式。提升得当，可以产生积极的导向作用，培养向优秀员工看齐和积极向上的企业精神，激励全体员工的士气。因此，领导要帮助员工在职务上进步，善于运用提升员工的权力。

（7）让员工分享自己的成功

作为一名领导，不但要成人之美，帮助员工进步，还要设法让员工分享你现有的成果。当你晋级晋职时，别忘了那些为集体勤奋贡献的员工，应设法让他们也有所晋升，让他们得到一些奖励，把他们推荐到更好的职位。让员工分享你的成功，也是自己再创佳绩的基础。

（8）与下属一起承担责任

教导下属正确做事是领导的职责之一。当下属犯错误时，主管领导即使没有直接责任，也有监督不力或委托不当之过。所以当员工闯祸时，要先冷静地检讨一下自己。如果完全是下属的疏忽，可与下属一起分析出现过错的原因，并帮助下属纠正过错，减少损失。要尊重下属，切忌向下属大发雷霆，尤其是在大庭广众之下。如果当众指责员工，会伤害员工的自尊心，使他觉得无地自容。要选择适当的方式，如私下里面对面对员工提出批评。在上司面前，也不能推卸责任，要有领导的风度——与部属一起承认过错。

总而言之，投桃报李，必须出自真心，切不可给人以虚情假意、矫揉造作之感。那种"平时不烧香，临时抱佛脚"的做法，是一种市场上买卖商品的做法，与用人以报的原则格格不入。

虚情假意的付出，只会招致别人的厌恶和痛恨，更别说会给予什么回报了。俗语云偷鸡不成反蚀一把米，便是此义。想当初孙吴想笼络刘备，不惜以联姻为诱饵让刘备上钩，这样的付出可谓多矣，但要害就在于其存心不善，因此不仅没有得到期望的回报，反而让刘备白得了一个娇妻。"周郎妙计安天下，赔了夫人又折兵"，成了千古笑谈，这一点用人者不可不察。

第四章 非攻:反对战争,不义无利

★领导要有公德心

墨子言曰:"苟亏人愈多,其不仁兹甚矣,罪益厚。"

——《墨子》

"非攻"即反对攻伐的意思,是墨家的代表理论之一。

墨子见当时诸侯间的兼并战争不断,人民流离失所,因而提出了"非攻"的主张。墨子认为,无论对战胜国还是战败国而言,战争都是天下的"巨害",它既不合于"圣王之道",也不合于"国家百姓之利"。

"非攻"是墨子学说中最重要的具体主张,"非攻"其实是实践"兼爱"的实务之一,"兼爱"是"非攻"理论上的依据。"兼爱"的目的在祛除个人心理的偏私,"非攻"则在消弭国家间的战争。

在《墨子·非攻上》中,墨子开篇提出了"苟亏人愈多,其不仁兹甚矣,罪益厚"的观点,即如果损害别人越多,他的不仁也就更进一步,罪恶也就更加深重。墨子举例说:

有一个人,他偷偷地进入别人家的果园,偷窃别人的桃子和李子。这个人如果被发现了,人们会指责他,官府也会逮捕他,并且处罚他。为什么呢? 因为他损害别人而使自己得利。

假如这个人偷窃别人的鸡鸭猪狗,这种行为比进别人园子偷窃桃李更加不义。这是为什么? 因为他损害别人更多,不仁也更加明显,罪恶也就更加深重。

假如这个人到别人的牛栏马厩里偷窃牛马,他的不仁不义比偷窃别人的鸡鸭猪狗更加明显。这是为什么? 因为他损害别人更多。如果损害别人越多,不仁也就更进一步,罪恶也就越加深重。

假如这个人杀害无辜之人,夺取他的皮衣戈剑,这种不义又比进入别人的牛栏马厩

偷别人的牛马更进一步。这是为什么？因为他损害别人更多。如果损害别人越多，他的不仁也就更进一步，罪恶也就更加深重。

墨子反复强调了"苟亏人愈多，其不仁兹甚矣，罪益厚"，可见，墨子反对"亏人自利"。"亏人自利"者为人所不齿，被人指责，遭人唾弃，而且会得到应有的惩罚。这也应该成为企业家自我警醒的至理名言。

如果一个企业"亏人自利"，即使得益于一时一事，但最终会丧失人心，害人害己，在激烈的竞争中不可能有生存和发展的机会。随着市场体制的逐渐完善，"亏人自利"的企业必将被逐出市场，"亏人自利"的代价将会愈加惨重。这警示我们的企业和企业家，任何时候，都要注意提高自己的道德层次，通过自省和自我约束建立信誉，赢得人心，最终获得应得到的正当利益，甚至超额利润。

企业和企业家摒弃"亏人自利"，建立信誉，赢得人心，在我看来，应该包括两大方面：一是对内赢得员工之心；二是对外赢得顾客和消费者之心，赢得合作者之心，赢得社会之心，甚至要以良好的竞争理念，赢得竞争者之心，令竞争者也心悦诚服。

员工是企业的主体。赢得员工之心，换来员工的积极性、主动性、创造性和奉献精神，是企业成功的根本。赢得员工之心主要靠什么？靠的就是言必信、行必果、诚实守信。因为报酬总是有限的，而双方的约定和契约才重如千金。作为一个企业领导，要诚实地面对员工，切不可只开空头支票却并不准备兑现。英国管理学家罗杰·福尔克就曾一针见血地指出："世界上最容易损害一个经理威信的莫过于被人发现在进行欺骗。"

赢得顾客之心，靠的是兑现在产品和服务方面的承诺。比如：

（1）文明礼貌服务

良好的顾客印象，是促成顾客购买行为的重要因素，是良好信誉的标志之一。企业销售部门及企业的工作人员，在接触顾客时，一定要语言文明，笑脸迎人，殷勤接待，服务迅速，百问不厌，百挑不烦，穿着整齐，尊重顾客，注意周围环境的清洁美观。如此才能给顾客留下美好的印象，建立和顾客间愉快而亲切的关系。

由于卖方市场转变为买方市场，而今服务领域的服务态度已有很大改观，但欺客现象仍然屡见不鲜。有的服务人员对顾客面目冰冷，令人望而生畏；有的对顾客横眉冷对，恶语相加；更有甚者，做"霸王生意"，强迫交易，漫天要价，敲诈勒索，动手打人。顾客进了店门，就如小媳妇见婆婆，惶惶然倍加小心，恂恂然挂着笑脸。胆小者过其门而不敢入，胆大者也不愿来此受气。许多商场、店铺就是以这种服务态度把顾客赶跑的。还有的企业人员，脸上虽挂着笑容，但诚信却大打折扣，一旦生意成交，便又是一副面孔。更有甚者，甜言蜜语是骗人的诱饵，笑脸的背后是陷阱。可以想到在一个骗局不断上演、失信司空见惯的环境中，顾客总是提心吊胆、生怕上当，怎会放心购物和消费？

（2）商品货真价实，而不是"假、冒、伪、劣"

制造一个好的"顾客印象"，是成交的第一步，但赢得顾客的根本是靠物美价廉，货真价实。因为顾客购买行为的目标就在于此。俗话说："好酒不怕巷子深"，"人叫人千呼不来，货叫人点首即到"，从强调产品质量来说，这些话无可非议。一个企业，必须靠优质、廉价的产品，树立起自己的高大形象，去征服顾客和市场。如果产品、价格不能使顾客满意，甚至质次价高，以次充好，冒牌顶替，即使表面行为上能"取悦"顾客，亦属徒劳无功。

（3）真诚到永远，全心为顾客

全心全意为顾客着想，为顾客服务，不仅能赢得顾客之心，而且可以扩大企业的经营范围，增加企业的经营项目。因此，企业在经销中，要想顾客之所想，服务尽量周到；急顾客之所急，努力为顾客排忧解难。

海尔集团认为，世界上没有十全十美的产品，但可以有100%满意的服务。海尔员工践行"真诚到永远"的道德准则，一次次给顾客提供尽可能完美的服务。美国优质服务科学协会在全球范围内搜集用户对海尔产品的不满意见，最终的结果是零。于是海尔赢得了国际星级服务顶级荣誉奖——五星钻石奖，而这在亚洲是第一家也是唯一一家。正是靠真诚服务，以德谋势，海尔换来了顾客的忠诚和广阔的海内外市场。至于小企业、小商家，财微力薄，要想生存和发展，诚信待人、给顾客提供货真价实的产品和良好的服务更是不二法门。

（4）信守承诺，诚实不欺

中国有句谚语叫"种瓜得瓜，种豆得豆"，这是一条屡试不爽的黄金法则。须知：没有耕耘，没有收获；没有付出，没有报偿；没有永远的真诚和良好的服务，就没有长久的生存和广阔的空间。有些企业和商家，搞产品欺骗、价格欺骗、服务欺骗，可能会获利于一时，但终究会受到应有的惩罚。

一个企业生于社会，长于社会，就应该诚实面对公众，真诚回报社会。美国福特公司的老福特说过："商业的真正目的，在于供给人类之欲望，而并非获利；利润制度之所以产生，仅仅在于鼓励人从事商业而已。"可见，在老福特看来，"社会责任"才是目的，"获得利润"只是达到"社会责任"的手段。一个企业要有对公众对社会的高度责任感，一方面为社会提供优质产品和良好服务，同时还要以社会大家庭一员的姿态关心这个大家庭和家庭中的每一位成员，热心各项公益事业，积极参加各种公益活动，当社会出现危情，当某个成员遭遇困难时，付出自己的关爱，伸出援助之手，并把此当作自己理所当然的份内之事，毫不矫情和炫耀。

重视环境保护，关注生态平衡，已经是现代社会的普通共识。它不仅影响人们的生活质量和健康、寿命，而且是一个地区、一个国家可持续发展的重要约束条件。而现代工业三废、服务业所产生的生活三废以及各种噪音，是环境的主要污染源，这些都与企业和商家有关，如果企业和商家具有公德和责任感，就应诚心笃行地致力于污染治理和环境保护，而不能只讲求内部的经济性，以邻为壑，以社区为壑，以大自然为壑。

企业在生产经营中讲诚信、讲公德还有许多方面。比如与合作者之间要严守合同，全面履行合同规定的义务。当前，经济生活中违约行为不断发生，利用合同欺诈屡见不鲜，企业间三角债呈蔓延之势，逃债、金融诈骗现象常见诸报端，不仅影响金融体系乃至社会经济的稳定，而且增大了企业运行的社会成本，始作俑者最终也不会有好下场。再如企业对竞争者，也要讲公德、讲诚信、守法、遵德竞争，公平、公开、正当竞争，而不能损害竞争者的合法权益，扰乱社会经济秩序。

一个企业的良好信誉，是全体员工长期努力的结果，不能搞突击，不能一阵子。有时一次的不检点，就可能将多年的努力付诸流水。"胜敌者，一时之功也；全信者，万世之利也。"精明的企业家切不可"小利害信，小怒伤义"，玷污企业的形象，有损企业的信誉。"巧诈不如拙诚"，有时企业宁可暂时失去一笔生意，也不能弄虚作假，欺骗顾客，失去顾客的信任。

★共生共赢是未来竞争的根底

墨子言曰："夫天下处攻伐久矣，譬若傅子之为马然。"

——《墨子》

墨方主张"非攻"，儒家也反对战争。但儒家反对战争，专就义与不义的问题而言；墨家"非攻"，在义与不义之外，还谈到了利与不利的问题。

战争，无论在物质，还是精神、性命等方面，都是极大的浪费。墨子说攻战的不利，有个很妙的比喻，墨子说："夫天下处攻伐久矣，譬若傅子之为马然。"即天下处于攻伐的状态已经很久了，就像驿舍中传递信息的人对待他的马一样。墨子的意思是，长期的战争使人民劳累，就像驿舍中传递信息的人长途跋涉使马劳累一样。

对此，墨子在《耕柱》篇中，有一个更加生动的比喻。墨子说："大国之攻小国，譬犹童子之为马也。"意思是说大国攻小国，就像小孩子骑竹马一样，用自己的腿跑，累的还是自己的腿。被攻的固然损失惨重。攻击者也一样讨不到便宜，损失也是无法估计的。虽然，每一场战争必有获胜的，然而循环往复，最后皆受其祸。所以，战争不仅不义，且亦无

利。

对于企业而言,所谓"战争",即"竞争",似乎墨子"非攻"的思想并无借鉴的意义,其实不然。

有人认为,企业要生存就必须进行你死我活的竞争,最常见的态度是——"同行是冤家"。其实这种看法既不正确,也不科学,奉行这一信条的企业,通常的结果是"害人害己"。

其一,认为"同行是冤家"的企业,往往为了搞垮竞争对手而不择手段,很容易踏入"不正当竞争"的雷区,遭到法律的惩罚;

其二,认为"同行是冤家"的企业,在"仇人见面,分外眼红"这一心理的作用下,不可能想到与其他企业搞联合或合作,发挥集团作战优势,而总是孤军奋战,四面出击;

其三,认为"同行是冤家"的企业,很容易"急火攻心",不顾盈亏,不顾市场价格,搞单纯的廉价销售,大打价格战,在"杀人"的同时也搞"自杀"。

总之,认为"同行是冤家"的企业,经常会大搞不正当竞争,其最终的结果只能是"杀敌一千,自伤八百",弄得得不偿失。

企业必须抛弃"同行是冤家"这一陈腐、落伍、有害的经营思想和竞争观念,而应树立起"同行是冤家更是亲家"的观点,端正对竞争对手的态度。

无疑地,物质利益是竞争的真正核心,任何企业都想在竞争中获胜,取得"利润最大化"的效果;而竞争也是站在所有企业面前的最高权威,它"一手捧着桂冠,一手拿着棍棒",赏罚分明地执行着"优胜劣汰"的铁律。

从这一方面来说,"同行是冤家"是不无道理的,所有企业也都应该对竞争对手保持必要的警惕:既要设法"吃掉"对手,也要防范被对手"吃掉"。

然而,从另一方面看,企业和竞争对手之间又是"亲家",理由在于:

其一,竞争是企业发展的动力,可以促进企业提高效率和活力,保持战斗力。正当的竞争,能使企业锻炼出适应市场的能力,也能让企业焕发生机和朝气。

其二,竞争可以促进社会生产力的发展,把市场蛋糕变得越来越大,从而实现"双赢"的效果。没有竞争对手的存在,市场反而萎缩。

其三,不同竞争者的存在,可以使消费者有更多的选择余地,更乐意掏出腰包里的钞票,避免产生因产品单一而对市场逐渐冷淡、漠视的不良心理。

其四,不同竞争者的存在,可以使企业学习到自己欠缺的思想和行为,提高自身素质。

综上所述,企业不但不能怨恨竞争对手,反而应该感激这些对手。它们虽让我们跑得更累,但也让我们跑得更快。正如马歇尔在其名著《经济学原理》中提出的"树木原理"

國學智慧全書

墨子

所揭示的那样,产业同树木一样有演进的过程,缺乏活力的产业最终会让位于充满青春活力的。此外,值得注意的是,虽然植物对阳光能源是有竞争性的,但在林区中多种植物聚生,却更有协作性。高大乔木是阳性植物,树冠在高空伸展以求多吸收阳光;耐阴性的灌木、草本或苔藓等植物则附于乔木树荫之下,既能吸收阳光,又不致被过强的阳光晒死。就整体而言,这样的林区对阳光这一能源的利用率显然高于单种植物区。

对于群聚于同一产业的多数企业而言,长期势均力敌的争斗,结果只会使自己的财力、物力枯竭,难于应付下一轮的竞争与创新。如今,那种你死我活、损人利己的竞争时代已经结束,为了竞争必须协作。企业如何在一个由多种共生关系组成的产业生态系统中各司其职,共存共生,企业如何有意识地利用生态学观念制定自己的竞争策略,鼓励多元企业文化的存在是摆在当前企业家面前的重大课题。

二十一世纪,企业面临以下更为严峻的产业生态环境:信息爆炸的压力,技术进步越来越快,高新技术的使用范围越来越广,市场和劳务竞争全球化,产品研发的难度越来越大,用户的要求越来越苛刻,行业界线将变得更加模糊,市场竞争更多地体现在速度的竞争、全球性技术运行和售后服务等等。

由此可见,在瞬息万变的全球市场中,任何一个企业,都不能完全做到自给自足。因此,协作是未来的价值,联营是未来的结构,共生共赢是未来竞争的根基。为此,现代企业应该用生态学的观念看待未来的竞争。

在生意上遇到精明、强劲的竞争对手,是用钱都买不到的"好事"。正如微软总裁比尔·盖茨所说:"没有对手竞争,也就没有压力。在竞争激烈的市场上,'突破性'是最大的推动力之一。企业要设法让自己稳固,保持竞争力。如果是较新的、基础尚未稳固的公司,必须有更多的创意性的发展机会,推出有新价值的产品,从而争取新客户。"

第五章 尚俭:俭节则昌,淫佚则亡

★半丝半缕,恒念物力维艰

去无用之费,圣王之道,天下之大利也。

——《墨子》

古老的中华民族,节俭理念深入人心,节俭之风代代相传。西汉贾谊有言:"用之亡度,则物力必屈。"蜀汉三国诸葛亮说:"静以修身,俭以养德。"大唐李商隐写有"历览前贤国与家,成由勤俭破由奢"的著名诗句。明朝朱柏庐写道:"一粥一饭,当思来之不易;半丝半缕,恒念物力维艰。"

在百家争鸣的春秋战国时期,节俭更是墨家学说的核心内容。墨子有语:"俭节则昌,淫佚则亡。"

墨子认为,古代圣人治政,宫室、衣服、饮食、舟车只要适用就够了。而现在的统治者却在这些方面穷奢极欲,大量耗费百姓的民力财力,使人民生活陷于困境,甚至让很多男子过着独身生活。因此,他主张凡不利于实用,不能给百姓带来利益的东西,应一概取消。

技艺:凡天下百工,如制车轮的、造车子的、制皮革的、烧陶器的、冶炼金属的、当木匠的等,使各人从事自己擅长的技艺,足以满足民众的需要就可以了。

饮食:足以充饥增气,强壮手脚身体,使耳聪目明,就可以了。不极尽五味的调匀和香气的调和,不招致远方珍贵奇异的食物。

衣服:冬天穿青色的衣服,又轻又暖和;夏天穿细葛布或粗麻布,又轻便又凉爽,就可以了。

房屋:房屋四面可以抵御风寒,上面可以防御风霜雨露,房屋里面光明洁净,可以祭祀,墙壁足以使男女分别居住,就可以了。

丧葬:衣三件,足以使死者肉体朽烂在里面;棺木三寸厚,足以使死者骨头朽烂在里面;掘墓穴,要深但不通泉水,尸体的气味不发泄出来,死者既已埋葬,生者就不要长久因丧致哀。

铺张浪费则困,勤俭节约则昌,自古皆然。远古时期,物资匮乏,节用节俭便成为兴国利民的重要手段。因而,古时贤名的君主为提倡节俭,常制定出一些具体的规定,这些也是墨子认为当局的统治者应该学习的。

在古人的眼中,节俭,既是修身养性所必须,同时也与国家、民族的命运紧密相连。今天亦然。

"天育物有时,地生财有限。"节俭是长久国策,不是权宜之计。节俭,不仅仅是对人、财、物的节省或限制使用,而且还包含了如何使用才能更加合理、恰当和高效。地球上的资源在总量上是有限的,所以,无论是发达还是落后,富裕还是贫穷,都需要厉行节俭。

节俭是一种美德,是一种修养。节俭是对自身欲求有节制,对国家、民族、家庭、自我负责任。节俭是一种力量。节俭往往和进取、积极、奋斗、乐观向上的人生态度相关。一个人、一个企业、一个单位重视节俭,就能更有计划、有目标、有条理地去实现自己的追求。节俭体现的是一种忧患意识,一种可持续发展的深谋远虑,是为子孙后代着想的未雨绸缪之举。

节俭,对任何人来说都刻不容缓。

世界上最大的零售企业沃尔玛萨姆·沃尔顿说:"我从很小起就知道,用自己的双手挣取一美元是多么艰辛,而且也体会到,当你这样做了,就是值得的。有一件事我和爸爸妈妈的看法一致,即对钱的态度:决不乱花一分钱!"

萨姆的节俭确实是出了名的。有亿万家财的他却驾着一辆老旧的货车;戴着印有沃尔玛标志的棒球帽;去小镇街角的理发店理发;在自家的折扣百货店购买便宜的日常用品;公务外出时,总是尽可能与他人共住一个房间,而旅馆多为中档的;外出就餐,也只去家庭式小餐馆……

萨姆·沃尔顿出生在美国中西部小镇的普通农民家庭,成长于大萧条时期,这一切造就了他这种努力工作和节俭朴素的生活方式。

"我们就是这样长大的。当有一枚一便士硬币丢在街上时,有多少人会走过去把它捡起来?我打赌我会,而我知道萨姆也会。"沃尔玛公司的一位经理这样说。

因为萨姆从小就体会到了每一分钱的价值,所以他亦深知沃尔玛的每一分钱都是辛苦赚来的,因此,他始终保持着相当简朴的生活,与一般中等收入家庭的水准没有太大差别。他坦言,并不指望自己的子孙将来为上学去打工,如果他们有追求奢侈生活而不努力工作的想法,即使百年之后,他也会从地底下爬出来找他们算账,所以,"他们最好现在

就打消追求奢侈生活的念头"。

在很早的时候，萨姆的节俭就非常出名了。有一次，一名员工被萨姆派去租车，很快萨姆又叫他退租，原因很简单，因为他不愿租用任何一种比小型汽车更大的汽车。这位员工进一步解释了萨姆这一行为：不愿意让人看见他用的东西比他下属使用的更好，萨姆也不会住在比他下属所住的更好的旅馆里，也不到昂贵的饭店进食，也不会去开名牌的汽车。

萨姆搭乘飞机时，也只买二等舱。有一次萨姆要去南美，下属只买到了头等舱票，结果他很不高兴，但是也不得不去，因为这是最后一张票了。他的助手说："这是我知道的他唯一一次坐头等舱的经历。"萨姆在自传中写道：

"当我已在世界上崭露头角，准备做出自己的一番事业时，我早已对一美元的价值怀有一种强烈的、根深蒂固的珍重态度。"

张瑞敏说过：不简单，就是将简单的事做千遍万遍做好；不容易，就是将容易的事做千遍万遍做对。平凡与不凡只一步之遥，从我做起，从节约一滴水、一度电、一克煤做起，从自身岗位做起，持之以恒，你我就是成功者，你我就是伟人。只要坚持从小事做起，并坚持下去，你很快就会发现一美元的真正意义。

★ 勤俭节约则昌

俭节则昌，淫佚则亡。

——《墨子》

关于节俭，宋儒司马光有过很精彩的论述。他认为当时"众人皆以奢靡为荣，吾心独以俭素为美。人皆嗤吾固随，吾不以为病，……古人以俭为美德，今人乃以俭相诟病。嘻，异哉！"

当时就有人讥笑司马光糊涂，不开化，但他坚持自己的看法，认为有道德的人都是由节俭而来的。人生活上俭，需求上就少，欲望少，就可直道而行；而多欲，则必贪富贵，想富贵，但钱不够用，这样在官则必贪，在民则必盗。

司马光的要义在崇俭鄙奢，以为俭乃古往今来中华民族的美德，弃俭而尚奢，无异于本末倒置，对于年轻人来说是十分有害的。

从老年人的角度视之，年青一代不知世事艰难，更不明"梁肉不企骄奢，而骄奢自来"

的道理。且年轻人正在长知识、求进取之时，在物质享受上耽陷太多的精力，过于追求美食、鲜服，就会徒耗许多宝贵时间。其实这不仅仅是家庭和个人经济条件如何的问题，而是一个关于风气和修养的问题。司马光反对当时风俗侈靡，请客送礼，大肆铺张，坚持淳厚风俗、以俭为美。这使我们很自然地就联想起今天的情况来。商品经济日益发展，人们随着改革开放的不断深入，生活水平也逐渐提高了。年轻人讲享受，谈消费，与他们的父辈和祖辈在观念上完全不同了。司马光若能看到今天的情况，真不知该发何议论！或有人会说，时代不同了观念自然要变，对

司马光

物质享受的要求也是会随之变化的，有何可非议的呢？其实，这里边有个作风的问题。过于吝啬自然可笑，肆意铺张浪费则更属可恶。穿往于细事之中，礼尚往来之际，确有个修养问题。将物质文明孤立起来，抽掉了精神文明，无论如何总是一种缺憾。司马光"会数而礼勤，物薄而情厚"的说法就非常可取，无论朋友亲戚，常聚常会，年节假日纪念性或象征性的礼品相酬，彼此其乐融融。情厚不在礼重，反之，情薄而处利害中倒可能要以厚礼维系。那种以厚礼相交的友情不是很悲哀、很尴尬的事吗？

司马光还列举了大量正反两面的例子，说明了"由俭入奢易，由奢入俭难"的道理。"以俭立名，以侈自败"，也是显而易见的。在我们今天的现实生活中，恐怕亦不乏实例，差不多人人都可以举出一些。说到底，俭是一种克制，奢是一种放纵，作为万物之灵的人，没有克制和自持，是不可想象的。明代姚舜牧说得好："惟清修可胜富贵，虽富贵不可不清修。"洋人歌德说得亦好："低等动物受它的器官的指导；人类则指导他的器官并且还控制着它们""毫无节制的活动，无论属于什么性质，最后必将一败涂地。"司马光文中历数了不少一败涂地者，这是很值得那些在物质欲望方面恶性膨胀之领导者深思的。

★ 强本节用，摒弃铺张浪费恶陋

欲其富而恶其贫。

——《墨子》

墨子认为富足能解放人性，而贫穷饥馑会使人性异化。《七患》言："时年岁善，则民

仁且良;时年岁凶,则民吝且恶。"在墨子看来,所谓的行"义政",要使国民富足。

孔子被围困在陈国、蔡国之时,有一段时间混得只有野菜汤喝,非常狼狈。后来,实在憋不住了,孔子的徒弟子路不知从哪弄来了一头小猪,杀了给孔子打牙祭,孔子问都不问便大嚼起来。子路又抢了别人的衣服,用来换酒,孔子也不问酒从何来张口就饮。鼓吹礼教的老祖宗一点礼义廉耻的影儿都没有了。

子路

后来孔子到了鲁国,鲁哀公久闻其大名,待为座上宾。在鲁哀公的欢迎宴上,筵席摆得不端正孔子不坐,割下的肉不方正孔子不吃。

子路颇为惊诧,上前问道:

"先生为什么跟在陈、蔡时的态度相反呀?"

孔子说:

"过来,让我告诉你。从前我们是苟且偷生,现在我们则是要获取道义。"

饥饿困逼之时,则不惜妄取以求活命,礼义就被抛到九霄云外了;到了饱食有余之际,礼节规矩就来了。

如果礼义只在不饥不寒、生活富足的情况下才适用,那么,这种礼义就该打个问号了。要么是礼义本身是虚伪的,要么鼓吹礼义的人是虚伪的。

墨子要求执政者"兴天下之利",这里所说的"利",主要指使民"富庶"。如何做到这一点呢? 墨子提出要增产节约"强本节用",建设节约型社会。"因其国家,去其无用之费"指的是开发本国资源,再加上节俭。

节俭为何? 墨子是一个实用主义者,而且还是一个以民众言论与利益判断是非利害的实用主义者。墨子"言必三表"的另外"两表"说得很明白。"有原之者":"下原察百姓耳目之实",指的是倚重民声。"有用之者":"废以为刑政,观其中国家百姓人民之利",指的是可否为民众带来实际利益。(参见《墨子·非命上》)

重要的是,墨子认为国俭才能民富,"强本节用"首要在于反对国家官员的铺张浪费。他的《节用》《节葬》《非乐》都把矛头直接对准当时的天子国君,《辞过》篇中也激烈批评"当今之主""暴夺、民衣食之财"造成"富贵者奢侈,孤寡者冻馁"。可以说墨子是中国历史上第一个提出反腐败理论的思想家。

在当时受儒家的厚葬观念影响,贫困的百姓往往因离世的家人一个葬礼被弄得倾家荡产,节葬可使百姓节省财力物力,王官贵族的隆重葬礼其背后是更变本加厉地剥削百姓,节葬更是反对王公贵族死后以活人殉葬,使百姓家破人亡,在今天,依然有人不顾一切要厚葬的。一位乡村村长的母亲死了竟然发动全村搞了一个极其隆重的葬礼,又有一个村委人都还没死就花一百多万为自己建了一个高度华丽的坟墓。

节用对象只求实用不求华丽,吃饭只求吃饱和达到营养目的就够,不必吃得高档,街上许多辛勤的拾荒者要吃顿好饭都多么不容易,而一些人却能一餐吃上万块,还是用公款,饭菜非要吃剩一大半才叫有面子,才叫派头,买衣服一定要买最时尚的最流行的最名牌的,要是他们节省下来的钱能顺应天的意志去帮助有困难的人那多有意义啊,据说世界上最贵的数码产品,最名牌的服装,在我国的销量是最高的,许多追求时尚的人一年就换两三次手机,手机其实最重要的功能就是打电话和发短信,信号收得好就已经很足够了,这功能那功能其实又有多少是常用的。世界上石油能源非常大,也造成很大的浪费,又没做好环境保护,形势很不乐观,而且据绿色和平调查,按现在世界上这种开采的速度,地球的石油也只能开采40多年就完了。节用对于世界每一个人都是要学习的。

作为领导者,我们不一定要做到像墨家弟子那样以苦为极乐,但起码我们要学习墨家那种勤奋好学积极进取的人生观,学习墨家那种兴万民之利除天下之害的精神,就如后来陈仲和许行提出的"贤者与民同耕,反对不劳而食"。

★节于身,诲于民

节于身,诲于民,是以天下之民可得而治,财用可得而足。

——《墨子》

墨家讲的"节",一般有两层含义。在财富的使用上主张"节俭";在道德行为上则要求有节制,能自律。故君子有"节",首先是自身节制,能自律,然后教化于民,形成社会的节俭风气。对此,墨家是身体力行并积极提倡的。

墨子说:"夫妇节而天地和,风雨节而五谷熟,衣服节而肌肤和。"视夫妇间之事亦依循阴阳之理,有所节制则天地亦可和顺;风雨调节寒暑协调,五谷就会丰收;穿衣适时有节,身体肌肤才会感到舒适。故有节,当是天地自然和社会人事上的普遍道理。因为天地自然、社会人事皆有别,有别就有分,有分则有序,有序当以节。这是对有"节"观念的合理性作了颇为充分的论证。

以此为据,墨家通过宫室、衣服、饮食、舟车、蓄私五方面的古今对照,尖锐地批评了"当今之主"的奢侈、淫佚的生活和行为,强烈要求去除这五方面的过失,并相应提出了五

方面的节俭、节制的措施。

墨家认为,建宫室,高只要能避免潮湿,周边能抵御风寒,上足以遮雪霜雨露,墙足以别男女之礼,"谨此则止"。穿衣,只要"适身体,和肌肤,而足矣"。饮食,只要"足以增气充虚,强体养腹而已矣"。制舟车,只为"全固轻利,可以任重致运"。而上古至圣,虽有蓄私,必"不以伤行,故民无怨"。这些都体现了墨家的节俭精神。

节俭,不仅是一种经济措施,也是一项国家治理的原则。墨家相信:"是以其民俭而易治,其君用财节而易赡",则可以"兵革不顿,士民不劳,足以征不服,故霸王之业可行于天下矣"。

第二篇　《韩非子》智慧通解

导读

　　翻开当今的关于用人方面的论著，很少有超出《韩非子》所述的深度与广度的。即使是与以"权术专家"而闻名于世的马基雅维利相比，韩非先生理论的深度和大气也远超过之。而韩非却早马氏 1800 多年。

　　韩非从领导的角度去思想整个局面：他认为儒家的那些人是满口道德修养的空谈，没有真才实学，不能实际地解决当前社会的难题；而在他眼中，一般百姓又是无知的，因此他认为以严厉的"法家"来治理国家是必需的，也是最能收效的。

　　他认为只有像他那样的以法为本和有真才实学的人才会对国家有利，然而他也知道像他这样的法智之士，不是死于佞臣之手就是死于权臣之手，因为如果上级领导接纳了法智之士的建议去治国，一定会损害了那些人的利益，而且因着法智之士的直言，很多时候得不到君主的喜欢，他们的理想也因而得不到实现——不知道幸与不幸，他的结局确实断送在了自己的朋友兼政敌李斯的手上。

　　人虽死，神却存，韩非随着那一杯鸩酒在黄泉路上等候着一代又一代成功与不成功的用人英才，而他的这一本《韩非子》却还在当今社会发挥着巨大作用。

　　只有懂领导艺术的人方能成就大事业，这是每一个普通人都明白的道理，不过，究竟怎样才是优秀的用人之道，或许就连杰克·韦尔奇大师还不能说得太明白，因为用人中包含着太多太多的信息：制度、方式、权力……这些在人类历史上探讨了数千年的概念直到现在仍在受论于高级知识分子的书桌上、大型企业经理的讲座中或者专业学生的论文里，领导人真的好难。

　　不过，有些时候，当你腾出一些时间放松一下，回顾到我们传统文化之中，也许你会发现，在韩非的口中，所谓的"法、术、势"已经活灵活现地将管理要素呈现在你的面前；在韩非的嬉笑怒骂中，种种的案例早就深入到寻常中国百姓的心中，信手拈来便是一个人生绝学……

第一章　修德：德乃立身之本

★想赢一辈子，没有"德商"绝对不行

> 杨子过于宋东之逆旅，有妾二人，其恶者贵，美者贱。杨子问其故，逆旅之父答曰："美者自美，吾不知其美也，恶者自恶，吾不知其恶也。"杨子谓弟子曰："行贤而去自贤之心，焉往而不美。"
>
> ——《韩非子·说林上》

韩非子讲："杨朱先生走过宋国东部的一个旅馆时，看到店老板有两个小老婆，其中令人奇怪的是，长得丑的被器重，美丽的反而被看不起。杨朱不由得追问起来，旅馆老板回答说：'长得美的自以为很美，我却不觉得她美；长得丑的自以为很丑，我倒不觉得她丑。'杨朱于是对学生们说：'行为贤德而又去掉自以为贤德的想法，到哪里不受到赞美呢？'"

韩非子

故事里旅店老板的结论，大概是说，长得美的小老婆因为美所以就会自夸自傲，自然会引起别人的讨厌与轻视；而长得丑的那位因为丑而很谦虚，这很顺店老板的心意，所以很器重她，也就不觉得她丑了。

对于领导艺术来说，美丑其实不是我们讨论的重点，韩非子提醒领导者需要注意的是："行贤而去自贤之心"。你要用人，首先就要别人服你，征服了下属，以后的命令也能得到更好贯彻。一个领导者关键在于修炼内功，而修炼最有效的手段便是"以德服人"。这个方面修炼最为到家的也许一定要算得上蒙牛当家人牛根生了。

熟悉蒙牛的人都说，牛根生演绎了一个中国企业快速发展的传奇，而在这个掺杂着

用人艺术和资本财富的故事中,牛根生的"修德"功夫也一次次地被大家提起。

"小胜凭智,大胜靠德",这是常挂在牛根生嘴边的话,因为"德"是制服人心的最佳利器。"想赢两三个回合,赢三年五年,有点智商就行;要想一辈子赢,没有'德商'绝对不行。"

牛根生在和林格尔所竖起的蒙牛大旗之所以是用人管人的范例,这与牛根生的"德商"有着最为直接的联系。

在伊利工作期间,因为业绩突出,公司曾奖励牛根生一笔钱,让他买一部好车,而牛根生却用这笔钱买了四辆面包车,此举使得其直接部下一人有了一部车;据接近牛根生的人介绍,当时牛根生还曾将自己的108万元年薪分给了大家。

这就是牛根生给部下的一种心理预期,这样的预期让他们知道,只要牛根生能走向成功,牛根生绝不会亏待跟自己一起打天下的部下。也正是因为这样的预期,曾经的老部下便义无反顾地投其麾下。就好像牛根生被迫离开伊利,卖掉伊利股票成立蒙牛时,原来跟随牛根生的兄弟便一起投奔到了牛根生的麾下。这几个人分别是:伊利原液态奶总经理杨文俊,伊利原总工程师邱连军,伊利原冷冻事业部总经理孙玉斌,伊利原广告策划部总经理孙先红。

人性很复杂,人心更是难以揣测,而牛根生却能自如地管理人心,也许这要源于牛根生"以德服人"的准则。牺牲自己,成全别人,听起来都像是不真实的歌颂之词,而牛根生做到了。

2005年1月12日,牛根生再次将自己的"德商"发挥到了极致,宣布将其个人所得股息的51%捐给"老牛基金会",49%留作个人支配;在他百年之后,将其所持股份全部捐给"老牛基金会",这部分股份的表决权授予其后任的集团董事长,家人不能继承其股权,每人只可领取不低于北京、上海、广州三地平均工资的月生活费。

与那些商学院科班出身的企业家相比,牛根生绝对称不上什么资本运作高手,事实上牛根生也反对这样的称呼,他甚至不愿意听到别人过多地提到"资本运作"这四个字。

牛根生对于资本有着自己最为朴素的理解,"如果我当初只用自己的100万块钱做事,肯定做不大,所以我想用1000万来做事,于是我就把别人的钱和自己的加起来。"

牛董事长的用人手段体现的正是"行贤而无自贤之心",他在外表上做出默默无闻的贡献,却在内心层面征服了自己所用或者将要使用的人,这样成功的保证正是体现了韩非用人思想的精髓:

首先,要"行贤",行为贤德。但"行贤"又不能有"自贤之心",不能有自以为贤德的想法。有了自以为贤德之念,就会自矜自夸,自以为是,少了谦和的美德,更不会追求更加完美。

一般来说,只有那些欺世盗名之徒,才会看重"自贤",甚至并不贤德也自以为贤德。造舆论、搞宣传、炒名声,虽然这是当今商业圈中的惯用手法,但如果你仔细观察一下真正成功的管理精英,他们哪一个不是在自己的管理位置上默默完善自己呢?庄子说:"圣人无名",大概也就是这个意思吧。

★ 不要忽视自己的领导魅力

和氏之璧,不饰以五彩;隋侯之珠,不饰以银黄。其质至美,物不足以饰之。夫物之待饰而后行者,其质不美也。

——《韩非子·解老》

韩非子讲:"和氏璧不用五种颜色来修饰,宝珠也不会用白银黄金装饰。因为它们的质地本身已经好到了极点,还需要其他的东西作为辅助性的修饰吗?那些需要借助外力才能发挥魅力的东西,它们的质地肯定也是不好的。"

玉璧是否值钱,关键在于其自身的质地;领导使用人才是否得当,关键在于自己的魅力。对于领导者来说,第一个被用的人无非就是你本身——一个项目的决策、一个公司的前进、一个团队的结合,没有一样事情的成功不需要你内心的魅力所决定,如果把韩非子的话换种说法,也就是:"天助自助者"。

泰国曼谷东方饭店曾先后四次被美国《国际投资者》杂志评为"世界最佳饭店"。饭店管理的巨大成功与总经理库特·瓦赫特法伊特尔是密不可分的。

库特先生像管理一个大家庭那样来经营东方饭店,其管理饭店的秘诀就是"大家办饭店",在他的眼中,用人就好像指挥家里自己人一样,自己得心应手,下属们也尽心尽力。库特先生除了有一套行之有效的管理措施之外,他的人格魅力也使他在管理这个世界著名饭店时得心应手。他虽然当了数十年的总经理,是主宰饭店一切的最高负责人,但却从不摆架子,对一般员工也是和蔼可亲。哪个员工有了困难或疑问,都可以直接找他面谈。他在泰国很有声望,在泰国企业界曾数度评为"本年度最佳经理"。

为了联络员工的感情,使大家为饭店效力,库特先生经常为员工及其家属举办各种活动,如生日舞会、运动会、佛教仪式等等。这些活动无形中缩小了部门之间、上下级之间的距离,对于提高员工的积极性、融洽相互之间的关系、改进饭店的工作起到了推动作用。在东方饭店,从看门人到出纳员,全体员工都有一个办好饭店的荣誉感。员工们除了有较丰厚的工资外,还享有许多福利待遇,如免费就餐、年终"红包"、紧急贷款、医疗费用、年终休假、职业保险等。这些对于员工来说无疑是一种促使他们积极为饭店效力的极其重要的措施。

与成功的库特一样,日本本田技研工业总公司的创始人本田宗一郎在用人之前总会先发挥自己的魅力,每当遇到棘手的事情时,总是自己率先去干,公司里的年轻人非常佩服他的这种身先士卒的垂范作风。

1950年的一天,为了谈一宗出口生意,本田宗一郎和同事藤泽武夫在滨松一家日本餐馆里招待一位外国商人。外国商人上厕所时,不小心弄掉了假牙。本田宗一郎二话没说,就跑到厕所,脱去上衣,用手在粪池内小心翼翼地慢慢打捞,终于找到了假牙。然后,他又反复冲洗干净,并做了严格的消毒处理。回到宴席上,本田宗一郎将假牙交给外商。用惯了这副牙齿的外商见假牙失而复得,高兴得手舞足蹈。这件事让那位外国人很受感动,生意自然获得了圆满的成功。

韩非子呼唤领导者重视榜样的力量,因为榜样可以起到明显的激励作用,从而推动各项工作的开展。什么是榜样激励的核心问题呢?就是领导者要以身作则。事实证明,企业领导的一举一动往往影响着员工的积极性,会给员工留下深刻的印象。在不少企业里,都开展评先进、树典型活动,为员工树立了榜样,使企业形成了一种积极向上的文化氛围。

很多领导者太过于依赖外部的修饰好让自己变得像个"经理",然而他们忘了相信自己的真魅力。其实,你无须把自己关在阴暗的办公室独享那份寂寞,要知道你和杰克·韦尔奇拥有的是同一片蓝天,脚踩着的是同一方土地。

忽视自己的领导魅力意味着你总会有一些不自信,而这是成功用人最为忌讳的错误,我们建议你不要总是把自己忘记:你不比别人多,也不比别人少,我们不能总是极力推崇别人,而努力贬低自己。相信自己,不是不听别人劝告的我行我素,相信自己是你乘风破浪的勇气,是你傲霜凌雪的意志,是你绽放生命之花的土壤,是你勇往直前的信念。相信自己,使不可能变成可能,使可能变成现实。

相信自己,即使站在高楼上看风景,也一定要坚信:风景也自然地看着你。相信自己,你就是不需要装饰而散发魅力的美玉!

★以德性保证团队战斗力

齐伐鲁,索谗鼎,鲁以其雁往,齐人曰:"雁也。"鲁人曰:"真也。"齐曰:"使乐正子春来,吾将听子。"鲁君请乐正子春,乐正子春曰:"胡不以其真往也?"君曰:"我爱之。"答曰:"臣亦爱臣之信。"

——《韩非子·说林下》

韩非子讲:"齐伐鲁,索要鲁国的谗鼎,鲁国给齐国送去了一只假谗鼎。齐国人说是假的,鲁国人说是真的。怎么验证真假呢? 齐国人说,让鲁国乐正子春来验证,我们会相信他的。鲁国国君要乐正子春去齐国,乐正子春说:'为什么不拿真的送给人家呢?'鲁国国君说:'我爱它。'乐正子春回答说:'我更爱惜我的信誉。'"

巧得很,西方古代也有一位老兄这么说:"我爱我师,我更爱真理。"你要领导一个团队,你要管理其他的人,自然会有无数的标准左右着你的判断。然而,最为基础的是什么呢? 韩非子回答说:是你的德性——以德服人的人才能走出自己的成功领导之路。

他曾经在广州睡过街头进过收容所;他曾经是最大中文 IT 网站的元老;他在获取投资短短两个月后,成功组建自己的团队,实现了网站上线;短短 3 个月后,权威机构 ALEXA 数据显示,其网站世界排名最高达到 275 名,国内 IT 网站排名前 5 名,而刚上线时它的位置是 6 万多名。

这就是 IT.COM.CN(IT 世界网)CEO 秦刚的经历,这些经历发生在短短的 6 年中。

看过秦刚简历的人都会感到一点惊讶,一个毕业于南航管理专业的高才生,怎么会"触电"玩起了 IT 呢? 而更令人惊讶的是,他不做则已,一做让专业人士也刮目相看。

1998 年,刚毕业的秦刚被分配到广西桂林机场,为了追随在广州的女朋友,他在上班的第一天便辞职了,可是当他飞身杀到广州的时候,等待他的,不仅仅是爱情。

刚到广州的前两月,秦刚没有找到工作,基本上是处于打零工状态。最惨的时候在广州睡过街头,甚至还被收容过一次。某个凌晨,秦刚在下班回住所的路上被警察叫住了,当时没带证件,身上也只有一元钱,于是被抓到车上,到了收容所说清楚才放出来。"从收容所出来的那一刻,我感觉到阳光从未如此灿烂。每当面临困难,我就想这缕阳光,它是我一生的财富。"

这期间,秦刚一次偶然进入网吧,由此进入了 IT 的世界。从 1998 年走到 2004 年,秦刚用了 6 年时间,完成了从一名 IT"门外汉"到 IT.COM.CN 的 CEO 的质变。这 6 年里有 5 年,秦刚是在太平洋电脑集团度过的,从太平洋网的网站编辑、硬件栏目主编、网站总编,到太平洋电脑集团市场总监,他实现了蜕变。

但是太平洋的港资背景使已成为市场总监的秦刚感觉到,他已经到了事业的瓶颈期。2004 年 4 月,秦刚遇到了一心打造数码连锁帝国的颐高数码集团。双方一见倾心,颐高倡导的创业文化给了秦刚足够的空间。而颐高看上的是秦刚丰富的操盘经验和独特的经营理念。

"我们的新网站要有不一样的东西,这就是文化。目前的 IT 网站,不缺产品,缺的是一种网络 IT 文化,一种用于凝聚网民的牵引力。我们必须重新认识 IT,对它,不能俗化,也不能神化,而是以平常心待之。所以,我们对产品的介绍尽量不出现术语,最多三下,你就可以在我们的网站找到你想要的内容,这就是细节中的文化。"秦刚一直倡导的是:IT 世界,轻松一点。

在谈到为什么 IT.COM.CN 在短短的两个月中实现了奇迹般的增长时,秦刚认为,他的优势一是有卖场的支持,另一个因素是人。

秦刚最为自豪的便是他如何管理他的豪华团队,但是在 IT.COM.CN 目前的 100 名左右的员工中,80% 不是计算机行业毕业的,也没有从事过互联网工作,而其上海、广州的业务经理大部分是原来做保险的。"我的员工不讲究专业,很少有人拥有纯正的 IT 背景。"

秦刚说他有两个标准来打造这支豪华团队:一方面是德,道德,包括做事的职业道德。另外一个是才,不只是你学到什么东西,还有再学习的能力,因为互联网是一个发展非常快的行业,如果没有再学习的能力很容易被互联网淘汰。

"而且,IT 行业发展时间不长,本身没有太多的沉淀,刚毕业的大学生有冲劲,有很灵活的思维,也比较容易跟我们这种创业型的公司结合起来,我们公司大部分新招的员工都是其他行业或者刚毕业的大学生。"

而让原来做保险的人来担任业务经理,则是因为秦刚的一位邻居恰好是做保险的,请来一用,效果显著。"这些保险业务经理手上都抓着上千个客户,他们本身与客户打交道的能力也非常强,具备更强的专业素质。"

通过秦刚的用人准则以及他的成功,我们更能理解韩非子的道理:人生当中可抛弃的有很多,但是我们却不能抛弃德。德是人的一种品性,与生俱来,但又必须谨防被世俗的虚伪所挤兑,我们应该给自己一个永恒的诺言——坚守自己的德。

在管理上,德性是一种态度,也是一种智慧。拥有它,我们对待事业就像太阳对待万物一样,不因风吹雨打而退却,不因黑夜弥漫而减弱信心,仍然普照着让它们充满生机;会全身心地投入,执着地追求,同时又能居高临下放眼成败,不因短暂的成功而骄傲,也

不为一时的失败而气馁。从而,我们就会一步一个脚印地登上事业的高峰。

★有德之人才能做成功者

人无愚智,莫不有趋舍。恬淡平安,莫不知祸福之所由来。得于好恶,怵于淫物,而后变乱。

——《韩非子·解老》

韩非子讲:"无论是对聪明的人还是愚蠢的人来说,人生中总会有一定取舍。如果我们处在清心寡欲或者平静安逸的时候,就不会对来临的祸福一无所知。可是,一旦我们被好恶所支配,被奢侈的东西所诱惑,则会引起思想的混乱。"

古往今来,凡是善于领导的人,无不是首先保持自己的个人选择原则。只要是人,都有一定的追求和舍弃,但是一个领导者对待自己的取舍,更需要一种理性、一番智慧、一生德行。不要以为善于领导的人就必须风风火火、呼来喝去。韩非子向我们证明,但凡成功者,总是会把自己锻炼得"恬淡平安",只有这样才能清楚地认识何为"祸福",因为只有清心寡欲的时候,心中才最坦荡、最清醒,心神安宁、心智不乱,不为外面的变化迷惑,做到了这些,才能正确辨别不同的人才,才能保证用人的准确。

美利坚合众国第一任管理者乔治·华盛顿在领导独立战争和组织联邦政府的过程中,发挥了巨大的领导和协调作用。而这些作用的有效发挥,直接得益于他的德行修为所产生的巨大的感召和激励作用。

身高6英尺2英寸的华盛顿身材伟岸,重约190磅,棕色头发,灰蓝眼睛,天庭饱满,脸上带着一些雀斑和太阳的晒痕,当他微笑时,几颗有明显缺陷的牙齿显露无遗。他的外貌呈现出习惯于受人尊重和服从,但决不傲慢自大的男人形象。

"亲切"和"谦虚"是人们对他的评价。见过他的人们经常描述他眼里不时掠过的温柔。"要平易近人",他告诫他的军官们,"这是赢得尊重的必要条件。"除此之外,他还教育他的军官们,"要学会宽恕别人的错误,这是你赢得别人尊重的秘诀之一。"

当华盛顿还是一位上校的时候,他率领着部队驻守在弗吉尼亚州。在选举弗吉尼亚议会的议员时,有一个名叫威廉·佩恩的人反对华盛顿所支持的候选人。同时,在关于选举问题的某一点上,华盛顿与佩恩形成了对抗。华盛顿出言不逊,冒犯了佩恩。佩恩一怒之下,将华盛顿一拳打倒在地。华盛顿的部下闻讯,群情激愤,部队马上开了过来,

准备教训一下佩恩。华盛顿当场加以阻止，并劝说他们返回营地，就这样一场干戈暂时避免了。

第二天一早，华盛顿派人送给佩恩一张便条，要求他尽快赶到当地的一家小酒店来。佩恩怀着凶多吉少的心情如约到来，他猜想华盛顿一定要和他进行一场决斗，然而出乎意料，华盛顿在那里摆开了丰盛的宴席。华盛顿见佩恩到来，立即站起来迎接他，并笑着伸过手来，说道："佩恩先生，犯错误乃人之常情，纠正错误是件光荣的事。我相信昨天是我不对，你已经在某种程度上得到了满足。如果你认为到此可以解决的话，那么握住我的手，让我们交个朋友吧。"华盛顿热情洋溢的话语感动了佩恩。从此以后，佩恩成为一个热烈拥护华盛顿的人。

除了平易近人，宽恕别人，华盛顿还有其他品行让人赢得了无数的尊重：他目光远大、心地光明、坚定果断而又谦逊质朴，他一生的行事为人，处处让人体会到他的谦卑、真诚和执着。他功勋卓著却不贪恋权力，即使在处于权力巅峰、统率千军万马之时，他也从来没有自我膨胀，没有任何狂妄的野心。他作风平和，踏实认真，讲话不多，但他的每一次讲话都发自内心，真挚感人，能字字句句打入人的心坎。告别政坛之后，他毅然临危受命，再度应召为国服务，却断然拒绝了总统提名，他的每一次选择都证实了他纯洁无私的人格。

作为美利坚合众国的首位总统，他肩负起组建联邦政府机构的责任。他心胸宽广，把美国第一流的人物都纳入他的政府。为了确立政府的威信，他力求从人的才能和品德来判断选举人才。他对各部官员的选择有两个条件：第一要受到人们的欢迎和爱戴，第二要对人民有影响力，二者缺一不可。面对政府内阁中的党派之争，他总是冷静地用超人的智慧加以调解，对待联邦党人和共和党人的论争，他希望能不带偏见地将对美国有利的观点集中起来。他不想压制别人的意见。他对别人过人的才干，毫无卑劣的嫉妒之心，他把当代最伟大的政治家团结在自己周围，使之造福国家。他主张为人处世要襟怀坦白，光明磊落。

他虽然大权在握，却始终听从良知的召唤，谨慎谦卑地使用权力。后人可以从他身上看到，原来政治家还能够是这样一种形象。也正是他，用自己的言行，告诉世人，政治和道德可以良性结合到什么程度。华盛顿犹如一座政治人格的灯塔，时刻提醒着拥有或想拥有权力的人们，不要在权力的迷宫里晕头转向。

正是他的这种伟大品格，使他赢得了众人的信任和爱戴。所以才在独立战争期间，大陆会议决定授予他相当独断的军事指挥权，最终帮助美国获取了独立。而在联邦政府成立期间，他被一致推选为第一任总统。在宪政陷入争吵的时候，也正是凭借他的伟大人格，才有效地协调了各派的利益，把各种不同派别的人团结在自己的周围。他的伟大

品格促成了他的丰功伟绩。

这个世界对于我们来说有太多需要谨慎对待的金钱名利、声色犬马;我们对于这个世界又有太多的个人好恶、七情六欲。所以我们在人生旅途中的每一步无不需要经过自己的深思熟虑以及潜移默化的修炼德行。按照韩非子的观点只有高贵如华盛顿那样的有德者,或许能被称为成功的领导者吧。

第二章　运权：权谋是世界上最高水平的艺术

★有权力，还要有威信

爱多者则法不立，威寡者则下侵上。

——《韩非子·内储说上》

韩非子曰："威寡者则下侵上。"

意思是说，威信不足，领导者就会被下属侵犯。

在韩非子看来，一个领导者仅掌握权力是远远不够的，还必须得为自己树立威信。威信和权力是一个领导者的左膀右臂，缺一不可。

那么，领导者该如何树立威信呢？

1.领导者应懂得树立威信不可能一蹴而就

凡事不可强求，事情的成功是一个循序渐进的过程。领导者树立威信同样也不可能一蹴而就，它是一个长期的、一点一滴的、慢慢积累的过程，它建立在领导者如何处理每一件小事、如何对待每一个下属的基础之上。

2.领导者要无私

无私才能无畏，无私才能有威。只有一心为公的人，才能受到下属的敬重，才能在处理问题上无所畏惧，才能在下属心目中树立威信。韩非子主张，任人唯贤，不避亲仇，赏罚分明，不徇私情，讲的都是领导者要无私。

3.领导者要说话算数

韩非子非常注重信用，他认为人与人相处要有信誉，同样领导者与下属交往也要讲诚信。言必行，行必果。言行不一，说一套做一套的领导者不可能具有威信。

4.领导者要有良好的决策能力

领导者所做的正确决策，可以使下属在做事前便"胸有成竹"，做到目标明确、方向清楚、情况了然；也可以使下属在做事情时能"行动有力"，做到任务到位，责任到人；再者，

国学智慧全书

子学智慧

能使下属事半功倍,更好地完成既定目标。

领导者在做决策时,至少应该注意以下几点:多方征求意见,毫不吝惜地抛却枝节问题,充分掌握情况;对解决问题充满热情,注意决策的可行性,多种方案进行筛选;做事果断而有勇气,决策形成要快、方案实施要快、决策实施中的节奏要快。

5.领导者要有不屈不挠的勇气和意志

毫无疑问,任何一项新的决策在执行过程中都会有或多或少的障碍和阻力,而作为领导者不能轻易放弃,要把自己的决心和勇气拿出来,不因为怕承担失败的责任而裹足不前,丧失信心。

6.领导者要明白威信不是建立在简单的命令基础上的

简单的命令无助于领导者树立威信,领导者可以用提出问题的方法代替简单的命令。因为提出问题不仅比简单地下命令更容易使人接受,而且它还常常会激发一个人解决问题的积极性。

孙子,名武,是我国春秋战国时期伟大的军事家。

吴王想派兵攻打楚国,但顾虑到楚国兵多将广,而吴国人少兵微,心里一直犹豫不决。这时伍子胥说:"我向大王推荐一个人,一定可以打败楚国。"吴王赶紧问是谁,伍子胥说:"此人是吴国人,姓孙名武,精通兵法,有鬼神不测的机谋,自己编了一本兵法书。如果有了这个人的辅佐,我们必定天下无敌,请大王用重礼聘请。"

伍子胥请来孙武,见了吴王。吴王看了孙武著的兵书,大为叹服,就对孙武说:"先生真是神人,只可惜我国小兵少,

伍子胥

不知先生有什么办法?"孙武说:"我不但可以训练普通士兵,还可以训练女子。"吴王听了一点都不相信。孙武说:"大王不相信的话,就把后宫的嫔妃、宫女召来,让我训练。如果不成功,我甘愿受惩罚。"吴王就召集了300嫔妃、宫女,让他最宠爱的两个妃子右姬、左姬当队长,命孙武训练。

孙武说:"军队中,号令要严,赏罚要分明,虽然这是个试验,但也不能当儿戏。"于是,就把宫女分为左右两队,右姬管右队,左姬管左队。又找来一人当执法,几个人当牙将,看起来还真像个军队的样子。然后,孙武宣布了军法:一不许队伍混乱;二不许大声喧哔;三不许故意违反军令。

第二天,两个队长带着两队宫女来到教场,孙武亲自布阵,然后说:"听到第一遍鼓声,两队都站好;听到第二遍鼓声,左队向右转,右队向左转;听到第三遍鼓声,两队人都拔剑准备格斗;听到鸣金,就收队退回原地。"

这些宫女听了,都嘻嘻哈哈的,不当一回事。第一遍鼓响后,宫女们有站着的、有坐着的,根本不成队形。孙武说:"军令没有说清楚,这是我主将的责任。"然后把军令又讲了一遍。当孙武第二次敲鼓时,左姬、右姬和宫女都笑了起来。孙武大怒,喊道:"执法的在哪里?"执法人赶快跑上前跪下,孙武问:"军令宣告两次,而士兵不执行命令,该当什么罪?"执法人说:"该斩!"孙武说:"士兵不能全斩,就只斩两个队长,以示警告。"吴王一看连忙让孙武刀下留人,孙武说:"军中无戏言,斩!"吴王干瞪眼没办法。

杀了左右二姬,宫女们一个个才怕了,让左转就左转,就右转就右转,整队训练井然有序。

通过这次训练宫女,吴王才真正了解到孙武的才能,于是封他为军师。后来,吴国果然所向披靡,成为当时的强国。

在领导下属时,领导者如果过于仁慈,那么很多规定就无法严格执行,如此,领导者也就失去了领导下属的能力。当然,领导者有点威严是必要的,但也不必过于冷酷。

★ 避免"过度授权",以防大权旁落

六微,一曰权借在下。

——《韩非子》

在企业领导与管理的过程中,"分权"和"授权"是实现有效管理的重要手段。但是,领导人要避免"过度授权",乃至造成大权旁落的局面。

在一个组织中,权力是将帅整合团队力量的手段和工具,掌握它,领导人就可以如虎添翼,在管理中应变自如;反之,失去权力,就像蛟龙脱离了江河,任何伟大的商业计划都无从谈起。

在我国历史上,外戚和宦官专政一直是威胁统治秩序的不利因素。以西汉为例,从西汉初年的吕后专政到景帝时的窦婴、武帝时的田越权,以及霍光之后的史、许、王家,都是外戚干政的实例。

皇帝作为统治集团的领导人,如果自己的权力被分散、架空,权臣或宦官的势力庞

大，往往会对皇权造成严重威胁。正因为这样，韩非子才鲜明地指出"六微，一曰权借在下"，意思是，六种危害君权的隐微手段，其中之一就是领导的权势转借给下属。

关于权力对领导人的重要性，一代名相诸葛亮也做了深刻的剖析。他在自己的兵法中这样说，"权力"尽管充满了权谋、斗争等，但是它对领导人来说是必要的；将帅掌握了兵权，才能施展自己的才华，大有作为。

现代商业活动是以企业这种组织形式开展的，领导人是这个组织的最高决策者，是掌握"管理权力""行政权力"的当家人。如果自己被董事会弃权，"内阁瓦解"，恐怕当事人只有壮志未酬的遗憾。

2003 年，微软中国爆发了一场人事地震，陈永正重新"组阁"；唐骏大权旁落，不再负责微软中国区的市场、销售、财务及人事等诸项事务，转而负责微软设在上海和北京的技术中心工作，并直接向微软大中华区 CEO 陈永正汇报。

尽管微软中国公关部有关负责人把此次职权变动，解释为"更好地发挥唐骏技术特长"，但是其中的冷暖只有当事人最清楚。事实上，这是一家商业企业正常的人事变动，但是我们从中可以窥测到权力转移对领导人造成的巨大改变。

除了来自董事会等高层的任免，领导人的权力更多地受到团队内部成员的稀释。比如，领导人在分权的过程中被架空，失去了对关键事务的最终决策权，这不仅使自己的施政理念得不到有效贯彻，还可能造成组织运作失控、混乱的局面，带来难以估量的损失和危害。

1990 年海湾战争时，美军曾经以迅雷不及掩耳之势击退了伊拉克军队。在战争这种综合人力、物力、财力和智力的较量行动中，最高决策者的权力行使和效力的充分发挥起着至关重要的作用。如果最高指挥权分散、军事情报不能及时反馈，战场上的失败就不可避免。

美军之所以能够取得胜利，总指挥官史瓦兹科夫将军的两个决定发挥了关键作用：陆、海、空三军精诚合作，统一指挥权；后勤补给的调度由一人负责，避免各自为政。我们可以看到，正是集权而不是分权，保证了美军在海湾战争中取得了关键性的胜利。简言之，史瓦兹科夫将军要求"统一指挥，分工授权"，如此一来，三军各个功能都有专人负责管理，体积虽庞大，但运转灵活，又因三军整合成功，整体战斗力得以发挥。难怪美军打了一场漂亮的胜仗，而史瓦兹科夫将军也因此战役而名噪一时。

由此可知，虽然现代组织领导讲分权，但不可讳言的是，身为领导人，有些权力不可轻易分配授权，例如《韩非子》里有一篇"二柄"，强调英明的国君用来控制臣子的，不过是两个权柄而已。两个权柄，指的是刑罚与赏赐。赏与罚的大权在握，国君才算拥有权力。

除了韩非子提到的赏罚权及人事权外，领导人还要掌握决策的权力。譬如，当前企业通行的"事业部制",这种组织结构具有"业务营运分权,政策管制集权"的特色。各事业部拥有相当的权限,分进合击,使事业体既保有恐龙的壮硕,又可避开恐龙的笨重。然而,这些事业部,从设立到裁并,从目标的制定到成果的考核,经营者必须亲自掌控、决定,不可放弃,不可假手他人。

事必躬亲,大小权力一把抓,不是组织的永续经营之道;过度授权,又隐含"尾大不掉"的风险。真正的授权,应该"如臂使指"般的自然。

总之,领导人只有控制住核心权力,才能带领团队在具有决定性的竞争中赢得胜利,否则一切都无从谈起。

我国历史上的"八王之乱"说到底是政治集团权力分散引发的政治危机,当时汝南王亮、楚王玮、赵王伦、齐王冏、河间王颙、成都王颖、长沙王乂和东海王越,纷纷争夺中央统治权,直接加速了西晋王朝的灭亡。"八王之乱"历时6年,这种混战的局面给社会发展带来了严重灾难。

在企业内部,如果领导人不能掌握人事权、决策权等核心部门,往往会使组织内部陷入严重的争斗,给企业发展带来消极影响。"分权"是许多企业领导人面对的一个重要课题,但是我们不能因此忽视必要的"集权"。事必躬亲、大小权力一把抓,不是有效的管理之道;授权是必要的,但不能过度。领导人要防止权力分散和被架空,不能把核心权借给别人;只有把主导权始终控制在自己手中,才是永续组织经营之道。

★打好自己的根基

树木有曼根,有直根。根者,书之所谓柢也。柢也者,木之所以建生也;曼根者,木之所以持生也。德也者,人之所以建生也;禄也者,人之所以持生也。今建于理者其持禄也久,故曰:"深其根。"体其道者,其生日长,故曰:"固其柢。"柢固则生长,根深则视久,故曰:"深其根,固其柢,长生久视之道也。"

——《韩非子·解老》

韩非子讲:"树木有须根,有主根。主根,就是《老子》书上所说的树根。树根,是树木建立生命的基础;须根,是树木用来维持生命的。德,是人建立生命的基础;禄位,是人用来维持生命的。今人建立在事理上的,保持禄位就能久远,所以《老子》上说:'加深它的须根。'能体会道理的,就能不断地生长,所以《老子》上说:'巩固它的主根。'主根巩固了,就能不断地生长;须根深了,就能活得长久,所以《老子》上说:'加深它的须根,巩固它的主根,是长生久活的道理。'"

根深蒂固是个比喻,对于所有的管理者来说,什么是"根"大概无须多费唇舌。权力,这个贯穿于管理整个过程的东西,正是韩非子强调的立身之根本。

曾经无比风光美国的产业现在正经历着和过去几十年旧倾向完全相反的转变。在传统旧倾向中可以看到,公司权力产生了高层经理和董事们。如果过去总裁(CEO)是国王的话,那个时代已经过去了。国王已经死去了,掌握大量股票的大型机构(像退休基金),活跃的股东们、董事会,甚至低层经理们,正在日益运用着先前几乎是总裁们实际控制的权力。

总裁们在向那些授予他们权力的组织汇报重要的变化和权力的使用。根据一项关于最大的美国公司中216名最高总裁的调查,从前有权力的总部职员在缩小规模,其权力也正在缩小。位于西雅图的华盛顿互助储蓄银行的总裁路易斯·佩珀说:"在某一点上说,总部的职员一直在表明这种情况。其权力被缩小了,以便容许更多的管理人员拥有权力。"再者公司的等级层次更少了,管理层次也减少了。这种结果是,推动了组织中低层次的决策制定。最终,关于总裁的大部分调查报告表明,中层管理权力扩大了。

比较了团队和他们的顾问间权力的大小之后,这些总裁说,顾问的权力正在增长。作为呼应,方正的这家电力设备制造公司的总裁杰里·斯特德说,公司进行了重组,使雇员们有更大的自由和权力来和客户打交道。此外,总裁们必须更多地听取其董事会的意见,而董事会则日益包括更多的外部代表。大多数总裁认为,他们的董事会比起五年前具有更多的权力。

总裁们一致认为,舆论赋予其管理风格以特征。和传统的、更独裁或更"帝王化"的总裁相比,这些总裁中,有74%把自己看作更具参考性,更有舆论导向,更依赖于沟通技巧而不是"命令和控制"技巧的总裁。罗尔工业公司的总裁哈里·托德说:"不再是听一人指挥了,我们完全是群体导向。"PPG工业公司的文森特·萨尔尼重复了这个话题,他把新式风格的成功总裁看作集体导向的和参与型的总裁。按照这种观点,总裁们应当设立一种战略方向,得到雇员赞同,给他们办法和权力,并让他们独立办事。

的确,这些有权力的公司领导人认为,个性和领导才能是今天的团队中权力的最重要源泉。控制的运用比起领导的实践来已经不那么重要了。柯尔盖特——帕尔莫利夫的总裁鲁本·马克把新的权力分享哲学总结为:"你拥有的权力越多,你使用的权力就越少。你要通过给别人权力来建立和巩固你的权力。"

权力是个社会性的叫法,即个人在同他人、群体的关系中是有力量的、或在团体或其他人群的关系上是有力量的,等等。

权力的概念赋予人们相互间作用的特征,而不是因为这一概念的运用所涉及某个个

人。进一步说，权力绝非是绝对的或一成不变的。它是随环境与个人的变动而变动的动态关系。例如，一个经理可能会有力地影响一个下属职员的行为。但同时，只在边缘上影响其他人。经理们对于他们自己的属下也许是有权力的，但是不能影响其他部门雇员的行为。此外，关系会随时间变化。上个月成功的影响尝试，也许今天会失败，即使同样的人处于两种不同的情况下，也可能如此。

★ 在权力问题上弄清公与私

古者苍颉之作书也，自环者谓之私，背私谓之公，公私之相背也，乃苍颉固以知之矣。今以为同利者，不察之患也。

——《韩非子·五蠹》

韩非子讲："最早造字的仓颉就是按照'公'与'私'相对立的意思造这两个字的。最早的'私'字，没有现在的'禾'字旁，只有另一半'厶'，即以个人为起点向左画一个小圈圈。而'公'是在'厶'的头上加一个'八'。这个'八'字，在古代有相背、相反的意思。现在还认为公私的利益相同，这就是不明察的毛病。"

运用权力最怕被人抓住自己的"小辫子"，一旦自己不小心栽在人家那里，自己那份用人管人的荣耀就会变成被别人利用的耻辱，甚至这种状态还会把你推向万劫不复的境地。所以，韩非子很重视在权力问题上弄清"公私"。

周恩来同志是一位伟大的用人者，即使在逝世多年以后，人民依然怀念这位人民总理，那么他为何有如此巨大的魅力博得被用者的颗颗爱心？

这是因为，一方面，他在缔造和建设新中国的伟大历史进程中，为党和人民建树了不可磨灭的丰功伟绩；另一方面，他毕生严于律己，清正廉洁，不求索取，但求奉献，把一切献给了党和人民，连自己的骨灰都撒到中华大地，完全彻底地实践了他"活着为人民服务，死后也要为人民服务"的宏愿。正是这两个方面的有机结合，构成了周恩来特有的纯真的人格魅力，从而赢得了人民衷心的爱戴和钦佩，甚至连他的一些国内外政敌也不得不为之折服。

周恩来廉洁自律的表现是多方面的，也是一贯的。在此，仅就同当前对领导干部廉洁自律要求相关的一些方面，列举一些具体事例。这样，难免挂一漏万，不过可以从细微处见精神。

在人们的印象中，周恩来总是那样衣冠楚楚，风度翩翩。殊不知，他仅有的几套料子

服装,大都穿了几十年,有的破损了,精心织补后继续穿。有一次,他穿织补过的衣服接待外宾,身边工作人员说这套"礼服"早该换换啦。他笑笑说:"穿补丁衣服照样可以接待外宾。""织补的那块有点痕迹也不要紧,别人看着也没关系。丢掉艰苦奋斗的传统才难看呢!"他的衬衣磨破了,换上新的领口和袖口照旧穿。1963年,他出访亚非欧14国,到了开罗,他换下缝补多次的衬衣,随行工作人员不便拿给外国宾馆去洗,只好请我驻埃及使馆的同志帮忙,并叮嘱洗时不要用力,以免搓破。大使夫人看到后,感动得边洗边流泪。至于他穿用了几十年破旧的睡衣、皮凉鞋和第一代上海牌国产手表等,已作为珍贵文物,存放在中国历史博物馆。

周恩来的家常饭菜很简单,主食经常吃些粗粮,副食一般是一荤一素一汤。他规定的工作餐标准是四菜一汤的家常饭菜。他说:"四菜一汤既经济又实惠。"他在外地视察或主持会议,同大家吃一样的饭菜,不搞特殊,离开时一定付清钱和粮票。他不仅自己这样做,还要求其他领导干部也这样做。有一次,他出差到上海,听说有的领导同志带着夫人、孩子到地方去,所有的食宿费用都由地方开支,非常生气。回北京后,他在全国第三次接待工作会议上向各省市代表提出:"今后无论哪个领导到省里去,吃住行等所有开支,地方一概不要负担,都要给客人出具账单,由本人自付。这要形成一种制度。"一位专机机长的回忆,颇为传神地反映了他在饮食方面的律己要求。有一次,这位机长看他吃饭,掉了个饭粒在桌上,他连夹两次才夹住放进嘴里,笑着吃了。看到这种情景,这位机长后来感慨地说:"我心里不禁百感交集。什么叫廉洁,看看总理就知道了。"

建国初期,周恩来搬进了中南海西花厅,一住就是26年,直到他去世。西花厅是清朝乾隆年间修建的老式平房,潮湿阴冷。身边工作人员于心不安,多次提出修缮,但他坚决不同意。1959年底,趁他和邓颖超出差外地时间较长,对西花厅进行了保护性维修。他回京一进门就惊讶地问:"这是怎么回事?谁叫你们修的?!"他还说:"我身为总理,带一个好头,影响一大片;带一个坏头,也影响一大片。所以,我必须严格要求自己。"按照他的要求,撤掉了新添置的地毯、沙发、窗帘、吊灯等陈设。事后,对这次"修房风波",他主动在国务院会议上做了三次检讨,向到会的副总理和部长们说:"你们千万不要重复我的这个错误。"

周恩来对自己乘坐的轿车没有什么特殊要求,后来他经常乘坐的专车是红旗轿车。他说:"别人不坐我坐,我喜欢国产车。"国家进口了一批高级奔驰车后,有关部门想给他换一辆。他不同意,严肃地说:"那个奔驰车谁喜欢坐谁坐去,我不喜欢,我就坐'红旗'。"在用车问题上,他公私分明,毫不含糊。他去理发,医院看病,探亲访友,看戏等,都算作私人用车,总要叮嘱身边工作人员照章付费,从工资中扣交。

周恩来的基本生活要素,衣食住行的俭朴作风,受到了长期在他身边工作的人员交

國學智慧全書

韩非子

口称赞。有位秘书说："总理除了工作，个人一生无所他求。特别是生活的俭朴，更是众口皆碑。"不是亲眼所见是很难想象到了什么程度。

同周恩来接触较多的一些知名人士，对他廉洁俭朴的生活作风也是赞不绝口。宋庆龄说："周总理在个人生活和作风上，和他在政治上一样，是一个真正的共产主义者。"

如果你成为一个政府用人者，或许公私分明的权力问题更值得学习，现在人们都在提倡自己与团队的融合，殊不知韩非早就指出，自打"公""私"二字造出来两者便是矛盾的。

在公私面前保持清醒的头脑，这是廉洁从政的基本前提。权力可以使人高尚，也可以使人堕落；可以用来为人民谋利益，也可以用来为个人沽名渔利。一个用人者的用权到底为公还是为私，这是对他最严格的考验，而且最容易碰到，也最容易考验出这个人的品德。

★驱赶近身的恶狗

韩非子曰："宋人有酤酒者，升概甚平，遇客甚谨，为酒甚美，悬帜甚高，着然不售，酒酸，怪其故，问其所知，问长者杨倩，倩曰：'汝狗猛耶。'曰：'狗猛则酒何故而不售？'曰：'人畏焉。或令孺子怀钱挈壶瓮而往酤，而狗迓而龁之，此酒所以酸而不售也。'夫国亦有狗，有道之士怀其术而欲以明万乘之主，大臣为猛狗迎而龁之，此人主之所以蔽胁，而有道之士所以不用也。"

——《韩非子·外储说右上》

韩非子讲："宋国有个卖酒的。给的量很足，待客殷勤，酒又酿得香醇，而且店铺门前高悬酒幌，但是酒却卖不出去，变质发酸了。他感到很奇怪，就向知道（道理很多）的邻人杨倩老人请教。杨倩说：'你店铺里狗很凶恶吧？'他不解地问：'狗凶，酒为什么卖不出去？'杨倩说：'人们都害怕呀！有的人打发自己的小孩，装上钱，拿上壶，去打酒。而你的狗咬龇牙咧嘴窜出来咬人，谁还敢到你这里来买酒呢？这就是你的酒卖不掉变酸的原因。'

"国家也有这样的恶狗呀，有才能的人怀着治国之术想要把它献给君王，那些大臣像恶狗一样龇牙咧嘴地窜出来咬人，这就是君王很少有人帮助，而那些有才能的人不能得到重用的原因啊。"

如果你正在为自己的事业缺少帮手而苦恼，如果你正因为没有人才打开公司局面，

那么,你需要审视一下自己的周围,看看那些你颇为信赖的"高层"中有没有如韩非子厌恶的那条恶狗。毕竟,在这个知识爆炸的时代,人才只会层出不穷,妨碍你寻找人才雄心的或许就在于恶狗的驱赶吧。

最好的解决方法?驱赶恶狗。

开元末年,大唐帝国迎来了我国历史上少有的盛世局面,民丰物阜,四方臣服。唐玄宗李隆基做了二十多年太平天子,渐渐滋长了骄傲怠惰的情绪。他不再像以前那样励精图治、纳谏如流,开始满足于已经取得的成绩,贪图享乐。宰相张九龄看到这种情况,心里十分着急,常常给唐玄宗提意见。唐玄宗本来很尊重张九龄,但是到了后来,对张九龄的意见也听不进去了。

此时,玄宗喜欢大臣对他歌功颂德、阿谀奉承,一时间,奸佞小人猖獗起来,唐代有名的奸相李林甫就是这时起家的。李林甫本是一个不学无术、胸无点墨的市井无赖,他什么事都不会,专学了一套奉承拍马的本领。他和宫内的宦官、妃子勾结,探听宫内的动静。唐玄宗在宫里说些什么,想些什么,他都先摸了底。等到唐玄宗找他商量什么事,他都对答如流,简直跟唐玄宗想的一样。唐玄宗听了很舒服,觉得李林甫又能干又听话,比张九龄强多了。

唐玄宗

唐玄宗想把李林甫提为宰相,跟张九龄商量。张九龄看出李林甫不是正路人,就直截了当地说:"宰相的地位,关系到国家的安危。陛下如果拜李林甫为相,只怕将来国家要遭到灾难。"这些话传到李林甫那里,李林甫把张九龄恨得咬牙切齿。

朔方(今宁夏灵武)守将牛仙客,目不识丁,但是在理财方面,很有点办法。唐玄宗想提拔牛仙客,张九龄没有同意。李林甫在唐玄宗面前说:"像牛仙客这样的人,才是宰相的人选;张九龄是个书呆子,不识大体。"

有一次,唐玄宗又找张九龄商量提拔牛仙客的事。张九龄还是不同意。唐玄宗发火了,厉声说:"难道什么事都得由你做主吗!"唐玄宗越来越讨厌张九龄,加上听信了李林甫的诽谤,终于找了个机会撤掉张九龄的职,让李林甫当宰相。

李林甫一当上宰相,第一件事就是要把唐玄宗和百官隔绝,不许大家在玄宗面前提

意见。有一次，他把谏官召集起来，公开宣布说："现在皇上圣明，做臣下的只要按皇上的意旨办事，用不着大家七嘴八舌。你们没看到立仗马（一种在皇宫前作仪仗用的马）吗？它们吃的饲料相当于三品官的待遇，但是哪一匹马要是叫了一声，就被拉出去不用，后悔也来不及了。"有一个谏官不听李林甫的话，上奏本给唐玄宗提建议。第二天，就接到命令，被降职到外地去做县令。大家知道这是李林甫的意思，以后谁也不敢向玄宗提意见了。

李林甫知道自己在朝廷中的名声不好。凡是大臣中能力比他强的，他就千方百计地把他们排挤掉。他要排挤一个人，表面上不动声色，笑脸相待，却在背地里暗箭伤人。有一次，唐玄宗在勤政楼上隔着帘子眺望，兵部侍郎卢绚骑马经过楼下。唐玄宗看到卢绚风度很好，随口赞赏几句。第二天，李林甫得知这件事，就把卢绚降职为华州刺史。卢绚到任不久，又诬说他身体不好，不称职，再一次降了他的职。

有一个官员严挺之，被李林甫排挤在外地当刺史。后来，唐玄宗想起他跟李林甫说："严挺之还在吗？这个人很有才能，还可以用呢。"李林甫说："陛下既然想念他，我去打听一下。"退了朝，李林甫连忙把严挺之的弟弟叫来，说："你哥哥不是很想回京城见皇上吗，我倒有一个办法。"严挺之的弟弟见李林甫这样关心他哥哥，当然很感激，连忙请教该怎么办。李林甫说："只要叫你哥哥上一道奏章，就说他得了病，请求回京城来看病。"

严挺之接到他弟弟的信，真的上了一道奏章，请求回京城看病。李林甫就拿着奏章去见唐玄宗，说："真太可惜，严挺之现在得了重病，不能干大事了。"唐玄宗惋惜地叹了口气，也就算了。

像严挺之这样上当受骗的人还真不少。但是，不管李林甫装扮得怎么巧妙，他的阴谋诡计到底还是被人们识破。人们都说李林甫这个人是"嘴上像蜜甜，肚里藏着剑"，成语"口蜜腹剑"就是这样来的。

不说别的，韩非子自己的遭遇不也同样证明了他的这番话吗？当眼看着秦王就要重用韩非的时候，秦王身边的"恶狗"李斯狠下毒手，既讲韩非出身韩国不会真心实意帮助秦国，又强调不能放韩非回去，搞得最后一杯毒酒成了这一位旷古大师的最后结局。

尽管知道国有猛狗的道理，韩非最后还是没有逃脱命运的悲惨，而对于领导者来说，身边如果确实有李斯那么一般的"恶狗"，你又怎么能吸引更多的人才为我所用，创造一个更美好的明天呢？

國學智慧全書

子學智慧

第三章　识人：为人领导，识人为重

★为人领导，识人第一

國學智慧全書

韩非子

> 为人主者，诚明于臣之所言，则虽畢弋驰骋，撞钟舞女，国犹且存也。不明臣之所言，虽节俭勤劳，布衣恶食，国犹自亡也。
>
> ——《韩非子·说疑》

作为领导者，若真正了解下属的意向，那即便是经常打猎骑马，沉溺于歌舞女色，国家还可能存在；假如不了解下属的意向，即便是勤劳节俭，布衣粗食，国家自然还是要灭亡的。

晋国的君主晋献公想去攻打虢国，但自己本国与虢国并不接壤，只好向当时居于两国之间的虞国借道。

晋献公怕虞国不肯借道给自己，很是苦恼。晋大夫荀息就为晋献公出主意说："君王如果能用垂棘出的玉璧和屈地产的宝马这两件宝物去贿赂虞公，请他借道给我们，他一定会答应的。"

晋献公心里又不舍得自己的宝贝，就说："垂棘玉璧是我们晋国祖先留下来的传家宝，屈地宝马是寡人心爱的坐骑。假如虞公拿了我这两件好东西之后，又不肯把道借给我，那可怎么办？"

荀息诡秘地笑了笑说："他如果不肯借道给我们，他就不敢接受我们的东西，他如果肯借道给我们，那我们送给他的东西终究还会是我们的。就等于把玉璧从内府的仓库暂时存到外府的仓库，把宝马从内府的马厩暂时牵到外府的马厩而已。君王大可不必担忧。"

晋献公

晋献公明白了荀息的意思,就让他带着两种宝物去见虞公,请他借道给晋国。

虞公是个贪图小利的人,见了垂棘玉璧和屈地宝马这两件稀世之宝,就满口答应要借道给晋国。

虞国大夫宫之奇是个头脑清醒的人,赶紧劝谏道:"不能答应啊!他们借道是要去攻打虢国。而虢国与我们虞国是唇齿相依的邻邦,唇亡齿寒啊,虢国如果灭亡了,我们虞国的灭亡也就是早晚的事了!所以借道之事,主公千万不能答应!"

可是虞公哪里听得进去?他还是把道借给了晋国。荀息借了道便去攻打虢国,不久,就把虢国给灭了。三年之后,晋国又发兵攻打虞国,把虞国打得落花流水,灭了虞国。那垂棘玉璧和屈地宝马当然也就被荀息取了回来,交还给了晋献公。

晋献公抚摩着两件宝物得意地说:"这垂棘玉璧嘛,还是原先的模样;这屈地宝马嘛,就是马齿多出来一点。"

虞公为什么会吃败仗使虞国灭亡?就是因为他贪图小利不顾其危害啊!所以说,只顾眼前小利,往往要损害大利。

虞国君主不懂明臣的意思,最终落得身败国亡的下场。这说明领导者最重要的能力是善于识人,如果这点做不到的话,那就算再如何的精明能干,也恐怕是枉然!善于识人的领导者,对于下属的一切举动自然是"摸得清、握得住",既然是如此,那他自然可以放心地把事情交由下属们处理,只要按部就班,那他根本就不用亲自为这些大大小小的事情烦恼。因为所有的事都有着专门的人去处理了,而领导者只要做一件事:好好地观察这些下属有没有尽责,其他的就是自己的时间。

赵敬侯在位时,生活不算检点,冬日狩猎,夏季乘船,且爱好女色、游乐,对于臣子很不严肃,没有什么节制。然而他在位的数十年间,军队从来没输过,也没有乱臣贼子的危害,邻国都无法侵扰,这是因为赵敬侯很懂得任用臣子的缘故。而燕国君王子哙,他的土地千里之广,军队数十万之众,子哙本人很洁身自爱,不仅节俭,也很体恤百姓,鲜少有君王能超越他的。但是他后来遭到亡国夺政的结果,就是因为他不会识人。

从以上的例子就可以明白:领导者如何识人而用人是最大的关键!刘邦与项羽互相比较的话,一定是项羽优秀,但楚汉相争时,为何会是刘邦赢得天下?就是项羽输在不会用人,所以遭到挫败。

★识人有度，上下同心

夫物者有所宜，材者有所施，各处其宜，故上下无为。

——《韩非子·扬权》

万物各有适合的用处，才能有施展的地方，各处在自己的位置上，领导者就可以无为了。

齐桓公准备立管仲为相，想了解一下大臣们的意见，就对群臣下令道："寡人将立管仲为相，并尊为'仲父'。现在想征求你们的意见，同意的进门后站在左边，不同意的进门后站在右边。"

可是东郭牙进了门，既不往左，也不往右，而是站在大厅中间。齐桓公问道："我说了；同意的往左，不同意的往右。你站在当中，算是怎么回事？"

东郭牙说："凭管仲的智慧，是不是能谋划天下大事？"

"当然！"齐桓公回答道。

东郭牙又说："凭他的果敢决断，他是不是敢于做出惊人的事情？"

齐桓公说："他有这个胆量！"

东郭牙说："既然他的智慧足以谋划天下大事，他的胆量又足以干一番大事，君王把国家大权完全交给他一个人，那么凭着他的能力，借助君王的权势来统治齐国，君王您的地位岂不就很危险了吗？"

齐桓公

齐桓公觉得东郭牙说的话很有道理，后来就让隰朋治理内务，让管仲治理外事，两人互相制约、互相监督。

晋文公当年在外流亡的时候，箕郑提着水和食物跟随在后面。有一次迷了路，两人在路上走失了。箕郑当时年龄还小，饿得直哭，可就是不敢吃提在自己手上的水和食物。

晋文公回国登上君位后，攻克了原城，原城需要委派一名新的地方官，派谁呢？晋文公就想到了箕郑。他认为："箕郑当年能忍饥挨饿，为我守着提在自己手上的水和食物，这种人担任原城的地方官我放心，他绝不会背叛我！"于是举拔箕郑为原城的行政首长。

大夫浑轩得知此事,却大不以为然,他认为:"就凭守着一壶水一兜饭的小忠诚,就指望他永远不会背叛,岂不是太草率了!"

所以,英明的君主,不依靠别人不背叛我,而依靠我的不可背叛;不依靠别人不欺骗我,而依靠我的不可被欺骗。

每样事物都有它独特的特性,它的独特也就是展现其用处的地方。像某些植物的叶子是针状,其用处就是防止水分由叶子快速蒸发,所以这些植物可以非常耐旱或耐寒。如果将榕树或椰子树移植到寒冷又少雨区,那不出几日,这两种植物就会死亡。因为环境与特性搭配不起来的缘故。人也是如此,每个人都有适合他的环境才能展现其特长。

一个人如果用对地方,那成效是以数倍计算的。同时,在上位者也就可以"无为"!韩信与刘邦的例子正是最佳诠释。

"无为"并不是啥事都不做、不管,而是说:该做的去做,不该做的就不必做。领导者该做的是什么? 当然是好好地监督属下所做的进度。试想:如果身为领导者,又像刘邦会识人用人的话,那是不是上上下下都会很轻松,事情也会加速进展? 所以,了解每个人的特性,好好地利用这种特性,不但人人会胜任愉快,连领导者也会愉快起来!

关于辨别臣子的忠信,韩非子说:英明的君主,不依靠别人不背叛我,而依靠我的不可背叛,不依靠别人不欺骗我,而依靠我的不可被欺骗。

的确如此,君主应当依靠掌握在自己手中的权势和法术,使群臣不得不为自己卖力,而不能指望群臣有很高的道德水准,依赖群臣道德上的诚信可靠。大臣聪明狡猾有能力多计谋并不可怕,关键看君主有没有办法控制他,使他不敢背叛,无法耍奸。

★明知故问,精确识人

挟知而问。

——《韩非子》

在面试招聘的时候,主考官会提出种种问题请面试人回答。其中,主考官往往知晓各种答案或明确自己希望得到的回答,所以是一种"明知故问"的考察。事实上,这种考察方式不仅可以用在招聘时,也可以贯彻到日常对员工忠诚度的测试。

有一天,朝昭侯故意把一片剪下的指甲握在手中而假装遗失,然后严厉地命令:"剪下的指甲如果丢失是不吉利的征兆,无论如何也要给我找到!"

身边的近侍顿时乱作一团，纷纷四处搜寻房间的每一个角落，但是查找了几遍始终一无所获。朝昭侯站在一旁催促道："绝对不能丢失，你们一定要给我找到，否则就要接受处罚！"这时一名近侍悄悄地把自己的指甲剪下来，然后惊喜地喊起来："找到了，我找到了，在这儿！"韩昭侯立刻断定这名近侍是一个喜欢说谎的人，马上把他辞退了。

以"明知故问"的方式考察下属的忠诚度，这是《韩非子》倡导的"挟知而问"原则："挟智而问，则不智者至；深智一物，众隐皆变。"意思是，佯作不知而询问，就会明白自己不知道的事情；熟知一件事情，就可以明白其他隐晦的事情。

随着现代经济活动的日益频繁，员工外出从事各种业务活动的机会大幅增加，这为领导人如何有效统帅部属提出了严峻的挑战。如果员工远在千里之外，你如何知晓他的行踪呢？对方是否在尽职尽责地履行自己的使命？

这时，领导者可以借助各种手段以"明知故"的方式考察员工的忠诚度，进而实现有效的控制。比如，可以让员工用当地的长途电话给自己打电话，通过"来电显示"判断对方所言是否属实。在这里，"明知"的是员工在某个地方办公，但是不确定是否属实，所以"故问"来加以验证。因此，"挟知而问"不仅是对员工忠诚度的考察，更是对员工统御的有效手段。

三国时期，曹操争雄天下。尽管当时刘备没有自己的势力，但是仍然不能让曹操放心。为此，曹操宴请刘备参加酒会，这就是著名的"青梅煮酒论英雄"。

两人一边喝酒，一边交谈。曹操问刘备："你认为当今天下的英雄是谁呢？"刘备列举出了当时的各路诸侯，比如刘表、袁绍、袁术等人；但是曹操连连摇头，忽然说："天下的英雄，只有我和你两个人！"

刘备正处在曹操控制之下，竭力收敛自己的锋芒，以整日饮酒种菜消磨时光，今天听了曹操的话不禁惊慌失措，吓得手中的筷子也掉落在地下。恰巧一阵雷声传来，刘备急忙遮掩，曹操只以为是雷声所致，并不放在心上。

曹操问刘备对"天下英雄"的看法，并将自己和对方列为天下英雄的行列，是在故意考察对方的野心、志气。但是颇有心机的刘备瞒过了对方，得以明哲保身。

在纷繁复杂的企业管理事务过程中，领导者不可能事无巨细地一一加以辨析，但是可以通过"挟知而问"的方式时时考察员工的忠诚度，用已经知道的情况询问员工，可以通过局部的考察了解员工的工作状态，对自己获得的信息准确性进行科学的评估。通过判断信息的有效性和真实性，可以从全局的高度把握企业整体发展状况。

在现代商业管理教育中，对人才的考察已经被列为一项重要的课程。比如，美国哈佛大学就最早设立了"观人学"，并把它定为优秀学生的必修课程。深入研究中国古代管理文化可以发现，"观人学"从始至终都是一个重要的命题。文王识才法、庄子识才法、诸葛亮识才法、刘邵选才法、刘向选才法、曾国藩选才法等考察人才的方法,令人眼花缭乱。

对今天的企业领导者来说,从古代经验中吸取有益的东西,把握"挟知而问"等识人原则对我们出色完成领导与管理工作是很有帮助的。比如,"挟知而问"是一种由点到面的管理策略,可以帮助我们核实员工的忠诚性,确保信息的准确性,从而达到明辨是非的目的。这种传统管理思想的价值在今天看来丝毫没有减弱。

★识人,先看其德

韩非子曰:"德者,内也;得者,外也。"

——《韩非子·解老》

韩非子曰:"德者,内也;得者,外也。"意思是说,道德,是人内部存在的东西;而得到,是人从外部得到的。因此,外取决于内的道理,也就不言而喻了。

在韩非子看来,道德是一个人必须确立的内在标准,没有这个内在标准,人生之路就会失去支撑,最后必将导致失败。因此,做人必须"以德立身"。

"以德立身"贯穿于每个人人生的全过程,在人生的不同阶段,道德对人的要求会有着不同的变化,每个人体验和经历的内容也不一样,但是,"以德立身"的人生支柱是不变的,它对每个人人生大厦起着支撑作用的定律是不变的。

"德"是指一个人的品性、德行。我们很难想象,一个品行不端的人能结识真正的朋友,获得长久的事业成功。这样的人很难令人与之长期合作,因为这种人不是搞一锤子买卖,就是过河拆桥;他们甚至还可能受某种利益的驱使,铤而走险,落入法网……

韩非子提醒我们领导者,德乃人生事业的基础,是个人才能的统帅和主心骨。反之,离开了道德的建树,事业也就失去了稳固的基础,如艳丽一时而不可长存的花朵;缺乏道德的约束,个人的卓越才能就有走向反面的可能。

那么,如何"以德立身"呢?

韩非子回答说,就是要解决好"德"与"得"的关系,做到不因"得"而丧"德"。换言之,就是舍利而取道。利,即利益;道,即道义。使自己在主观上无愧于自己的良知,在客观上昂扬了社会的正气。

在此,韩非子也提醒领导者,选贤用能必须坚持一个标准:德才兼备。并且德更为重要,因为德与才是统帅和被统帅的关系。

所以,领导者在用人时,一定要先看其德,再看其才。只有这样,才能选出真正适合

的人。

有一天,西域来了一个商人将珠宝拿到集市上出售。这些珠宝琳琅满目,全都价格不菲。特别是其中有一颗名叫"珊"的宝珠更是引人注目。它的颜色纯正赤红,就像是朱红色的樱桃一般,直径有一寸,价格高达数十万,引来了许多人围观,大家都啧啧称奇,赞叹道:"这可真是宝贝啊!"

恰好龙门子这天也来逛集市,见了好多人围着什么议论纷纷,便也带着弟子挤进了人群。龙门子仔仔细细地瞧了瞧宝珠,开口问道:"珊可以拿来填饱肚子吗?"

商人回答说:"不能。"龙门子又问:"那它可以治病吗?"

商人又回答说:"不能。"

龙门子接着问:"那能够驱除灾祸吗?"

商人还是回答:"不能。""那能使人孝悌吗?"

回答仍是"不能"。

龙门子说道:"真奇怪,这颗珠子什么用都没有,价钱却要数十万,这是为什么呢?"

商人告诉他:"这是因为它产在很远很远没有人烟的地方,要动用大量的人力物力,历经不少艰险,吃不少苦头,很不容易才能得到的,它是非常稀罕的宝贝啊!"

龙门子听了,只是笑了一笑,什么也没说便离开了。

龙门子的弟子郑渊对老师的问话很不解,不禁向他请教。龙门子便教导他说:"古人曾经说过,黄金虽然是贵重,但是人吞了它就会死,就是它的粉末掉进入的眼睛里也会致瞎。我已经很久不去追求这些宝贝了,但是我身上也有贵重的宝贝,它的价值绝不止值数十万,而且水不能淹没它,火也烧毁不了它,风吹日晒全都丝毫无法损坏它。用它可以使天下安定;不用它则可以使我自身舒适安然。人们对这样的至宝不知道朝夕去追求,却把寻求珠宝当作唯一要紧的事,这岂不是舍近求远吗?看来人心已死了很久了!"

龙门子所说的"至宝",就是指人们自身的美德。

《左传》说"君子三立":立德、立功、立言。在这三项不朽的事业中,立德居于首位。《菜根谭》中有:"富贵名誉自道德来者,如山林中花,自是舒徐繁衍;自功业来者,如盆槛中花,便有迁徙废兴;若以权力得者,其根不植,其萎可立而待矣。"即告诉我们,只要一个人的荣誉富贵是建立在道德的基础上的,那么,一切就如山林中自然盛开之花,繁衍不息,是建立在功业或权力基础上的富贵名誉所不可企及的。

★ 以貌识人不可取

韩非子曰："观容服,听辞言,仲尼不能以必士。"

——《韩非子·显学》

韩非子认为,以貌取人,是没有丝毫的科学依据的,这样做只会埋没人才。

在《韩非子·显学》中,韩非子有非常精彩的论述:

"只看制剑时加的锡和剑的成色,就是善于铸剑的区冶也不能断定剑的质量。"

"开马口,观马齿,端详马的外表,就是善于相马的伯乐也难以判定马的优劣。"

"仅看一个人的容貌、服装,仅听他的言谈论说,就是孔丘也不能断定他是否能干。"

识人不能以相貌为标准,这是因为相貌不能反映人的实际情况。奸诈的人,虽对人暗藏杀机,却以笑脸相迎;善良的人,虽有菩萨心肠,对人也可能怒目相向。一个长得丑陋的人,或许是一个至善至诚的人;而一个艳丽无比的美人,心肠可能比蛇蝎还毒。

人的外貌和内心的关系正如现象与本质的关系。尽管现象是本质的表现,两者相互关联,但现象不是本质。人的外貌有时是其内心的反映和表现,如人内心的喜怒哀乐,常常能从人的表情中显露出来。所谓"察言观色",就是通过对人的语言和表情的观察和分析,来揣摩人的内心世界。但是,并非人人如此,有的人喜怒不形于色;还有些人心里一套,表现出来的又是一套。后者,表里不一,城府很深,他们善于隐藏自己的情绪,常常使人上当受骗。

那么,又该如何鉴别人才呢?

韩非子说:"用剑在水上击杀鹄雁,在陆地上砍断马匹,就是奴婢也能分辨出剑的利钝。"

"把马套在车上驾驭它奔跑,看它最终跑到哪里,就是奴婢也能分辨出马的优劣。"

"一个人只要让他担任一定的官职来试用他,责成他做出一定的功绩,就是普通人也能毫不怀疑地分辨出这个人是愚蠢还是聪明能干。"

总之,仅凭外貌难以判断一个人是否是真正的人才,但如果到实践中检验,就很容易做出正确的判断。

韩非子主张不以貌取人,因为人的长相如何,跟他有无真才实学没有必然的联系。有的人相貌堂堂,腹中却空空如也;有的人长得丑陋,却满腹经纶。就用人之道而言,相

貌堂堂而又满腹才略者当然再好不过,相貌丑陋却才华横溢者也与大局无碍。

★不以个人好恶选才

韩非子曰:"任人以事,存亡治乱之机也,无术以任人,无所任而不败。"

——《韩非子·八说》

在《韩非子·显学》中,韩非子主张不以貌取才。

而在《韩非子·有度》中,韩非子又提出不能凭个人的好恶选才。

韩非子曰:"明主使法择人,不自举也。"

意思是说,贤明的君主以法择人,不凭自己的好恶选拔。

在韩非子看来,以个人好恶为标准选择人才,实际上是私心在作怪。合乎自己心意者就是人才,不合乎者就是庸才。

一个领导者,是否坚持公道正派,是关系人才命运的大问题。事实上,凭个人好恶选人用人的情况很多。有人喜欢听奉承话,把喜欢吹牛拍马者当成人才;有人热心于搞派系,对臭味相投的人倍加青睐;有人看重个人恩怨,对自己有恩惠的,则想方设法加以提拔,即使有斑斑劣迹也给他涂脂抹粉。以上情况的存在,一方面使某些德才平庸、投机取巧的人,甚至有严重问题的人得到重用;另一方面又必然使一些德才兼备的人被埋没,甚至遭受不该有的打击。

韩非子提醒,彻底丢弃以个人好恶选才的观念,不拘一格选出真正的有才能的人,是一个领导者义不容辞的责任,也是事业取得成功的根本保证。

除此之外,领导者选贤用能还应避免以下几个误区:

1.勿要任人唯亲

任人唯亲,即任用人不管德才如何,只选择与自己关系密切的。任人唯亲,实际上是一种"小农意识"。正所谓"肥水不流外人田",任人唯亲的领导者一旦形成了这种错误的意识,就会在心理上排斥外来的力量、排斥那些出类拔萃的人才,用而不举,罚而不赏,终使优秀的人丧失斗志,跳槽他处也极为正常。人才流失实为可惜,而组织没有新鲜血液的注入,就会不断老化,再加上一些不具备领导能力的亲人加入,管理不善,职务上只升不降,腐败滋生,就更是雪上加霜,使组织走向衰亡。

因此,领导者必须从观念上、行动上,彻底摆脱任人唯亲思想的影响,只有任人唯贤,

韩非子

做到不偏不倚,组织才会越发活力四射、生机盎然。

2.勿以出身选才

"梅花香自苦寒来",温室虽好,但培育不出苍松翠柏。出身低微的人未必就没有大才大德。以出身定终生,是选才的大忌。

在中国古代历史上有"相马失之瘦,相士失之贫"的说法。其实,除了一些生长在富贵人家的人之外,有真才实学者,在他们未被发现或未成名之前,往往都处于社会的底层,甚至处于食不果腹的贫困境地。

因此,贫困或低微不能说明人是否有才能。以出身来识人,有才也会被看成是无才。魏惠王就是那种凭出身看人识人的人,所以就看不起公孙鞅,有大才也不知用,将他"输送"到秦国,最终自食其果。

3.勿以年龄选才

年轻,未必不堪重任。其实,只要有才智,年纪轻轻委以重任是完全可以的。

现实生活中,有些领导者选拔人才缩手缩脚,不敢起用年轻人,总认为还稚嫩,缺乏经验和阅历,挑不起大梁,总是说:"再考察考察吧!"一搁就是好几年。殊不知,在激烈的市场竞争中,人才是等不起的,市场的竞争实质就是人才的争夺。

4.勿以资历选才

古往今来,资历这把软刀子,不知扼杀了多少有用之才。任人只看资历,只看过去的业绩,依仗特权论资排辈,在我国古代几乎代代相传。时至今日,许多企业的领导者在选择人才时,也不自觉地戴上了"有色眼镜",以资历来评选人才,使有识之士不被提拔和任用,这不能不说是这些领导者在选才的观念上还带有封建士大夫的色彩。

一个组织,"用人唯资",就会僵化和凝固,就会失去朝气蓬勃的生命力,从而止步不前。

其实,选贤用能困难吗?

韩非子告诉我们,选贤用能并不困难,只要你不拒绝人才,自然能选择到真正的人才。

美国 M 公司的兴起与衰败好似一个传奇故事,故事的主人 M 是闯荡了几十年的电脑英雄。他用自己的铁掌控制公司长达 40 年之久。在晚年,他在家庭与企业的发展之间,更注重前者。

从某种意义上讲,M 就是公司,公司就是 M。只要了解了他本人,就等于了解了他的公司。与 20 世纪 80 年代其他许多相关企业的各式各样的故事相比,M 及其公司的故事要特别多。那些企业不是严重腐化,就是暴露无遗的贪婪。但 M 公司的衰落不是因为他的贪婪,而是 M 自始至终抱有他一人或一家控制公司的幻想。M 总是一再强调,他绝不

愿丧失对公司的控制权,不愿意让外人来管理自己多年苦心经营的公司。M说过,"因为我是公司创始人,我要保持我对公司的完全控制权,使我的子女有机会证明他们有没有经营公司的能力。"从这些话中可见M的"家庭观念"根深蒂固。

1986年3月,M任命36岁的儿子为公司的总裁后,董事会的成员们就担心后继者缺乏领导公司的经验。80年代中期以后,董事们曾多次劝说M招聘一位专业管理人员,如果需要可以给他的儿子一个让人得以留下深刻印象的头衔,但应避免让他儿子这样缺乏经验的年轻人来管理这个在全球竞争最激烈的行业中生存的公司。M却说:"他是我的儿子,他能够胜任。"可是,这个儿子竟不争气,在一年之内让公司亏损了4.1亿美元,并使公司的股票三年内下跌了90%。与其说M的儿子让M失败了,不如说这种"家庭观念"让M失败了。

一系列的错误决策,接班人选择的不当和M根深蒂固的"家庭观念",使层层危机环绕着M公司。在使用融资和其他解救方法无效后,M公司不得不于1992年申请破产。

"井底之蛙"选不出人才。选才不能犯"说你行,你就行,不行也行;说你不行,就不行,行也不行"的错误。不拘一格降人才,唯贤是举,唯才是用,是每一个管理者都应该做到的。

國學智慧全書

韩非子

第四章　用人：量才适用，善于驾驭

★用人不疑，疑人不用

韩非子曰："人主之过，在已任在臣矣，又必反与其所不任者备之。此其说必与其所任者为雠，而主反制于其所不任者。"

——《韩非子·南面》

韩非子认为，一个国家的大小事务如果都由君主一个人去做的话，君主即使有三头六臂也无可奈何。贤明的君主，懂得运用下属的智慧去建功立业。因此，君主就必须要把一部分任务和责任交予下属去完成，这就涉及信任的问题。

韩非子说："君主的过错，在于已经任用了臣子，又一定要和没有被任用的人一起去防备他。"

韩非子主张，用人不疑。也就是说，君主一旦把一项任务交给下属，就不要疑神疑鬼，更不要偷偷地派人到下属身边做"监工"。因为，一旦下属知道后，就会对其产生极大的反感，就不会再信任君主，自然也就不会全心全意地去完成任务。

韩非子所说的用人不疑，应该是所有领导者用人的准则。

现实生活中，有的领导把任务交给下属后，依然喜欢事无巨细地干涉和盘问，使得下属处于非常为难的境地，左也不是，右也不是。更有甚者，暗中派人监督，搞得人心惶惶，使下属无法安心工作。有的领导则在提出办事的原则后，对具体操作不加干涉，而是完全交给下属去完成。在做的过程中，与下属保持适当的沟通，通过沟通与下属的汇报来了解工作的进展。对比这两种不同的方法，很显然，第二种要高明得多。它可以促进上级与下级之间形成一种和谐信任的关系，也充分调动了下属的积极性，能够更好地检验一个人的能力。

那些不信任下属的领导，无异于在下属的腿上拴了一条绳子，看他们走偏一点，就把

绳子收得紧紧的,把他们拉回来,长久如此,下属自然不敢再走路,从而就把他们的创造性、主动性抹杀了。试想,做领导的对下属这点信任都不给,下属又怎能信任这个领导呢? 信任的力量是无穷的,领导者应充分信任下属的能力,否则,纵然累死也难有大的发展。

因此,领导者只应决定事情的大概,其他细节和过程就交给下属去处理,其实,往往下属在细节方面比领导了解得多。

但是,韩非子讲用人不疑,并不是指胡乱用人,而是必须以疑人不用为前提。也就是说,在用人之前要对所用之人进行考核,看其道德品质,以及能力是否能胜任这件事情等。所以,领导者不能把一项重任交给未通过"信任度"考验的下属。如果领导者将任务交给可信之人,就不要再有什么疑虑了。

有一个生产服装的小企业,原是美国某著名品牌的代理商,后见市场很大,遂投资建了一个一百多人的工厂。厂长、人事经理、生产部主管、采购主管等都是由当年一同打天下的亲戚朋友担任。但工厂运作了一段时间之后亏损严重,领导者左思右想,觉得还是人才方面的问题,于是,决定在人才市场上进行招聘。

果然,企业很快地就走出了低谷。但令人遗憾的是,领导者顶不住那些亲戚朋友的压力,并没有把原班人马全撤换掉。面对新老两帮人马,领导者竟想出这样的办法,利用"老人"监视"新人",又利用"新人"监视"老人"。于是新老两帮人马为了争取领导者的信任,都充当领导者的"警察"。领导者沾沾自喜,以为所有的人都在他的眼皮子底下。但这样做的最终结果是领导者人心尽失,企业陷入瘫痪的绝境。

一个明智的领导者一旦把一个任务交给下属后,就不会再疑神疑鬼。倘若领导有时间,则可以光明正大地到他们中间去走走,关心他们,帮助他们解决存在的困难,他们也就会乐意把工作的情况和进展向领导汇报。

★因事用人,量才录用

> 计功而行赏,程能而授事,察端而观失,有过者罪,有能者得,故愚者不任事。
>
> ——《韩非子·八说》

"得人者昌,失人者亡",人才事关企业发展的成败,这已经成为一个不辩自明的真理。但是如何选拔人才,怎样获得合适的人才,一直是组织领导者关切的问题。

买鞋子首先要确定尺寸大小,然后再看花色和款式,以及场合需要。选拔人才也是这样,必须明确人力资源需求,才能依照具体目标确定招收的人数、所需的技能、职位的性质等。

作为一家科技公司,贝尔坚持"拾级而上有效沟通"的用人标准。比如,在录用新员工时,要由部门经理与他进行一次深入的长谈,其中涉及个人发展计划、短期目标以及未来规划等。这与科技企业技术周期长等经营特点密切相关。而爱立信则秉承"只选最适合的"用人标准,提倡"终身学习",把目光瞄准具备潜能的人。

由此可见,企业要确立科学的用人标准,是结合自身行业特色与岗位需求而进行的,也就是我们通常所说的"因事用人"。

春秋时期,杨朱和弟子路过宋国边境的一个客栈,发现店主漂亮的老婆端茶送水,相貌平平的老婆却悠闲地坐在一边管理账目。杨朱大惑不解,问店主其中的原因。店主微笑着说:"漂亮的老婆举止傲慢,所以让她干无关紧要的事情;而相貌平平的老婆谦虚谨慎,所以我让她管理财务。"

端茶送水与管理财务,有不同的要求,这决定了相应人才标准。店主根据职位需要与个人能力,而不是根据相貌选用人才,是一种高明的做法。

韩非子说:"计功而行赏,程能而授事,察端而观失,有过者罪,有能者得,故愚者不任事。"意思是,论功行赏,根据能力而授予官职,有罪就罚,有能力就任用。

唐代的吴就在《贞观政要·任贤》中也曾经指出:"不以求备取人,不以己长格物,随能收叙,无隔疏贱。"选拔人才,不以完美的标准选取人,不以自己的长处衡量人,根据对方的才能合理使用,也不依据关系的疏远或地位的低贱来作为判断标准。这些古老的用人智慧值得今天的企业领导人深刻理解、用心铭记。

作为"康乾盛世"的衔接者,雍正始终坚持"治天下之道唯用人,除此皆末节也"的原则,有效提升了国力、促进了社会发展。在官员选聘上,雍正除了考察对方是否清廉、忠诚外,形成了自己高效的用人标准。

在雍正看来,"人才"必须具备相当的才干,因此他拒绝平庸的"木偶"。在一个职位上,即使当事者再清廉,人品再好,如果不干事或干不了事也无济于事,这种摆设还是不要为好。所以,雍正坚持"去庸人而用才干"的官吏选拔标准。

根据史料记载,当时的直隶吴桥知县常三乐廉洁安分,在职位上没有过错。但是他胆小怕事,结果许多重要的事务不能有效解决,地方治理没有什么起色。为此,直隶巡抚准备把常三乐调离县令的职位,但是吏部却以常三乐没有劣迹为由,不予批准。雍正听说这件事后,立即做出指示:常三乐为官暗弱无能,与失职无异,应当免去官职。

在一个岗位上做不出成绩,不能有所作为,本身就是失职的表现。因为这样一来,组

织工作就不能有丝毫的进展,根据不进则退的道理,这种损失是相当严重的。所以,领导人坚持量才录用的标准,才能保证公司业务不断推进。

人力资源管理在企业发展过程中发挥着越来越重要的作用,手中握有重大用人权力的领导人想要过好"用人"这一关,需要确立科学的用人标准,量才用人,避免"关系"制约。

与自己亲近的朋友和家人是我们生活与工作中的朋友,但是在关系组织生死存亡的"用人"这件事上,我们却不能以此为参照。林肯当上总统的最初阶段,十分重视与自己较为亲近的朋友。后来,他发现以这种思路治理国家是很难有所作为的,于是刻意与当时的高官和亲近朋友保持一定的距离,以国家利益为重,最终成为美国历史上一位卓越的领导人。

坚持组织利益为重、量才用人,并非冷酷无情,漠视人际关系的重要性,而是专注于建立高效合作的团队,避免企业丧失商业机会、工作中出现失误。毛泽东深刻地指出:"政治路线确定以后,干部就是决定的因素。"

《资治通鉴·唐纪》记载:"为官择人,唯才是与。苟或不才,虽亲不用。"意思是,应该确立严格的标准,按照才能选举人才,如果没有才能,即使是亲朋都不能任用。

今天微软帝国的成功,离不开它稳定、充满智慧和激情的员工队伍。而为了打造这样一支优秀团队,公司人力资源部门经常要从上万份的个人简历中选择,并举行上千次的测试,访问上百所大学。这种科学而严密的用人标准,为微软的发展和壮大源源不断地提供了所需的人才。

★ 不能以自己的智慧取代属下的智慧

韩非子曰:"明君之道,使智者尽其虑而君因以断事,故君不穷于智;贤者敕其材,君因而任之,故君不穷于能。"

——《韩非子·主道》

韩非子曰:"明君之道,使智者尽其虑,而君因以断事,故君不穷于智;贤者敕其材,君因而任之,故君不穷于能。"意思是说,英明君主的治国之道,就是使有智慧的人竭尽他们的谋虑,君主凭借他们的谋虑来决断政事,所以君主有用不完的智慧;使有才能的人尽力发挥他们的能力,君主凭借他们的才能来任用他们,所以君主有用不完的才能。

韩非子认为,君主的智慧不在于事必躬亲,而在于善于运用群臣的智慧,以达到"有功则君有其贤,有过则臣任其罪"的效果。

事实也的确如此,一个高明的领导者,他的才能就在于善于运用他人的才智来完成自己的事业;一个事事喜欢亲力亲为的领导者,必定是一个拙劣的领导者。

领导者领导下属,不能以自己的智慧取代下属的智慧,否则,下属始终处于被动地位。这样就会使下属失去个性,没有了积极性。领导者事必躬亲,也必定会使自己心力交瘁。

聪明的领导者懂得充分调动下属的智慧。使他们竭尽自己的思虑,出谋划策;尽力发挥他们的才能,办好事情。这便是"将将"的本领。

说到"将将",不免让人想起楚汉相争的刘邦和项羽。

刘邦的才智、能力有限,但他重视人才,知人善任,在他的身边有韩信、英布、张良、陈平等奇才猛将为其所用。项羽是叱咤风云的英雄,他深谙兵法,力可拔山举鼎,然而,这位盖世英雄却最终自刎于乌江。原因何在?说到底还是用人的问题。项羽自恃勇冠三军,对韩信、英布、陈平等一干谋臣武将视而不用,导致他们纷纷离楚归汉。人才在身边不知任用,终把自己弄成了孤家寡人。因此,这场楚汉之争,谁胜谁败,早成定局。

韩非子曰:"不贤而为贤者师,不智而为智者正。臣有其劳,君有其功,此之谓贤主之经也。"君主不贤能却成为贤能者的老师,君主不聪明却成为聪明者的师长。大臣付出了他们的辛劳,君主则享受成就,这就是英明君主的治国之道。

换言之,领导者即使自己才智有限、能力不足,也不必沮丧,只要懂得人才的重要性,善于运用下属的聪明智慧,使人尽其能,物尽其用,也必将有所作为。

燕昭王即位时,燕国由于内忧外患而衰败。昭王发奋图强,决心复兴燕国。他知道,要把国家治理好,首先是要有各方面的优秀人才,因此,他放下君王的架子,亲自登门向贤者郭隗请教招贤之策。

郭隗告诉他说:"成帝业的国君,以贤者为师而与之相处;成王业的国君,以贤者为友而与之相处;成霸业的国君,以贤者为臣而与之相处;连国家也保不住的国君,则待贤者如仆役。越是贤明的国君,对待贤者的态度越应该尊敬才是。"

昭王说:"寡人我倒是愿意向所有的人学习,只是苦于没有好的老师。"

郭隗说:"我听说这样一个故事:从前有个国君,用千金去买千里马,三年未能如愿以偿。身边的侍从对国君说:'请让我来完成此项任务。'国君就打发他去了。结果那侍从花500金买了一堆死马骨头回来。国君大怒道:'我要的是活马,死的有什么用?竟花掉那么多钱!'侍从回答说:'死马尚且用500金来买,更何况是活马呢?可见活马价格必不止此数。于是天下的人必然都以为国君肯出高价买马,因此千里马肯定会送上门来。'果然不出侍从所料,不到一年的时间,就得到3匹千里马。如今您真的想招徕天下的贤士

國學智慧全書

子学智慧

做老师，那就请从我郭隗开始，把我当成骏马的骨头对待吧。我郭隗尚且受到敬重，比我贤能的人就会不远千里而来。"

于是，燕昭王依计而行，为郭隗修建华美住宅，并以师礼事之，对他特别优待。不到3年，就有赵国的名将乐毅、齐国著名的学者邹衍、谋士剧辛纷纷从四面八方来到燕国。真可谓群贤毕至，人才济济。有了贤人的辅佐，再加上昭王能够和百姓同甘共苦，燕国很快就富强起来了。

古人云："知能不举，则为失才。"乃是高明之见，谋求发展必须把人才作为根本，有才必举是顺理成章的事情，如果知道人才而不举荐，识了奸人而不贬斥，像寒蝉一样默不作声，那么一个国家就不可能兴旺发达，一个团队就不可能长足进步。因此，"在位者以求贤为务，受任者以进才为急"。

★循名而责实：使下属与职位相匹配

韩非子曰："人臣皆宜其能，胜其官，轻其任，而莫怀余力于心，莫负兼官之责于君。故内无忧怨之乱，外无马服之患。"

——《韩非子·用人》

韩非子认为，用人就是"循名而责实"。"名"，即组织中的某一职务、头衔；"实"，即担任这一职务人的能力。"循名而责实"，就是说在组织中担任某一职务的人，要有担任这一职务相应的能力。

韩非子曰："见能于官以受职。"因为在官位上表现出才能而得到职务。

在韩非子看来，人才与职位必须相称，从而合理分工，各尽所能，将每个人置于最适合的岗位上，这样才能使组织利益最大化。

现实生活中，领导者用人也一定要量体裁衣。既不能让统率千军的将帅之才去做伙头军，也不能让县衙之才去当宰相；既不能让温文尔雅、坐谈天下大事的文官去战场上驰骋，也不能让叱咤风云、金戈铁马的武将成天待在宫廷内议事。而应该辨清各自的特长，派其到合适的地方、授予相应的职位。

韩非子告诉我们，不当其位、大材小用和小材大用都是用人的失败之处。不当其位，当然就无法发挥人才的长处，空有满腹经纶却无处施展；大材小用，造成人才的极大浪费，必定挫伤人才的积极性，使其远走高飞，另谋高就；小材大用，只会把原来的局面越弄

越糟,使人成为组织发展的绊脚石。"用人必考其终,授任必求其当",古人早已给现代领导们做了榜样。

在考虑能当其位的过程中,领导者不能仅仅以人才能力的高低来衡量,还必须考虑人才的性格、品行。如果此人性格懦弱、不善言辞,则不宜让他担任公关之类的任务;如果他处事随意,且常有一些小错,不拘小节,就不应任用他做财务方面的工作;如果他品行不太端正,爱占小便宜,且比较自私,对这种人尤其要小心任用,最好不要委以重任,而应使其处于众人的监督之下,不至于危害大局,一旦发现其恶劣行径,立即严惩不贷,绝不心慈手软。所以,领导者在用人时,一定要就人才的能力、性格、品行等方面综合考虑,再授予一个适当的职任。

韩非子曰:"人臣皆宜其能,胜其官,轻其任。"大臣们在合适的岗位上都能发挥他们的才能,胜任他们的官职,轻松地完成任务。

换言之,只有人才与职务相称,人才才能充分发挥自己的聪明才智,也才能轻松地完成工作。

狄仁杰就是一位善于任人的官吏。

有一天,武则天问狄仁杰:"朕欲得一贤士,你看谁能行呢?"

狄仁杰说:"不知陛下欲要什么样的人才?"

武则天说:"朕欲要将相之才。"

狄仁杰说:"文学之士温藉,还有李峤等,都可以选用;如果要选用卓异奇才,荆州长史张柬之是大才,可以任用。"

武则天于是擢升张柬之为洛州司马。

过了几天,武则天又问贤,狄仁杰说:"臣已推荐张柬之,怎么没任用?"

武则天说:"朕已提拔他做洛州司马。"

狄仁杰说:"臣向陛下推荐的是宰相之才,而非司马之才!"

狄仁杰

武则天于是又把张柬之升迁为侍郎,后来又任他为宰相。

事实证明,张柬之没有辜负重任。可见,狄仁杰多么懂得任人应当适其位的道理!

只有使人才与职务相匹配,才能让你得到一位有胜任能力的部属。否则,轻则影响人才能力的发挥,重则造成人才流失,甚至使组织元气大伤。

第五章　驭才:驾驭人才为我所使

★"信赏尽能"才能收人心

> 信赏尽能。
>
> ——《韩非子·内储说上》

"在商言商",而言"商"就是言"利"。现代商业世界是建立在物质利益这一基础上的,我们不能否认,企业是以获取最大利润为目标的。而对员工来说,获得更多的物质奖励,不仅是提高生活水平的重要手段,也是赢得成就感的标尺。

司马迁在《史记》中深刻地指出:"天下熙熙,皆为利来;天下攘攘,皆为利往。"我国古代也有"重赏之下,必有勇夫"的说法,所以,企业领导人在激励方面一定要信守承诺,才能带动员工再接再厉,进而吸引有才能的人加入自己的团队。

春秋时期,曾子的妻子准备上街买东西,这时儿子哭喊着要一起去。于是妻子哄着孩子说:"不要跟我去,等我回来杀猪给你吃。"就这样,孩子顺从地和曾子待在家里。

妻子从街上回来后,曾子转身就捉住一头猪,准备杀掉给孩子吃。妻子十分生气地说:"刚才我在哄孩子,你怎么能真的杀猪呢?"曾子认真地说:"我们不能和小孩说笑,他们从小都在听从父母的教导,向父母学习。如果我们欺骗他,就会失去基本的信任。"说完,曾子遵照妻子的承诺杀了猪,然后煮肉给儿子吃。

按照通常的理解,韩非子谈统治,谈管理,谈掌控,讲的是权谋,说的是尔虞我诈,照理不会强调什么"诚信"这种好像很儒家、很有道德意味的东西,其实不然。愈是谈统御,愈会强调"诚信"。在韩非子的理念里,守信其实也是统治术的一种。

春秋时代的霸主晋文公,攻打梵城,和将士们讲好出征 10 天,只带 10 天的粮食。打了 10 天,梵城仍攻不下来,晋文公下令撤军。

就在此时,梵城有人出城,并通风报信说:"梵城撑不了太久,再有 3 天就会投降。"

晋国将领纷纷劝晋文公稍等几天再退兵。

然而，晋文公仍旧坚持退兵，他表示："我和将士约定只打10天的仗，若不撤兵，便是失信，为了攻得梵城而失信，我不愿意。"

晋军如原定计划退兵，而梵城的人被晋文公的诚信所感动，随后也投降了。

一般指挥官一定秉于兵不厌诈的原则，不在乎原先对官兵的承诺，然而晋文公认为失去信用，未来如何取信于部众，又如何领导？这便是领导的艺术。

如何做到让别人相信自己呢？韩非子说："小信成则大信立。"什么意思呢？小信用能够兑现，大的信用才能建立。这和一些人认为的"小谎可以撒，大谎不要撒就好"的说法不同。关键在于：小谎说多了，小信用破产，彼此却互信基础没了，大的承诺人家便不相信了。

韩非子又说："赏罚不信，则禁令不行。"由此可见，讲信用是为了求纪律。该赏就赏，该罚就罚，法令规章才有约束力，秩序才能正常运作。韩非子的"信赏尽能"，意思是，对有功者的赏赐一定要兑现，使下属充分发挥才能。曾子的做法令人称道，这提醒企业领导人，在物质激励方面对员工许下诺言，就一定要努力实现。

有一天，通用公司的一位员工领取工资，发现少了一次加班费。于是，他马上找到上司要求补足薪水，但这位上司表示无能为力。员工没有停止行动，接着他立即给公司总裁斯通写信，抱怨薪水计算错误的问题，而且说明这种情况已经使一大批优秀人才感到失望。

看到员工的来信以后，斯通马上责成最高管理部门妥善处理此事。最后，不但这位员工获得了补偿，而且通用还确立了"奖赏守信"的管理原则，极大地调动了员工的积极性。

有智慧的领导人总是善于发挥激励的功效，吸引优秀的人才加入自己的团队。在这里，"奖赏守信"不仅仅是为了建立彼此的信任，更重要的目标是发挥示范作用，使有才能的人团结在自己周围。

现代人才竞争不再是一时的得失，而是基于行业人力资源库的建立。作为一个技术性的跨国企业，日本丰田公司为了占领行业技术制高点，设立了"员工合理化建议奖"，以此鼓励员工提出有价值的建议。更重要的是，无论这些建议是否被采纳，都会得到必要的奖励。

结果，丰田公司的员工都把提出合理化建议作为一项重要的日常功课，使公司的技术水平获得突飞猛进的发展，管理效率也有极大提升，公司利润滚滚而来。此外，丰田公司的这种企业文化吸引了世界各地的优秀人才，反过来为企业发展提供了动力。

著名心理学家赫茨伯格提出了著名的"双因素论"——"保健因素"可以使员工不产

子学智慧

生抵触情绪,保持积极性;而"激励因素"则增强员工进取心、责任感,让人们具有最佳的表现。因此,领导人想要有效地调动员工的积极性,不仅要善于使用激励手段,更重要的是"信赏尽能",在奖励方面"守信"。

很显然,当员工达到某一目标后,如果发现自己的努力没有得到回报,就会认为这种付出不值得。于是满意度降低、积极性减弱,自然不会在以后工作中付出更大的努力。如果企业领导人看不到这种情况,只想最大限度地减少成本以保证利润最大化,那么员工就会不断抱怨,最好的员工可能会因此而流失,这对企业是得不偿失的。

因此,领导人在奖励方面一定要守信用,不能失信于员工——失信一次,会造成千百次重新激励的困难。更重要的,"信赏尽能"才能鼓励有才能的人加入自己的团队,换来丰厚无比的利润。

★ 做领导必须耳目多

观听不参,则诚不闻,听有门户,则臣壅塞。

——《韩非子·内储说》

韩非子讲:"观察听说而不加以参验比较,就不了解实情,只听一方面的意见就会被臣下蒙蔽。"

领导者需要耳聪目明,这不仅是保护自己的必要手段,而且也是保证了解被用者并且充分发挥他们能量的措施。韩非子赞成通过不同渠道来全面考察属下是每一个用人者需要掌握的技能。

明太祖朱元璋戎马征战十几年,终于建立了大明政权。但是,他总不放心那些帮助他开创基业的功臣,总是在心里暗想:"你今天没有谋反的心,难道能够保证日后也不会生出谋反的心吗?与其让你日后有谋反的机会,还不如今日就将你杀了。"皇帝有了这种心思,难免会整日疑神疑鬼,为了监视臣工,他就设立了一个叫"锦衣卫"的特务机构,专门监视、侦察大臣的活动。

最初,这锦衣卫不过是皇帝的护卫亲军,负责掌管皇帝出行的仪式。后来,朱元璋赋予它更大的权力,可以不经通报直接查办各种案件,也可以不经任何手续任意逮捕、审讯和杀人,根本不必遵守太祖亲手定下的大明律例。锦衣卫直接隶属于皇帝,不听其他任何人的命令,皇帝派自己的心腹大臣担任指挥使的最高职务,下面设有官校,专司侦察。

大臣在外面或家里有什么动静，他们都打听的一清二楚。一旦谁被他们发现有什么嫌疑，就会马上被抓进监狱，甚至杀头。这一下，虽然大臣们每天都过的战战兢兢，但是皇帝却可以高枕无忧了。

后来，明成祖朱棣连一个大臣也不敢相信，就用身边的太监为提督，建立了一个新的特务组织，叫作东厂。这个机构不但负责检查百官，甚至是一般的平民百姓的家长里短也一并监视。宪宗时又设立了与东厂相对的西厂，人数比东厂多一倍，他们的侦察范围，除京师之外，更是扩展到全国各地，甚至是民间的斗鸡骂狗一类的小事，都在他们的缉拿之列。本来这三个机构互相牵制，互相制约，就已经很复杂，但皇帝为了更加稳妥起见，又专门设立了一个内厂，也由皇帝身边的亲信太监直接指挥，除了监视臣民之外，还监视着锦衣卫和东、西厂的活动。

朱元璋

锦衣卫、东厂、西厂和内厂组成了明代的四大特务机构体系，成为皇帝控制、镇压臣民的有力工具。随着时间的推移，厂卫的权力越来越大，特务多如牛毛，遍布全国各地、大街小巷，严密的监视着朝野官员、士绅、百姓的一举一动，人们防不胜防，整日都提心吊胆的过日子。恐怕那时天下唯一能够睡一个安稳觉，而不必担心因为夜里说了什么梦话就被抓进大牢的人就是皇帝本人了。

建国之初，太子的老师宋濂是全国有名的大学者，他已经跟随了朱元璋十几年了，但是朱元璋对他还是不放心，常常派人在暗处监视他。有一天宋濂在家中宴请客人，边吃边聊，十分高兴。第二天一大早上朝，见了面，皇帝第一句话就问他昨天请了什么人，吃了什么菜，聊了些什么话。宋濂一向诚实，认认真真的回答了皇帝的问题。朱元璋听了十分高兴，对宋濂大加赞扬，还说"宋濂跟了我十几年，从没有对我说过一句假话，真是一个大大的忠臣啊！"就是这样一个忠臣，后来也险些死在他的强烈猜疑之下。

有一次，一个叫钱宰的大臣在家闲来无事，吟诗自乐，作了一首诗叫"四鼓咚咚起着衣，午门朝见尚嫌迟。何时得遂田园乐，睡到人间饭熟时"，主要在描写每日晨起上朝的辛苦。第二天见了朱元璋，皇帝直截了当地说："你昨天吟的那首诗似乎有一个字不妥吧？把'嫌'字改为'忧'字怎么样啊？"钱宰一听，当时就吓出一身冷汗，连忙跪下请罪，幸亏朱元璋这天心情还不错，没有再追究，否则恐怕这钱宰往后的日子就要不好过了。

國學智慧全書

子學智慧

还有一次，朱元璋忽然在朝上问起一个大臣说："你昨日为什么事生气啊?"这个大臣觉得很莫名其妙，仔细想了半天，忽然想起来一件事，马上回答说："昨天有一个仆人打碎了我一件心爱的茶具，所以我发怒责骂了他一顿。"答完还奇怪地问皇帝是从何而知。朱元璋笑眯眯的没有回答，只是让人拿来一幅画，这个大臣接过来一看，不禁大吃一惊，原来画上画的正是昨天他生气发怒的样子。等他下了朝回到家里，才发现自己的衣服都已经湿透了。

宋濂

"兼听则明，偏信则暗"，这句话至今还被我们经常引用，殊不知，这正是当年魏征用来规劝唐太宗李世铭纳谏的语言，而基本上同样的意思，在韩非先生的思想中，就有了不一样的意味。当时，唐太宗就将魏征的这句忠言牢记在心，有了好的指导思想，纳谏也就有了良好的基础和前提；而在明太祖朱元璋那里，则变成了控制属下的一个重要指导思想。

其实，如果一个领导者所做的"兼听"工作没有明王朝那么极端的话，仍然是值得借鉴的，韩非子在书中讲的"三人成虎"的故事就说明，作为领导者，如果自己的耳目太少、信息渠道不够畅通的话，无论如何也不可能使自己的人才管理达到优秀水平的。

★不要让下属过于显贵

有道之君，不贵其臣；贵之富之，备将代之。

——《韩非子·扬权》

懂得管理的领导者，决不会使他的属下过于显贵，如果属下过于显贵，他们就会取而代之。

一天，楚王对大臣干象说："我打算以楚国的力量扶持甘茂在秦国做国相，你看如何?"

干象连连摇头说:"不可不可!"

楚王问:"为何不可?"

干象说:"甘茂这个人可了不得。他那么年轻的时候就侍奉史举先生。史举这个人可不好侍候,他本是上蔡这个地方的一个守门人,后来修炼得道,架子很大,天子诸侯都不在他眼里,对父母亲人也不买账,为人刻薄,待人苛刻,天下无人不知。可是甘茂在他身边做事,却能把他服侍得服服帖帖。秦惠王算是明察善断的了,张仪算是老奸巨猾的了,可是甘茂在他们手下做事,先后担任了十个官职,却没有犯一点错误。甘茂的确是个人才!怎么能扶持他做秦国的相呢?"

楚王说:"你的意思是说,为别国寻找国相,不能树有才能的贤人?这又是为什么呢?"

干象说:"以前大王把邵滑推荐到越国去做官,五年之后就把越国给搞垮了。为什么会是这样?就因为邵滑是个蠢材,把越国搞得一团糟,而楚国却被贤才治理得井井有条,所以楚国能战胜越国。大王对越国知道用这个道理,为什么现在对秦国就不会用了呢?"

楚王问:"那你认为,我应该怎么做呢?"

干象说:"我看,大王不如设法扶持秦国的公子共立。"

楚王又问:"共立这个人可以做国相吗?为什么呢?"

干象说:"共立是秦国的一个纨绔子弟,从小受到宠爱,长大后地位尊贵。他可以披着秦王的衣服,嘴里嚼着香草,手上玩着玉镯在朝廷上办公。这样的人担任秦国的相,足以把秦国搞乱,那对我们是有利的!"

对手强大了,对于自己来说一定不是好事,所以楚国向别国推荐的总是庸才。这说明了一个道理:不能重用或绝对信任对手为你举荐的"人才"。当然,在春秋战国那样动乱的时代,权臣巨富勾结外国,君权不力的情况下,有些事情不得不相互妥协地来处理。但权臣巨富都有好下场吗?也未必。

在历朝历代上,许多显贵一时的家族,很难逃脱被抄家的命运,这是因为正常的执政者无法忍受属下的权位、财势能够比拟皇家。所以晋朝的巨富石崇,清朝掌管江南织造的曹家等,均是下场悲凉。然而也有不少显贵的大臣,就顺势得到天下,如西汉王莽、曹魏的司马氏。

★用人上的"捉迷藏"

上明见,人备之;其不明见,人惑之。其知见,人饰之;不知见,人匿之。其无欲见,人

司之;其有欲见,人饵之。故曰:吾无从知之,惟无为可以规之。

——《韩非子·外储说右上》

韩非子讲:"君主的明察显露出来,臣下就会防备他;君主的糊涂显露出来,臣下就会被欺惑。君主的智慧暴露出来,臣下就会掩饰真情;君主的愚昧暴露出来,臣下就会隐藏真情。君主没有欲望表现出来,臣下就会窥测试探他;君主有欲望表现出来,臣下就会想办法引诱他。所以说,我无从了解臣下,只有用无所作为的方法去窥测臣下的动向。"

做人要懂得适可而止,保持一种适中的人生态度十分必要,更何况与人打交道的用人管人的敏感问题?许多事情坏就坏在不能把握一个分寸,坏就坏在走了极端。要防止这种极端的弊处,韩非子要我们不妨学会"捉迷藏",把自己的态度掩藏起来。

西汉有位杨恽,重仁义轻财物,为官廉洁奉法,大公无私。只可惜好人很难一路平安,他正官运亨通,春风得意的时候,有人在皇帝面前告了他一状,大概是说他对皇帝陛下心怀不满,表现得那么出色是为了笼络人心,图谋不轨。

皇帝当然不喜欢贪官,但更厌恶有人和他唱对台戏,哪怕是你才干再好,品德再好,你如果对他稍有异议,便会招来灾祸。经人这么一告发,皇帝就把杨恽贬为平民。没有让他身首离异,就已经是宽大为怀了。

杨恽原先做官时,添置家产多有不便。现在下野了,添置一些家当,与廉政无关,谁也抓不到什么把柄。他以置办财产为乐,在每天忙忙碌碌的劳动中得到快慰。

他的好朋友孙会宗听说这件事,感到可能会闹出大事来,就写了一封信给杨恽,信里说,"大臣被免掉了,应该关起门来表示心怀惶恐,装出可怜的样子,免得人家怀疑。你不应该置办家产,搞公共关系,这样容易引起人们的非议。让皇帝知道了,不会轻易放过你的。"

杨恽很不服气,回信给老朋友说:"我自己认为确实有很大的过错,德行也有很大的污点。理应一辈子做农夫。农夫很辛苦,没有什么快乐,但在过年过节杀牛宰羊,喝喝酒,唱唱歌,来慰劳自己,总不会犯法吧?"

难怪杨恽做不好官,他连"欲加之罪,何患无辞"的常识也不懂。有人把他视为眼中钉、肉中刺,向皇帝告发说:杨恽被免官后,不思悔改,生活腐化。而且,最近出现一次不吉利的日蚀,也是由他造成的。皇帝命令迅速将杨恽缉拿归案,以大逆不道的罪名将他腰斩,还把他的妻儿子女流放到酒泉。

杨恽以不满皇帝而戴罪免官之后,本来应该学乖点,接受友人的劝告,装出一副堪于忍受损害与伤辱、逆来顺受的可怜样子,说不定皇帝和敌人还会放过他。即使是最凶恶的老虎,看到羔羊已经表示屈服,不会再穷追不舍。杨恽没有接受教训,他还要置家产,

交朋友,这不是明摆着对自己被贬不满吗? 好吧,治你一个大逆名,杀了你还能不满吗?不能压住自己的不满情绪,不会提防皇帝和敌人抓住自己不满的把柄,终于酿成了自己被杀、家人遭流放的悲剧。

人,尽管有理性,能够在清醒的时候分清是非好坏,但是,作为有情感的人,却常常容易一叶障目,为一时的冲动和得意而忘乎所以。即便是在理性的指导下,也往往会由于过分地钻牛角尖,在一些事情上陷于难以自拔的地步,而中庸便是克服这样一种行为方式。

"水满则盈","过犹不及",都是中国的先哲们早已总结出来的经验。它告诉我们,哪怕自己可以争取到的东西,最好也是留点分寸,留点余地,以便在万一出现什么情况时,能有一个回旋的余地。这不仅是一个自我谦让的问题,而且也有一种客观的必要性。因为,就人来说,一旦处于非常极端的地步或状态,往往会使自己处于比较被动的境地。

任何人在工作中都必须与他人打交道和别人合作,在这个过程中,少不了有合脾性的、对口味的伙伴与朋友,以及与难免会有一些在性格、气质,甚至于行为方式上都显得格格不入的人相处。在这种情况下,如果单纯地凭自己的好恶,近前者,远后者,甚至于表现出一种明显的态度,其结果往往是容易给自己的工作、生活带来诸多不便。对那些自认为合不来的人也应在工作中采取接近和合作的态度,对那些似乎是很要好的人,也应该适当地保持一种距离。这样,不仅可以真正地团结一切可以团结的人,得到各种人的帮助,而且也还可以保持朋友间长久的友爱和交往。

韩非子告诉你:学好"捉迷藏"不但是了解他人的手段,同时也是保全自己之道。当灾难降临的时候,导火索其实往往并不重要,也许连你表现得十分出色也会成为你获罪的理由。

第六章　纳谏：广开言路不孤独

★ "低头跌架"又何妨

古之人目短于自见，故以镜观面；智短于自知，故以道正己。故镜无见疵之罪，道无明过之恶。目失镜，则无以正须眉；身失道，则无以知迷惑。西门豹之性急，故佩韦以缓己；董安于之心缓，故弦韦以自急。故以有余补不足，以长续短，之谓明主。

——《韩非子·观行》

韩非子讲："古代的人因为自己的眼睛不能看见自己的面容，所以用镜子来照自己的面孔；因为自己的智力不能发觉自己的过失，所以用法术来端正自己的行为。所以，镜子没有照出毛病的罪过，法术不应因暴露过失而遭到怨恨。眼睛失去了镜子，就没有办法来修整面容；立身处世失去了法术，就没有办法发觉自己的迷惑。西门豹的性情急躁，所以佩戴柔韧的熟牛皮带来提醒自己从容沉着；董安于的性情迟缓，所以佩戴绷紧的弓弦来鞭策自己明快敏捷。所以能够以多余来补充不足的，用长的来接短的，就叫作英明的君主。"

人在高处不胜寒，这是每一个领导者都会尝到的滋味，不过，好的领导者却能在高位上拒绝孤独。全球首富沃尔玛的老板就是韩非子领导术的楷模。

沃尔玛公司虽然仅有50多年的历史，但一直非常重视企业文化的作用，充分发挥企业文化对形成企业良好机制的促进和保障作用，增强企业的凝聚力和战斗力。沃尔玛公司创始人萨姆·沃尔顿，为公司制定了三条座右铭："顾客是上帝""尊重每一个员工""每天追求卓越"，这也可以说是沃尔玛企业文化的精华。

为了给消费者提供物美价廉的商品，沃尔玛公司不仅通过连锁经营的组织形式、高新技术的管理手段，努力降低经营费用，让利于消费者，而且从各个方面千方百计节约开支。

沃尔玛公司重视对员工的精神鼓励。总部和各个商店的橱窗中，都悬挂着先进员工的照片。各个商店都安排一些退休的老员工，身穿沃尔玛工作服，佩戴沃尔玛标志，站在

國學智慧全書

韩非子

店门口迎接顾客,不时有好奇的顾客同其合影留念。这不但起到了保安员的作用,而且也是对老员工的一种精神慰藉。公司还对特别优秀的管理人员,授予"萨姆·沃尔顿企业家"的称号。公司以沃尔玛的每个字母打头,编了一套口号,内容是鼓励员工时刻争取第一。公司每次召开股东大会、区域经理会议和其他重要会议时,每个商店每天开门营业前,都要全体高呼这些口号,并配有动作,以振奋精神,鼓舞士气。

萨姆非常重视人的作用,他说:"这些高科技的设备离开了我们合适的管理人员,以及为整个系统尽心尽力的员工都是完全没有价值的。"他一直致力于建立与员工的合伙关系,并使沃尔玛的40万名员工团结起来,将整体利益置于个人利益之上,共同推动沃尔玛向前发展。

萨姆将"员工是合伙人"这一概念具体化的政策是三个计划:利润分享计划、雇员购股计划、损耗奖励计划。

1971年,萨姆开始实施第一个计划,保证每个在沃尔玛公司工作了一年以上,以及每年至少工作1000个小时的员工都有资格分享公司利润。萨姆运用一个与利润增长相关的公式,把每个够格的员工工资的一定百分比归入这个计划,员工们离开公司时可以取走这个份额或以现金方式,或以沃尔玛股票方式。雇员购股计划的内容就是让员工通过工资扣除的方式,以低于市值15%的价格购买股票,现在,沃尔玛已有80%以上的员工借助这两个计划拥有了沃尔玛公司的股票,而其他的20%员工基本上都是不够资格参与利润分享。损耗奖励计划的目的就是通过与员工共享公司因减少损耗而获得的盈利来控制偷窃的发生。损耗,或者说偷窃是零售业的大敌,萨姆对有效控制损耗的分店进行奖励,使得沃尔玛的损耗率降至零售业平均水平的一半。

"萨姆可以称得上是20世纪最伟大的企业家。他所建立起来的沃尔玛企业文化是一切成功的关键,是无人可以比拟的。"——美国Kmart连锁店创始人哈里·康宁汉这样评论他的竞争对手萨姆·沃尔顿。

无论是到世界各地的任何一间沃尔玛连锁店中,你都会感受到一种强烈的震动。这是长期以来形成的企业文化,是沃尔玛精神——勤恳、节俭、活跃、创新。正因为此,每一位公司同仁都热爱着沃尔玛,默默地为顾客服务的事业而奉献。

长期以来,沃尔玛的企业文化使沃尔玛公司的同仁紧紧团结在一起,他们朝气蓬勃,团结友爱。下面是沃尔玛公司特有的欢呼口号,从中可以感受到一种强烈的荣誉感和责任心。

"来一个W!来一个M!我们就是沃尔玛!来一个A!来一个A!顾客第一沃尔玛!来一个L!来一个R!天天平价沃尔玛!我们跺跺脚!来一个T!沃尔玛,沃尔玛!呼—呼—呼!"

沃尔玛的员工总是设法让生活变得有趣及充满意外,他们经常会做出近似疯狂的行为来吸引同仁的注意,让顾客和同仁觉得趣味横生。萨姆·沃尔顿可称为典型代表,有一次他答应如果公司业绩出现飞跃,他会穿上草裙和夏威夷衫在华尔街上跳草裙舞。当年公司营业额的确超出了他的预料,于是他真的在美国金融之都华尔街上跳起了欢快的草裙舞,当时被报界大肆曝光。公司副董事长曾穿着粉红色裤袜、戴上金色假发,骑着白马在本特维拉闹市区招摇过市。

　　尽管有些人认为沃尔玛有一群疯疯癫癫的人,但了解沃尔玛文化的人会懂得它的用意旨在鼓励人们打破陈规和单调生活,去努力创新。“为了工作更有趣。”这就是萨姆·沃尔顿的“吹口哨工作”哲学。

　　通过这些有趣的游戏,不仅使沃尔玛员工和领导人员之间更加亲切,使他们觉得情趣盎然,而且还是一种最好的宣传公司和促销的手段。沃尔玛的企业文化是在小镇上发展时就逐渐形成的。公司成长之后,沃尔玛仍然不忘鼓励人们在店里制造欢乐气氛,共同为社区增添生活的乐趣。培养团队意识,即使有时与宣传和促销商品没有关系。

　　沃尔玛的“周六例会”最能体现其企业文化。每周六早上七点半钟,公司高级主管、分店经理和各级同仁近千人集合在一起,由公司总裁带领喊口号,然后大家就公司经营理念和管理策略畅所欲言、集思广益。做出优良成绩的员工也会被请到本特维拉总部并当众表扬。这一周一次的晨间例会被视为沃尔玛企业文化的核心。参加会议的人个个喜笑颜开,在轻松的气氛中彼此间的距离被缩短了,沟通再不是一件难事,公司各级同仁也了解到了各分公司和各部门的最新进展。

　　在星期六的晨间例会上,与会者通常会花上一些时间来讲述一些似乎不可能达成的创新构想,大家不会马上否决这些构想,而是先认真思考如何让不可能的事情变为可能。一位公司的管理人员阿尔·迈尔斯说:“周六晨间会议的真正价值在于它的不可预期性。”

　　一次,阿尔巴马州奥尼安塔分店的一位助理经理订货时出了问题,多订了四、五倍的圆月饼,为了把圆月饼在坏掉之前全部销出,他想出了吃圆月饼比赛的主意。这个主意不仅使助理经理达到了目的,而且将功补过,从此每年十月的第二个星期六,沃尔玛公司都会在奥尼安塔分店的停车场举行这项竞赛,吸引了不少来自其他州的顾客来参加和观看,甚至新闻媒体采访报道,沃尔玛的名气更大了。

　　沃尔玛一年一度的股东大会也同样生动有趣,有点像规模扩大的周六例会。在沃尔玛公开上市股票时,他们曾让华尔街的证券分析家和股东们在溪流上泛舟或在湖畔露营。后来沃尔玛股东大会就成了全球规模最大的股东会议,每年大约有一万多人出席。

　　独特的企业文化,使每一位员工有一家人的亲切感。为共同目标奋斗,使沃尔玛保持着强劲的竞争能力和旺盛的斗志。这种企业文化的建立充分展示了沃尔顿领导网络的艺术。

沃尔玛的经营者在不断的探索中,领悟到人才对于企业成功的重要性。如果想要发展,就必须引进受过教育的人才并给予他们进一步培训的机会。

沃尔玛公司把如何培养人才、引进人才以及对既有人才的培训和安置看成一项首要任务。沃尔顿先生和妻子海伦在阿肯色大学专门成立了沃尔顿学院,使一些早年没有机会受到高等教育的经理有一个进修充电的机会。沃尔玛为员工制定培训与发展计划,让员工们更好地理解他们的工作职责,并鼓励他们勇于迎接工作中的挑战。

公司对合乎条件的员工进行横向培训和实习管理培训。横向培训是一个持久的计划,沃尔玛十分重视在工作态度及办事能力上有特殊表现的员工,他们会被挑选去参加横向培训。例如收银员有机会参加收银主管的培训。为了让有领导潜力的员工有机会加入领导岗位,沃尔玛还设立了管理人员培训课程,符合条件的员工被派往其他部门接受业务及管理上的培训。

此外,沃尔玛还通过培训加强了企业与员工之间的沟通。培训不仅是员工提高的途径,也是他们了解公司的一种方法。沃尔玛公司设立培训图书馆,让员工有机会了解公司资料和其他部门的情况。所有员工进入沃尔玛公司后,经过岗位培训,员工对公司的背景、福利制度以及规章制度等都会有更多地了解和体会。沃尔顿这位出色的领导者始终坚信员工是推动企业发展的原动力,并把这个道理传授给沃尔玛现在和未来的经营者,推广至世界各地的沃尔玛。

一个人要想孤立自己并不难,只要自视高人一等就足以奏效。昂起高傲的头,让别人"仰着脸"说话,感觉上固然有些飘飘然,但从此也不再为人所看重,所欣赏,所亲近。特别是作为位高权重的领导者,你的"低头跌架"必然会使下属受宠若惊,使下属甘心效力。

玛格丽特·杜鲁门在写她父亲杜鲁门总统传记时也曾多次提到她的父亲谦逊待人的感人故事:

"父亲不愿意用他办公桌上的铃声下命令,来传唤别人,十有九次都是他亲自到助手的办公室去,在偶尔传唤别人的时候,他都会到他的橡树厅门口去接……

父亲在处理白宫日常事务时,总是这样体贴别人,一点也不以尊者自居。他之所以能够使周围的人对他忠心耿耿,其真正的原因即在于此。"

★懂得"忠言逆耳"的道理

故度量虽正,未必听也;义理虽全,未必用也。

——《韩非子·难言》

原则虽然正确,但人未必会听取;道理虽然完美,人也不一定采用。

夏朝最后一个王是夏桀,他是中国历史上有名的暴君。

商是黄河下游一个部落,在首领汤的率领下,势力渐渐发展壮大起来,但苦于人才缺乏。这时,商汤妻子带来的陪嫁奴隶中,有一个名叫伊尹的人,脱颖而出,走上了历史舞台。

伊尹原名伊挚,据说他的母亲有一次外出采桑时生下了他。因当时母亲住在伊水之滨,他便以"伊"为姓。伊挚自幼被卖给有莘国君主为奴隶。他聪明机敏,酷爱学习,知识渊博。因烧得一手好饭菜,得到有莘国君的赏识,便让他担任招待宾客的厨师,地位在一般奴仆之上。然而,伊尹对此并不满足,他有远大的志向,希望有朝一日能够成就一番轰轰烈烈的事业。于是他借迎来送往、招待宾客之机,从宾客们口中了解天下大事。

夏桀

当他了解到商的发展和商汤的种种"贤德仁义"的举措以及雄心壮志之后,在内心便对商十分向往,非常希望成为商的臣民,也好成就一番大事业。

一次,商的左相因公事从有莘国过境,在有莘国逗留数日。伊尹借招待他的机会,多次与他接触。交谈中,左相发现伊尹是个难得的人才,不禁喜出望外。返回商国后,他便将伊尹的详情禀告了商汤。

不久,商与有莘国结亲。左相便趁机向有莘国提出让伊尹作为陪嫁的奴隶,得到了有莘国君的同意。于是,伊尹便随着有莘国君的女儿陪嫁到商汤家中。初到商汤家中时,伊尹并未引起商汤注意,商汤听说他烹饪技术高超,便打发他到厨房干活。伊尹身为厨师,便趁机接近商汤,常常利用饭菜做比喻向商汤陈说自己的政治见解,先后达70次,但商汤均不为之所动,而伊尹也并不灰心。

韩非子

一天，伊尹故意将几样菜或做得淡而无味，或做得咸不入口，一同献给商汤。商汤果然大为不满，立刻召伊尹前来问话。伊尹对商汤说："大王，烧菜既不能过咸，也不能太淡。过咸则难于下咽，太淡则无滋味。治理国家也是同样的道理啊！既不能操之过急，急则生乱；又不能松弛懈怠，懈怠必然导致国事荒疏。"

商汤点头称是。

伊尹停了一下，见商汤正聚精会神地听，便继续说道："如今，夏王桀荒淫无度，昏庸暴虐，民心尽失，天下纷乱，黎民百姓饱受其苦，恨之入骨。而大王您以仁德治国，伸张正义，取信于民，已是众望所归，为今天下唯一贤明的君主。大王应适时起兵，伐夏救国，拯救万民于水火之中，成就惊天动地的伟业。伊尹虽为卑下的奴仆，却早有追随大王之心，如大王不鄙视我，愿跟随大王全力效劳。"随后，伊尹详尽分析了天下大势，论述了消灭夏朝的具体步骤和策略。

伊尹

商汤听得怦然心动，发现自己厨房中的奴隶竟是如此出色的人才，便当即发布命令，解除伊尹的奴隶身份，并任命他为"尹"，即右相，与左相一同辅佐朝政，共同筹划灭夏大计。从此，人们便叫他伊尹。

此后，在伊尹的策划下，商汤大力推行德政，体恤百姓，发展生产，招兵买马，扩大势力，国力迅速增强。最终，推翻了夏王朝，建立了商朝。

通过故事我们知道：无论是身为圣王或是暴君，对于好的意见或劝告都不会轻易接纳。多数人都喜欢听好听的言语，但好听的言语不就是甜言蜜语吗？既然是甜言蜜语也多言不由衷，这种话明知不该听，但听多了心里面总会飘飘然，久了也就信了，这时也已经进入了他人的圈套，任人摆布。

如果今天遇到了一个肯对你说实在话的人，那就是你的福气！每个人都是凡人，没有一生下来就是完美的圣人，孔子如此，尧、舜等人也是如此！所以要不断地修正自己的言行举止。要修正自己，就要多听昕别人的意见，尤其是能使你导之以正的意见，那就是好的意见，但那绝不会是甜言蜜语。

虽然最恳切的话语总是逆耳不顺心的，但是越是如此，就越要感到高兴，一方面要提醒修正自己的言行，另一方面也要感谢身边有一位这样的人正在关心着你呢！

★ "良药"未必都"苦口"

夫良药苦于口,而智者劝而饮之,知其入而已己疾也。

——《韩非子·外储说左上》

韩非子曰:"夫良药苦于口,而智者劝而饮之,知其人而已己疾也。忠言拂于耳,而明主听之,知其可以致功也。"

意思是说,良药往往是苦口的,而聪明的人知道竭力去喝下它,因为他知道只有这样才能治好自己的病。中肯的言语往往使听者不舒服,可是英明的君主却尽量听取,因为他知道只有这样才可以成就他的功业。

韩非子认为,睿智的君王不会闭目塞听,而是善于听取臣下的意见。

韩非子的这一见解,是从历史的经验和教训中得来的。

历史上直言劝谏的大臣不少,但真正虚心纳谏的君主却屈指可数。许多君主听不得大臣的谏言,甚至因此而杀戮大臣,终使国家灭亡。

殷代的贤臣比干,因为对纣王的荒淫无道进谏而被杀。

春秋时,吴国的贤臣伍子胥因为屡谏吴王夫差,夫差恼羞成怒,逼伍子胥自杀,抛尸江中。

韩非子正是看到历史上许多君王的这一弊端,所以大胆劝谏。

在韩非子看来,不能对君王直言劝谏的大臣,不是贤明的大臣;而不能虚心接受大臣劝谏的君王,也不是贤明的君王。

良药苦口利于病,忠言逆耳利于行。对于君王如此,对于领导者如此,对于我们普通人亦是如此。

然而,尽管许多人明白其中的道理,但都厌恶他人的忠言,因为忠言听起来总不那么顺耳。究其原因,在于一般人容易受感情的支配,即使心中有理性的认识,但仍然受反感情绪的影响而难以接纳别人的忠言。

只有那些勇于接受别人的意见,对任何事情都抱有客观态

比干

97

度的人,在生活中才会少走弯路,也才会有更大的成就。

一般人常因他人的逆耳之言而愤怒,有智慧的人却会想办法从中学习。或许批评我们的人居心不良,但他所批评的事情却可能是真实的。这时,如果他们的批评能使我们改进,对我们来说反而是一件好事;如果他们的批评毫无根据,纯粹是一种诬蔑,我们大可不必和他们争辩,一笑置之,会让你明白什么叫"此时无声胜有声",也让他们明白什么叫真正的修养。

战国时期,魏文侯派大将乐羊攻伐中山,取得了胜利。魏文侯把中山分封给自己的儿子。这时,魏文侯问群臣:"我是怎样的君主?"君臣几乎异口同声地说:"您是仁义的君主。"魏文侯听了,心里美滋滋的。文侯让群臣一个个进言,轮到任座了,任座说:"您是个不肖的君主。得到中山国,不把它封给您的弟弟,却把它封给您的儿子,因此知道您不肖。"

魏文侯

文侯听了很不高兴,在脸上表现了出来,任座快步走了出去。按次序轮到翟璜,翟璜说:"您是个贤君。我听说君主贤明的,他的臣子言语就直率,现在任座的言语直率,因此我知道您贤明。"文侯很高兴,说:"你能让他回来吗?"翟璜回答说:"怎么不能?我听说忠臣竭尽自己的忠心,即使因此获得死罪也不会躲避,任座恐怕还在门口。"

翟璜出去一看,任座当真还在门口。翟璜就以君主的命令叫他进去。任座进来了,文侯走下台阶来迎接他,从此以后,始终都对任座十分尊重。

表扬与批评是对立的、相反的,但又是可以转化的。严厉尖锐的批评,可以通过表扬、称赞的方式表现,"忠言"可以做到"不逆耳",正如"良药"未必都"苦口"。

★上等的领导能发挥众人之智

力不敌众,智不尽物。与其用一人,不如用一国。故智力敌而群物胜,揣中则私劳,不中则在过。忠君尽己之能,中君尽人之力,上君尽人之智。

——《韩非子·八经》

韩非子讲:"一个人的力量敌不过众人,一个人的智慧不能尽知万物;与其使用一个人的力量和智慧,不如使用一国人的力量和智慧,所以,君主如果靠一己之智力去与群臣

万民较量,那么群臣万民一定胜过君主;君主凭借一己之智力,即使能将事物估计正确,但自己也会身心交瘁,如果估计失当,那么决策就会出现失误。下等的君主只是接近一己之能,中等的君主之能利用众人的力量,上等的君主却能发挥众人的智慧。"

　　用人者的任务在于运用每个人的长处,把每个人的长处作为共同绩效的建筑材料来建成组织的大厦,这几乎是人之常识。试想一下,哪个企业的绩效不是各个成员发挥各自的长处共同做出来的? 因此,韩非子劝用人者:要首先把着眼点放在人的长处上,弄清这个人有什么长处,如何用他的长处。唐太宗李世民曾说:"我成功的原因只有五条:……第二,一个人做事,不能样样都会,我用人总是用他的长处,避免用他的短处。"

　　唐太宗登基后,唐朝内因开国不久,整个朝廷的结构都在建设与调整之中,把手下的有才之人分别放在什么位置上才能够成为一个最合理、最有效的组织结构呢?

　　房玄龄处理国事总是孜孜不倦,知道了就没有不办的,于是太宗任用房玄龄为中书令。中书令的职责是:掌管国家的军令、政令,阐明帝事,调和天人。入宫禀告皇帝,出宫侍奉皇帝,管理万邦,处理百事,辅佐天子而执大政,这正适合房玄龄"孜孜不倦"的特性。

李靖

　　魏征常把谏诤之事放在心中,耻于国君赶不上尧舜,于是唐太宗任用魏征为谏议大夫。谏议大夫的职责是专门向皇帝提意见,这是个很奇特的官,其既无足轻重,又重要无比;其既无尺寸之柄,但又权力很大,而这一切都取决于谏议大夫的意见皇帝是听还是不听,像魏征这样敢于直谏的人是再合适不过了。

　　李靖文才武略兼备,出去能带兵,入朝能为相,太宗就任用李靖为刑部尚书兼检校中书令。刑部尚书的职责是:掌管全国刑法和徒隶、勾覆、关禁的政令,这些都正适合李靖才能的发挥。

　　房玄龄、魏征、李靖共同主持朝政,取长补短,发挥了各自的优势,共同构建起大唐的上层组织。

　　除此之外,唐太宗还把房玄龄和杜如晦合理地搭配起来。李世民在房玄龄研究安邦安国时,发现房玄龄能提出许多精辟的见解和具体的办法来。但是,房玄龄却对自己的想法和建议不善于整理。他的许多精辟见解,很难决定颁布哪一条。而杜如晦,虽不善于想事,但却善于对别人提出的意见做周密的分析,精于决断,什么事经他一审视,很快就能变成一项决策、律令提到唐太宗面前。于是,唐太宗就重用了他二人,把他们俩搭配

起来,密切合作,组成合力,辅佐自己,从而形成了历史上著名的"房（玄龄）谋杜（如晦）断"的人才结构。

唐太宗的"房谋杜断"的用人搭配体系是非常高明的。用人不仅表现在人的量的多少,而且还在于其人才的合理搭配,数量则既取决于其规模,又取决于结构合理,并且后者更高于前者。在一个众多人才的群体中,不仅要有个体的优势,更需要有最佳的群体结构。"全才"是极少有的,"偏才"是绝大多数,但"偏才"组合得好,就可以构成更大的"全才"。优秀的管理者不苛求全才,他们尽力去做的是将一个有效的人才群体,通过合理的结构组合,让它迸发出新的巨大的集体力量。

同样的道理也实践于一家生产降落伞的工厂,他们制造出来的产品从来都没有瑕疵,也就是说他们生产的降落伞从来没有在空中打不开的不良记录。其品质无与伦比,驰名中外。

有一位记者非常的好奇,他觉得怎么有可能工厂生产的降落伞完全没有任何的疏失或破损,在他千辛万苦的打听下,他终于找到这家工厂的负责人,希望能够借采访,打探出生产零缺点降落伞的秘诀。

记者首先恭维老板的英明领导与经营有方,随后简明扼要地说明来意,老板先是口沫横飞地说:"要求降落伞品质零缺点是本公司一贯的政策,想想看,在离地面几千英尺的高空上,万一降落伞有破损或打不开的话,那么使用者在高空跳落过程中岂不是魂飞魄散,且叫天天不应,叫地地不灵,人命根本就没有受到应有的重视!"话毕,老板只是漫不经心地说:"生产这类产品其实并没有所谓的奥秘!"

老板的话令记者一脸狐疑,他仍不死心地追问:"老板您客气了,我想其中一定有诀窍,否则贵工厂怎么有可能维持这么高的品质?"

这个时候,老板嘴角露出一抹微笑,他淡淡地说;"哦,要保持降落伞零缺点的品质,其实是很简单的,根本就不是什么艰深难懂的大道理。我们只是强烈要求,在每一批降落伞要出厂前,一定要从整批的货品中随机抽取几件,将它们交给负责制造该产品的工人,然后让这些工人拿着自己生产的降落伞到高空进行品质测试的工作……"

清代学者魏源曾说:"不知人之短,不知人之长,不知人长中之短,不知人短之长,则不可以用人。"作为用人者首先要知道每个干部的长处和短处,并且识长中之短,短中之长,这样才能做到知人善任。

要知人之长和短,一是用辩证的观点看人。要看到人的长与短是相互储存、相互渗透的,同时又是相对社会需要而言的。如果一位下属适应自己从事的工作,并做出了极大的贡献,为社会所承认,那么便是发挥了"长"处。反之,长期激发不起工作热情,表现平平庸庸,那么可以说他的"短"处抑制或掩盖了他的长处。

二是要用发展的观点看人。古人云：士别三日，当刮目相看。领导者识人之长短，还应看到，每个人的"长"与"短"不是一成不变的，它们不仅发展变化，而且在一定条件下，两者还互相转化。清代一位诗人说过："骏马能历险，犁田莫如牛；坚车能载重，渡河不如舟。"这就是说，每个人都有自己的可用之才，只看是否用得适当，是否用其所长，扬其所长。

人无完人，一个人不可能面面俱到，即使是我们常说的"全才"，那也是相对的。任何人才作用的发挥，离不开人才群体的整体效能。人才不是孤立的，只能在群众中发挥自己的作用。因此韩非子说，建立合理的人才结构，是发挥每一个人才应有作用的关键。优秀的管理者不仅要看到单个人才的能力和作用，更重要的是要组织一个结构合理的人才群体，要将不同类型的人才进行合理的搭配，并把他们放在最合适的地方，互补互足，相互启发形成一个有机的整体，相互协作，通过这样合理的组织结构来弥补人才的不足，以求达到人才的最佳效能。

第七章 谋人:人心叵测要把握

★体恤"人情"

凡治天下,必因人情。人情者,有好恶,故赏罚可用;赏罚可用则禁令可立而治道具矣。君执柄以处势,故令行禁止。

——《韩非子·八经》

韩非子讲:"凡事要治理好天下,必须凭借人之常情。人之常情有好有恶,所以赏罚才有其效用;赏罚有其效用,禁令才能建立起来,而治理国家的办法也就完备了。君主掌握了赏罚的权柄而又处于居高临下的尊位,于是能令行禁止。"

用人是一门艺术,科学地采用适合于彼此的工作方法进行工作,处理人事关系,可以避免简单生硬和感情用事,避免不必要的误解和纠纷、扬长避短、因势利导,进而赢得同事的支持与配合,造就一个协同作战的班子,并且能更迅速、更顺利地制定和贯彻各种决策,实施更有效的管理。

美国 IBM 公司的总裁沃森特特用人的特点是"用人才不用奴才"。

有一天,一位中年人闯进小沃森特的办公室,大声嚷嚷道:"我还有什么盼头!销售总经理的差事丢了,现在干着因人设事的闲差,有什么意思?"

这个人叫伯肯斯托克,是 IBM 公司"未来需求部"的负责人,他是刚刚去世不久的 IBM 公司第二把手柯克的好友。由于柯克与小沃森特是对头,所以伯肯斯托克认为,柯克一死,小沃森特定会收拾他。于是决定破罐破摔,打算辞职。

沃森特父子以脾气暴躁而闻名,但面对故意找茬的伯肯斯托克,小沃森特并没有发火,他了解他的心理。小沃森特觉得,伯肯斯托克是个难得的人才,甚至比刚去世的柯克还精明。虽说此人是已故对手的下属,性格又桀骜不驯,但为了公司的前途,小沃森特决定尽力挽留他。

小沃森特对伯肯斯托克说："如果你真行，那么，不仅在柯克手下，在我、我父亲手下都能成功。如果你认为我不公平，那你就走，否则，你应该留下，因为这里有许多的机遇。"

后来，事实证明留下伯肯斯托克是极其正确的，因为在促使 IBM 做起计算机生意方面，伯肯斯托克的贡献最大。当小沃森特极力劝说老沃森特及 IBM 其他高级负责人尽快投入计算机行业时，公司总部响应者很少，而伯肯斯托克却全力支持他。正是由于他们俩的携手努力，才使 IBM 免于灭顶之灾，并走向更辉煌的成功之路。

后来，小沃森特在他的回忆录中，说了这样一句话："在柯克死后挽留伯肯斯托克，是我有史以来所采取的最出色的行动之一。"

小沃森特不仅挽留了伯肯斯托克，而且提拔了一批他并不喜欢，但却有真才实学的人。他在回忆录中写道："我总是毫不犹豫地提拔我不喜欢的人。那种讨人喜欢的助手，喜欢与你一道外出钓鱼的好友，则是管理中的陷阱。相反，我总是寻找精明能干、爱挑毛病、语言尖刻、几乎令人生厌的人，他们能对你推心置腹。如果你能把这些人安排在你周围工作，耐心听取他们的意见，那么，你能取得的成就将是无限的。"

韩非子看来，一个贤明的领导者，不仅应该细心研究自己及周围人员的性格特点、工作作风以及心理状态，更应做到因地制宜、对症下药，这样工作起来才能得心应手，事半功倍。对于表现型的人，务必注意在工作的各个细节上都为其制定具体的计划（一定用书面形式），否则，他们很容易偏离工作目标。

要以同情的态度倾听他们的述说，不要急于反驳和争辩，当他们安静下来时，再提出明确的、令人信服的意见和办法。对他们的成绩要及时给予公开表扬，同时也要多提醒他们冷静地思考问题。

★ 直识人心

慧子曰："狂者东走，逐者亦东走。其东走则同，其所以东走之为则异。故曰：同事之人，不可不审察也。"

——《韩非子·说林上》

韩非子讲："慧子说：'发疯的人向东逃走，追他的人也向东跑，他们向东跑的行为是一样的，可是他们向东跑的原因是不一样的。所以说，做同样的事情的人，（对他们）不可以不仔细审视观察。'"

中国古代,大将出征,皇帝往往要派一个监军随队。这个监军的任务是监督军队按照朝廷的旨意行动,于是就会出现将军与监军意见相左,你要往东,他坚持往西的局面。这种局面也往往出于部下特别是副手的不听将令,任意妄为。还有一种情况,是将军出征后,或打了胜仗,或吃了败仗,都可能有一些虽不相干,但却颇能左右上司看法的人说三道四,致使将军在对敌作战时时有后顾之忧。所以韩非子认为在这种情况下,用人者的完全信赖与专任,显得十分重要。

在淮河流域一带,西周时还是中国的落后地区,居住着被称为淮夷的少数民族。

西周初年,成王就攻占了这块土地,淮夷成为周室统治下的少数民族。一直平安无事。

当西周衰落时,淮夷也在贵族煽动下不断闹事,要摆脱周人的统治。淮河流域一带动乱不已,人民都渴望早日过上安定的生活。

周宣王是位有作为的国君。他即位后,立刻计划征讨淮夷,并派召公虎统帅大军执行任务。

召公虎率领大军,数日之间,就到达了淮夷居住的地区。随后,就开始部署作战的方案,决心尽快消灭叛乱的贵族。

他手下的一位谋士见了,担心地对召公虎说:"主人啊!你如果这样做,不怕引起朝中大臣的嫉妒吗?如若朝中大臣再在宣王面前说你坏话,难道不是很危险吗?"

召公虎听了,觉得很有道理。但又想起宣王在临行前的嘱托,一片诚信的态度,就马上打消了顾虑,率军展开了战斗。

淮夷贵族的军队根本不是召公虎的对手,双方交战一个月,淮夷贵族的军队就接连打了三个败仗,损伤不少人马。

召公虎在战场节节胜利的捷报,不断传到京城里。开始,大臣们都夸奖召公虎的战功赫赫;不久,谁也不再说召公虎的好话了,倒出现了不少流言。

"召公虎兵权在握,人又在外,值得小心提防啊!"

"召公虎哪会打那么多胜仗,恐怕是编造出来的吧?"

"他编造这么多战功,造那么多舆论,不知要干什么?"

这些话传到周宣王那里,他听了十分气愤。在一次早朝上,周宣王发火地对大臣们说:"召公虎在外带兵打仗,时刻有性命之忧,人家打了胜仗,有些人不仅不为他高兴,还四处散布谎言。说召公虎居心不良,我看他才居心不良。谁敢再散布谣言,一经查实,定斩不饶。"

听了周宣王的训斥,那些造谣的大臣吓得面面相觑,再也不敢私下造谣生事了。

周宣王

这些谣言也传到了召公虎那里,这下子召公虎真正担心起来:要是宣王听信了这些谣言,我还能活命吗?召公虎开始后悔没听那位谋士的话,领兵打仗也显得畏缩起来。

好在几天以后,宣王派来一位大臣,向他通报了宣王训斥传播谣言者的情况,召公虎这才放下心来。

接着,召公虎又接到了宣王的两道诏命,第一道赏赐圭瓒给召公虎,奖励他作战有功,统军有方;第二道赏赐美酒给召公虎,同样是对他的战功的奖赏。

有了宣王的信任与奖励,召公虎再也没有顾忌了,于是率领大军奋力杀敌,很快就平定了淮夷贵族的叛乱,班师回朝。

回到京师,宣王率文武百官出城三里相迎,又在庆功会上颁下第三道诏令,赏赐给召公虎大片的小川田地。

认识一个人的才能可以从他的表现或者声誉考量,但如果真正要认识它的忠奸,如果不直接考察其内心,就无法在关键的时候相信由内心所反映的信息,从而影响到管理的全局。

自古以来,将军事军打仗,能否立下战功并得到应有的封赏,无不与上司或帝王的信任有关。就召公虎来说,如果宣王听信谣言,被胡乱插入的第三只手所惑乱,那么召公虎不可能平定叛乱;只因宣王对召公虎信任专一,并竭力打击谣传,树立召公虎的权威,这才有了平叛的胜利。

★一山不容二虎

一家二贵,事乃无功。夫妻持政,子无适从。

——《韩非子·扬权》

韩非子讲:"一个家庭中有两个主管,做事就不能成功。夫妻共同当家,儿子就会无所适从。"

人与人,总会有高下之别,也许你可能会容忍他人,可别人不见得就能对你处处忍让,毕竟在权和利的面前,往往只能有一个胜利者。就好像在公路上驾驶汽车,你不撞别人,也需要提防别人撞你。

当微软公司在最初的广告攻势中宣传自己无所不能的编程能力时,任何不明就里的人看到这个广告都会以为这是一家很大的公司,其实这个大名鼎鼎的微软公司实际上只

是一个 4 人店,差不多都是哈佛的或者是湖滨中学的那一帮子计算机迷。其中,很长一段时间公司里仅有两名雇佣员工是长驻的。他们住在阿尔伯克基一个没有什么家具的房子里,另外两个中盖茨在跑来跑去地上学,艾伦则服务于微型仪器公司。

但是正是这个简单的公司却赢得了 IBM、苹果电脑等当时大型的电脑制造商的青睐,并逐渐确立了在软件行业的领袖地位。这一切成就的得来,并不单单属于盖茨一个人,在盖茨的光芒之下,还站着他创业中不可或缺的团队成员。

在盖茨的创业团队中,最不应该忽视的就是保罗·艾伦。这个因与盖茨一同创立微软而成为亿万富翁的依然过着极尽奢华的生活。他投资屡屡失手,投资的公司可谓一片狼藉。但这并不影响他一如既往地邀请亲朋故旧和娱乐及 IT 圈的名流来到他耗资数千万美元的游艇上享受声色之娱。而由他赞助进行的由私人企业进行的载人太空飞行已经在 2004 获得成功,也意味着这位昔日的创业者将成为最早遨游太空的商人。

艾伦是盖茨在湖滨中学的同学。其父亲当过 20 多年的助理管理员,因此从小博览群书。1968 年,与盖茨在湖滨中学相遇时,比盖茨年长两岁的艾伦以其丰富的知识折服了盖茨,而盖茨的计算机天分,又使艾伦倾慕不已。两人成了好朋友,一同迈进了计算机王国,掀起一场软件革命。

在谈到他们之间的友谊时,盖茨回忆说:"他读了 4 倍于我的科幻小说,另外,他还有许多解释自然之奥秘的书,所以,我就问他有关'枪炮工作原理'和'原子反应堆'之类的问题,保罗把这些都讲解得头头是道。后来,我们经常在一起做数学和物理作业,这就是我们何以会成朋友的原因。"

艾伦的特点是说起话来柔声柔气,为人很谦虚。这一点在最初的公司业务开展中起了很大的作用。在与罗伯茨合作改进 BASIC 程序的过程中,罗伯茨虽然敬重盖茨的技术能力,但非常不喜欢他的对抗方式。罗伯茨说:"盖茨是一个被宠坏了的孩子,这就是问题的所在。艾伦比盖茨更富于创造性,盖茨和我争来争去,但是一个好办法也拿不出来,可是艾伦能。他对我们公司还是有一些帮助,而盖茨只能是添乱。"有了艾伦从中斡旋,最初的合作才不至于破裂。

艾伦是一个喜欢技术的人,所以他专注于微软新技术和新理念。盖茨则以商业为主,销售员、技术负责人、律师、商务谈判员及总裁一人全揽了,两位创始人配合默契。艾伦在研发 BASIC 语言和操作系统方面显示了充分的远见。正是对于技术上的敏感,艾伦才不断地向盖茨提出创办公司的要求,并一再鼓动盖茨退学创业。

因为艾伦的谦让性格使然,微软公司开办之初,盖茨在合作协定中获得了微软公司大部分的权益。在公司股份中,盖茨占 60%,艾伦占 40%。因为盖茨可以证明他在 Basic 语言的最初开发中做了更多,而艾伦也认可这一点。不久以后,这种比例又进一步调整为 64 比

36。但是,从股份的多少不能划分的是,盖茨和艾伦这个精干的创业团队,缺一不可。

艾伦为盖茨制定了"先赢得客户,再提供技术"的公司发展战略。1981年,IBM的个人PC问世,急需一个配套操作系统。又是艾伦从西雅图计算机公司搞到了SCP-DOS程序的使用权,两人对该软件程序作了扩展改编,重新命名为MS-DOS,再反销给IBM。MS-DOS是微软开始走向世界软件业第一品牌的发家宝。

可以说艾伦是盖茨创业道路上最大的推动力。正是他拿着登有微型计算机研制成功的消息的杂志,去找盖茨,成功地说服了盖茨少打一些牌,而干点正经事。也正是艾伦对技术的痴迷使得全新的BASIC语言最终得以出现,使微软最终成为软件领域的巨人。也正是艾伦和盖茨研发的操作系统逼迫IBM后来不得不加入个人电脑的战团中来。

"艾伦不是一个好的管理者,因为他优先考虑的不是业务,而是对技术本身的痴迷。"美国著名传记作家劳拉·里奇在这一点上也承认艾伦的重要作用:"微软之所以能够被载入商业史册就是因为其操作系统的成功。"一山不容二虎,说的是一座山上,不能同时容纳两头老虎的存在,因为它们会为霸占山头而殊死搏斗,而最终的结果势必是两败俱伤。这成语很简单,不难理解。

成功的用人者当然需要别人为自己所用,但却必须保证这个人不会危及你的权威,就好像盖茨跟艾伦,一个断,一个谋;一个继续创业,一个花钱消费。虽然艾伦对盖茨那么重要,但我们相信,他的地位一定不会与盖茨平起平坐,否则,微软也许会大伤元气。

韩非子问:当一件事情我们有了分歧,那么到底该听谁的呢? 当然是听领导者的。因为领导者是一个指挥者,他负的是全局成败的责任。不管是他指挥失当,还是用人失当,只要最后结果是失败的,他就要全部负责。

★ 把恶势力消灭在萌芽状态

凡奸者,行久而成积,积成而力多,力多而能杀,故明主蚤绝之。

——《韩非子·外储说右上》

韩非子讲:"凡事作乱犯上的人,都早有奸心,日久成势,势成而力量增大,力量一大就会动杀机,所以英明的君主及早地要把这些恶势力消灭在萌芽状态。"

凡是用人者,手中的人才自然不全是忠诚用力之辈,很多时候,说不定别有居心的家伙还会直接威胁到你的地位。韩非子建议:面对这样的人,你大可举起撒手锏,将可能威胁到团队或者事业的害群之马清除出去。

现在中国本土首富,国美老总黄光裕可谓是消除威胁隐患的高手,其整顿人事的出发点是因为,黄不相信任何一个人,他不能容忍经理们建立起自己的地方势力。这种调整在内部人员看来,变革的实质不是为了强化管理流程,似乎更是为了进行人事斗争。

和"价格杀手"的称号类似,国美人事变动之频繁同样闻名于业界。在国美,机构调整几乎每半年就要来一次,国美的中高层是一个黄可以随时任免的位置。黄自己透露,不光二级公司,各三级公司的总经理,也均由其亲自任免,"对于每一个我看重的人,我都会调他到我的身边工作一段时间,可以互相熟悉。"这句话的另一面是:对于每一个我不再看重的人,我就会把他"雪藏",或者将他"赶尽杀绝"。

原国美北京公司总经理张志铭早年是黄的司机,后来与黄的妹妹黄燕虹结婚。黄看他踏实肯干,日渐"委以重任",张曾被称为国美的第二号人物,但是他在国美频繁的人事调整中已经"不止五起五落",因此有媒体说"他的名字比他在国美的职位更便于记忆。"最近的一次变化是在今年2月底,国美发布公告称,"张志铭将从2月28日起辞去国美电器董事的职务",转而负责国美地产的项目。

何炬,原国美副总裁,北京大学法律系的高才生,1993年加入国美,在为国美效力的10余年中,作为黄光裕曾经的得力干将之一,在国美的全国扩张中立下了汗马功劳。

他先后担任过常务副总经理、国美集团总经理等职,即便位高如他者,也"必须学会适应被随意地搬来搬去,你必须把这种情况看成合理——你与公司之间只是简单的雇佣关系。"2004年夏天,因为不满新一轮人事变动中的安排,何炬辞职南下,转投中国建材集团投资的易好家商业连锁有限公司,出任总经理。对于何炬的离职,黄光裕着实恼火,甚至在易好家开张前3天,不惜给各大厂商发出《通函》,威胁合作厂商们"不得直接和间接地与易好家发生任何业务关系"。

个别高管人员的变动也许不足为奇,但整个管理层被撤换的事情在国美也是时常有之。2003年6月,哈尔滨分公司因为分公司经理有"不听从黄的指令"的嫌疑,整个分公司从总经理到副总经理等十多人都被"悉数拿下",全部换血。这种情况早在深圳分公司也上演过。

最近一次的"人事流血"是在2004年10月,几乎所有在总务部门工作过的人员都被撤换,人事变动涉及全国30多个分部。起因是黄光裕发现有些在总务部门工作的人员有吃拿卡要现象,他因此"认为所有在总务部门工作过的都有可能损害过公司利益。"

"对于国美这样一个大摊子,我们必须加强中央集权控制。也许会因为缺少灵活性而丧失一些机会,但这比因失去控制而让企业冒更大风险要好。"一位曾经亲自操作过"换人风波"的国美高层对记者解释黄的出发点。

"黄是一个行动快速的人,有想法马上做,发现不对马上改。做得好,马上赏,做不好马上罚。"一位在国美工作多年的人告诉记者。黄自己也承认说:"我是要求速度的,尽快实施,我不会说花三个月来谋划,把这个规划书标点符号我都给它改清楚了,然后再去做这件事情,我不会。我是边实施边做边修正。只要有三分把握的事,我就敢去做。"

2002 年下半年,"为了让采购与销售更专业化",国美实行采购与销售脱钩制,但后来在实际运营过程中,造成了采购与销售互相对立、互相推卸责任的弊病。坚持到 2004 年 8 月,采、销中心又最终合并。2003 年,黄光裕亲自操刀,将全国销售区域分为南北两个大区,本来是想通过内部竞争而扩张,但事实是人为地把国美的规模优势一分为二了。5 个月之后,不得不重新恢复成原来的格局。2004 年底 2005 年初,黄再次调整国美高层,将国美分成东北、华中、华北一、华北二、华东、西南、华南七个大区,同时将总经理人选进行了一次"八大军区司令大对调"。

"公司在不同的发展阶段需要有不同的管理方案,只要有必要,就会马上调整,找出最佳方案。以后如果需要,我还会继续调整。"黄光裕对于变革持肯定态度,但是在他的下属们看来,这种变化过于随意,"每一次变阵之前都没有经过充分论证,也没有岗位责任的重新设置,更没有业务流程的重新设计,所以每一次变动都会带来很长时间的混乱。"在这种频繁的组织调整中,很多员工离开了国美,包括原总经理何炬这样的高层。"这种随意的人事调整,不考虑你个人意愿的做法,作为一个有尊严要求的人,你会觉得自己毫无尊严可言,这是难以忍受的。"一位最终离开国美的员工说。

黄光裕之所以能毫无顾忌地"换人如换刀",主观原因是,黄不相信任何一个人,他不能容忍经理们建立起自己的地方势力。这种调整在内部人员看来,变革的实质不是为了强化管理流程,似乎更是为了进行人事斗争。客观原因是因为国美还是一种粗放型管理,对渠道的倚重强于对人才的倚重,"管理人员的可替代性很强,换个人熟悉一段时间也能胜任。"某业内人士分析说。

国美老总的成功之道说明,要做一个有作为的领导者,就必须维护自己的正当权力,勇敢地与"第三只手"展开斗争。如果"第三只手"坚持插入自己的事而不肯缩回,必要时可以果断地斩断它。

大诗人恒利曾写下了有警世意味的名句:"我是自己命运的主宰,我是自己灵魂的船长。"他想必是希望让我们知道,我们是自己命运的主宰,也是自己灵魂的船长,因为我们有控制自己思想的能力。而主宰自己的命运,当自己灵魂的船长,斩断"第三只手",正是题中之义。

★恩威并施,推诚致用

韩非子讲:"君主不可以假装宠爱人,因为以后就不能再憎恶他了;也不可以假装憎恶人,因为以后就不能再宠爱他了。假装憎恶或假装宠爱的迹象一旦表现出来,那么阿谀之徒就会借此去诋毁或夸誉这个人,即使是英明的君主也难以把它收回来,更何况是把真实的爱憎表露给别人?"

作为一个领导者,应该仔细思考以下几个问题:为什么总有一批人为你所设定的目标全力冲刺? 为什么有许多人在没有加班费的情况下,仍然愿意辛勤加班? 为什么总有一批人为你毫不保留地奉献他所有的才智? 为什么所有的人都服从你的管理? 韩非子的回答是:是威信在发挥神奇的作用。而这种威信取决于你对下属的爱憎自知。

明朝永乐年间,臣僚勤于职守,出现了许多能臣和名臣,这与明成祖爱憎自知的管理方式是分不开的。明成祖朱棣用人不突出宠爱与憎恶,赏罚分明,量才适用,不拘品级,且能以诚待人。他鼓励臣下直言,但大事皆由个人决断。这是他事业取得成功的一个极为重要的因素。

明成祖即位后,重用了一批藩府旧人。这些人随明成祖起兵靖难,出生入死,胜利后身居高位,但仍不敢骄横。明成祖即位不久,就告诫这些旧臣"当思自保,凡人致富贵难,保富贵尤难。尔等从朕数年,万死一生,今皆身有封爵,禄及子孙,但当思保之。夫有功则赏,有罪则罚……"后来,明成祖在授予薛禄等靖难功臣铁券时,又诚谕他们说:"位高易骄,禄厚易侈,宜思得之不易,保之维艰。则安荣始终,传及后嗣,勉之勉之!"他经常教导这些旧日功臣,要他们擅自保全,不要重蹈历史上经常见到的骄横致祸的覆辙。

明成祖执法严厉,对那些失职造成恶果的,轻则降级或免职,重则下狱或处死。监察御史王愈和刑部、锦衣卫官4人,误杀无罪者4人。明成祖知道后,立命刑部将王愈等4人逮捕,处以重刑。

明成祖对臣下不只是有威的一面,还有颇具人情味的一面,这也就是所谓的"恩威并施"吧。例如,解缙和胡广是同乡,又是同学,在朝又同为内阁学士,明成祖居然为他们两

家的子女做起媒来。后来,解缙虽下狱致死,但他的儿子仍娶了胡广的女儿。

永乐七年正月,明成祖下令,自正月十一日到二十日放假10天,让臣民一起欢度元宵佳节。在这10天当中,"百官朝参不奏事,听军民张灯饮酒为乐。"明清时期元宵节放假就是从这时开始,这也是明成祖关心臣民生活细事的一个举动。是年十月,明成祖因北京寒冷,怕群臣早朝奏事时冻伤,便将早朝改在偏殿,诸臣有事依次入奏,无事回衙门管事,免得挨冻。

明成祖对臣下的升降十分慎重,他曾对身边的大臣说:"人君进一人退一人,皆不可苟,必须服众心。若进一人而天下皆知其善,则谁不为善? 退一人而天下皆知其恶,则谁敢为恶? 无善而进,是出私爱;无恶而退,是出私恶。徇私而行,将何以服天下?"

明成祖的这段话并不深奥,但真正能做到这一点的人并不很多。即使在今天看来,这段话也仍然闪耀着不可磨灭的光辉。明成祖懂得这一点,并这样去做了,这使他成为中国历史上较为成功的一个帝王。

明成祖威柄独操,又能对大臣恩威并济,所以终其一朝,大臣都兢兢业业,小心谨慎,无一敢飞扬跋扈。这对当代的领导来说,十分具有借鉴意义。对部下要恩威并济,对下属不对的地方,固然应当责备;而对其表现优越的地方,更不可抹杀,要给予适当的奖励,那么部属的内心才能得到平衡。

会管理人的领导,个人威信远远超过权力行使。用人者是把威信发挥到极致,影响他人,从而实现目标的一种人。曾有一位员工这样推崇他的上司:"和他在一起呆上一分钟,就能感受到他浑身散发出来的光和热,我之所以卖命努力,是因为他的威信深深吸引我。"我们不得不承认,威信远远胜过权利。做一位实权在手的领导者,不如做一位威信服人的领导者。

一个真正具有威信的领导必须和下属保持一定的距离,不能让下属对你如避瘟神,也不能让下属在你面前举止轻浮,不听指挥。身为领导者在注重感情投资的同时,也要该唱黑脸就唱黑脸,不可心慈手软。在执行中讲究恩威并济,推诚致用,才是用人的无上妙诀。

明成祖

國學智慧全書 韓非子

第八章 防人:心中有"术"免遭害

★ 人心隔肚皮不得不防

其心难知,喜怒难中。

——《韩非子·用人》

韩非子讲:"人们心思难以了解,人的喜怒难以猜中。"

人生在世,能否正确识人是事业成败的关键,用人、管人的基础在于识人,失去了这个基础,一切都无从谈起。可是,面对各种各样的人,经历过各种各样的事后,连韩非子本人也要不禁感叹生活在这个世界不容易,因为"人心隔肚皮""知人知面不知心"。

东海龙宫里,龙王正跪在地上,接听玉帝派来的钦差宣读圣旨。圣旨的大意是说,人间每年都有旱情,命东海龙王考察一下今年是否仍存在旱情,如果有,立即施雨。

龙王不敢怠慢,送走钦差后,立刻召集文武大臣们商议,最后决定派龟将军化作人形到民间考察,如发现哪里有旱情,即刻上报,不得有误。龟将军接令后马上启程,第一站便来到了素有"人间天堂"之称的杭州,游遍了这里的美景后,记录下了西湖的水量。

第二站它又来到了素有"鱼米之乡"之称的洪湖,仍然是游历了一番美景之后,记下了洪湖的水量。接着它又走访了太湖、洞庭湖、鄱阳湖、长江和珠江等地,都是同一个程序,游完美景,记下水量。

龟将军此时觉得人间实在是太美了,比在龙宫里好玩多了,真有点流连忘返了,可是它出来的时间已经不短,应该回去交差了,这才恋恋不舍地踏上了归程。

龟将军回到龙宫后,没做任何歇息,立刻找龙王上报考察结果。龙王翻开它的记录一看,全都符合标准,可以认定,今年人间没有出现旱情。

此时,龟将军凑到龙王跟前,低声说:"全靠大王的精心呵护,今年人间没有发生旱情,大王的恩泽遍布四海,实乃人间之幸,百姓之幸啊。"

听完这番话,龙王哈哈大笑,连连夸奖龟将军办事得力,立刻封龟将军为丞相。

从那以后,龙宫里少了一位龟将军,多了一位龟丞相。

"龟将军"在全国公费旅游了一大圈儿,本来是考察人间的旱情去的,可是它专挑水多的地方去,一点正经事儿没办,倒是大饱了眼福,回来后还连升三级,成了"龟丞相",只能用一个"爽"字来形容。问题并不是全出在"龟将军"身上,龙王的失察,是难辞其咎的。

不可否认,很多企业中都存在着阳奉阴违的下属。这样的下属有着他们共同的手段,那就是善于给用人者戴"高帽",能把用人者捧到云里雾里。

他们有着同一个目的,就是损公肥私,为了达到一己的私利,不惜损害公司的利益乃至信誉。

这样的被用者如同蛀虫一样,在一天天、一月月、一年年地腐蚀着公司,随着时间的推移,公司将因他们而陷入困境。

这样的被用者还有一个特点,都是"讲故事"的高手,无论是什么样的事情,他们都能编得天花乱坠,甚至是无中生有,他们的谎言能让人达到"如痴如醉"的境地。企业如果不清除这样的被用者,发展中就会步履维艰。

那么,是什么样的土壤在滋生着这样的蛀虫呢? 其中一个重要的原因就是他们的用人者盲目听信其谎言的结果。

为什么用人者会很容易受阳奉阴违的被用者的蒙蔽呢?归根到底,此类用人者大多都有"以我为中心"的思想,喜欢标榜自己,爱慕虚荣,直至几顶大"帽子"压得他们忘乎所以。这样的用人者在下属的吹捧面前,很容易失去他应有的判断力,因而对他们言听计从,此时他们已落入到"陷阱"之中,还欣欣然陶醉在"马屁"当中。

好大喜功的用人者便是此类阳奉阴违的下属滋生的土壤。他们是互为依托的。企业中如果有这样的用人者和这样的被用者,实属不幸!

要做一个优秀的用人者,必须要具备一双慧眼,要能识人,撕开丑恶小人的嘴脸,揭穿他们的谎言,让其没有耍弄手段的环境,他们也就失去了生存的条件。如何才能做到这些呢? 以下三点原则仅供参考:

用眼。不轻信下属的话,多观察,从下属平时的行动看,因为有时人的很小一点举动可以暴露出他的本性。这需要用人者要具备一双敏锐的眼光,善于洞察一切"蛛丝马迹"。

用脑。把通过用眼观察到的信息,加以分析,给自己的下属做一个定位,什么是忠? 什么是奸? 什么是滑? 这些都要事先在用人者心里有一个标准,然后再对被用者分析、打分、归类,做到心中有数,用来决定将什么样的任务分派给什么样的人。

多行动。自己给被用者做定位,难免会受个人的主观思维影响。多从侧面了解,打听被考察被用者的情况,多听听其他人的看法。这并不是对被用者的不信任,相反,这是对被用者负责的一种态度,同时也是对自己负责的一种行为。还有,这是对企业负责的一种手段,只要掌握住一定的火候,被用者还是可以理解的。

一个企业的腾飞,离不开被用者的努力,更离不开用人者的指挥。所以,去伪存真,清除企业内的蛀虫,是当务之急的事情。不可不察!

★ 提防吃"友谊"的亏

火形严,故人鲜灼;水形懦,人多溺。

——《韩非子·内储说上》

韩非子讲:"火的样子很吓人,人们因而很少被烧伤;水的样子懦弱,人们因而多被淹死。"

用人者会遇到不同的危险,明刀明枪或许令你忙于奔波,但是你绝对不会心里慌张、不知深浅,毕竟患难在你的心里有一个预期;不过最可能让你遭受沉重打击的却是暗箭黑手,还有那看似"温柔",实则伤人的险恶伎俩。历经宦海的韩非子就得出如此的结论:只有笑里藏刀的人才是真正具有威胁的人,而你"友善"的朋友们很可能在这些人群之中。

出生于美国纽约的托马斯在年轻的时候,独自一人来到法罗,希望能找到一份按佣金付酬金的销售工作。

当时正赶上经济萧条,城里工作也不好找。两个月过去了,托马斯才进了一家公司当上推销缝纫机的推销员。后来,他又推销股票,好不容易积攒一笔钱,开了一家肉铺。可惜人心难测,他的合伙人在一个早上把他的全部资金席卷一空逃之夭夭了。托马斯破产了,他只好重返老本行搞推销,在国民收银机公司当一名推销员。在收银机公司,托马斯如鱼得水,大展身手。仅仅3年,托马斯就成为公司业绩最好的推销员,其佣金破纪录地达到一星期200美元。

3年后,托马斯被提升为分公司经理。到第四年,他已经成为公司里的第二号人物,地位仅次于公司总裁。但在那以后,厄运又一次向他袭来。

公司总裁性格专横,总是解雇有功绩但可能对他造成威胁的下属。有一年夏天,总裁听信谗言,认为托马斯拉帮结派、扶植亲信,便决定要辞退他。托马斯努力为自己申

辩,但毫无结果。无奈于次年4月愤而辞职。他在走出公司办公大厦时大声对一位好友说:"这里的全部大楼都是我协助筹建的。现在我要另外去创建一个企业,一定要比这里的还要大!"

可是,创业谈何容易?虽然他获得了5万美元的"分手费",但他失去了工作,丢了饭碗,年龄也快40岁了。他只好带着新婚不久的妻子和一个嗷嗷待哺的孩子,回到纽约寻找机会。

两个月后,托马斯贷款购买了一家濒临破产的小公司,托马斯这次汲取了"商业中没有永远朋友"的教训,在经营中把利益放在首位,经过20年的努力,这家小公司终于发展壮大成为全美的大公司之一。

托马斯吃亏的主要原因是他太相信朋友了,假如他多长个心眼,自己也掌握一部分钱财,合伙人能卷走全部资金吗?

但是商场中总是利益在先,朋友在后,许多商人为自己的利益,是不惜把有损他利益的人"去除"的,包括他朋友在内。他们有一门功课运用得特别娴熟,那就是"厚黑学"。

例如,早期机械制造业的巨头们在竞争中就经常扰乱市场价格,只要有合适的机会,他们就会不讲情面地向原材料供应商杀价。所以这些原材料供应商们都知道和制造业巨头们做生意非常不容易,但是为了争取到这笔生意却又不得不与他们打交道。

从这个意义上来说,只会一团和气的性格是不适合于创业的,在"你好我好"观念熏陶下,容易被别有用心的人钻空子。韩非子要特别地告诫你:商海中没有永远的朋友,只有永远的利益,任何时候都要小心提防吃"友谊"的亏!

★防备他人先下手

夫龙之为虫,柔可狎而骑也;然其喉下有逆鳞径尺,若人有婴之者,则必杀人。

——《韩非子·说难》

韩非子讲:"龙作为一种动物,在他和顺驯服的时候可以随便戏弄和骑着玩;但它的喉部下面长着的长一尺左右的鳞片,如果有人触及这块鳞片,那么龙就会大开杀戒。"

领导者也有同事、上司,你的不会说话说不定就会触及他们的"命门",从而与你结怨;即使地位比你低下的被用者,他们的能量也不能小视,如果没有顺着他们的意思,说不定明天他们就可以通过不同的路子报复你。所以韩非子说,作为一个明哲保身的领导

者,了解他人的心意,说话做事"顺龙鳞"乃是自保正道。

小陈辞职了,只说干得不顺心,小陈进他那公司才半年多,而且他舅舅是他那个部门经理,怎么会让小陈受委屈?事情原来是这样的。

小陈大学毕业后,进了舅舅所在那家公司分在销售部干,新人加盟,销售部晚上设宴欢迎,酒过三巡之后,大家都有三分醉意,赵主任脱去外衣说:"在咱们这圈子,有个著名的王老虎。"赵主任把眼睛瞪得像老虎似的,将一桌人扫视了一圈。

小陈一惊,赵主任说的正是自己的舅舅,心想:"赵主任大概不知道,我就是鼎鼎大名的王老虎的外甥。"也就装作不认识,听听赵主任下面要说什么。

"你们都不知道王老虎吧!因为你们是新人。等混一阵子就知道了。"赵主任一仰头,干了杯,眉头一扬,眼睛又一瞪,用食指往桌子上狠狠敲了一下:"他妈的!王老虎哪里是老虎,根本是王老鼠,他是空有其名、欺软怕硬,年轻的时候,专门给上面提皮包,提出来的!"指指天花板,干笑了几声,"只怕还擦过屁股呢!来来来!大家干杯!"

一桌全笑了,纷纷举杯,只有小陈喝得不是滋味,要不是王老虎下条子,小陈今天也不可能坐在这儿,当然这件事只有董事长知道。

董事长跟小陈的舅舅是小学同班同学,以前一起捣蛋,一起罚跪,现在则一起做生意。据说许多商场的小道消息,都是"王老虎"提供的,他们还打算把两家公司合并呢!

果然,吃完饭没多久,就传出现任总经理请辞,由王老虎接任。

"这下好了!"小陈暗自兴奋,"看你赵主任,还敢不敢骂王老虎?你要是再骂,我就去告诉我舅舅。"

那赵主任想必也听说了陈的"关系",最近看陈的脸色都不一样了。不过,倒非诤媚或拍马的眼神,而是一种冷冷的、恨恨的态度。

所幸王老虎很快就上任了,而且到任没多久,就把小陈叫了上去。小陈接到总经理秘书的电话,真是得意万分,故意大声说:

"是的!是的!请告诉总经理,我马上到。"当他走出办公室的时候,可以感觉一屋子的同事,都在向他行注目礼。当然,还有赵主任,他一定紧张死了。

"坐!"王老虎就是王老虎。就算亲人,也自有那份威仪,"你来半年多了,做得怎么样?好好学,不要搞小圈子。"

"搞小圈子?"小陈一怔。

"听说你跟赵主任处得不太好,他是行家,在这圈子十多年了,办事又认真。我接管之后,好几件事,都是他抢着办的,又快、又好!他说你靠着我的关系,对他不太客气,这可是我听了要不高兴的。"王老虎满面寒霜,"这件事用不着我跟你妈说了,你自己好自为之。以后赵主任说什么是什么,不准唱反调!"

小陈一头狗血,也一头雾水地走出总经理办公室,正碰上赵主任,抱着一落卷宗进来。

"小陈哪,"赵主任故作亲切,"下次我要是说错话,你千万要担待,而且早早指点,我会感激不尽的!"

看完这个故事,你可能很奇怪,为什么"说错话"的赵主任成了赢家。而那关系特殊,又有口德,没把赵主任的话传给自己舅舅的小陈,反而输了。

他输在什么地方? 输在他没有在赵主任未开口批评王老虎之前,先表明自己是王老虎的外甥。于是,批评的人肆无忌惮地开了口,也驷马难追地让自己的把柄,落在小陈的手上。

当赵主任知道小陈的"关系"之后,能不紧张吗? 他能不假设小陈会去告状吗? 当小陈告了他之后,他能不倒霉吗? 他唯一应付的方法,就是先下手为强——恶人先告状。

于是,他努力地表现,好好的巴结,再制造有意无意的机会,说小陈跟他之间的摩擦。

赵主任这样做之后,就算小陈再去告状,王老虎也不会听。因为事实摆在眼前,赵主任是很认真、很效忠,小陈说负面的话,不但不可能产生杀伤力,只怕还要引得自己舅舅反感。因为王老虎会假设,小陈利用自己的关系。

就这样,小陈输了! 问题是,在这个社会上,我们处处看见人们演出这样的戏。

记住,这世界上许多人会问你对第三者的看法。他的目的,可以是调查,也可能是"套你的话"。当你发现别人来套话的时候,一个字也不能说。

至于在一般闲谈间,如果你发现对方要批评与你相关的人,最好的方法,就是及时把话题带开,或暗示对方,你的"关系"。

否则,对方的批评一出,如故事中的,那许许多多的副作用就会产生了。

总之,能不传话,最好不要传话;能不套话,最好不要套话。能不涉入"背后的批评",最好不要涉入。让自己像沙滩,多大的浪来了,也是轻抚着沙滩,一波波地退去。而不要像岩石,使小小的浪,也激起高高的水花。

★别被小土堆绊倒

先圣有谚曰:"不踬于山,而踬于垤。"山者大,故人顺之;垤微小,故人易之。

——《韩非子·六反》

韩非子讲："以前的圣人说：'人不会被高山绊倒,却会被小土堆绊倒。'山高大,所以人们对它谨慎留心；土堆微小,所以人们忽略了它。"

人都有善恶之分。荀子在论人性时说："人之性恶,其善者伪也。"意思是说：人的性质如果看来是善的,那是他努力装扮成这样的,人性本来就是恶的。人性究竟是善还是恶,绝非三言两语能够说清楚。但是,在现实生活中的确要在与同事打交道时谨慎小心,特别是对那些难相处的同事,你不妨把他看成是防范的对象,而多考虑一些防患对策,以防万一,否则,待事情发展到糟糕程度时就为时晚矣。

一般人都不喜欢谋略意识强烈的人,也就是心眼太多的同事。然而,在现实生活中,欺骗、狡诈的同事大有人在。因此,与其说欺瞒他人是不正当的行为,倒不如说你吃亏上当是因太单纯,大意失荆州了。

作为荀子的北子,韩非当然认为人生从某种角度看也是一场战争中,为了求生存,必须要有慎重的生活方式和态度,这样才不至于上某些难相处同事的当,吃大亏。当然,为人并不需要自己去欺骗别人,但是,对善于到处设陷阱、圈套利用他人的难相处的同事,你必须小心提防。

我们不主张整日与难相处同事对峙,做"好战"之徒。但是,要干点事,就要有点防身之术,而且应该常备不懈,秣马厉兵,一旦有难相处同事侵害自己的正当利益,妨碍自己的事业,在警示无效的情况下沉着应战时,千万注意,莫忘防身。

中国人喜欢说："害人之心不可有,防人之心不可无。"这句话固然有其狭隘的地方,会使人变得谨小慎微、毫无磊落气度。但这句话也并非毫无道理。与难相处同事交往,不可无防人之心。

陈主任在这方面有过很沉痛的教训。

数年之前,有个大学生分配进厂,陈主任是个爱才人,便对他另眼相看。那大学生也对他热情有加。时间一长,两人几乎成了推心置腹的朋友。陈主任什么都不瞒他,甚至连自己和副主任之间的龃龉也和盘托出。

后来,他渐渐感到,副主任与自己的矛盾日益加深,关系越来越僵,甚至时常当面进行顶撞,最后,发展到双方恶语相对,大闹一场。事后,两人都受了处分,并被调离领导岗位。

陈主任和副主任矛盾本是因为工作而起,既不当头头,矛盾也就少了。

日子一长,两人渐渐消除了旧怨,重新搭话,意外地发现,副主任当初对他敌意陡增、态度突变全是因为大学生在里面传话,为了有利于自己,传话中,不时说了许多双方互相指责的话,来从中挑起他们的争端。

陈主任这才如梦初醒,大喊上当。愤愤然去找那位大学生。大学生道："我既没有造

谣,也没有诽谤。我是人,总有表达我自己的观点的权力吧?你可以想想,我在你面前是否说过副主任的坏话,如果没有,那也不能是挑拨离间。"陈主任哑然。痛定思痛,陈主任发现自己犯了无防人之心的错误。当你在领导岗位上时,别人对你总有几分敬意。

你说话时,别人常会诺诺连声,但千万不能就此认为别人和你的想法是一致的。尤其是不该让下属知道的事(比如,领导与领导之间的矛盾),即使关系相当好,也绝不能透露。

如果有怨气,宁可找一个不相干的朋友诉说。在这方面存在一点防人之心,是不算过分的。

有防人之心不等于对人一概存有猜忌、怀疑之心。

所谓的"防",就是不说不该说的话,不说不利于同事之间团结的话;不做不该做的事,不做不利于同事团结的事。

有些难相处的同事处处为自己的利益着想,他有时可能会把自己得来的不正当的利益分一部分给你,但当他的不当行为被发现之后,就把你抛出去当替罪羊。应特别警惕。也有的难相处的同事,总会利用你,假装跟你套近乎、拉关系,以表示他对你的信任,而你有可能以为碰上了好同事而心存感激,无所防范而他们却借与你接近之机收集你的隐私,造成你和他人之间的各种矛盾。对此不可不防。

第三篇　《荀子》智慧通解

导读

　　《荀子》，作者荀况，是春秋战国"百家争鸣"的集大成者，也是先秦儒家的最后一位大师。《荀子》一书是荀子弟子记录的荀子言行以及荀子及弟子所引记传杂事，思想偏向经验以及人事方面，是从社会脉络方面出发，重视社会秩序，反对神秘主义的思想，重视人为的努力。

　　清末学者谭嗣同，在他的《仁学》中这样评价"（中国）二千年来之学，荀学也，皆乡愿也。"梁启超也认为："自秦汉以后，政治学术，皆出于荀子。"不管这些评价是否过头，但至少有一点确信无疑，这就是说，作为一个炎黄子孙，要了解中国的传统文化，要把握住我们的民族精神，就不能不读《荀子》。

第一章　识人：用人先识人，德才不可偏

★ 先识人才能用人

身不能，知恐惧而求能者，如是者强。身不能，不知恐惧而求能者，安唯便僻左右亲比己者之用，如是者危削。

——《荀子》

用人就像用马，如果得到千里马却不认识，或者即使认识了，却不能充分发挥它的能力，那就会产生误区。

"办事不外用人，用人必先知人"，"收之欲其广，用之欲其慎"。凡是具一技之长的人都要广为延揽，而在使用时则小心谨慎，尽可能使人尽其才，才尽其用，量才录用，扬长避短。

慎用人才的一个基本内容是量材器使，才尽其用。要真正做到量材器使，首先就得去认识人。"窃疑古人论将，神明变幻，不可方物，几于百长并集，一短难容，恐亦史册追崇之辞，初非当日预定之品。"在这里，把有一定能力或有一定成就的人誉为"百长并集，一短难容"，甚至神化，无疑是认识人才上的一种片面性。因此，衡量人才要不拘一格，判断事情要不苛求，不因木材腐朽就弃置不用，不频繁撒网不会有捕抓大鱼的机会。重要的是善于去认识。金无足赤，人无完人，不可苛求全才，"不可因微瑕而弃有用之才"。有材不用，是浪费；大材小用，也有损于事业；小材大用，则危害事业。古人说："虽有良药，苟不当于病，不逮下品；虽有贤才，苟不适于用，不逮庸流。梁丽可以冲城而不可以窒穴，嫠牛不可以捕鼠，骐骥不可以守阁；千金之剑，以之斩薪，则不如斧；三代之鼎，以之垦田，则不如耜。故世不患无才，患有才者不能器使而适用也。"以良药不适于病，梁丽之材用于窒穴，嫠牛捕鼠、良马守门等比喻，批评用人不当，指出对于人才必须"器使而适用"，使其特长得到充分发挥。而造成这些情况最根本的原因就是识人不够透彻。

荀子

121

据说，每有赴军营投效者，曾国藩先发给少量薪资以安其心，然后亲自接见，一一观察：有胆气血性者令其领兵打仗，胆小谨慎者令其筹办粮饷，文学优长者办理文案，讲习性理者采访忠义，学问渊博者校勘书籍。在幕中经过较长时间的观察使用，感到了解较深，确有把握时，再根据具体情况，保以官职，委以重任。为了使贤才学用一致，他十分重视幕僚的工作安排。对长于治军者，便安置到营务处，使其历练军务以为他日将才之备；对精于综合者，便安置到粮台、转运局、筹饷局等机关，使其学习筹饷理财、运输的工作；对善于创造者，便安置到制造局，做造舰制炮工作，务使人人能尽其用，用尽其才。

识人、知人是对人才实施科学管理的重要环节，识人是做到人尽其才、才尽其用的必不可少的环节，同时也是激励人才奋发进取的有效措施。

《史记·陈丞相世家》记载：陈平，阳武（今河南省阳武县）人。家境清贫，好读书，初事魏咎，继事项羽后归汉。他通过魏无知推荐得见刘邦。刘邦跟他谈话，见他有才智很高兴，问："子之居楚何官？"陈平答："为都尉。"当天，刘邦就任陈平为都尉，使为参乘，典护军。诸将知道了都为之哗然，说："大王一旦得楚之亡卒，未知其高下，而即与同载，反使监护军长者。"刘邦听了，更加厚待陈平。

过了一段时间，周勃、灌婴等大将也对陈平有意见，认为刘邦如此信任陈平不当，都谗毁陈平说："平虽美丈夫，如冠玉耳，其中未必有也。臣闻平居家时，盗其嫂，事魏不容，亡归楚；归楚不中，又亡归汉。今日大王等官之令护军。臣闻平受诸将金，金多者得善处，金少者得恶处。平，反覆乱臣也，愿王察之。"刘邦听了也起疑，便叫魏无知来，责备他为何推荐陈平这样的人，无知说："臣所言者，能也；陛下所问者行也。今有尾生、孝己之行而无益处于胜负之数，陛下何暇用之乎？楚汉相拒，臣进奇谋之士，顾其计诚足以利国家不耳。且盗嫂受金又何足疑乎？"刘邦也叫陈平责备他说："先生事魏不中，遂事楚而去，今又从吾游，信固多心乎？"平答道："臣事魏王，魏王不能用臣说，故去事项王；项王不能信人，其所任爱，非诸项即妻之昆弟，虽有奇士不能用，平乃去楚。闻汉王之能用人，故归大王。臣禄身来，不受金无以为资，诚臣画有可中者，愿大王用之，使无可用者，金具在，请封输官，得请骸骨。"刘邦见他说得有道理，便向他道歉，厚加赏赐，擢升为护军中尉，监察全体官兵。从此，诸将不敢再谗毁陈平。

刘邦

刘邦能取得天下最关键的因素是善于知人用人，敢于从基层中提拔人。在楚汉相争中，刘邦为何能用人之长，而项羽则不能？这是因为刘邦没有满足于自己的长处，也不认为自己的计谋超过人，更不

國學智慧全書

子学智慧

以为自己有军事天才,正因他有自知之明,故能虚心听取张良、陈平等的奇谋深策,放手让韩信、英布、彭越等猛将去独当一面各自作战,也就是说他能用谋臣武将之所长,为他打天下。项羽则自恃深懂兵法,又有力可拔山举鼎之勇力,认为比谋臣武将都高一等,也就不能用他们的长处,既不听谋主范增的计谋,对于韩信、陈平的献策也不屑一顾;有猛将也视而不见,有也不信任,致使范增气得辞职,韩信、陈平等天下奇才和猛将英布离楚归汉。结果是:刘邦能用众人之长成己之长,项羽不能用人之长而致成己之短,谁胜谁败,大局则定。

"不知人之短,不知人之长,不知人长中之短,不知人短中之长,则不可以用人,不可以教人。用人者,取人之长,避人之短;教人者,成人之长,去人之短也。惟尽知己之所短而能去人之短,惟不恃己之所长而后能收人之长。"

在这里,魏源辩证地论述了用人的长短关系,把能否识人之长短作为能否用人的决定性因素,尤其是他强调"惟不恃己之所长而后能收人之长",是很有见地的,他揭示了能否识人和善于用人的关系。

在汉朝开国不久,刘邦和韩信等群臣曾经议论过各位将领的才能。刘邦问韩信说:"你看我能不能统率百万大军呢?"韩信说:"不能。"刘邦又问:"那能否统率十万大军呢?"韩信说:"不能。"刘邦生气地问道:"依你说,你能带多少兵呢?"韩信毫不客气地回答说:"至于我吗,带得越多越好(韩信将兵,多多益善)。"刘邦既不解又气愤地问:"那为什么我做皇帝,你只能做将军呢?"韩信又回答说:"陛下虽不善将兵,却善将将。"

的确,"运筹帷幄之中,决胜千里之外",刘邦不如张良;输粮草、保供给,治国安民,刘邦又不如萧何;亲临前线,挥兵杀敌,刘邦又不如韩信。但刘邦的长处就是能把这些人聚拢起来,让他们发挥各自的能力和长处,为自己服务。

刘邦确实是一个善于"将将"的人。韩信明知刘邦是这样一个人,却也逃不出刘邦的手掌。

唐太宗能用别人之长,隋炀帝则不能,其原因也如此。唐太宗是个文武全才的英明之主,但他不满足于己之所长,不认为自己无所不知,故能虚心听谏纳谏,用人之所长以补己之不足。故其身边,有所长的人才济济,能成就大业。而隋炀帝自恃其才高过人,他说的话都是对的,不容许别人反驳;他做的事都是对的,不允许别人违背。而顺之者则可升,违之者则杀头,故不能用人之所长,只能用人之所短,即不能用有才能的忠直之臣,只能用一些阿谀奉承的佞臣,结果,众叛亲离,最后被他身边的"心腹"之臣所缢死。

毛泽东也是一位识人、知人的能者,在革命战争中识人、知人、用人,在和平年代中也择人善用。

毛泽东十分强调知人,首先在于他相信人民群众的力量,重视人才,因而能够吸引五

國學智慧全書

荀子

湖四海的俊才。其次他不要求"完人"和"全人",他善于抓住人的品质个性的优点,根据每个人的专长,安排干部的工作,做到人尽其才。所以,在毛泽东的领导下,许多有用之才总是脱颖而出。

毛泽东在选才用人中,还提倡毛遂自荐,反对唯文凭选才,反对论资排辈,而主张不拘一格,这同他本人自学成才、积极进取、奋斗成功的经历不无关系,但从根本上来说,与他具有战略眼光的领导艺术是分不开的。

★ 先看其德,后观其才

故士不揣长,不揽大,不权轻重,亦将志乎尔。

——《荀子》

无才有德者本质好,虽不能委以重任,但仍有其可用之处,这种人勤恳、诚实,能够知恩必报,尽心尽力,任劳任怨。而多才缺德的人本质坏,犹如传染病,不仅使自己烂掉,而且会使周围的人也烂掉。其实,后一种的才多用在歪路上,在没有驾驭这种人的把握的情况下,还是避而远之的好。

陈先生的公司来了两位女士,一位张某,一位李某。张某性格内向,沉默寡言,给人一种愚蠢的感觉。而李某,美貌出众,活泼可爱,让人看上去就觉得她才华横溢。

通过两个月的工作实践,李某初绽头角,以出色的公关才能,给单位带来不少利润。于是她得到同事的羡慕以及老板的赏识。老板多次在会上表扬她,并在第二季度给她颁发了头等奖。可是慢慢地,她原来的德性就开始暴露出来。她目空一切,自高自大,说东道西,挑拨离间,无事生非,有些同事在她的挑拨下反目为仇;也有些年轻的男同事在她的调唆下,争风吃醋,大打出手。好端端的单位变得乱如一团麻,打架的、闹情绪的,还有一位青年因追求李某未遂,并受到李某的严词侮辱而对爱情丧失信心,心灰意冷离家出走。

老板对这些事非常重视,经过详细调查,终于弄明白是李某一手造成的。于是公司开大会,会上点名批评了她。李某不思悔改,两个月后,她煽动老乡合伙贪污公款,公司为此对她进行了严肃的批评教育。

在批评后的第一个月里,她表现还不错。一来闲话已没人听,人们都躲她躲得远远的,二来刚挨批评,她不敢再贸然活动。但到了第二个月,她的恶习又暴露出来,连续贪

污三次公款,先后煽动三个同乡潜逃。公司经理对她彻底绝望,断然把她开除。

同来的张某虽没有李某的公关才能,但她勤恳老实,任劳任怨,在同事中享有较高的威信。部门主管把她安排在办公室内做勤杂工,她不但把自己的本职工作干得很好,而且还经常帮助有困难的同事,单位人员提起张某的为人,无不伸出拇指大加赞赏。后来老板认为她大公无私,坦诚可靠,就把她提升为会计,她上任后将工作干得井井有条。

所以,用人时先看其德,后观其才。否则纵有精明头脑,超人才能,也是不能委以重任的,因为任用这样的人,只能得不偿失。

"道德常常能填补智慧的缺陷,而智慧永远填补不了道德的缺陷。"非常有力地揭示出了"才德"两者之间的不可替代性,也可以作为领导者选取人才时的一个警示。

★不以貌取人,而以"时间"看人

长短、大小、善恶形相,非吉凶也。

——《荀子》

"识人"就不能被对方的外表所迷惑,而应由表及里,抓住他的实质,看准对方的"庐山真面目"。

看人是一门很高深的学问,据说有的人从走路方式和表情,即可判定一个人的性情。但如何择友用人这里头还真是有门道的。

如果你也有这种功夫,那么就不怕碰上心术不正的"坏人"了,不过那种看人的功夫不是谁都能学得到的,也不是几天就能学得到的,而且,你还不一定会有耐心去学。可是我们每天都要和许多不同性情的人共事、交往、合作,对"看人"没有一点能力还真是不可以的。

那么我们要如何来看人呢?

有位专家和我谈到这个问题时,向我提出这样的建议:用"时间"来看人。

所谓用"时间"来看人,就是指通过长期观察,而不是在见面之初就对一个人的好坏下结论,因为太快下结论,会因你个人的好恶而发生偏差,从而影响你们的交往。另外,人为了生存和利益,大部分都会戴着假面具,你所见到的是戴着假面具的"他",而并不是真正的"他"。这是一种有意识的行为,这些假面具有可能只为你而戴,而扮演的正是你喜欢的角色,如果你据此判断一个人的好坏,并进而决定和他交往的程度,那就有可能吃亏上当或气个半死。用"时间"来看人，就是在初次见面后，不管你和他是"一见如故"还是"话不投机"，都要保留一些空间，而且不掺杂主观好恶的感情因素，然后冷静地观察对方的行为。

一般来说，人再怎么隐藏本性，终究要露出真面目的，因为戴面具是有意识的行为，时间久了自己也会觉得累，于是在不知不觉中会将假面具拿下来，就像前台演员一样，一到后台便把面具拿下来。假面具一拿下来，真性情就出现了，可是他绝对不会想到你会在一旁观察他。

用"时间"来看人，你的同事、伙伴、朋友，一个个都会"现出原形"。你不必去揭下他的假面具，他自己自然会揭下来向你呈现真面目，展现真实自我的。

所谓"路遥知马力，日久见人心"，用"时间"来看人，对方真是无所遁逃。

用"时间"特别容易看出以下几种人：

不诚恳的人。因为他不诚恳，所以对人、对事会先热后冷，先密后疏，用"时间"来看，可以看出这种变化。

说谎的人。这种人常常要用更大的谎言去圆前面所说的谎话，而谎话一旦说久了，就会露出首尾不能兼顾的破绽，而"时间"正是检验这些谎言的利器。

言行不一的人。这种人说的和做的是两回事，但通过"时间"，便可发现他的言行不一。

事实上，用"时间"可以看出任何类型的人，包括小人和君子，因为这是让对方不自觉的"检验师"，最为有效。

至于多久的时间才能看出一个人的真性情真本质，如果是许多年，这似乎是长了些，但如果说就一个月又短了些。那么到底多长的时间才算"标准"？这并不能做出规定，完全因情况而异，也就是说，有人可能第二天就被你识破，而有人两三年了却还"云深不知处"，让你摸不清楚。因此与人交往，千万别一头热，先要后退几步，并给自己一些时间来观察，这是最起码地保护自己的方法。

在识人的实际过程中，有些领导者往往被下属的外表和漂亮的言辞所欺骗，委以重任，结果是"一块烂肉惹得满锅腥"。因此，不以外表取人，而以才用人是每个领导者必须掌握的识人原则，否则你自己也是庸人一个。

不能以貌识人，难道就没别的方式可循了吗？下面提供几条正确的识人的方式。

1.听其言识其心志

潜在的人才大多尚未得志，他们在公开场合说官话、假话的机会极少，他们的话，绝大多数是在自由场合下直抒胸臆的肺腑之言，是不带"颜色"的本质之言，因而就更能真实地反映和表达他们内心真实的思想感情。

國學智慧全書

子學智慧

2.观其行看其追求

一个人的行为,体现着一个人的追求。任何一个人,一旦进入了自己希望进入的角色,就会为了扮演这个角色而多多少少地带点"装扮相",只有那些尚未得志的人才,他们既无失去角色的担心,又不刻意寻觅表现自己的机会,所以,他们一切言行都比较质朴自然。领导者若能在一个人才毫无装扮的情况下透视出他的"真迹",而且这种"真迹"又包含和表现出某种可贵之处,那么大胆起用这种人才,十有八九是可靠的。

3.析其能辨其才华

潜在的人才虽处于成长发展阶段,有的甚至处在成才的初始阶段期,但并不会因此而掩盖人才的真实才华。他们或有初生牛犊不怕虎的胆略,或有出淤泥而不染的可贵品格,总之,既是人才,就必然有不同常人之处,否则就称不上人才。一位善识人才的"伯乐",正是要在"千里马"无处施展腿脚之时识别出它与一般马匹的不同,若是"千里马"早已在驰骋腾越之中显出英姿,又何须"伯乐"识别?

4.闻其誉察其品行

善识人才者,应时刻保持头脑清醒,有自己的独立见解,不受"语浪言潮"所左右。对于已成名的人才,不要一味地跟在吹捧赞扬声的后面唱赞歌,反而应多听一听负面意见;对于未成名的潜在的人才所受到的赞誉,则应留心在意。这是因为,人们大多有"马太效应"心理,人云亦云者居多,大家说好,说好的人越发多起来,大家说孬,说孬的人也会随波逐流。所以,人们对潜在的人才的称赞是发自内心的,所以用人者如果听到大家对一位普通人进行赞扬时,一定要引起注意。

★用自己的切身经验体察人

圣人何以不可欺? 曰:圣人者,以己度者也。

——《荀子》

知人是最难的。因为你只能看到人的外表,而看不到他的内心。但不知人就不能用人,所以,要学会从人的语言、行为、举止上判断人。荀子认为,圣人为什么不可被欺骗呢? 回答是:圣人能根据自己的切身体验去揣测、考虑事物。根据自己的切身经验体察人,就能很好地识别人才而不至于被蒙骗。

通常一个人的言谈、举止和行为都能反映出这个人的品质,都能映射出他是否是可用之才。

古人一般用"观诚"的方法来识人："当一个人受到宠爱时，要看他是否专横跋扈、骄奢淫逸；当他不再受宠，被疏远、废置时，要看他是否会背叛原主或采取什么越轨行动；享有荣华富贵，仕途发达的人，要看他是否自傲自大；不善言辞、沉默的人，要看他是否胆小怕事，有所畏惧；年纪小的人要看他是否尊老懂礼、上进好学，能否与兄弟姐妹友好相处；壮年人要看他是否廉洁自律，诚实肯干，斤斤计较；老年人要看他是否能深思熟虑，是否即使做了力不能及的事也不逾越规矩。父子之间，看他们父亲是否慈爱、子女是否孝顺；兄弟之间看他们是否亲善友好；邻里之间要看他们是否讲信守义，互相礼让；君臣之间看君王是否仁爱，大臣是否忠心诚实。"

《人物志》说："骨骼坚硬而柔韧，叫作'弘毅'，弘毅是仁爱的本质；气质清朗而高洁，叫作'文理'，文理是礼的根本；筋脉强而纯，叫作'勇敢'，勇敢是义的前提；态度平和而爽快，叫作'通微'，通微是智慧的本质。人的五种本性是不变的，所以称之为五常。"

因此可以说："劲直有余缺少柔软就是僵直；强劲有力却不精纯就是徒有蛮力；顽固不化但不端正就是愚钝；血气方刚但不精纯就难免冲动；性格开朗但心浮气躁就是放荡。可见，一个人的精神决定着其性情是坦荡还是猥琐；一个人的内心决定着他是聪明还是愚昧；一个人的筋脉决定着他是懦弱还是勇敢。坚强或懦弱的根源在于骨质；急躁还是宁静取决于气质；一个人的喜怒哀乐通过面部表情就可以看出来；一个人是轻浮还是严肃从其仪表上就能反映出来；一个人脸上的神态可以表现出其态度，言谈可以流露出一个人的情绪是否急躁。如果一个人能够做到心性质朴纯洁，内心聪慧，外表开朗，精力充沛，声音清雅，颜色和悦，仪表高洁，容颜端方，那么他就是一个具有纯粹之品德的人。"

要正确识别一个人，古人还总结了"听气""察色""考志""侧隐""揆德"之法。

人是万物之灵，是有精气的，通过观察一个人表现出来的精气，就可以认识一个人。一个人的精气大都可以通过其言论举止表现出来：心气粗糙不细腻的人，说话的声音大都沉重散漫；心思缜密的人，说话的声音有理有据，平和亲近；心气卑劣，脾气乖戾的人，说话的声音粗犷；心气宽缓，性情柔弱的人，声音温和谦逊，圆润入耳；讲诚信的人心气平易而柔和；重义气的人心气洒脱而从容；安详平和的人心气自然而随和；勇敢无畏的人心气雄壮。这就是"听气"之法，听其心气，就可深知其人。

"察色"之法，顾名思义就是通过观察其脸色来认识。真正聪明的人说话时会表现出一言难尽的神色；真正仁爱宽厚的人神色令人尊敬；勇敢英勇的人面带威慑之色；忠诚老实的人一副令人敬重的神态；真正高洁之人一定会表现出难以玷污的神色；讲求操守的人神色让人信任。质朴的神色自然流露，充满凛然浩气，坚强而稳固；伪饰的神色造作虚假，游移散乱不定，让人烦躁不安。通过"察色"，可对这个人了解个大概。

"考志"之法就是通过与对方谈话来观察他的心志。说话的语气柔和舒缓，有张有弛，神色虔诚但不谄媚，先礼后言，言之有礼，只表露自己的不足之处，不伤及对方的颜面，这样的人可以重用，他可以给你带来利益。反之，说话趾高气扬，高谈阔论，想方设法掩饰自己的不足和无能的人，则不可重用，他只会使你遭受损失。质朴之人，其神情坦率而不轻率；言语中正而不偏袒，既不故意谦虚掩饰自己的美德，也不虚伪隐藏自己的短处，不为自己的过失做防备，也不对他人设防。虚伪之人，神态献媚，总是从言语上想方设法讨好别人，善于阿谀奉承和做表面文章，把自己微不足道的好处夸大其词，还因此而自鸣得意。喜怒而不形于色，悲欢而不乱心志，遇琐事而不乱其性情，厚利不为其所动，强权不被其所欺，始终如一，这样的人心态平静，坚守节操。如果因外在的变化而喜怒无常，因事情繁杂而烦躁不安，不能平静，见了蝇头小利就动心前往，见到强权就趋炎附势，这样的人是心性鄙陋而没有品格的人。无论怎样复杂的环境都能果断地处理事情，面对突如其来的变化也能快速应变，即使学识不深，仍然能表现出智慧，这样的人是有头脑的人。如果一个人固执己见不知变通，不能适应环境的变化，又不听取别人的劝告，表明其是个愚钝且刚愎自用的人；如果一个人既听不进别人的劝告，还自私自利，明知自己不对，却还强词夺理，不加掩饰，这样的人是好诬陷、嫉妒他人的人。

西晋时期的傅嘏是个很有见地的人，很多人都想与他交好，其中包括何晏、夏侯玄和邓扬等，这些人都学识颇丰，但却遭到了傅嘏的拒绝，令人很是奇怪，于是就问傅嘏为什么不与这三个人交往，傅嘏说："夏侯玄虽然志向远大但才识不足，有其名而无实；何晏说话玄虚邈远，表明他急功近利，善与人辩论说明他争强好胜，况且他并没有诚意与我交好，他是个清谈误国之人；邓扬看上去好像很有作为，其实他做事有始无终，追逐名利，内心不能自我约束。谁与其意见相同就抬高谁，不同就厌恶，整日夸夸其谈，不能容纳贤能之人。言多必失，话多易起争端，嫉贤就会失去亲近的人。在我看来他们都是些道德败坏的人，躲还来不及，何况与之亲近呢！"后来这三个人都没有得到好下场，而傅嘏却能得以善终，这都是得缘于他善于识人啊！

"恻隐"之法，也就是用隐秘的方法来达到自己的目的。这种人都善于伪装自己。

如果一个人总是吃小亏而贪大便宜，让小利而争大利益，为了装成老实的样子故意说话恭敬；为了表现出忠实的样子假装慈爱，用夸大自己的行为以博取好名声，这就是用仁爱来伪装自己。

如果一个人对别人的提问不予回答，当别人进一步细问还含糊其词，装作很有学识的样子，打着传道的幌子四处招摇，这是借学识来伪装自己。

如果一个人总是在嘴上声称自己廉洁，表面上雷厉风行，给人正直勇敢的印象，而内心却充满恐惧，胆怯而懦弱，总是虚张声势，浮夸自大，摆出一副盛气凌人的样子，这是用

荀子

129

廉正和英勇来掩饰自己。

某些人在他人面前炫耀自己的忠诚和孝顺,只做表面文章,其实缺少真正的诚心,不管是孝敬父母还是忠于职守,都是为了博取好名声,这是用忠孝来伪装自己。

对于那些言行不一,表里不一,做事有始无终,利用名节来迷惑他人的人,我们称他们为毁志之人。

而对于那些与别人因吃喝而关系亲近,因行贿送礼而互相交识,损人利己,贪于物欲的人,我们称之为贪婪而卑鄙之人。

善耍小聪明而没有真本事,只有些小能耐而办不成大事,只贪图小利而不明白大道理的人,我们把他们叫作浮夸之人。

这些人都善于伪装,不足以亲近。

"揆德"之法,就是通过人的品德来评判这个人。那些说话诚实,行为稳重,无私奉献,内心淳厚而明察,做好事不求回报的人是仁心之人;当身处困境时能激励自己进取向上,当遇到突发变故能迅速果断处理,当进身立功时能够如愿,是聪明的人;自己富贵了还能帮助他人,自己官达威严但不骄横无理,是仁德之人;清贫简陋时刚强无畏,富足安乐时亦能不奢华无度,与人性情不和也不背弃信义,始终如一,乃是忠孝之人。这是用"揆德"之法识人的真正含义。

第二章　用才：依事论才，按需任才

★物尽其用，人尽其才

能当一人而天下取，失当一人而社稷危。

——《荀子》

用人得当，工作就一帆风顺，反之，就会举步维艰。大才有大用，小才有小用，一个领导者，就要善于使部属人尽其才，物尽其用。

齐国有个叫闾丘邛的人，年方十八，他求见齐宣王，希望在朝廷谋个职位。

宣王说："你年龄太小，不能任用。"

闾丘邛说："你这样说就不对了，古有颛顼，行年十二有治天下，秦项橐七岁，为圣人师。由此可见，你只能说我没有本事而不用，不能说我年纪太小而不用。"

宣王说："没有见过小马驹载重运行，同样，人也需要等到成熟以后方能为国所用。"

闾丘邛说："你说得不对。寸有所长，尺有所短。骅骝骐骥，天下骏马，让它们与狸鼬在炉灶间赛跑，骏马的速度未必能超过狸鼬。黄鹄白鹤，一举千里，让它们与燕子、蝙蝠在堂屋间比飞，鹄鹤未必能有燕子、蝙蝠的灵便；辟闾巨阙，天下利器，击石不缺，刺石不锉，但要扫出眼中的灰尘，它未必抵得上麦芒钢草，由此看来，年长的人与我何异？"

宣王说："你说得好！你为什么这么晚才来见我呢？"于是授他以官职。

可见，人才的高低并不能以年龄的大小来做判断，每个人都有他的长处，因此企业领导者要做到"善任"，可先从发挥人的作用入手。按需任才，人事相宜。因为用人的目的，是为了让他出色地去完成某项任务。如果我们丢开了要他去做的具体任务，而把注意力放在计较人的缺点，特别是过多地去议论那些与要求完成的工作并无多大关系的缺点，这样就使任用人的标准失去合理的依据，如果把一些与工作无关的次要因素上升为衡量人才的标准，甚至可能使这些"附加条件"成为可以按个人好恶任意伸缩的框框，限制或

埋没了许多可以出色完成任务的人才。

所以，领导者要善任就绝不能依人论人，而必须依事论才、按需任才。

领导者在用人之前，首先应根据所需完成的任务的性质、责任、权限及完成这项任务的人员所必须具备的基本条件等因素，认真加以分析，提出明确的要求。然后，根据下属的特点和长处，分别加以任用。

有关知人善用，曾国藩重用容闳就是一个很好的例子。

曾国藩曾重用并委派容闳赴欧美采购机器。容闳是广东香山县人，自幼接受西方教育，早年留学美国耶鲁大学，后入美国籍。李善兰、华衡芳、徐寿等人都向曾国藩举荐过他。尽管容闳曾向太平天国的干王洪仁玕上书过，提出过发展资本主义和七项建议，以后又与太平天国多次做过茶叶生意，但曾国藩对此却并不怪罪。

曾国藩接连三次发出邀请。35 岁的容闳初次登上总督衙署大门，次日便受到了曾国藩的接见。曾国藩在了解容闳的经历和学识以后，认为他确是个既了解西方又有胆识的人才。在问及当前对中国最有益、最重要的事情当从何处着手的问题时，容闳答以莫过于仿照洋人建机器厂，尤需先办制造工作母机的工厂。

曾国藩十分赞许，及时拨发巨款，委派他赴欧美采购机器。多年来一直在异国他乡做着中国富强之梦的容闳，受命之日，十分感奋。一年后他从美国采购来的机器，就安装在当时中国最大的军事企业——江南机器制造局中，为发展中国的资本主义起了一定的促进作用。

曾国藩

事业为本，人才为重。领导者要真正做到"善任"，首先应该从事业的全局出发，充分考虑人才的具体特点，把他放在合适的岗位上，假如不把人的才能用到最能发挥其作用的地方去，那对人才是一个压制，对事业是一种极大的损失。

美国有位女专家叫波特夫人，她善用、巧用人之缺点，从而使她的领导和管理系统化、科学化。她曾派一位社会学家和一位心理学家，对其手下进行智力调查。社会学家向她汇报说：你这儿的人有两种，一种是线性思考的人，一种则是系统思考的人。线性思考的人直来直去，领导叫干什么就干什么；系统思考的人能全面地看问题，很快就能抓住问题的要害，决定自己的行动。而心理学家向她汇报说：你手下的人有两种，一种是热情的人，一种是吹毛求疵的人。波特夫人综合两人的意见，做出了这样的人事安排：线性思

國學智慧全書

子学智慧

维又热情的人,去做技术培训教师,他一定会乐于教书;线性思维而又爱挑毛病的人,去当警察,他一定会爱管闲事;系统思维而又热情的人,请他当领导、顾问,他一定既高瞻远瞩又埋头苦干;系统思维而又爱挑毛病的人,请他去做监理,谁干得怎样,他会一目了然。这样,就做到了各得其所,各避所短。在一般人眼里,直来直去、吹毛求疵,也许都是缺点、短处,但是在波特夫人眼里,这些缺点和毛病同时也是长处和优势,关键在于善用、巧用这些缺点和毛病,使之恰到好处。

每个人的长处和才能都有其特定类型。有的擅长分析,有的精通理财,有的善于交际。特定类型的才能应与特定的工作性质相适应。工作对人的要求不同,才能与职务相称。

当然,用人所长,并不是对人的短处视而不见,更不是任其发挥,而是应做到具体分析,具体对待。有些人的短处,说是缺点其实并非完全确切,因为它天然就是和某些长处相伴而生的,它是长处的一个侧面。这类"短处"不能简单地用"减去"消除,只能暂时避开,关键在于怎样利用它。用的得当,"短"亦即长。

★依据性格特点对号入座

人臣之论:有态臣者,有篡臣者,有功臣者,有圣臣者。

——《荀子》

在荀子看来,四类臣子,皆由其性格所决定。《人物志》中总结了十二种人的性格特点,以及不同性格的优劣,把这些性格按部就班地套用在自己的下属身上,领导者就可以对号入座,为他安排适合的职位。

1.刚正、严厉的人

疾恶如仇是他们最大的优点,也是最大的缺点。因为其性格坚强刚毅,凶狠强硬,所以他们大都很偏激,很难与人和睦相处。这种人在为人处世时,总是不能克服自己个性太刚强而冒失莽撞的不足,并且认为温和顺从就是屈从,从而变本加厉地加强他的过火行为。所以这样的人可以不让他处理具体事务,他适合制定法则。

荀子

2.性情柔和温顺的人

这种人大都具有宽容大度的优点,而这种优点走到极端就成了优柔寡断。这种性格的人,在处理事情时总是犹豫不决,遇到该决断的问题时拖泥带水,拿不起放不下。他们认为意气风发、泼辣爽直太伤人,以此当作自己行为拖拉的借口。这种人最适合做循规蹈矩、一成不变的工作,而不能让他裁决疑难问题。

3.精力健旺、体格英勇剽悍的人

这种性格的人具备肝胆照人、性情刚烈的优点,但他们往往不太顾忌别人的情面或事情的后果,缺乏前思后想的缜密性。雄健剽悍的人的特点就是意气风发,敢作敢当,从不警惕自己勇往直前的做法可能会使自己遭受挫折甚至灭亡的危险,反而把温顺礼让当作胆小怕事、软弱无能,他们做什么事总要把自己的精力使尽才罢休,这样的人适合处理充满艰难险阻的事,不适合让他完成忍辱负重的任务,尤其是在情况恶劣的环境下,他们很难坚持到底。

4.精明能干、谨小慎微、胆小懦弱的人

这种性格的人能够做到对人恭敬谨慎,但他们在做事时却总是疑虑重重,患得患失,不够武断。过于谨慎的人,瞻前顾后,疑虑重重,认为敢想敢做是无理取闹,导致他们的心思更加谨慎,性格也更加懦弱。这样的人,可以守业,但却不能开创局面。

5.坚强遒劲、干劲冲天的人

这种人的优点在于能起骨干作用,缺点是顽固自负,刚愎自用。坚强劲直的人百折不挠,意志坚定,如果他不能克服自己固执己见的缺点,不正确分析事情的是非曲直,他将一叶障目,越来越专断,不利于事业的发展。用这种人去主持正义会比让他去团结群众更出色得多。

6.善于论证辩驳、推理分析的人

其最明显的长处在于能为他人解惑说理,但却容易流于夸夸其谈、空话连篇的境地。博学善辩的人,大都思维敏捷,条理清楚,但如果他不克服自己浮华不实的缺点,有意识地严格要求自己,那么他们会很容易使自己放任自流。因此,这种人可以和他进行热烈的讨论,但不能和他有什么约定,因为这种人缺少诚意。

7.好善乐施、博爱之人

这种性格之人能够造福百姓,救人于水火之中,但容易善恶不辨,胡施乱予。心地善良之人,往往交友广泛,不能区分其中的良莠,反而认为耿直率性是脾气倔强,导致交往的人鱼龙混杂。这种人最合适去做群众性工作,不能让他去纠正不良的社会风气。

8.清高耿直、廉洁奉公的人

这种人具有艰苦节约、朴实无华、不为贫贱所移的优点,但难免被繁文缛节、条条框

框所局限。耿直倔强的性格使他们疾恶如仇,对自己要求严格,从不随波逐流。在他们的意识里他们不认为自己遗世孤立,是因为性格上偏激狭隘所致,反而认为广交朋友有辱清名,会降低自己的身份,结果变得越来越孤僻。如果有无损人格、气节的工作,他们肯定能够完成的很好,但他们不适合去做灵活变通的工作。

9.注重行动、才能卓著的人

志在攀登高峰、超越同行是其长处,不足之处是好高骛远,根基不稳。注重行动,因而羡慕那些凡事能打头领先的人,而且要立志超过他们。他不警惕自己做事马马虎虎的毛病,反而认为沉静就是拖泥带水。这种人可以让他开拓进取,不适于从事打基础的工作。

10.沉着老练、思想缜密的人

这种人的优点在于对细微奥秘的事情很精通。缺点就是遇事迟疑怯懦,不够果断,欠缺勇气。冷静周密的人,做事之前总要反复推敲,深思熟虑,生怕有所疏漏,常因此而耽误了办事的最佳时机。如果他不克服自己因冷静沉着造成的良机贻误,坚持认为迅速采取行动是粗心大意的表现,他很难成就一番事业。这种人可以做深思熟虑的细腻工作,不能交给他执行雷厉风行的任务。

11.质朴坦率、一览无余的人

这种性格的人具有忠诚老实的品质,缺点是胸无城府,容易泄密。坦率质朴的人,即使心有疑惑也不愿意相信是真的,他不克服自己由于性格朴实而造成的粗犷直露的缺点,反而认为讲究谋略是虚伪之人的做法,为人处世一味无原则的坦诚相见。这种人可以去完成讲求信义的任务,不能让他做保密工作。

12.智勇多谋的人

这种人的优点是行事老谋深算,但他们大都老奸巨猾,办事模棱两可,左右逢源。计谋太多的人做任何事都要审时度势,把事情做到让自己心满意足,他们从不考虑所使用的计谋是否正当,所采用的策略是否合理,通常认为坦诚是愚蠢的表现,只推崇自己的神机妙算。面对这种人应当让他去做扬善积德的事情,千万不能委派他做查处违法乱纪的事务,以免适得其反。

以上列举的这十二种人,有以偏概全之处,难免有失偏颇。但也不乏可利用之妙,领导者如果能准确地根据各种人的性格特点委以官职,让适合的人做适合的工作,他们能够协助领导者建立一番事业。

國學智慧全書

荀子

★提拔人不可太随意，要全面考虑

尚贤使能，而等位不遗。

——《荀子》

在荀子看来，没有德行的人不能使他有显贵的地位，没有才能的人不能授予他官职，没有功劳的人不能给予奖赏，没有犯罪的人不能施加刑罚，朝廷里没有靠侥幸得到官职的人，老百姓没有靠侥幸得过且过的人。论功行赏乃天经地义的事情，一个有能力的人，一个有成就的人，是应该得到快速升迁机会的。但是请别忘记，人与人是相互影响的，提拔一个人往往会影响到其他人，若提拔不当，就会破坏公司人事关系的稳定，得罪公司其他员工，还可能因此而失去受提拔者。因此，在提拔一个人时，要慎重考虑以什么样的速度提拔，提拔到哪一个位置，方不影响其他人的情绪。

法国有一家公司在提拔一个年轻人时就处理得极为艺术。这位年轻人才干非凡，刚来公司几个月其才华与能力就得以凸显，使其上司显得黯然失色。这样的年轻人显然应得到提升。但是，如果将他提升至他上司的位置或超过这一位置，很可能会引起争议，造成不好的影响，但如果不提拔，又可能使这个青年的才华不能更好地展示。公司经过讨论决定将这位年轻人调至远离总部的某个驻外国代表处任主任。这实际上连升了三级，但公司内却没有人太注意，从而也没有反感与牢骚，年轻人如鱼得水，聪明才智得到极大的发挥。

不同的人有不同的眼光，有些人比较急功近利，往往只顾眼前利益，这种人目光短浅，虽然会暂时表现得相当出色，但是却缺少一种对未来的把握和规划能力，做事只停留在现有的水平上。如果老板本身是目光远大的人，对自己的公司发展有一个明确的定位，并且需要助手，那么这种人倒是很好的选择，因为这类人最适合于被老板指挥运用，以发挥他的长处。

一个能共谋大事的合作者往往能在某些重大问题上提出卓有成效的见地，这样的人是老板的"宰相"和"谋士"，而不仅仅是助手，如果老板能找到这样的人，那么对事业的发展无疑是如虎添翼。

心思缜密的人往往能居安思危，能考虑到可能发生的各种情况和结果，而且很明白自己的所作所为；这种人往往也很有责任感，会自我反省，善于总结各种经验教训，他的

工作一般是越做越好,因为他总能看到每一次工作中的不足,以便于日后改进。如此精益求精,成绩自然突出。虽然有时候这类人会表现得优柔寡断,但这正是一种负责任的表现,所以作为一个老板,大可放心地把一些重任交给他。

协调一个公司就像协调一支球队一样,有相互合作,也有明确的分工。有的人对于本职工作干得兢兢业业,不辞劳苦,但是老板却不能把重大的任务交给他们,这是为什么呢?

这就是领导者必须明白的:有些人只能做一些小事而不能期望他们做大事情。因为这些人往往偏重于某一技术长处,却缺乏一种统御全局的才能,所以绝不能因为小事办得出色而把大事也交给他来做。善于做大事的人行事果断而犀利,安排各种工作游刃有余,能起到核心作用,受到人们的尊敬。善于做大事的人不一定能做小事,而小事做得出色的人也不一定能做大事,作为老板一定要明辨这两类人,让他们各司其职,分工协作,才能取得最大的效益。

有的人有些小聪明,往往能想出一些小点子把事情点缀得更完美,这类人看上去思维敏捷,反应灵敏,也的确讨人喜欢,但老板对其不能完全放权,因为一旦放任他的小聪明就有可能聪明反被聪明误。但是也有另一些人,表面上看并不聪明,甚至有点傻的样子,却往往能大器晚成。对于这类大智若愚的人,老板一定要有足够的耐心和信心,绝不能由于一时的无为而冷落他甚至遗弃他,因为这类人往往能预测未来,注重追求长远的利益。既然是长远的利益,也就不是一朝一夕所能达到的。信任他并给予重任,而不能让这类宝贵的人才流失。

口若悬河、滔滔不绝的人未必就是能担当大任的人,而且这种人常常并没有什么真才实能。他们只能通过口头的表演来取信别人,抬高自己。

真正有能力的人,只讲一些必要的言语,而且一开口就常常切中问题的要害,这种人往往谨慎小心,没有草率地作风,观察问题也比较深入细致、客观全面,做出的决定也实际可靠,获得的成果也就实实在在。所谓"真人不露相,露相非真人"讲的就是这个道理。

所以一个领导者应该注意一些少言寡语的人,因为他们的话语往往最有参考价值。切不可被一些天花乱坠的言语所迷惑,这也是一个成功的老板所应该具有的鉴别力。

因此,在提拔一个人时,要慎重考虑以什么样的速度提拔,提拔到哪一个位置,方不影响其他人的情绪,这才是正确的用人方式。

★ 多与下属沟通，发挥其才智

信而不见敬者，好专行也。

——《荀子》

作为一个领导者要善于征求和采纳别人的意见，独断专行是用人之忌。一个领导者能力的强弱，关键在于他是否能够与下属很好的合作，调动他们的积极性，让他们为你贡献意见，并能从中听取这些意见，得到益处。征求意见的能力，是成功领导者的一个显著的特征。关于这一点，美国的钢铁公司总经理加利说得很直截了当："我乐于听取别人的意见，尤其喜欢听反面意见，在这一点超过别人很多。"

作为领导者，千万不要认为作为一个领导者应该摆摆架子，认为自己很能干就应该不要别人的帮助，不听别人的话。要知道，作为领导者，你的优势就是可以无偿地从四周许多人那里得到帮助，如果你蔑视了此种机会，结果肯定是自己损失多多。

对于领导者来说，有效地与下属进行沟通是非常关键的工作。任用、激励、授权等多项重要工作的顺利展开，无不有赖于上下沟通顺畅。

良好的沟通还是管理者与员工之间感情联络的有效途径，沟通的好与坏，直接影响着员工的使命感和积极性，同样也直接影响着企业的经济效益。只有保持沟通的顺畅，企业的管理者才能及时听取员工的意见，并及时解决上下层之间的矛盾，增强企业的凝聚力。

作为现代企业的管理人员，麦当劳的领导层意识到上下沟通的好与坏，直接影响公司的经济效益。虽然麦当劳的"利益驱动"起了很大的刺激作用，但麦当劳内部最大的团结力完全不在于以金钱为后盾，而在于所有员工对麦当劳的忠诚度和对快餐事业的使命感。忠诚度和使命感来源于麦当劳几代高层领导体恤下情、与员工同甘苦的管理品质和管理素质及难以抵挡的个人魅力。他们通过频繁的走动管理，既获得了丰富的管理资料，又可通过与数百人以私人朋友交际，达到很好的沟通效果。

在克罗克退休以后，由于麦当劳的事业迅速壮大，属下员工数也越来越多，企业高层忙于决策管理，一定程度上忽视了上下的沟通，致使美国麦当劳公司内部的劳资关系越来越紧张，以致爆发了劳工游行示威，抗议工资太低。示威活动对麦当劳公司的高级经理们构成了巨大的冲击，令他们重新认识到加强上下沟通，提高员工使命感和积极性的重要性。

國學智慧全書

子学智慧

针对员工中不断增长的不满情绪,麦当劳公司经过研讨形成了一整套缓解压力的"沟通"和"鼓舞士气"的制度。麦当劳认为与服务员的沟通是极其重要的,它可以缓和管理者与被管理者之间的冲突,提高工作人员的积极性。而如果忽视了与员工的沟通,不管有什么理由,都会阻碍企业命脉的畅通,使企业不知不觉陷入麻痹而失去许多机能。

　　于是麦当劳任命汉堡大学的寇格博士解决沟通的理论问题,而擅长公共关系的凯尼尔为公司解决实际操作问题。他们很快就有了成果。凯尼尔请约翰·库克及其助手金·古恩设计的"员工意见发表会"变成了麦当劳的"临时座谈会"制度。这种形式在解决同员工的沟通问题上起着特别重要的作用。

　　临时座谈会的目的是为了增强与员工的感情联络。会议不拘形式,以自由讨论为主要形式,虽以业务项目为主要讨论内容,但也鼓励员工畅所欲言甚至倾吐心中不快。工作人员可以利用这个机会指责他们的任何上司,把心中的不满、意见和希望表达出来。所有服务员都抱着很高的积极性参加座谈会。实践证明,这种沟通方法比一对一的交流更加有效。

　　听取别人的意见并不是一件难事,他们提供给你意见,你疑心他们有什么用意吗?如果你要从别人意见里得到最大的益处,就不可退缩、急躁、多疑。要养成利用别人意见的习惯,要懂得用别人的脑子办事。他们已经在他们的意见上花了很大的代价,如果他们愿意告诉你,你为什么不接受呢? 要想成为一个英明的领导者,千万不要自以为是,独断专行,而要多与下属沟通。

第三章 成事之道:量力而行,不强进而智取

★领导者必须远离纷争

荀子曰:"人生而有欲,欲而不得,则不能无求,求而无度量分界,则不能不争。"

——《荀子》

荀子说:"人生而有欲,欲而不得,则不能无求,求而无度量分界,则不能不争。争则乱,乱则穷。"

人一生下来就有欲望,有了欲望不能满足,就要去争取、追求,追求过分了而没有一定的限度和界限,就势必要发生争执。只要发生了争斗就会造成混乱,混乱就会造成穷困。

荀子十分形象地说明了纷争的由来。

人们之所以产生纷争,是由于欲望过于强烈,过于看重财利和地位。其实这些都是身外之物,争到与争不到又有多大关系?

得到了不一定是福,失去了未必是祸,要用辩证的思想去对待名利和地位。无休止地争夺,是引起纠纷和祸害的根源。

对于纷争,古人提倡要克制这种心理和行为。

贾谊《鹏鸟赋》中说:"豁达的人很达观,无所求。而贪婪的人为利而死,烈士为名而亡。"

许名奎在《忍经》中说:"好权的人争权于朝廷,好利的人争利于市场,争来争去永无休止,就好像杀人夺

贾谊

物之人逞强而不怕死。钱财能给人带来好处,同样也能坑害人。人们一直没有想明白,因此而丧失生命。权势能使人得到宠爱,也能使人备受侮辱。人们为什么对此不好好深思,而最终被诛呢?"

荀子对纷争则更加鄙视,他在《荀子·性恶》中说:"一味地争夺,不怕死亡受伤,不怕对方势力强大,只要看见有利可图就贪得无厌,这是和猪狗一样的勇敢啊!"

荀子告诉领导者,智者有深远的见解,不去争夺外物,把利看成污浊的粪土,把权利看得轻如鸿毛。认为污浊的东西,自然就能比较容易避开;轻视一样东西,也能很容易地抛开它。避开了利则能使人无恨,抛开了权则能让自己轻松。其实,还有什么比知足常乐更让人快乐的呢?

要知道,在日常的生活和经营过程中,利益是创造出来的,是以诚实劳动作为基础的,不是靠争。争来争去,双方失和,谁也不见得能够获得更多和更大的利益,何必争呢?

荀子提醒领导者,不争才能无祸,不争才是更高明的做法。

战国时,齐国有三个大力士,一个叫公孙捷,一个叫田开疆,一个叫古冶子,号称"齐国三杰"。他们勇猛异常,仗着齐景公的宠爱,为所欲为。当时,齐国的田氏势力越来越大,他联合国内几家大贵族,打败了掌握实权的栾氏和高氏,威望越来越高,直接威胁着国君的统治。田开疆正属于田氏一族,齐相晏子很担心"三杰"为田氏效力,危害国家,想把他们除掉,又怕国君不听,反倒坏了事。于是心里暗暗拿定了主意:用计谋除掉他们。

一天,鲁昭公来齐国访问。齐景公设宴招待他们。鲁国是叔孙大夫执行礼仪,齐国是晏子执行礼仪。君臣四人坐在堂上,"三杰"佩剑立于堂下,态度十分傲慢。正当两位国君喝得半醉的时候,晏子说:"园中的金桃已经熟了,摘几个来请二位国君尝尝鲜吧!"齐景公传令派人去摘。晏子说:"金桃很难得,我应当亲自去摘。"不一会儿,晏子领着园吏,端着玉盘献上6个桃子。景公问:"就这几个吗?"晏子说:"还有几个,没太熟,只摘了这6个。"说完就恭恭敬敬地献给鲁昭公、齐景公每个人一个金桃。鲁昭公边吃边夸金桃味道甘美,齐景公说:"这金桃不易得到,叔孙大夫天下闻名,应该吃一个。"叔孙大夫说:"我哪里赶得上晏相国呢!这个桃应当请相国吃。"齐景公说:"既然叔孙大夫

晏子

推让相国,就请你们二位每人吃一个金桃吧!"两位大臣谢过景公。晏子说:"盘中还剩下两个金桃,请君王传令各位臣子,让他们都说一说自己的功劳,谁功劳大,就赏给谁吃。"

141

齐景公说："这样很好。"便传令下去。

话音未落，公孙捷走了过来，得意扬扬地说："我曾跟着主公上山打猎，忽然一只吊睛大虎向主公扑来，我用尽全力将老虎打死，救了主公性命，如此大功，还不该吃个桃吗？"晏子说："冒死救主，功比泰山，应该吃一个桃。"公孙捷接过桃子就走。

古治子喊着："打死一只虎有什么稀奇！我护送主公过黄河的时候，有一只鼋咬住了主公的马腿，一下子就把马拖到急流中去了。我跳到河里把鼋杀死，救了主公，像这样大的功劳，该不该吃个桃？"

景公说："那时候黄河波涛汹涌，要不是将军除鼋斩怪，我的命就保不住了。这是盖世奇功，理应吃个桃。"晏子急忙给古治子一个金桃。

田开疆眼看金桃分完了，急得跳起来大喊："我曾奉命讨伐徐国，杀了他们的主将，抓了500多俘虏，吓得徐国国君称臣纳贡，邻近几个小国也纷纷归附咱们齐国，这样的大功，难道就不能吃个桃子吗？"晏子忙说："田将军的功劳比公孙将军和古治将军大10倍，可是金桃已经分完，请喝一杯酒吧！等树上的金桃熟了，先请您吃。"齐景公也说："你的功劳最大，可惜说晚了。"田开疆手按剑把，气呼呼地说："杀鼋打虎有什么了不起！我跋涉千里，出生入死，反而吃不到桃，在两国君主面前受到这样的羞辱，我还有什么脸活着呢？"说着竟挥剑自刎了。公孙捷大吃一惊，拔出剑来说："我的功小而吃桃子，真没脸活了。"说完也自杀了。古治子沉不住气说："我们三人是兄弟之交，他们都死了，我怎能一个人活着？"说完也拔剑自刎了。人们要阻止已经来不及了。

鲁昭公看到这个场面无限惋惜地说："我听说三位将军都有万夫不当之勇，可惜为了一个桃子都死了。"

为了一个桃子竟然连丢三命，这便是纷争的结果。老子在《道德经》中说："只要不与别人相争，天下就没有人能与你争。"纷争有害而无益，因此领导者必须远离纷争。

★ 善于借"力"者胜

君子生非异也，善假于物也。

——《荀子》

人的力量是有限的，快不过马，飞不过鸟，眼锐不及鹰，嗅灵不过犬，但聪明的人善于利用外物、借助外物，从而使自己的力量百倍千倍地延伸。

142

世界上有三借：借人、借势和借钱。这都是成事之道。借人、借势是聪明人常用的一种成事之道，它可以利用对方的优势来弥补自己的不足，至少可以弥补自己的才智、人力之不足。

俗语说，"一个好汉三个帮"，"多个朋友多条路"。"朋友"在中国传统中是两弯相映的明月，讲究一个肝胆相照、义字当先。朋友在竞争激烈的现代社会里显得日益重要，善于利用朋友关系往往使你的生活自在快乐，而且会有更多机遇。因此，培养一种利用朋友关系的习惯，实际上就等于成功有了希望。

在古代一些成大事的政治人物中，他们会对矛盾相互利用，在中国古代封建政治格局中就经常出现，原属于腐朽封建官僚之间相互利用、尔虞我诈的一种政治权术。

三国赤壁大战之时，不习水战的曹操大军，由于重用了熟悉水战的荆州降将蔡瑁、张允，使曹军的水战能力有了很大提高；当周瑜乘船察看时，发现曹军设置水寨，竟然"深得水军之妙"。于是，周瑜暗下决心，"吾必计先除此二人，然后可以破曹"。

真是无巧不成书，正在周瑜绞尽脑汁谋定策略之时，曹操手下的谋士、周瑜的故友蒋干来访，周瑜一眼就看出蒋干的来意，一是说降，二是刺探军情。于是，他就想出了一条利用"朋友"的妙计。

周瑜当晚大摆筵席，盛情款待蒋干。席间，周瑜大笑畅饮。夜间，周瑜佯作大醉之状，挽住蒋干的手说："久不与子翼（蒋干的字）同榻，今宵抵足而眠。"当军中打过二更，蒋干起身，见残灯尚明，周瑜却鼻鼾如雷。在桌上堆着的一叠来往书信中，蒋干发现了"蔡瑁、张允谨封"等信，蒋干大吃一惊，急忙取出偷看。其中写道："某等降曹，非图仕禄，迫于势耳。今已赚北军困于寨中，但得其便，即将操贼之首，献于麾下，早晚人到，便有关报。"蒋干寻思，原来蔡瑁、张允竟然暗结东吴，于是将书信藏在衣内，到床上假装睡觉。

大约在四更时分，有人入账低声呼唤周瑜，周瑜故作"忽觉之状"。那人说："江北有人到此。"周瑜喝道："低声！"又转过头来冲着蒋干喊了两声，蒋干佯装熟睡没有作声。于是，周瑜偷偷走出营帐，蒋干赶紧爬起来偷听，只听得外面有人说："张、蔡二都督道，'急切间不得下手'……"后面的话声音更低，什么也听不清楚，不一会，周瑜回到帐内又睡了起来。

蒋干在五更时分，趁着周瑜熟睡未醒，悄悄离开，溜回江北，向曹操报告了所见，并交上那封伪造的书信。曹操勃然大怒，立即下令斩了蔡瑁和张允，当两颗血淋淋的人头献上之时，曹操方才恍然大悟说："吾中计矣！"

周瑜利用蒋干这个老朋友，巧妙地借曹操之手，一举除掉了两个最大的隐患。这样，才有了流传至今的赤壁大战火烧曹营的壮举。

在现代商战中，内忧外患始终存在，运用"借力除忧患"的谋略，利用别人的力量达到

荀子

战胜对手或占领市场的目的,保存或少消耗自己的实力,不失为高明之举。

干式复印机在今天已经是很平常的办公用品。然而,美国塞洛克斯公司当年将干式复印机推向和占领市场,却费了一番心思。

20世纪40年代前,市面上使用的复印机都是湿式的,这种复印机必须用专门的涂过感光材料的复印纸,印出的也是湿漉漉的文件,要等晾干后才能取走,极为麻烦。塞洛克斯公司经过反复研制,终于生产出干式复印机——塞914型。与湿式复印机相比,干式复印机有诸多优越性。塞洛克斯公司老板威尔逊决定把此产品隆重推出。

起先,威尔逊打算把首批产品以成本价推销出去,借以开拓市场。但是,律师提醒他:这是倾销,是法律不允许的。于是威尔逊走向另一个极端,给复印机定了一个高于成本10多倍的高价:2.95万美元。这种高价暴利出售商品,也是为法律所禁止的。然而,威尔逊却漫不经心地说:"不让我出售成品,我就出售品质和服务吧。"

果然不出所料,新型复印机因定价过高被禁止销售。可是,由于展销中人们已经了解到干式复印机的独特性能,消费者都渴望能用上这一奇特的机器。干式复印机早已获得专利,只此一家,别无分店。威尔逊这时便以出租服务的形式重新推出新型复印机,顾客蜂拥而至。尽管出租服务的租金定得并不低,但由于前面整机出售定价定得高,人们计算了一下,仍认为租用值得。

到1960年,干式复印机流行开来,由于产品为独家垄断,再加上已有的高额租金,所以塞洛克斯914型复印机以较高价格出售,仍供不应求,利润滚滚而来。1960年,公司营业额达3.3亿美元;5年以后,上升到近4亿美元,到1966年,公司年营业额达5.3亿美元。塞洛克斯公司成为美国10年内发展最快的公司之一,迈入巨型企业的行业。

威尔逊的成功在于善于借"力",推销产品,占领市场。先是借法律禁止高价销售之"力",封死消费者购买之门,逼其走上租借之路;接着用高定价之"力",逼消费者付出高租金;后来又用高租金"力",促使消费者购买整机,从而为高价出售新型复印机铺平了道路。

★权衡利弊,全面考虑问题

见其可欲也,则必前后虑其可恶也者;见其可利也,则必前后虑其可害也者;而兼权之,熟计之,然后定其欲恶取舍,如是,则常不失陷矣。

——《荀子》

可欲与可恶、利与害,都是相互对立的关系。如果只看到其中一面就是"偏激",所以要"兼陈万物而中悬衡焉",才能"众异不得相蔽以乱其伦也"。所谓"兼陈万物",就要在为人做事处世的时候,看到问题的每一个方面,然后"兼权""熟计"之,做出正确的判断,从而不会被矛盾的表现所迷惑。荀子要求看到事物的正反两面,也就是符合"中庸"思想的不偏不倚的比较、鉴别的方法,都是符合辩证法的。

一个人如果不能全面地看问题,做人做事都只能看到对自己有利的一面而考虑不到其中隐藏着的危险,那就会偏激,就会走上极端。大家都知道商鞅变法,它促成了秦国的强大,但是商鞅的手段过于残酷,只为了自己的利益,只看到变法带来的好处,而忽略了变法带来的负面影响,致使商鞅自己也丧命在自己制定的法令之下。

明代的于谦因为对人太苛刻,做事好走极端,违背中庸思想行事而最终被奸人所害。现在看来,于谦的所作所为,无疑都是为正义、为人民的,但在当时的人际环境中,他不仅不被人理解,反而成为招致怨恨的主要因素。

于谦的主要功业就在与明朝的两次重大事件:土木之变和夺门之变。土木事变之后,让于谦成为民族和国家英雄,举国上下一致拥戴;而夺门事变则让他身败名裂,命丧刑场。大家可能都会感到困惑,于谦一身正气,为什么那些之前与他同仇敌忾的人会倒戈相向呢?

于谦

土木之变,使明英宗沦为瓦剌军队的阶下囚,致使整座京城岌岌可危。就在这为难之际,掌管兵部的于谦挺身而出,排除外界各种干扰,率领各方面力量,顽强战斗,击退了瓦剌军。与此同时,他还同一班文武大臣拥立朱祁钰称帝,重新建立明朝政权。本来想要挟明朝的瓦剌部族首领见到这种情景,只好被迫放回明英宗。

从这里看来,于谦不是功不可没吗?怎么说他对人苛刻呢?接着往下看就明白了。当时明朝有一个文臣叫徐有贞,因为在瓦剌军队进攻京城的时候,率先提出"南迁"的主张而遭到于谦的严正驳斥,为此,徐有贞经常遭到别人的嘲笑,也因此一直得不到提拔。他多次请求于谦举荐,希望谋取国子监祭酒一职。于谦也曾经在明景帝面前提过这件事,但是明景帝认为徐有贞在国家危急关头要"南迁",造成极坏的影响,就不同意提升他。而徐有贞并不知道其中缘故,反而怀疑是于谦从中作梗,影响了自己的前程,因而对于谦恨之入骨。

而当时明朝还有一名武将叫石亨,掌管着京师驻军的兵权,因为刚开始与瓦剌军队

荀子

作战遭败而被贬。但是不久在于谦的保荐下，石亨又官复原职，并且在于谦的领导下，扭转败局，立下大功，石亨也因此被封为世侯。如此优厚的封赐使石亨受宠若惊，为了表达对于谦的知遇之恩，因此他向皇帝请求封赏于谦的儿子于冕。可谁也想不到，于谦为此在朝廷上义正词严地拒绝了，还当着众人的面指责石亨徇私。于是，石亨和于谦二人的关系就此破裂，积怨日深。

由于处理事情不善于婉转，说话直露，也不知道给人留面子，因此于谦得罪了本可以不得罪的人。就这样，文臣武将联合起来，形成了一股"倒谦"势力。经过一番密谋之后，以徐有贞为行动的策划者，石亨等人为行动的执行者，他们趁明景帝病重之际，猝然发动宫廷政变，夺门成功，把原来的老皇帝明英宗又送上了皇位，而于谦的性命也就在这场事变中不明不白丢了。

可见，一个人不管做什么事都要做全面的考虑。孟子说："权，然后知轻重；度，然后知长短；物皆然，心为甚。"而像于谦那样，本身是正直无私的，但为人过于偏激，不能分辨其中的利害关系，而最终付出了生命的代价，是不值得的。这一点，在现实生活中，也值得领导者注意。

★ 量力而行，是一个人行事的准则

荀子曰："孔子曰：'能之曰能之，不能曰不能，行之至也。'"

——《荀子》

荀子认为，人贵有自知之明。自知的人，知道自己能力的大小，他们懂得量力而行。所谓"量力而行"，即正确估量自己的能力，不做力不能及的事情。

《庄子·人世间》中有这样一个故事：

鲁国的名士颜阖来到卫国游历，卫灵公听说他很有才学，便打算聘请他当自己长子蒯聩的老师。

颜阖听闻蒯聩非常凶暴，任意杀人，卫国的人对他十分惧怕。对这样的人是否可以教导，他吃不准，因此去请教卫国的贤人蘧伯玉。

颜阖把自己对蒯聩的了解告诉了蘧伯玉，然后说道："如今大王要我当他长子的老师，我要是同意了，会很难办的；如果放任他而不引导他走正路，他一定会继续残害国人，给国家带来危难；如果对他严加管束，制止他胡作非为，他就会来害我。我该怎么办呢？"

蘧伯玉回答说:"你想用自己的才能去教育蒯聩,是很困难的。如果真的当他老师,应该处处谨慎,不能轻易地去触犯他,否则便会惹来杀身之祸。就像有个人太爱自己的马了,见有虫咬马,便赶紧猛力拍打。结果惊了马,自己也被马踢死。"

蘧伯玉见颜阖不住地点头,便又举了一个例子:"你知道螳螂吗?一次我乘马车外出,看到路上有只螳螂,不顾车轮正在朝它滚去,却奋力举起两条前腿走来,想挡住车轮行进。它不知道自己的力量根本不能担此重任,结果当然被车轮辗得粉身碎骨。螳螂之所以被碾死,是因为它不自量力。如果你也不自量力,想去触犯蒯聩,恐怕也要落得个与螳臂当车一样的下场。"

蘧伯玉

颜阖听了,决定不去触犯蒯聩,尽快离开卫国。后来,蒯聩因闹事而被人杀死。

在《荀子·子道》中,荀子借用孔子的话告诫我们:"能做到的就说能做到,不能做到的就说不能做到,这是行为的准则。"

在荀子看来,量力而行,是一个人行事的准则。

一个人的能力是有限的,不知道这一点,打肿脸充胖子,硬是挺着去承担重大的责任和使命,这显然是出力不讨好。

不能量力而行,即力微负重,自身能力弱小,却承担自己力不能及的事情,如明明自己做不到却答应别人某事,明明自己能力不足却处于某一位置等,这样超出自己的能力范围,轻则损己,重则损人、损国。

凡事一定要量力而行,绝不能力微负重,否则,会给自己带来不幸。

孔子分别到子路和颜回家吃饭。

子路家家道殷实,招待孔子,山珍海味弄了好几十道菜,孔子吃完回去,学生们问他吃的什么,孔子说:"一顿家常便饭而已!"

到颜回家吃饭时,颜回的母亲只做了一个野菜豆腐,孔子却吃得津津有味,赞不绝口。从颜回家回来,学生们又问他吃的什么,孔子说:"难得的山珍海味!"

学生们对比子路和颜回两家的经济状况,觉得不对劲,继续追问老师,愿闻其详。

孔子说:"饥时甜如蜜,饱时蜜不甜,吃饭能填饱肚子就行了。吃饭也是件接受心意的事,对方恰如其分、量力而行地表达出心意就行了。子路家的生活,没有因为我前去而造成被动,所以我说吃的是家常便饭。但颜回家就不同了,他们母子平日里几乎靠野菜充饥,为了我,颜回的母亲到田里捡豆子,到山上专挑刚发芽的野菜挖,其诚意让我难忘,

147

其情分让我感动，其饭也确实比山珍海味贵重。我受之有愧，欠下了他们母子的人情。"

人与人的交往，免不了物质互赠，物语亲情和友情。但今人的人情往来，却不如古人的开明。现时的人情债，牵扯了人们太多的精力，也使许多人互相攀比、盲目跟风。其实，礼尚往来，也需量力而行。

第四章 行事之道：心动不如行动，行动不要乱动

★ 心动不如行动

荀子曰："道虽小，不行不至；事虽小，不为不成。"

——《荀子》

人有两种能力，思维能力和行动能力，没有达到自己的目标，往往不是因为思维能力差，而是因为行动能力弱。

荀子曰："道虽小，不行不至；事虽小，不为不成。"路途虽然很近，但不走就不会到达；事情虽然很小，但不做就不会成功。

这个看似人人皆知的道理，在许多人身上并没有引起足够的重视。他们常常把失败归于外部因素，而不是从自身找原因。其中很重要的一条是：这些人常常是幻想大师，面对那些看不见、摸不着的东西心动不已，总以为光凭自己的意愿就能实现人生理想，就能过上自己想过的生活，就能成为一个被人羡慕的人。归根结底，他们之所以没有成功，就在于他们都是"心动专家"，而不是"行动大师"。

有这样一个有趣的故事：

古时，在四川的偏远地区有两个和尚，一个贫穷，一个富裕。

有一天，穷和尚对富和尚说："我想到南海去，你看怎么样？"

富和尚说："你凭什么去呢？"

穷和尚说："我一个水瓶、一个饭钵就足够了。"

富和尚说："我多年来就想租条船沿着长江而下，现在还没做到呢，你怎么能做到？"

第二年，穷和尚从南海归来，把到过南海的事告诉富和尚，富和尚深感惭愧。

穷和尚和富和尚的故事，说明了一个简单的道理：说一尺不如行一寸。

荀子

149

其实,心动并没有错,错的是许多人只有心动而没有行动,因此常常是竹篮打水一场空。当然,也有些人是想得多干得少,这些人只比那些纯粹的"心动专家"强一点而已。

在荀子看来,一百次心动,不如一次行动。行动才会出结果,行动才有可能成功。任何目标、计划,唯有付诸行动才有意义。

一年夏天,一位来自马萨诸塞州的乡下小伙子登门拜访年事已高的爱默生。小伙子自称是一个诗歌爱好者,从 7 岁起就开始进行诗歌创作,但由于居所偏僻,一直得不到名师的指点,因仰慕爱默生的大名,故千里迢迢前来寻求文学上的指导。

这位青年诗人虽然出身贫寒,但谈吐优雅、气度不凡。老少两位诗人谈得非常融洽,爱默生对他非常欣赏。

临走时,青年诗人留下了薄薄的几页诗稿。

爱默生读了这几页诗稿后,认定这位乡下小伙子在文学上将会前途无量,决定凭借自己在文学界的影响大力提携他。

爱默生将那些诗稿推荐给文学刊物发表,但反响不大。他希望这位青年诗人继续将自己的作品寄给他。于是,老少两位诗人开始了频繁的书信来往。

青年诗人的信一写就长达几页,大谈特谈文学问题,激情洋溢、才思敏捷,表明他的确是个天才诗人。爱默生对他的才华大为赞赏,在与友人的交谈中经常提起这位诗人。青年诗人很快就在文坛有了一点名气。

但是,这位青年诗人以后再也没有给爱默生寄来诗稿,信却越写越长,奇思异想层出不穷,言语中开始以著名诗人自居,语气也越来越傲慢。

爱默生开始感到了不安。凭他对人性的深刻洞察,他发现这位年轻人身上出现了一种危险的倾向。

通信一直在继续。爱默生的态度逐渐变得冷淡,成了一个倾听者。

很快,秋天到了。

爱默生去信邀请这位青年诗人前来参加一个文学聚会。他如期而至。

在这位老作家的书房里,两人有一番对话:

"后来为什么不给我寄稿子了?"

"我在写一部长篇史诗。"

"你的抒情诗写得很出色,为什么要中断呢?"

"要成为一个大诗人就必须写长篇史诗,小打小闹是毫无意义的。"

"你认为你以前的那些作品都是小打小闹吗?"

"是的,我是个大诗人,我必须写大作品。"

"也许你是对的。你是个很有才华的人,我希望能尽早读到你的大作。"

國學智慧全書

子学智慧

"谢谢！我相信我的作品很快就会公之于世。"

文学聚会上，这位被爱默生所欣赏的青年诗人大出风头。他逢人便谈他的伟大作品，表现得才华横溢、锋芒毕露。虽然谁也没有拜读过他的大作，即便是他那几首由爱默生推荐发表的小诗也很少有人拜读过，但几乎每个人都认为这位年轻人必将成大器。否则，大作家爱默生能如此欣赏他吗？

转眼间，冬天到了。

青年诗人继续给爱默生写信，但从不提起他的作品。信越写越短，语气也越来越沮丧，直到有一天，他终于在信中承认，长时间以来他什么都没写。以前所谓的大作品根本就是子虚乌有之事，完全是他的空想。

从此以后，爱默生就再也没有收到这位青年诗人的来信了。

拿破仑说："想得好是聪明，计划得好更聪明，做得好是最聪明又最好。"成功要有明确的目标，这没有错，但这只相当于给你的汽车加满了油，弄清了前进的方向和线路，要想抵达目的地，还得把车开动起来，并保持足够的动力。

★行动才有可能成功

道虽小，不行不至；事虽小，不为不成。

——《荀子》

现实生活中，许多人常把失败归于外部因素，而不从自身找原因。很重要的原因就是：这些人的思维只停留在幻想上，面对那些看不见、摸不着的东西总是心动不已，总以为光凭自己的意愿就能实现人生理想，就能过上自己想要的生活。归根结底，他们之所以没有成功，就是因为他们不曾采取行动。

在洛克菲勒还是少年时，他得到平生的第一份工作，是在烈日下帮人锄马铃薯，他的酬劳是每小时4美分。他还帮自己的母亲养过火鸡，也干过农场的苦工。那时，他每天的工资是3角7分。

他尝试过很多职业，后来进入了石油公司工作。他的工作是石油公司最简单的岗位，每天巡视石油罐盖有没有自动焊接好。没办法，他实在是没有任何技能。

他每天都要盯着焊接剂自动滴下，环绕油罐盖子一圈后，油罐被自动输送带带走。

这个工作太简单了，对于年轻的洛克菲勒来说，简直是枯燥至极！在他干了不满10

天后,他就申请调往别的部门工作,因为他实在厌恶这个岗位。

他的申请被驳回,理由很简单,他没有技能可以胜任别的职位。年轻的洛克菲勒非常失望,他想尽快改变自己处境的计划被搁置了。不过,他很快平静下来。在此之前,他干过各种极为平凡和微不足道的工作,这种最初的磨炼使他有了一个良好的心态,那就是做自己应该做的事,并将注意力集中在当前的工作上,放弃所有超过自己能力的期望与幻想,从最简单的工作做起。毕竟,这对他来说也是一种工作乐趣。当时,石油公司正在推进一项节约计划,经过仔细的观察和研究,洛克菲勒发现,他可以在改进自动焊接机上有所作为。他仔细计算,发现每焊好一个油罐盖子,需要的焊接剂是 39 滴,而精确运算得出的数字是 37 滴焊接剂就可以焊好一个盖子。但这只是一个理想状态的数字,要做到节约 2 滴焊接剂,其实并不容易。

这个发现使洛克菲勒有了工作的兴趣与目标,一种前所未有的热情使他无法停止研究的冲动。他学习所有与此有关的知识,反复试验,想尽办法朝自己的目标迈进。

最终,他设计出了 38 滴焊接机,也就是说,他的焊接机每焊接一个油罐盖子,可以为公司节约一滴焊接剂。

可别小看这一滴焊接剂,一年下来它可以为石油公司节约 500 万美元的开销!

对于石油公司来说,这可是一笔不小的数目——当洛克菲勒为公司创造了价值的时候,他也提升了自己的价值,他的命运也随之一步步改变了。

当洛克菲勒决定在这微不足道的小事情上有所作为时,他并没有想到要得到主管的称赞,他最初的想法是,这是我应该做的事情。

洛克菲勒把他的想法付诸行动,最终取得了成功。

一百次心动,不如一次行动。行动才会产生结果,行动才有可能成功。任何目标、计划,唯有付诸行动才有意义。

★不凭一己之好恶行事

荀子曰:"行而供冀,非渍淖也;行而俯项,非击戾也。

偶视而先俯,非恐惧也。然夫士欲独修其身,不以得罪于比俗之人也。"

——《荀子》

荀子曰:"君子之能以公义胜私欲也。"君子能用公义战胜私欲。

那么,君子是如何做的呢?

荀子借用《尚书·洪范》中的一句话说:"不凭自己的爱好行事,要按君王制定的礼法去做;不凭自己的憎恶行事,要按君王制定的礼法去做。"

1.不凭自己的爱好行事

古人云:"好酒好财好琴好笛好马好鹅好锻好屦,凡此众好,各有一失。"即嗜好酒、财、琴、笛、马、鹅、锻造、鞋子等,爱好这些的人,都有所失。

人皆有爱好,爱好有低俗和高雅之分。低俗的爱好,如好酒、好财、好色等;高雅的爱好,如好琴、好笛、好棋等。低俗的爱好会给自己带来灾祸,这很容易理解。而高雅的爱好为什么会给自己带来损失呢?原因在于玩物丧志。

例如,鹤本是一种珍禽,它形态高洁,鸣声清悦,一直是福寿的象征,也为历代名人雅士所喜爱。春秋时,卫国国君卫懿公爱鹤,本不失为一种高雅的行为,但作为一国之君,他爱鹤甚于爱民,是非不分,人物两忘,乃至于政务废弛,民众离心,最后竟导致亡国丧身。可见,再高雅的爱好,若爱之过甚,也会招来灾祸。

爱好本身并不是坏事,坏就坏在爱好过了头,失去了分寸,甚至沉醉其中,走火入魔。不凭自己的爱好行事,即要理智地对待自己的爱好,做自己爱好的主人,而不被自己的爱好所奴役。

2.不凭自己的憎恶行事

憎恶,常常是指憎恶某人。

我们憎恶一个人,或因其品行不端,有违我们认可的道德规范;或是触犯了我们自身的利益,冒犯了我们。

古人云:"道不同不相为谋。"这是对的。但是,道不同则冷眼相对或老死不相往来,就有失厚道了。

吴国大将吕蒙年少时未读过书,每陈大事,只有以口代笔。江夏太守蔡遗因此很看不起他,并经常在孙权面前说吕蒙的坏话。等到孙权要吕蒙推荐优秀官员时,吕蒙却推荐了蔡遗。

吕蒙便是不凭自己的憎恶行事的典范,孙权说吕蒙不是一勇之夫,而是一个国士。

以公正之心憎恶他人的人,定是仁者;出于私心而憎恶他人的人,一定会被他人仇恨。

再者,即使你出于公正之心憎恶他人,也得注意分寸,如果憎恶过度,使他无地自容,迫不得已,他就会酿成大祸。如此说来,与其憎恨他人,倒不如原谅他、尊敬他。你今天对他表示善意,也就有可能免去他对许多人的伤害,更可能因此而影响他和改变他。

三国时,有两个人是孙权很不喜欢的。一个是张昭,一个是虞翻。

孙权虽然不喜欢这两个人，却并不因此而抹杀他们的优点。在能发挥他们长处的时候，他立即想起他们，并把他们放到适当的位置上。

张昭性情刚硬，常常倚老卖老，当众与孙权抗争，"辞气壮厉，义形于色"，使孙权下不了台。所以，一段时间孙权没有让他上朝。

一天，蜀国有使者来，当朝夸耀蜀国的功德，当时群臣之中却没有一个人能够出来与他抗议争辩的。于是孙权感叹说："如果张公在这里，这人即使不屈服也会感到垂头丧气，哪里还能自我夸耀呢？"第二天，孙权就派人慰问张昭，并亲自请张昭入朝。

孙权

虞翻自恃有才，狂放不羁，屡次对孙权无礼。孙权忍无可忍，将他流放到交州。

后来，孙权派兵往辽东作战，因海风袭击，损伤严重。他很后悔这一决策，于是在命令中说："古时赵简子称，诸君之唯唯诺诺，不如周舍的有话直说。虞翻忠贞正直，善于把想说的话说出来，是我国的周舍。如果他在这里，就一定能说服我取消这次出征。"于是，孙权派人去交州慰问虞翻，并指示说，虞翻如果还活着，就让他坐船回都城；如果虞翻已经逝世，就送丧回他家，让他的儿子入朝为官。

孙权是有肚量、能容人的人，不以一己之好恶而放弃人才。相比之下，现在的许多领导者，恐怕还不具备孙权的这种雅量。

★抓大放小，绝不能事必躬亲

为之者，役夫之道也，墨子之说也。

——《荀子》

在日常工作中，有很多领导者习惯于事必躬亲，他们被那些烦琐细节所淹没，从而提早进入失败的坟墓。

一说到"事必躬亲"，我们有许多人想到《三国演义》中那个"鞠躬尽瘁，死而后已"的军师诸葛亮。这个为了帮助刘备以及刘备的儿子恢复汉室的丞相诸葛亮，在刘备死后，

为了使摇摇欲坠的蜀政权不至于加速灭亡,可以说做到了"事必躬亲"。

可惜的是,诸葛亮的本事再大,也没能力挽狂澜,最后只好抱病死在了五丈原。不过,诸葛亮与其说是病死的,倒不如说是累死的,他就是让"事必躬亲"活活地累死了。

所以说,诸葛亮是聪明了一世,也糊涂了一世。他的聪明我们已熟知,而他的糊涂就在于太相信自己,而没有将别人也可以做的事情让别人去做,没有充分"放权"。因为你诸葛亮的能耐再大,也不可能将所有的事情都做了。

在现代社会,随着社会分工越来越细,做领导的,也需要"抓大放小",给你的下属以充分的发展空间。

人的确有着巨大的潜能,人也有着无限的可能性,但是,人毕竟是人,而不是万能的上帝。所以,你不可能懂得天下所有的知识,你也不可能熟练地掌握天下所有的技艺,你更不可能做完天下所有的事情。了解了这一点,你也就了解了我们的社会为什么会有各行各业的分工,你也就了解了一个成功人士要走向成功绝不会仅仅靠他一个人单枪匹马地去冲锋陷阵。

曾经有一位医生在替一位实业家进行诊疗时,劝他多休息。这位病人愤怒地抗议说:"我每天承担巨大的工作量,没有一个人可以分担一丁点的业务。大夫,您知道吗?我每天都得提一个沉重的手提包回家,里面装的是满满的文件呀!"

"为什么晚上还要批那么多文件呢?"医生惊异地问道。

"这些都是必须处理的急件。"病人不耐烦地回答。

"难道没有人可以帮你忙吗?助手呢?"医生问。

"不行呀!只有我才能正确地指示呀!而且我还必须尽快处理完,要不然公司怎么办呢?"

"这样吧!现在我开一个处方给你,你能否照着做呢?"医生问道。

这病人听完医生的话,读一读处方——每天散步两小时;每星期空出半天的时间到墓地一趟。

病人奇怪地问道:"为什么要在墓地待上半天呢?"

"因为……"医生不慌不忙地回答:"我是希望你四处走一走,瞧一瞧那些与世长辞的人的墓碑。你仔细思考一下。他们生前也与你一般,认为全世界的事都得扛在双肩上,如今他们全都沉眠于黄土之中,也许将来有一天你也会加入他们的行列,然而,整个地球的活动还是永恒不断地进行着,而其他世人则仍是如你一般继续工作。我建议你站在墓碑前好好地想一想这些摆在眼前的事实。"医生这番苦口婆心地劝谏终于敲醒了病人,他依照医生的指示,释缓生活的步调,并转移一部分职责。他知道生命的真义不在急躁或焦虑,他的心已经得到和平,也可以说他比以前活得更好,当然事业也蒸蒸日上。

这位实业家在医生的劝导下，最终把自己肩负的过重的职责，转移了一部分，从而使得疾病减轻，生活轻松自在了，事业上也有了巨大的发展。

实际上，我们每个人都有这种习惯，觉得事情让别人去做，自己总是不放心，恐怕别人干不好，故不愿假手于人。

现代社会生产的一个突出特点，也就是它不同于古代作坊式生产的地方，就是它是以流水线式的生产为基本模式，即集体的力量越来越重要，甚至，任何一个产品，单是依靠一个人的力量根本是无法生产的。比如电视机，除了发明电视机者，还应有设计师以及每个零件的生产者、安装师，等等，如果一个人想造出一台电视机，而且每个部件都是自己设计、生产的话，也不知道到猴年马月才能生产出来，如果能生产出来的话。

学会授权给别人虽然是困难的，但身为主管的人还是得学会如何恰当地转移职责，否则永远免不了疲于奔命，因为你终究只是一个人！

俗语说得好，浑身是铁能碾几个钉子？一个人的精力必然有限，凡事都要自己去做，那终将被事务压垮。要学会相信别人，自己能做好的事情，相信别人也能做好，因为人人都有责任心，也许某些事情放在别人那里去做会比自己干得更出色呢！

充分授权给你的下属。在"抓大放小"的前提下，你要把本来属于下属的工作或者适合下属的工作以及完成这项工作所需要的权威坚决地交给下属。这样不但可以将你从繁忙的事务中解脱出来，同时对下属也是一个很好的锻炼机会。

当然，这里还有另外一个忠告：把你或任何人都不要做的事情交给下属去做并不是授权，而是派定任务。适当地这么做一两次可能是必要的，但是这无助于增长他们的荣誉，也并非在鼓励他们，而是增加了他们的负担。古人云"己所不欲，勿施于人"恐怕就是为了说明这个道理。

所以，为了能把你真正地解放出来，你因此要学会把具有挑战性的工作，甚至是决策性的工作，还有使下属有所收益的工作授权给他们。这首先建立在你充分信任你的某些下属的基础上，"用人不疑，疑人不用"，这其中的道理，你可能比谁都清楚。因此，在你授权的时候，别忘了把整个事情都托付给对方，同时交付足够的权力好让他做必要的决定。

领导阶层，一般都会事务缠身，只要放开手脚，大胆用人，讲求工作策略，就能做到为官也能一身轻。若不懂得组织、授权与督导，你就终将被工作中的繁重事务拖垮。

还有，如果下属习惯把所有的决定留给你做，那可能是因为你有意或无意地强迫他们这样去做。你要问问自己是不是在给下属安排工作时，也将做事的权力给了他们。如果没有，你就不能因为他们把只解决一半的问题推回来给你而责备他们。

请记住：一位优秀的经理如有一副忧烦的面孔时，那忧烦应在其助手脸上。

现在太多的经理要享有决定一切大小事务的那种万能权力。这不仅不能很好利用

国學智慧全書

子学智慧

自己的时间,而且也阻碍了下属去发挥创意并自我成长。

即使你不是一个公司的高级经理,也需要懂得授权。如果父母不把家庭杂务授权给子女去做一些,这对他们和子女都没有好处。志愿组织的干部对他们和组织来说,都应该把能参与的益处尽量让许多人分享。如果你想什么事情都由你自己来做,那你管理一小队童子军,也会像管理通用汽车公司一样要花很多时间。

这里我们还要提出一点忠告:把你或任何人都不想做的事情给下属去做,这不是授权,而是派定任务或推卸责任。有时这固然是必须的,但这样无助于增长他们的荣誉,鼓励他们成长,或使他们能够担任进行决策的角色,好让你有更多的时间去处理其他事情。因此你要学会把具有挑战性和有所收益的工作授权给别人。

给下属授权,同时又控制他们付诸实施,这只能是自找失败。例如,如果你要某一个人去做一本小册子,你就不必再交代一些有关形式、封面以及附图说明等的详细意见。如果让他自己去选择,他会把工作做得很好,而且会引以为荣。

授权的要诀在于"信任"这两个字。在你授权的时候,你要把整个事情托付给对方,同时赋予足够的权力让他做必要的决定。这与说"只要照着我告诉你的话去做"完全是两回事。

荀 子

第五章　临危不乱，深谙龙蛇屈伸之道

★ 做一个从容的领导

荀子曰："有通士者……上则能尊君，下则能爱民，物至而应，事起而辨，若是则可谓通士矣。"

——《荀子》

荀子曰："物至而应，事起而辨。"

意思是说，事情来了能应对自如，事情发生了能妥善处理。

生活中，我们领导者不可避免地会遇到一些突发事件，当你遇到紧急事情时，是否能像荀子所说的那样，做到临危不乱、随机应变呢？

事实上，我们大多数人都做不到这一点，即使是芝麻大点儿的小事，也慌慌张张、冒冒失失，就像天要塌下来似的。

完全没有必要这样，任何时候都不能够乱了阵脚，你越紧张就越想不出办法，反而会让问题变得更加复杂，甚至衍生出更多不必要的麻烦。

在荀子看来，面对突如其来的事情，我们要做的第一件事，便是将情绪稳定下来，这样才能镇定地想出解决的方法。

毋庸置疑，临危不乱、处变不惊，是一种能力的表现，是一种智慧与博学的体现，是一种儒雅的大将风度。在任何时候，我们都应该以一种平和的心态来面对各种紧急情况，只有这样，我们才能够把事情处理得妥当圆满。

一个临危不乱、处变不惊的领导者，在遇到变乱时会勇敢地面对现实，从容不迫地接受一切，而不是丧失斗志、听天由命。

荀子反对"天命论"，主张"人定胜天"。他认为，人那种悠闲镇定的心态和行为，并不是天生就有的，而是后天修养的结果。缺少了这种修养，遇变乱之事，就会一败涂地；拥

有了这种修养,则会镇定自若地处事应变。

荀子还具有长远的眼光,他认为,在无变乱时,就要有提防之心,居安思危,如此,才能防止意外变故的发生。

东晋时期,前秦的苻坚率领百万之师,踌躇满志地声称投鞭可以断流,挥师南下,欲一举灭晋。

在这股强大军事势力的逼迫下,东晋的许多将领相继败退,大家多心存畏惧。

此时,唯宰相谢安处变不惊,他派侄子谢玄率8万晋军去迎敌。当谢玄向谢安问计时,谢安镇定自若地说了一句:"一切均已做了安排。"

谢玄不敢多问。回去后,仍然不放心,于是又派张玄再次前往谢安处问计。

谢安见到张玄,依然不谈军事,要张玄陪他下棋,并以一座房子作为赌注。平日里下棋,是谢安输给张玄的多,但当时张玄为军情而忧惧,心神不定,很快就输给了谢安。

谢玄

棋毕,谢安就外出游玩,至夜方归,然后召集众将领,分派任务,面授机宜。

正因为谢安的镇定自若与从容应对,极大地稳住了东晋的军心,再加上军事布置得当,用计正确。于是,在其后的淝水之战中,晋军以少胜多,终使前秦官兵陷入了"风声鹤唳,草木皆兵"的崩溃境地。

谢玄率军打败了前秦军队后,捷报很快就送到了谢安的手中。当时,谢安正与宾客下棋,他看了捷报后,并没有露出任何的喜色,只是继续下棋。宾客问他发生了何事,他才慢慢地答道:"小伙子们已经打败了贼军。"

从谢安两次安然下棋的场景中,不难看出他是一个胆识过人的人。临危不乱、处变不惊,同时又能审时度势、运筹帷幄、泰然自若,这样便能处理好所面临的棘手问题。

★防微杜渐以自保

荀子曰:"祸之所由生也,生自纤纤也。"

——《荀子》

荀子在《劝学》中说:"积土成山,风雨兴焉;积水成渊,蛟龙生焉;积善成德,而神明自得,圣心备焉。故不积跬步,无以至千里;不积小流,无以成江海。"

意思是说,将土堆积起来能形成高山,风雨就会在那里兴起;将水汇聚起来形成深渊,蛟龙就会在那里诞生。累积好的行为可以形成美好的品德,就会聪颖睿智,圣贤的思想境界便具备了。因此,不从一步一步地路程开始积累,就不能到达千里以外的地方;不汇聚小流,就没有办法形成江河及大海。

一切事物都是由小到大发展而来,都有一个由量的积累到质的变化的过程。因此,不能对小事情有所疏忽,应该慎对微小的变化。

荀子在《大略》中进一步说道:"祸之所由生也,生自纤纤也。是故君子蚤绝之。"灾祸产生的地方,往往是细微之处。所以,君子要及早地消除它产生的原因。

在荀子看来,要想远离灾祸,就必须做到防微杜渐。

涓涓细流可以穿透岩石,参天大树是由嫩芽小树逐渐长成。人们常因忽略微小的细节,而造成祸患。如果从小的方面着手,在祸患还在萌芽时注意防止并消除它,就能够安定,情况就会好转。

概括而言,荀子所说的"防微杜渐"表达了两层含义:其一是防止对微小的忽略,其二是杜绝在渐渐中演变。"微"即细小,就像蝼蚁洞穴很小,一般不引人注意。但是,蚁穴的危害却极大。在河水上涨时,因蚁穴会发生管涌,堤堰内部被掏空而发生溃决事故。"渐"即慢慢的,是一种从量变到质变的过程,这种过程慢得不易使自己感知,也不易使别人察觉。但"渐"是一种足以致命的慢性病,初始阶段并无疼痛,但等达到一定程度时,往往已病入膏肓,回天乏术,后悔晚矣!

防微杜渐不易做到,但只要保持谨慎,正如《易经》所说:"君子乾乾,夕惕若,厉无咎。"那么,即使在厄难中也能自保无虞。

《史记·扁鹊传》中有这样一个故事:

扁鹊,战国时渤海郡郑地人,原名秦越人。"扁鹊"一词原本为古代传说中能为人解除病痛的一种鸟,秦越人医术高超,百姓敬他为神医,便称他为"扁鹊",渐渐的,就把这个名字用在秦越人的身上了。

扁鹊云游各国,为君侯看病,也为百姓除疾,名扬天下。他的医术十分全面,无所不通。在邯郸听说当地人很尊重妇女,他便做了妇科

扁鹊

医生;在洛阳,因为那里的人很尊重老人,他就做了专治老年病的医生;秦国人最爱儿童,他又在那里做了儿科大夫。无论在哪里,他都因高超的医术深受人们的欢迎。

有一次,扁鹊来到齐国,蔡桓公知道他名声很大,便宴请扁鹊。

扁鹊见到蔡桓公后,说:"大王有病,就在肌肤之间,不治会加重的。"蔡桓公不相信,而且很不高兴。

五天后,扁鹊再去见他,说道:"大王的病已经到了血脉,不治会加重的。"蔡桓公仍不信,而且更加不悦。

又过了五天,扁鹊又见到蔡桓公时说:"大王的病已到了肠胃,不治会更重。"蔡桓公十分生气,转头便走。

五天又过去了,这次扁鹊一见到蔡桓公,就赶快避开了。蔡桓公十分纳闷,便派人去问。扁鹊说:"病在肌肤之间时,可用熨药治愈;在血脉,可用针刺、砭石的方法达到治疗效果;在肠胃时,借助火剂汤的力量也能达到治疗效果。可病到了骨髓,就无法医治了。现在大王的病已在骨髓,我无能为力了。"

果然,五天后,蔡桓公身患重病,忙派人去找扁鹊,而扁鹊已经离开了齐国。不久,蔡桓公便病死了。

"扁鹊见蔡桓公"的故事告诉我们领导者,凡事都应防微杜渐,把问题消灭于萌芽之中。否则,当问题变得不可收拾的时候,只能追悔莫及。

★ 该屈就屈,该伸就伸

荀子曰:"君子与时屈伸,柔从若蒲苇,非慑怯也。"

——《荀子》

荀子十分赞赏宁武子,认为他那种聪明的表现别人还能做到,而他在乱世中为人处世的那种包藏心机的愚笨表现则是别人难以做到的。

宁武子是春秋时卫国有名的大夫,姓宁,名俞,武是他的谥号。

宁武子经历了卫国两代的变动,由卫文公到卫成公,两个朝代国家局势完全不同,他却安然做了两朝元老。

卫文公时,国家安定、政治清明,他把自己的才智能力全都发挥了出来,是个智者。

卫成公时,政治黑暗、社会动乱,他仍然在朝中做官,却表现得十分愚蠢鲁钝,好像什

么都不懂。但就在这愚笨外表的掩饰下,他为国家做了不少事情。

荀子曾不止一次赞叹宁武子的那种不惜装愚来做利国利民之事的智慧。从这个意义上讲,宁武子是不折不扣的为人处世的高手。

荀子曰:"君子与时屈伸,柔从若蒲苇,非慑怯也。"君子适应时势能屈能伸,柔顺得像蒲苇一样,这不是出于胆小怕事。

人应根据时势,需要屈时就屈,需要伸时就伸。屈于应当屈的时候,是智慧;伸于应当伸的时候,也是智慧。屈是保存力量,伸是光大力量;屈是隐匿自我,伸是高扬自我。屈伸之道是一种智者的处世智慧,没有一定的修养是难以做到的。

当然,荀子提醒我们在恶劣的环境里柔顺得像蒲苇一样,不是向环境屈服,不是真的浑浑噩噩,更不是改变自己的信念和操守,而是以退为进、以愚守智,不去做无谓的牺牲,不去授人以柄,而是麻痹对方、养精蓄锐、等待时机。

在现实生活中,大的政治环境、社会环境是正常的、清明的,但也难免遇到小环境不好的情况。比如,有的单位人际关系很复杂。在这种情况下,你不妨"愚钝"一些,不去说三道四、不锋芒毕露、不四处树敌,不卷入人际关系的是非之中。如果实在不行,三十六计,走为上计。再如,生活中发现了坏人坏事,不要鲁莽地硬碰硬,而是要冷静以对,通过有利于保护自己的渠道与坏人坏事做斗争。

事实上,荀子并不是教我们耍诈,而是教我们在恶劣的环境中如何既坚持正义,又保护自己。

荀子借用《诗经》中的话总结说:"左之左之,君子宜之;右之右之,君子有之。"该向左就向左,君子能适应它;该向右就向右,君子也能适应它。荀子说,为人处世达到这样的境界,也就掌握了与时屈伸的处世之道了。

有一位图书分类专业毕业的硕士研究生,被分到上海的一家研究所工作,从事标准化文献的分类编目工作。他认为自己是学这个专业的,自认为比那些原班人马懂得多,刚上班时,领导也摆出一副"请提意见"的派头,这种气度让他受宠若惊,于是工作伊始,他便提出了不少意见,上至单位领导的工作作风与方法,下至单位的工作程序、机制与发展规划,都一一综列了现存的问题与弊端,提出了周详的改进意见,领导点头称是,群众也不反驳。

可结果呢,不但没有一点儿改变,他反倒成了一个处处惹人嫌的人,被单位掌握实权的某个领导视为狂妄、骄傲乃至神经病,一年多竟没有安排他具体做什么事。

后来,一位同情他的老太太悄悄对他说:"小刘哇,我当初也同你一样,使我一辈子抬不起头,你还是换个单位吧,在这儿你把所有的人都得罪了,别想有出息。"

于是,这位研究生只好炒领导的鱿鱼,跳槽了。

临走时，领导拍着他的肩膀说："太可惜了！我真不想让你走，还准备培养你当我的接班人哩！"那位研究生一边玩味着"太可惜"三个字，一边苦笑着离开了。

大巧若拙，大勇若怯，为人处世善于隐藏者，比之锋芒毕露者，不知高明多少倍。故事中的青年，正是由于不懂得屈伸之道，才忘记了谦逊和隐藏锋芒，最终自己害了自己。

★把握屈伸的"分寸"

君子崇人之德，扬人之美，非谄谀也；正议直指，单人之过，非毁疵也；言己之光美，拟于舜、禹，参于天地，非夸诞也；与时屈伸，柔从若蒲苇，非慑怯也；刚强猛毅，靡所不信，非骄暴也。以义变应，知当曲直故也。

——《荀子》

國學智慧全書

荀子

虽说坚守"中庸"的根本原则是不会变的，但对于每一个人在某个特定的时间、地点或事情的不同而做出相应的理解和运用，在某一场合认为是顺应"中庸之道"的，但当它的外在条件或其执行者的不同，那就不能称之为"时中"了，所以，真正的智者应当根据不断变化的条件去选择和执行自己的行事准则。《诗经》中说："往左往左，君子能适应；往右往右，君子也能适应。"这就是君子之所以能按中庸屈伸，做出相应的变化。

荀子说：真正的君子推崇他人的德行、赞扬他人的美德，这并非是阿谀奉承；正直地议论和指出他人的过错，这并非是出于毁谤和挑剔；客观地表现自己的优点，可以与舜、禹相比，可以与天地相参合，这并非是虚夸狂妄。正直的君子能够随时势屈伸，柔顺如同蒲席，可卷可张，这并非是出于胆小怕事；刚强勇敢，从来不会屈服于别人，这并非是出于骄傲和暴戾。所以，真正的君子会用"义"来应对各种变化，知道什么时候应该"屈"，什么时候应该"伸"。

屈，无疑是一种保全自身的智慧；伸，当然也是一种光大自己的智慧。屈于当屈之时，伸于当伸之机，这才是真正的君子应该做的。现实生活中只有把握其中的分寸，才能不失软弱，又不失狂傲。

我们常常会在电影或小说中看到这样的情节。两个男孩同时喜欢一个女孩，而她与两个男孩都非常要好，甚至是青梅竹马，而两个男孩之间也如同兄弟手足，朝夕相处、共进共退。在这种情况下，姑娘更喜欢甲，可是甲碍于兄弟的情面，从来不敢向姑娘表达自己的爱意，当他知道乙也喜欢姑娘时，一种兄弟之间的情谊和男女之间的情谊不断地在他的脑袋里冲突,也不断地在折磨他。最后,故事的发展常常是甲"忍"住了自己对姑娘的情谊,毅然决然地把姑娘"让"给兄弟乙,自己或是不辞而别,或是断然拒绝姑娘的爱意。

我们或许都会为这样的故事而感叹,的确,甲的做法虽然对于他的兄弟乙来说,无疑是一种忍让,是一种成全别人的"屈",但反过来说,甲不仅不尊重自己,也不尊重女方。这就不是一种高尚,它只是一种虚伪、可耻。"生命诚可贵,爱情价更高",如果从这个方面来说,男女之间的爱情是重要的,为了追求自己的爱情和幸福,应当仁不让。没有分寸的"屈让",或是因为外界的因素而改变自己的追求,那岂不是令自己抱憾终生?

日常生活中,人们常说"大丈夫能屈能伸",也就是应当把握"屈"与"伸"之间的分寸,做到"与时屈伸"。朱熹编撰的《河南程氏遗书》中有这样一个形象的比喻:当天气刚冷的时候穿上薄裘衣就可以称为"中",而到了三九天极冷的时候,再穿刚冷时穿的薄裘衣就不符合"中"了。

过度的"屈让"只会让自己受气,也会让人觉得你软弱可欺,这是绝对要不得的。在某大学的一个班集体里面,有一位同学比较胆小怕事,遇到什么事他都过分地忍让,虽然班级里的其他同学对他并无恶意,但在他们的头脑中就自然而然地形成了就应该"牺牲"他的利益的思想。由于他过分软弱和极度忍耐,这种情况一直持续了很久。终于有一天他忍无可忍了,原来一场十分精彩的演出又没有他的票,他脸色铁青,激动的声音令在场的人都震撼了。爆发过后,他拿走了属于他的票,摔门而去。同学们在惊讶之余,似乎也领悟到了什么。在以后的日子里,大家对他的态度不再像从前那样了,也不敢未经他的同意而随便拿他的东西了。

所以说,只有把握"屈伸"的分寸,不能过分忍让,也不能过于张扬,一切都应当"适中","与时屈伸",才可以避免受人欺辱或遭人嫉恨。

第六章 做个受人欢迎的领导

★立身要高，做人宜让

彼求之而后得，为之而后成，积之而后高，尽之而后圣。

——《荀子》

真正聪明的领导者，在为人处世中是能坚守"中庸"之道的。而为人处世又直接取决于个人的"内"与"外"，"内"就是个人内在的基本素养，包括思想、道德、学识，等等；"外"也即个人内在素养的"外显"，是个人为人处世的姿态和方法。

《菜根谭》中有这样一句话："立身不高一步立，如尘里振衣，泥中濯足，如何超达？处世不退一步处，如飞蛾投烛，羝羊触藩，如何安乐？"也就是说，为人处世要能洞察时事，在"立高"自身的同时，要学会适时地"退让"，才不至于招来不必要的麻烦。

春秋时期，有一个叫孟简子的人，他在梁、卫两国为相，因获罪而逃到齐国。管仲就出来迎接他，问他："你在梁、卫两国的时候，手下有多少人啊？"孟简子回答说："三千人。"管仲又问："那今天陪你一同来的有多少呢？"孟简子答道："三人。"管仲说："都是些什么人呢？"孟简子回答说："其中一个人的父亲死了，因为他无力安葬，我帮他安葬了；一个人的母亲死了，我也帮他安葬了；另一个人的兄长不幸被捕关进大牢，我把他释放了。就是这三个人与我一起来的。"管仲把孟简子迎上车，说："我也一定有困窘的时候，我不能以春风风人，不能以夏雨雨人。我也一定会有困窘的时候啊。"

孟简子当然就是一个"立身"高尚的人，他能够为自己的下人们做到这些，可谓是"恩重如山"，下人们也定当以"涌泉"相报了。其实，这里所说的"立身"不仅仅只是帮助有困难的人，而且还需要用自己的思想和实际行动去感召别人，能够让每个人都能有"仁爱之心""恻隐之心""辞让之心""是非之心"，等等，其目的就是要做到无愧于己、无愧于人，这才是真正"立身"的人。

荀子

165

战国时候，梁国与楚国邻接，两国在边境也设有界亭，管理双方的人员进出。而两边界亭里的人也都在各自的地界里种西瓜。梁亭的人很勤劳，经常锄草浇水，因此瓜苗长得很好，而对面的楚亭里的人，十分懒惰，就让地里的瓜苗自生自灭，从来不过问，当然瓜苗长得就很瘦弱了。看到梁亭那边的瓜苗长得那么好，再看看自己这边的，楚亭的人就觉得很没面子，于是趁有天夜里没有月亮，就偷偷跑过去把梁亭的瓜苗全给扯断了。梁亭的人第二天浇水的时候，发现瓜苗都蔫了，大家都很气愤，于是把这件事报告给边县的县令宋就，说我们也过去把他们的扯断！宋就说："这样做显然是很卑鄙的，可是我们明明知道他们扯断我们的瓜苗，那为什么再反过去扯断人家的瓜苗呢？别人不对，我们再跟着学，那不是知错犯错吗？你们听我的话，从现在开始，你们每天去给他们的瓜苗浇水，让他们的瓜苗长得好。但你们这样做，一定不可以让他们知道。"

梁亭的人就按照宋就的话去做了。楚亭的人发现自己的瓜苗一天比一天长得好，经过仔细观察，才发现每天早上都是梁亭的人在帮他们浇水。楚国的边县县令知道这个情况以后，感到很惭愧，于是就把这件事报告了楚王，楚王听说以后，很感动，就马上叫人备重礼送给梁王，既以示自责，也表示感谢，结果这一对敌国成了友好的邻国。

这个故事中主要人物是宋就，他深知"中庸""己所不欲，勿施于人"的"恕"道，所谓"反求诸己""推己及人"，这样做的结果不仅可以使自己无害于人，反而让那些"作恶"的人无地自容。而那些自私自利的领导者，往往不懂得其中的道理，从不顾及别人的利益，把自己的利益建立在损人的基础上，这种人无疑是可耻的。所以，为人处世，首先要立正领导者自身，能退让的时候就退让，只要不违反自己为人处世的原则。

★以真诚的情感塑造领导魅力

临事接民而以义，变应宽裕而多容，恭敬以先之，政之始也；然后中和察断以辅之，政之隆也，然后进退诛赏之，政之终也。

——《荀子》

齐宣王问孟子，称王于天下的仁政是什么？孟子回答："男人没有妻子的叫鳏，女人没有丈夫的叫寡，老人无子女的叫独，幼时无父的叫孤。这四种人，是天下最贫困而没有援助的人。文王发布政令而施行仁政，首先考虑的就是这四种人。"齐宣王听后，点头道："你说得太好了！"

一个领导者要受到人们的拥护,就得真诚地为人们做些实事,实现情感的交融。管理学的研究者曾做过这样一个实验:请一位不为人们喜欢但具有丰富知识的人当众阐明一些事实。实验者发现,该人所说的事实并没有立刻被他人所接受。但随着时间的推移,人们渐渐忘记了该事实是谁说出的,却没有忘记他说的内容。这时,人们开始受到他所说的话的影响。这种影响的滞后效应被称为"睡眠者效应"。但是,当提醒人们这些话是曾经由谁说出的时候,人们对这些话的抵制便又重新恢复。

孟子

在这个实验中,涉及一个人的人格与知识是如何对他人产生影响的? 从领导学的角度说,领导者影响他人的能力,就是他的权力。如果一个领导者具有相当的人格魅力,成为他人敬仰和模仿的对象,他就具有影响他人的"参照权";如果一个领导者拥有丰富的专业知识,他就拥有了影响他人的"专家权"。但"睡眠者效应"告诉我们:如果领导者只具有专家权,而缺乏参照权,那么便会影响专家权对被领导者产生作用。被领导者可能因为一个事实是由他不敬服的领导者说出,就在心理上抵制他,拒绝相信他。

领导者要影响的不仅仅是被领导者的具体行为,而且要影响被领导者的价值倾向和思想观念。这种影响的有效产生,不仅依赖领导者所具有的职位权力,如奖酬权、强制权和合法权,而且更依赖他所具有的个人权力。参照权和专家权就是两种最基本的个人权力。凭借这种个人权力,领导者不仅可以以组织的名义对被领导者提出工作要求,而且还可以以个人名义对被领导者的思想和行为产生积极的影响。但是,当领导者只有专家权而缺乏参照权时,他对被领导者的个人影响力就会大大减弱。反之,如果领导者深受人们的喜爱,那么即使他在知识方面有所缺陷,人们还是会热心支持他。

被称为"乔治王"的足球明星乔治·维阿,在利比里亚经历了14年战乱后,宣布要竞选总统。乔治·维阿在这个喜爱足球的国家深受人们的爱戴,因为他曾在1995年一年内接连赢得"欧洲足球先生""非洲足球先生""世界足球先生"三项桂冠。在利比里亚国家足球队1995年因没有付费而面临国际足联的停赛处罚时,维阿自己掏出5000美元补足了欠款。在第二年的非洲国家杯比赛时,他还为球队运动员和管理人员购买了设备、服装和机票。2002年,他批评了前统治者泰勒,结果住宅被纵火,家人也受到了袭击。他是联合国儿童基金会的亲善大使,他所做的人道主义工作赢得了世界范围的称赞。

尽管人们怀疑这个文化程度不高并缺乏政治经验的球星是否有足够的能力管理这个国家,但利比里亚的许多民众还是期望他能参选。

一家地方报纸称："经过了多年的流血和战争,利比里亚满目疮痍,利比里亚人需要一个真正的爱国者、一个人道主义者,而乔治·维阿有潜力让利比里亚人重新团结起来挽救这个国家。"

一个具有魅力的领导者,他知道感情投入的重要,他还知道感情投入的方式是多样的,例如让出功劳、承担过错等也是一种感情投入的方式。

人们做事都希望得到别人的肯定,即使有时未能成功,但始终是卖了力的,也不希望被别人忽视。一个人付出了却得不到肯定,这是在打击他的自信心。所以,作为领导者,切勿忽视别人参与的价值。

据《左传》记载,成公二年,鲁国和卫国十分害怕齐国的侵略和征讨,于是跑到晋国求援,请求出师讨齐。晋国大将郤克带领着中军,以士燮为上军主将的辅佐,栾书为下军主将,大举兴师讨伐齐军,解救鲁国和卫国之危,在华泉大败齐国的军队,齐国的车右逢丑父也被晋军活捉了。取得战争的胜利后,晋景公亲临校场慰问几位大将说:"这都是你们的功劳啊。"郤克回答说:"这是您的教导发挥了作用,也是将士们奋战得来的结果,我哪有什么功劳可言呢?"士燮回答说:"是荀庚卓越的指挥,郤克的运筹帷幄、控制全局,我没有出什么力。"栾书回答说:"是士燮的命令如山,是士兵的顽强搏斗,我也没多出力。"作为领导军队作战的统帅,能如此谦逊,不居功自傲,三军将士听到了,纷纷赞颂他们的领导英明。

因此,不论如何完美的名誉和节操,不要一个人独占,必须分一些给旁人,才不会惹起他人忌恨招来灾害;不论如何,耻辱的行为和名声,不可以完全推到别人身上,要自己承担下来,只有这样才能多做一些品德修养。把功劳推让给别人,把过错一个人揽下来,不仅仅是一种修养,更是一种明智。

"不能正其身,如何正人?"高明的领导者,不但会与下属一起分享功劳,有时还会故意把本属于自己的那份功劳让给下属。这样,还有哪个下属不肯全心全意地工作? 这是最高级的用人术。领导者有必要将自己的功劳让给下属,或许你会认为这样损失太大而不愿意。但如若你本身实力雄厚,足以建功立业,即使想吃亏也是不可能的。

★ 从谏如流,不能独断专行

无稽之言,不见之行,不闻之谋,君子慎之。

——《荀子》

鲁国国君想让乐正子主持政务。孟子说:"我听到这个消息,高兴得睡不着觉。"公孙丑说:"乐正子刚强吗?"孟子说:"不是的。"公孙丑说:"他有智谋吗?"孟子说:"没有。"公孙丑说:"他的见识广博吗?"孟子说:"没有。"公孙丑说:"那么你怎么高兴得睡不着觉?"孟子说;"他的为人善于听取有益的话。"公孙丑说:"善于听取有益的话就足够了吗?"孟子说:"善于听取有益的话,就能胜任治理天下,何况只是一个鲁国呢? 善于听取有益的意见,天下的人就都会不远千里而来说些有益的意见;不高兴听取有益的意见,人们就会说:'哎哎! 这个我早就知道了。'这样哎哎声调显得神气傲慢,拒人于千里之外。有见识的人被拒绝在千里之外,挑拨离间、阿谀迎奉的人就到了。与那些挑拨离间、阿谀迎奉的人居住在一起,国家想得到治理,可以吗?"

所以,作为领导者,需要善于听取下属或员工的意见,综合出对团体有益的建议,做最后的拍板决断。

美国前总统林肯上任不久,有一次将六个幕僚召集在一起开会。林肯提出了一个重要法案,可幕僚们的看法并不统一,于是七个人便激烈地争论起来。林肯在仔细听了其他六个人的意见后,仍感到自己是正确的。在最后决策的时候,六个幕僚一致反对林肯的意见,但林肯仍固执己见,他说:"虽然只有我一个人赞成但我仍要宣布,这个法案通过了。"

这里林肯并不是独断专行,而是仔细地了解了其他六个人的看法并经过深思熟虑,认定自己的方案最为合理。而其他六个人持反对意见,只是一个条件反射,有的人甚至是人云亦云,根本就没有认真考虑过这个方案。既然如此,就应该力排众议、坚持己见。因为,所谓讨论,无非就是从各种不同的意见中选择出一个最合理的。既然自己是对的,那还有什么可犹豫的呢?

决断,不是由多数人做出的,多数人的意见要听,但做出决断的是领导一个人。

为什么孔子喜欢"敏于行而讷于言"的人呢? 因为"无多言,多言多败"。唐太宗李世民曾感叹道:"言语者君子之枢机,谈何容易。"他注重听取臣僚们的言语,但他又意识到如果只听而不审察,就会傍人门户,就会偏听则暗,其坏处与堵塞群言一样大。

不少领导都有一意孤行的癖好,除了自己的意见外,根本就听不进别人任何有益的进言。而当别人有意见的时候,他们也常常命令别人保持沉默。对组织团体有质疑的时候,出面质疑的人就很有可能被贴上"不忠"的标签,甚至被视为是制造麻烦的人。到底什么才是判断反对和不同意见的最佳方式? 应当鼓励持异议的人勇于发表不同意见甚至是反对意见,并要认真倾听。

战国时期,一位君王曾下过一道求谏令:"群臣和百姓能当面指责寡人之过的,受上赏;上书规劝寡人的,受中赏;能在公共场合议论寡人的过失而被我听到的,受下赏。"此令一下，收到了极好的效果。这个国家在很长一段时间内，国泰民安、社会稳定。

自古以来，一意孤行、刚愎自用的领导人必定要垮台。这是历史经验的总结。

关羽守卫荆州时，东吴吕蒙做了大都督，吕蒙早就有抢回被刘备骗去的荆州的打算，但他知道强攻硬取只会使自己吃亏，于是想办法从关羽的弱点上开刀。当时，关羽不在荆州，正在外面带兵攻打樊城。吕蒙见此机会难得，表面上主动与关羽搞好关系，暗中用计蒙蔽关羽。他诈称有病，让东吴书生陆逊代替自己都督的职位。陆逊一上任，就用友好的言辞写了一封信，并备了厚礼，遣使拜见关羽。此后关羽放松了警惕，他嘲笑孙权说："孙权见识短浅，竟用孺子为将！"他丝毫没把陆逊放在眼里，认为陆逊奈何荆州不得，反而把荆州守兵抽出攻打樊城。关羽的副将司马王甫、赵累却认为东吴此举必有阴谋，苦劝关羽不要轻易撤走荆州守兵。而关羽对东吴近日一系列的行动与迹象没有认真分析、研究，狂妄地认为东吴胆怯，放心大胆地撤走了荆州守兵。但后来事实是，东吴军队渡江夺取了荆州城。

关羽

与此同时，关羽对荆州已失守的消息却仍不相信，当军中有人私下传言荆州失守时，他听到后愤怒地制止道："此是敌方诋言，以乱我军心！东吴吕蒙病危，孺子陆逊代都督之职，不足为虑！"此时的关羽仍是这等自负、目空一切。后来，探马报知实情后，他才相信荆州是真的丢失了。他大惊失色，不得已投奔荆州属地公安，岂知公安也已被吕蒙夺取了。在这进退无路之时，关羽似乎有一丝觉醒，他对身边的司马王甫深深叹道："悔不听足下之言，今日果有此事！"

如果说，荆州是由于关羽的大意丢失的话，那么，关羽败走麦城则是因他不听取下属的建议所致。当蜀军困守麦城，内无粮草，外无援兵之际，关羽决定离弃麦城，突围去西川。对于如何取道去西川，他又拒绝了司马王甫的正确建议。去西川有两条路，一条是大路，一条是偏僻小路，关羽打算从小路去西川，可司马王甫担心吴魏在小路设下埋伏，建议部队走大路。这时，关羽又犯了一意孤行的毛病，固执地不听司马王甫的话，还扬言说："纵有埋伏，有何惧哉！"他坚定不移地要走小路。司马王甫料定关羽此去凶多吉少，他百般劝阻仍无济于事，结果父子双双

被擒。一代英雄豪杰因不能兼听不同的意见而酿成重大的历史悲剧。

作为领导,应该具有从谏如流的雅量,能够听取不同意见,并鼓励下属敢于提出不同意见。正所谓"君子和而不同,小人同而不和"。领导者能经常听到不同意见,于己于人都有好处。

唐太宗问魏征:"历史上的国君,为什么有的明智,有的昏庸?"魏征回答说:"兼听则明,偏信则暗。"接着,他列举历史上的人与事说:"秦二世只听赵高的,隋炀帝偏信虞世基,结果耳目闭塞,导致国家灭亡。国君如果能多听各方面的意见,采纳下面的正确主张,下情上达,就会明智;如果只听单方面的话,就被蒙蔽,就会昏庸。"唐太宗听了魏征的话,连连点头称好:"明主思短而益善,暗主护短而永愚。"

★敞开胸襟,包容待人

荀子曰:"君子贤而能容罢,知而能容愚,博而能容浅,粹而能容杂,夫是之谓兼术。"

——《荀子》

荀子曰:"君子贤而能容罢,知而能容愚,博而能容浅,粹而能容杂。"

君子贤能而能包容无能的人,聪慧而能包容愚昧的人,知识渊博而能包容知识浅薄的人,思想纯洁而能包容思想复杂的人。

包容是一种智慧。

与人交往,重要的是学习他人的长处。而对他人的短处,应持包容的态度。如果因为别人某一方面不如自己,就不与他交往,那么永远也处理不好人际关系。

包容是一种气度。

包容他人的过失,也就给了他一次改过自新的机会。"廉颇与蔺相如"的故事告诉我们,包容有化干戈为玉帛的奇妙效果。

包容是一种修养、一种境界。面对他人的过错,耿耿于怀、睚眦必报,带来的是心灵的负累,真正的智者会选择一份包容、一份泰然。越王勾践"十年生聚,十年教训",终于能够兴师复仇,一雪前耻。他可以忍受卧薪尝胆的苦楚,却在灭吴后下令诛尽吴国宗室。他懂得隐忍,却不懂得包容。齐王韩信未发迹时受过"胯下之辱",却在功成名就之后,见到当初侮辱自己的无赖,能不计前嫌任命他为巡城校尉。从这个角度而言,韩信的人格要比勾践的更高尚。

包容可以赢得人缘。

学会包容他人，就是学会了包容自己。包容他人对自己有意无意地伤害，是令人钦佩的气概；包容他人对自己的敌视、仇恨，是人格至高的袒露。

总之，我们应学会包容。对一般人也好，对亲人朋友也罢，每个人都应善待他人、包容他人，这样，人与人之间就会呈现出一派和谐美好的景象。

荀子曰："荡荡乎，其有以殊于世也。"君子的胸怀多么宽广啊！这就有了与世人的不同之处。

是否做到包容，是君子与普通人最大的区别之一。

当然，荀子所说的包容，不是无是非、无原则，不是姑息、纵容，而是使人摆脱斤斤计较的心态，开阔凡事耿耿于怀的心胸。

赵惠文王时，蔺相如为赵国丞相，廉颇为赵国将军。

廉颇对蔺相如很不服气，心想：他蔺相如仅凭一张嘴，官职竟比我还高。而我廉颇戎马一生，攻城拔寨、英勇无敌、战功赫赫。他凭什么做相国呢？我一定要找机会羞辱他一番。

廉颇要羞辱蔺相如的话传了出去，并且传到了蔺相如耳中。蔺相如不但没有生气，反而处处躲着廉颇，有时上朝也称病不去，以免和廉颇见面。

廉颇得知此事后，很是得意扬扬。

一次蔺相如带门客出去，看见廉颇的马车过来，忙命驾车之人把自己的马车退回来。蔺相如的门客实在忍无可忍，便对蔺相如说："我们舍身相陪相国，不图名利，只因相国为人忠厚、贤能，可如今相国如此胆小怕事，见到廉颇就躲起来，这种做法连百姓都感到耻辱，何况您一位堂堂的相国呢？我等不才，请求离开！"

蔺相如赶紧摆手，对门客说："你们说廉将军与秦王比，谁厉害？"

门客说："当然是秦王厉害了！"

蔺相如说："天下诸侯都怕秦王，而我却敢当面指责他，和他分庭抗礼。我连秦王都不怕，能怕廉将军吗？我之所以这样做，是因为我知道秦国不敢侵犯赵国，是因为有廉将军和我二人同在。若两虎相斗，必有一伤，秦国必然会乘机攻打我们，我之所以忍让廉将军，是为了赵国啊！"

门客们这才恍然大悟，更加敬佩蔺相如了。

后来，这些话传到了廉颇耳里，廉颇想：蔺相如这般深明大义，为了国家安危，不和我斤斤计较。而我却三番五次要找机会羞辱他，只贪图一时快慰，不顾赵国江山社稷。我和蔺相如相比，真是天壤之别啊！

一天，蔺相如正在房中读书，一门客匆匆跑来，说道："廉将军来了！"

蔺相如不知廉颇有何事，便起身相迎。

将相和

到了外边，蔺相如愣住了。只见廉颇上身赤裸着，背上绑一根荆条，见到蔺相如倒身便拜，说道："我廉颇心胸狭隘，不知相国待人如此宽宏大量，自愧不如，今日特来负荆请罪，请相国处置。"

蔺相如赶忙用手相扶，说道："廉将军，快快请起，快快请起。"

从此，廉颇与蔺相如成了刎颈之交。二人一文一武，将相并携，共同辅佐赵王治理天下。

古人云："唯宽可以容人，唯厚可以载物。"是告诉我们领导者，做人要学会包容。包容，就是要做到宽宏而有气度，不计较、不追究。包容是一种发自心灵深处的内在修养，是一种良好习惯的自然表露。领导者只有真正敞开胸襟，做到包容待人，才能够获得更多真情，拥有更多快乐。

★做一个温柔敦厚的领导者

荀子曰："君子行不贵苟难，说不贵苟察，名不贵苟传，唯其当之为贵。"

——《荀子》

早在《诗经》《尚书》《论语》等先秦典籍中，就有关于君子温柔敦厚品德的论述。

荀子继承了这一思想，认为温柔敦厚是君子人格的主要特征。荀子在说明天子的品格和作为时，就曾引用《诗经·大雅·抑》中的话："《诗》曰：'温温恭人，维德之基。'"认为温柔敦厚是道德的根本和基础。

在荀子看来，作为道德和理想人格的一个重要标准，君子应该将温柔敦厚作为自己

173

的内在品质。

那么，温柔敦厚的品德又是怎样的呢？

荀子在《不苟》中说："君子宽而不侵，廉而不刿，辩而不争，察而不激，直立而不胜，坚强而不暴，柔从而不流，恭敬谨慎而容。"

意思是说，君子宽和却不怠慢，有棱角却不刺伤人，善于论辩却不强词夺理，明察却不偏激，正直却不盛气凌人，坚强却不残暴，温顺却不随波逐流，恭敬谨慎却大度。

荀子在《不苟》中又说："君子大心则敬天而道，小心则畏义而节；知则明通而类，愚则端悫而法；见由则恭而止，见闭则敬而齐；喜则和而理，忧则静而违；通则文而明，穷则约而详。"

也就是说，君子志向远大时就要顺应天地的自然规律，志向小的时候就要谨慎地遵守礼义的约束；聪明而且处事精明、触类旁通，愚笨就能端正忠厚而且守法；受到重用就能做到谨慎地进退，不被重用就会遵守礼义而且自爱；高兴时能和顺而且守礼义，忧愁时能默默地回避；显达时谈吐高雅而且精明，穷困时能语言简约而详尽。

荀子认为，在顺境时，君子能恭恭敬敬而不轻举妄动；在逆境中，君子能警惕庄重，恬静守理。

荀子还指出，君子应该爱憎分明，即"隆师而亲友，以致恶其贼"，应该光明磊落，铮铮铁骨，即"君子崇人之德，扬人之美，非谄谀也；正义直指，举人之过，非毁疵也……刚强猛毅，靡所不信，非骄暴也"。

此外，荀子认为，君子能够"与时屈伸，柔以若蒲苇"，能够兼收并蓄，"君子贤而能容罢，知而能容愚，博而能容浅，粹而能容杂"。

总之，做人必须培养自己温和敦厚的品德。具备了这一品德，才能在顺境、逆境之中没有忧愁；才能凡事顺利没有阻碍；才能一生幸福没有灾祸。

1835 年，摩根先生成为一家名叫"伊特纳火灾"的小保险公司的股东，因为这家公司不用马上拿出现金，只需在股东名册上签上名字就可成为股东。这正符合当时摩根先生没有现金却想获得收益的情况。

很快，有一家在伊特纳火灾保险公司投保的客户发生了火灾。按照规定，如果完全付清赔偿金，保险公司就会破产。股东们一个个惊慌失措，纷纷要求退股。

摩根先生斟酌再三，认为自己的信誉比金钱更重要，他四处筹款并卖掉了自己的住房，低价收购了所有要求退股的股份。然后他将赔偿金如数付给了投保的客户。

一时间，伊特纳火灾保险公司声名鹊起。

已经身无分文的摩根先生成为保险公司的所有者，但保险公司已经濒临破产。无奈之下他打出广告，凡是再到伊特纳火灾保险公司投保的客户，保险金一律加倍收取。

不料客户很快蜂拥而至。原来在很多人的心目中,伊特纳火灾保险公司是最讲信誉的保险公司,这一点使它比许多有名的大保险公司更受欢迎。伊特纳火灾保险公司从此崛起。

许多年后,摩根成了美国华尔街的金融大亨。

成就摩根家族的并不仅仅是一场火灾,而是比金钱更宝贵的信誉。信誉是纯朴厚道之人自然的表现之一。纯朴厚道是一个人宝贵的德行。纯朴厚道的人会得到别人的信任,纯朴厚道的人少有灾难,即使遇到不可抗拒的灾害,他也会因为自己的纯朴厚道而遇难呈祥。

第七章 好口才好魅力

★口才是良好人际关系的催化剂

> 凡事行,有益于理者立之,无益于理者废之,夫是之谓中事。凡知说,有益于理者为之,无益于理者舍之,夫是之谓中说。事行失中谓之奸事,知说失中谓之奸道。
>
> ——《荀子》

人与人之间的社会交往,首先是通过语言交流开始的。离开了语言,人与人之间的信息交流就失去了基础,人们就失去了沟通的桥梁。古人云:"三寸之舌,强于百万之师。"可见,出色的语言能力在交际中的威力和功效。

成功的社会交往离不开一副好口才,然而口才并不是简单的动动嘴皮子,它需要个人能够在与人交往中有语言的突破,好口才体现的是语言魅力和个人的综合品质。尽管每个人都能把话说得巧妙悦耳,说得鲜活生动,但真正的好口才是需要下一番功夫的。同样的一句话,有的人说出来,可以让人捧腹开怀,有的却令人心生讨厌甚至是气愤恼怒,这其中的关键,就是如何掌握好交谈的分寸和技巧,既不过分也不是一味地不着边际,遇到这两个极端,就需要运用"中庸"思想了,说话做事顺应"中"道,都是恰到好处,口才在交际中的魅力也就在此了。

人际交往中,如果一个人不善于沟通,那实在是一个相当尴尬的场面。所以,在与人交谈中找准话题至关重要。假如你在码头见到一个熟人,大家一起上船,一时没有话说。这时最简单的一个办法就是从眼前的事物中寻找话题。比如说"嗨,你看那广告牌,你觉得怎么样?""对面那个人的衣服挺新潮的,我觉得你穿上也很不错。"如果他手中正翻着一份报纸,看到头条新闻,你可以问他对当今时局的看法,等等,只要你愿意和对方交谈,就地取材,不可能没有话题。

有的人会时常觉得自己要说的话题,他人不感兴趣,这也是很尴尬的,这个时候如果

不知道转换话题，自己还津津有味地说个不停，那别人就会觉得你这个人真烦。所以，交谈中要找双方都感兴趣的话题也十分重要。你大可以从脑海中思索，甚至可以联想，譬如说看到一盏灯，我们就可以从"灯"出发，灯是谁发明的呢？是爱迪生，由爱迪生我们又可以联想到电影《爱迪生传》，由影片我们又可以联想到最近的新电影，或是联想到哪位明星……这样，双方就会找到很多的话题。

另外，在交谈中要机智敏捷，能够用准确的措辞，不能天南地北地乱说一气，别人都还不知道你想说什么。著名的谈话艺术家德川梦声说："我们日常与人谈话的目的，不外乎以下几种：基于意志的；基于感情的；基于求知的。"找准目的之后，措辞就很重要了，同一句话，即使措辞略有不同，他人的理解和回答也不同。例如："你知道保龄球馆在哪里？"和"在哪里有保龄球馆？"便有不同的答案。注意了这差异性之后，与人交谈要措辞得当，不能说了半天，别人都还不知道你想要表达什么意思，那你就需要换个话题了。

一副好口才不是天生的，而是在后天学习和实践中取得的。好的口才也表现出一个人的机智和心态。有一次，一位英国记者采访作家梁晓声。记者走到梁晓声面前说："梁先生，下一个问题，请您做到毫不迟疑地用'是'与'否'来回答。"梁晓声点头答应。"没有文化大革命，可能也不会产生你们这一代青年作家，那么文化大革命在你们看来究竟是好是坏呢？"梁晓声一怔，问题竟如此刁钻，他灵机一动回答说："没有第二次世界大战，就没有以反映二战而著名的作家，那么您认为第二次世界大战是好是坏呢？"回答得如此巧妙，这位英国记者一愣，摄像机也立即停止了拍摄。

现实生活中。我们也可能会遇到这种情况："你喜欢他吗？""你真的讨厌他吗？"回答者如果直接回答必定会带有个人的感情色彩，双方也有可能不欢而散。其实你不妨这样问："你对他的印象如何？"既不让对方不好回答，也可以达到自己问话的目的。

口才是取得良好人际关系的催化剂。一副好口才，可以缩短双方的距离。这中间需要注意的是并不是说尽拣别人喜欢听的说，也不是奉承别人的话，而是在事实的基础上利用语言的魅力和技巧，将自己的意见或建议表达得恰到好处，而不让对方感到压力或紧迫感，这才是真正的好口才。如果天花乱坠、不着边际，尽说些空话、大话、废话，即使你说得再精彩、再吸引人，别人当面不说你是个不切实际的人，背后也会说你这个人不够好，那么你不可能与别人相处得融洽。

★ 讲究分寸，切忌口不择言

利而不流，贵公正而贱鄙争，是士君子之辩说也。

——《荀子》

善于说话的人不会口不择言，胡乱说话。

"你会说话吗？"这样问你，你一定觉得可笑，只要是正常人，说话谁不会？实际上，问题并没有那么简单。谁都会说话，但有人说话总是没有分寸，口不择言，像机关枪，一阵狂扫，只顾自己快活，不顾别人死活。

我们还是先看几个笑话：

一剃头师傅家被劫。第二天，剃头师傅到主顾家剃头，愁容满面。主顾问他为何发愁，师傅答道："昨夜强盗将我一年的积蓄劫去，仔细想来，只当替强盗剃了一年的头。"主人怒而逐之，另换一剃头师傅。这师傅问："先前有一师傅服侍您，为何另换小人？"主人就把前面发生的事细说了一遍。这师傅听了，点头道："像这样不会说话的剃头人，真是砸自己的饭碗。"

在寿宴上，客人同说"寿"字酒令。一人说"寿高彭祖"，一人说"寿比南山"，一人说"受福如受罪"。众客道："这话不但不吉利，且'受'字也不是'寿'字，该罚酒三杯，另说好的。"这人喝了酒，又说道："寿夭莫非命。"众人生气地说："生日寿诞，岂可说此不吉利话？"这人自悔道："该死了，该死了。"

有一人请客，四位客人有三位先到。这人等得焦急，自言自语道："咳，该来的还没来。"一客人听了，心中不快："这么说，我就是不该来的来了？"告辞走了。主人着急，说："不该走的又走了。"另一客人也不高兴了："难道我就是那该走又赖着不走的？"一生气，站起身也走了。主人苦笑着对剩下的一位客人说："他们误会了，其实我不是说他们……"最后一位客人想："不是说他们就是说我了。"主人的话未完，最后一位客人也走了。

由此看来，如果我们说话时不加检点，就可能伤人败兴，引起误解，惹怨招忧。因此，说话时尤要注意说话的场合、对象、气氛，不要口不择言、想说就说。像有些人去菜市场，问卖肉的："师傅，你的肉多少钱一斤？"或饭馆服务员上一盘香肠，说："先生，这是你的肠子。"这类生活中的笑话，我们要注意避免。

生活中见人说人话，见鬼说鬼话的实在太多了。明明是这么回事，有人偏偏说成那

么回事。刚才还这样讲，一转脸又那样讲了。这样随风转舵、看人下菜碟、言不由衷、自欺欺人，活得多累，又多没意思。俄国作家契诃夫笔下的"变色龙"，就是这样很"累"地不断自打嘴巴。我们做人可不能这样。

说话难，但也不能就此闭口不言，学会怎样说话就是很重要的事了。

技巧是要学习，但这并不意味着我们可以放弃原则，指鹿为马，曲意逢迎。如果违心地说话，那技巧就变成了恶行。崔永元说得好："也许有一天我们会讨论技巧，我们用酒精泡出了经验，我们得意地欣赏属于自己的一份娴熟时，发现我们丢了许多东西，那东西对我们很重要。"

说话不坚持原则，丢掉的就是人格。

说话这事，孩子们的词典里还没有许多词汇。怎么想就怎么说。只有大人们觉得是道难题。大人们知道左顾右盼、思前想后，知道掂量和玩味。那么，如果我们实在想说，如鲠在喉，不吐不快，又不知道该怎么说时，怎么办？那就像来自德国的教练施拉普纳对中国足球运动员说的："当你不知道该把球往哪儿踢时，就往对方球门里踢！"

这是解决说话难的最终办法，曲意逢迎只能避开一时的麻烦，得到的是良心上的永久不安。但是切忌口不择言，讲究一下分寸，实在不能说，宁可保持沉默。

★晓之以理，动之以情

矜庄以莅之，端诚以处之，坚强以持之，譬称以喻之，分别以明之。

——《荀子》

说服别人最基本的要点之一，就是巧妙地诱导对方的心理或感情，以使他人就范。如果说服的一方特别强调自己的优点，企图使自己占上风，对方反而会加强防范，所以应该注意先点破自己的缺点或错误，暂时使对方产生优越感，而且注意不要以一本正经的态度表达，才不会让对方乘虚而入。

在沟通交流时，要说服对方，也要坚持自己的原则，让对方理解你的行为，来达到说服的目的。要说服他人，首先要让他知道他的观点是错的，一定要使他的思路回到正确的方向，不然，他永远都是错的，你也不能说服他。

有一患者的姐姐来到办公室，想请求护士长特许妹妹使用自备的微波炉："护士长，我妹妹病得好可怜，她想吃点热饭热菜，我把微波炉带来了，请您允许我使用！"

179

护士长说:"我也很同情你妹妹,但病房是不允许使用电器的! 很容易发生事故。你看,我办公室用的微波炉也需用电许可证才能使用,这样吧,你妹妹的饭菜拿到我办公室来热,这样也可以吧?"

患者的姐姐:"我已经把微波炉带来了,你就允许吧!"

护士长:"不好意思,我真的不能违背原则!"

患者的姐姐:"那就麻烦你了!"

护士长:"没关系! 应该的!"

护士长在说服患者家属时,通过与其交流,既说服对方遵守规章制度,坚持了自己的原则,又解决了患者的实际困难。

举例来说:有某个住户到管理处,要求在自己家里装防盗网,作为管理处负责人,你首先要礼貌地接待住户,其次要认真倾听他的意见、申请的内容,最后,虽然他的做法是不对的,但在回复住户时,不要直截了当地地说:"不行,这是我们公司的规定。"难免引起住户的反感,你这时应该平静、温和地说:"先生(小姐)实在很抱歉,对于这个问题,我们以前已认真地讨论过。目前政府已明确规定不允许在外墙安装防盗网。"然后再让他从外观上考虑如果每家每户都安装防盗网,会造成整个大厦外面不好看,另外要让他相信,你们会把这个大厦的治安做好,请他放心。这样不但从道理上让他理解,同时也给他一个信心上的保证,这样多数人都不会再坚持原来的想法了。

从以上事例来看:在说服人时,除了技巧外,还需要以理服人,以事喻理,用事实说话,用事例佐证,避免说大话、空话。讲理要注意层次的高低和深浅,不可跨越别人的思想范畴,不着边际地大话连篇。

讲道理时,要善于用商量的语气来引发听者思考,使别人感到不是强迫他接受你的意见,只是在共同探讨、解决问题而已。

用道理说服人,不要反反复复,唠叨个不停。否则,一定会让人听了厌烦,甚至听不进去,也不会达到说服的效果,点到即可。

美国著名政治家富兰克林有一段经验之谈,他说:"我立下一条规矩,我在说服他人时,绝不正面反对别人的意见,也不准太武断,我甚至不允许自己在文字和语言上措辞太肯定。我将'当然'、'一定'、'无疑'改用'我想、假设说',一件事该这样或那样,或者'目前我认为如果……'当别人陈述我不以为然的事时,我不会打断他,也不会立即驳斥他,或立即指正他的错误。我在回答的时候,先表达他的意见在某些条件下没有错,再说出目前稍有不同,等等。这样,谈话的气氛就会很融洽。以谦虚的态度来表达自己的意见,不但容易被接受,更能减少一些冲突,这样即使我有错也不会有难堪的场面。而如果我是对的,别人也较容易赞同我。"

在说服、劝导别人时，要注意环境和气氛，以加强说服的效果。

例如，1890 年，美国著名的幽默作家马克·吐温等一行 20 来人参加道奇夫人的家宴。不一会儿，就出了大宴会经常发生的情况：人人都在跟旁边的人谈话，而且同一时间讲话，慢慢的，大家便把嗓音越提越高，拼命想叫对方听见。

马克·吐温觉得有伤大雅，太不文明了。而如果这一时间大叫一声，让人们都安静下来，其结果肯定会惹人生气，甚至闹得不欢而散。怎么办呢？

马克·吐温心生一计。便对邻座的一位太太说："我要把这场骚乱镇下去。我要让这场吵闹静下来，法子只有一个，可是我懂得其中奥妙。您把头歪到我这边来，仿佛对我讲的话非常好奇。我就这样低声说话。这样，旁边的人因为听不到我说的话，就会想听我的话。

"我只要叽叽咕咕一阵子，你就会看到，谈话会一个个停下来，便会一片寂静，除了我叽叽咕咕的声音外，其他什么声音也没有。"

接着，他就低声讲了起来："11 年前，我到芝加哥去参加欢迎格兰特的庆祝活动时，第一个晚上设了盛大的宴会，到场的退伍军人有 600 多人。坐在我旁边的是某某先生，他耳朵很不灵便，有着聋子通常有的习惯，不是好好地说话，而是大声地吼叫。他有时候手拿刀叉沉思五六分钟，然后突然一声吼叫，会吓你一跳。"

说到这里，道奇夫人那边桌子上闹哄哄的声音小下来了，然后寂静沿着长桌，一对对一双双蔓延开来，马克·吐温用更轻的声音一本正经地讲下去：

"在某某先生不作声时，坐在我对面的一个人对他邻座讲的事快讲完了……说时迟，那时快，他一把揪住她的长头发，她尖声地叫唤，哀求着，他把她的脖子按在他的膝盖上，然后用剃刀可怕的猛然一划……"

到这时候，马克·吐温的叽叽咕咕声已经达到了目的，餐厅里一片寂静。马克·吐温见时机已到，便开口说明为什么他要玩这个游戏，是请他们讲些礼貌，顾念大家，不要一大伙人同声尖叫，让一个人好好地讲话，其余的人好生听着。

他们同意了马克·吐温的意见，晚上其余时间里，大家都是高高兴兴的。

第四篇 《吕氏春秋》智慧通解

导读

为什么吕不韦成为"失败的胜利者"？原因在于他的主张能够兼容并蓄、博采众长，符合社会发展的需要。

春秋战国时期，是百家争鸣、学术繁荣的时期，也是中国历史上文化最辉煌、影响最深远的时期。先秦各家互相排斥、不断争论，同时也在自觉不自觉地吸取对方的某些观点。《吕氏春秋》不标榜自己属于哪一家，而是公开地兼容并蓄，吸取各家之长，创造出新的思想。比如：道家以"道"作为宇宙的本源，《吕氏春秋》采取了这一观点，但它用"精气"（宋尹学派）来充实"道"。道家主张"无为"，《吕氏春秋》采取这一主张，但把它限制在"君道"上，主张"君道无为"。道家的社会政治理想是原始的"小国寡民"，而《吕氏春秋》则主张建立大帝国。对于儒家，《吕氏春秋》也有选择地吸取不少观点和主张。例如它吸取儒家的"仁"，但提出"仁乎其类"，即主张对自己的同类都"仁"，去除儒家强调等级、亲疏的观点，接近墨子的"兼爱"。《吕氏春秋》的"民本"思想，重视人民力量的观点，显然是受到孟子"民贵君轻"等思想观点的深刻影响。同样，对法家、墨家、名家等各家的观点，《吕氏春秋》都不同程度地采取和改造，从而形成自己的思想体系，被后人称为"杂家"。

第一章 统一天下：得民心者得天下

★用义兵统一天下

当今之世，浊甚矣，黔首之苦，不可以加矣。天子既绝，贤者废伏，世主恣行，与民相离，黔首无所告愬。

——《吕氏春秋》

《吕氏春秋》产生的时代，面临的最大的问题是统一。经过春秋战国的长期战乱，有识之士都认识到这种局面不能再继续下去，只有统一才能结束战乱。《吕氏春秋》对此做了多方面的论述。《振乱》篇说：

社会已经极端混浊，没有天子，贤人不当政，昏乱的国君任意胡为，老百姓连投诉的地方也没有。

《先己》篇说：

当今之世，巧谋并行，诈术递用，攻战不休，亡国辱主愈众，所事者未也。

这是从统治者的地位出发，指出战争不断进行，亡国的君主也越来越多，战乱甚至对他们也不利。

《谨听》篇说：

乱莫大于无天子，无天子则强者胜弱，众者暴寡，以兵相残，不得休息，今之世当之矣。

这里指出，战乱的原因、社会不良现象产生的原因，在于没有天子，亦即没有人统一天下。

《功名》篇更说：

吕不韦

今之世,至寒矣,至热矣,而民无走者,取则行钧也。欲为天子,所以示民,不可不异也。

这是说,当时的世道水深火热,老百姓不趋向谁,是因为到处都一样坏。要想统一天下,当天子,就应当在行动上不同于那些统治者。

义兵说,就是既要以兵力统一天下,又要示民以义,以争取百姓。

效果不彰的弭兵会

《老子》一书也是反对战争的,它说:"夫佳兵者不祥之器","师之所处荆棘生焉,大军之后,必有凶年",主张"天下有道,却走马以粪"。认为战争会带来种种灾祸,应该把战马用于耕作,即废止战争。此外,还有公孙龙主张"偃兵"的记载。

思想家们提出的种种偃兵的学说和方案,都被历史所否定。历史的进程告诉我们,在当时的条件下,永久的弭兵只能是空想,甚至一个时期的和平也不可能。只有全国统一,才能结束各诸侯国不断进行的兼并战争。

孟子已经看到这一点,他说:"天下乌呼定?定于一。"他主张实行仁政,认为那样老百姓就会纷纷来归,达到统一天下的目的。这种用王道统一天下的主张,有积极的一面,但过于迂阔,自然行不通。法家也主张统一天下。他们提倡耕战,主张纯用武力,甚至以首级计功。

《吕氏春秋》的义兵说,就是在上述历史背景和思想家们公布了种种学说、方案的情况下产生的。它不同于以上各种学说,主张以义兵统一天下。

有义兵而无偃兵

义兵说首先强烈地反对偃兵的主张。在谈义兵问题的第一篇文章《荡兵》篇中,第一句话就是:"古圣王有义兵而无偃兵。"

《吕氏春秋》全书,大都正面提出和论述自己的论点,对于未加吸取的不同意的思想或论点,绝少直接批评。《荡兵》等篇尖锐地批评偃兵和非攻,是个例外。这表明,《吕氏春秋》对统一天下的问题,十分重视,有意鲜明地把自己的观点表述出来。

《荡兵》篇对"有义兵而无偃兵"的命题,作了种种论证。

《荡兵》篇为了论证偃兵行不通,把"兵"归之于"天性"。《吕氏春秋》中的"天"指自然,"天性"即自然之性。它认为,战争是源于人类的自然之性,是无法改变的。它说:人们说蚩尤"作兵",制造兵器,开始有战争,其实蚩尤制造兵器,不过是使兵器更锋利而已,在这之前,人们已经砍下林木作武器打仗了。它进一步指出:天子、君、长的产生,都是由于人群的战争。原始人群的战争,"胜者为长","长"相当于我们现在说的部落首领。首领还不能治理好天下,于是产生君主;只有君主仍不能治理好天下,所以产生天子。天子、君、长的产生,

根源都是由于人们有争斗。因此,古代的圣王从来主张正义的战争,不说废止战争。

《吕氏春秋》的上述看法,自然是不确切的。原始的人群之间的械斗与人类文明社会的战争不同,人与人之间的争斗更不是战争。但是,它无意中接触到一个历史的真实,即天子、国君的产生,的确是与战争分不开的。它包含着一定的真理性:存在不同的统治者的利益集团,就存在战争的因素。

为了论证"兵"不可"偃",《荡兵》篇进一步把人与人之间各种形式的争斗,都说成是"兵"。它说:

在心而未发,兵也;疾视,兵也;作色,兵也;傲言,兵也;援推,兵也;连反,兵也;侈斗,兵也;三军攻战,兵也。此八者皆兵也,微巨之争也。

这里,不仅把打架、斗殴说成战争,而且把言辞傲慢,怒目相视,甚至只是心里嫉恨,与"三军攻战"一样看成战争,认为它们的差别只是大小不同。这显然是荒谬地混淆了事情的质的差别,以此论证"圣王有义兵而无偃兵"是无力的。

论证虽然并不成功,但这个命题的合理性和进步性不容忽视。

偃兵,即废止战争,是善良人们的共同愿望。几千年来思想家对此提出过许许多多论述和主张。然而,直到现在,世界还只存在着均势下的和平,核恐怖下的和平,小战争不断,谁也不敢说战争能够永远废止。而在战国末期,这种美好的愿望更是不能实现的。偃兵论者,往往只讲应否偃兵,而没有论证能否偃兵,可以说,它一开始就脱离了历史的实际。"有义兵而无偃兵"的主张则不然,它把问题从要不要偃兵,转到现实社会能不能偃兵。这表明《吕氏春秋》充分重视历史的经验教训,从而更为理智地探讨这一问题,提出可行的主张。

"有义兵而无偃兵"的命题,显然与孟子的思想有着继承关系。孟子认为"仁者无敌",提过"仁义之师",很赞成周武王伐纣的义举等等。但孟子的主张比较迂阔,他始终幻想实行王道,着重通过政治影响统一天下。义兵说虽然也注意政治影响,但认为义兵是"天下之良药",用以"诛暴君而振苦民",是必需的,非用不可的。可以说,它比孟子的学说更现实,更具有可行性。

"有义兵而无偃兵"的主要锋芒是对准偃兵论的。但同时,它也反对法家纯靠武力统一天下的主张。与法家急功近利的主张相比,义兵说更着眼于统一后的长治久安。

★ 攻无道和伐不义

取攻伐者不可,非攻伐不可;取救守不可,非救守不可;取惟义兵为可。兵苟义,攻伐亦可,救守亦可。兵不义,攻伐不可,救守不可。

——《吕氏春秋》

义兵说批评的第二个论点是非攻和救守。

非攻、救守是墨家的论点。非攻即反对攻伐,救守即救援防守的一方。《墨子》一书有《非攻》篇阐发他这方面的主张;《公输》《鲁问》等篇,记载了墨子救守的言行;《备城门》以下诸篇,则专讲守备的方法。

非攻和救守

非攻的理论基础是"兼爱"。墨子主张人们"兼相爱""交相利",反对人们"相恶相贼"。他认为攻伐和盗窃一样,都是由于人们"不相爱",而攻伐对人们伤害最深,因此是最大的不义。他针对当时只反对盗窃而不反对攻伐,甚至赞扬攻伐的现象,质问道:"今至大为攻国,则弗知非,从而誉之,谓之义,此可谓知义与不义之别乎?"这个议论,揭露了社会的不合理现象。

庄子也揭露过这种不合理现象,说:"窃钩者诛,窃国者为诸侯。"偷窃腰带钩这类小东西的被诛杀,而偷窃国家的反而成诸侯。墨家不像庄子那样,对于不合理现象,一味地消极退缩,而是积极地起来反对。墨子及其徒属,不仅宣传非攻、救守的理论,而且身体力行。

《墨子·公输》篇记载墨子"止楚攻宋"的著名故事,充分表现了墨子不辞辛苦、不怕危险,"摩顶放踵"以利天下的精神。墨子的徒属也继承这种精神,帮助弱小,以身赴义。《吕氏春秋·上德》篇,记载了墨家的孟胜及其徒众为阳城君守城,一百八十余人死难的故事。这类事情必定不止一件。《墨子·备城门》等十一篇,详细记载了许多守备的方法,没有丰富的实际经验,这样的篇章是写不出来的。

墨家的非攻、救守,反映了当时人们要和平的正义愿望,揭露和谴责了兼并战争的不义,并且用行动来抵抗它。墨家为实现其理想不惜牺牲生命,精神可佩,也收到一些实际效果。他们的理论和行动,包含着以战止战合理的因素。这些,比之于偃兵论者把希望完全寄托在当权者发善心,把成败之柄完全交给各诸侯国的统治者,无疑是前进了一步。

但是,非攻、救守,同它的理论基础兼爱一样,在当时是一种不能实现的幻想,它并不能止息兼并战争。它虽然反映了广大民众的善良愿望,但又把这一愿望引导到维持各诸侯国割据争霸局面的框子里。如果说,在墨子生活的春秋时期,周天子还有残存的威信,因而提出非攻、救守,维持已有的局面以反对战争,还存在一点薄弱的根据,那么,到战国以后,周天子从不起作用到不存在,这点薄弱的根据也已经不存在了。维持已有局面,客

观上只能阻碍全国统一,从而使兼并战争长期继续下去。《吕氏春秋》正是在这样的历史条件下对它进行抨击的。

以铲除暴虐为目的

《吕氏春秋》认为,当时是"黔首之苦不可以加"的"浊世",老百姓苦到不能再苦了。只有兴义兵,除掉暴虐之主,才能拯百姓于水火。如果只讲非攻、救守,就不能消除暴虐,惩罚不义,这对老百姓为害极大。

《禁塞》篇说:

取攻伐者不可,非攻伐不可;取救守不可,非救守不可;取惟义兵为可。兵苟义,攻伐亦可,救守亦可。兵不义,攻伐不可,救守不可。

这是说,主张攻伐或反对攻伐,主张救守或反对救守,都不对。只有主张义兵才对。如果是义兵,攻伐对,救守也对,如果不是义兵,攻伐不对,救守也不对。

可见,《吕氏春秋》抨击非攻和救守,并非完全否定,只是反对把它们放在第一位。它认为,"攻无道而伐不义",对老百姓是极大的好事,如果一味主张非攻、救守,实际上是反对义,保护不义,所以,它在《振乱》篇中指斥非攻、救守是"乱天下、害黔首"的理论。这样,问题从是否攻伐转到是否兴义兵,从理论上说是深了一层。同时,也反映了战国时期统一的条件成熟,就会有一种新的、有利于统一的理论出现。《吕氏春秋》正是根据当时的社会历史条件,对非攻和救守的主张层层批驳。

《吕氏春秋·振乱》指出,墨家的非攻和救守,是为了反对不义,为了有利于百姓。但是,春秋战国许多暴虐之君,"残杀无罪之民",尸骨堆起来像山丘一样,在这种情况下还主张非攻、救守,岂不同原来的意愿相反吗?本来要利于百姓,使百姓平安,结果是对百姓不利,使百姓危险。所以这种主张对百姓为害最深。

《吕氏春秋》还指出,非攻、救守达不到避免战争、创立和平的目的。因为,坚持这种主张,不外两种办法,首先用言词,如果无济于事,只好用兵,而用兵就必定杀人。在墨子那里,"杀一人谓之不义",而非攻、救守用兵会杀许多人,岂不是为了义陷入不义,要避免战争而打仗吗?这是抓住非攻、救守实行中的困难而加以揭露。

《吕氏春秋》懂得"兵凶战危"的道理,《论威》篇说:"兵,天下之凶器也;勇,天下之凶德也。"但它并不因此而完全反对用兵。它认为,"举凶器,行凶德,犹不得已也"。为什么不得已?因为这样才能"慑敌""生民"。当时广大百姓处于死亡边缘,只有兴义兵,慑服凶残的敌人,才能使垂死的百姓得到活命,所以《吕氏春秋》的《怀宠》篇说:"义兵之生人亦多矣。"而这,正是它必须坚决反对非攻、救守的原因。

现在看来,非攻反对首先发动进攻,亦即反对侵略,用以维持国与国之间的和平,不失为一种正确的主张。但是,在全国亟须统一的条件下,在反对暴虐的统治以解救百姓

的情况下,非攻的确只会有利于残暴的统治者,阻碍统一,起着不良的作用。在这种条件下,义兵说无疑具有更多的合理性。所以,非攻说与义兵说,在不同条件下都具有其合理性与进步性。

★义兵必胜

"义也者,……治乱安危过胜之所在也。"

——《吕氏春秋》

战国末期,秦国的兵强是世所公认的。《荀子·议兵》篇曾说:"齐之技击不可遇魏之武卒,魏之武卒不可遇秦之锐士。"技击、武卒、锐士,都是经过训练的武士的不同名称,比较起来秦国最强。

《吕氏春秋》站在秦国的立场,主张统一天下,反对偃兵和非攻。但它所着重的,不是军队的强大和士卒的精锐,而是义。《论威》篇说:"义也者,……治乱安危过胜之所在也。"义不仅关系到战争的胜败,而且关系到治乱安危,亦即关系到战争胜利之后国家社会是否稳定、发展。这种不仅从胜败的角度来审视战争,而是联系到长远的政治、经济问题来考虑战争,思想是深刻的、卓越的。

义为兵之本

《吕氏春秋》从各个角度论证义兵必胜。

《吕氏春秋》认为,战争胜败的关键在自己这一方。我方是义兵,就能使三军一心,就可以无敌。从敌方来说,我方是义兵,敌方不义,就必定"孤独",致使其内部不能团结一致,甚至发生内乱。这样,还没有交锋,可以说胜败之势已定。"先胜于此则必胜于彼矣","才民未合,而威已谕矣,敌已服矣,岂必用袍鼓干戈哉!"《孙子兵法》说:"不战而屈人之兵,善之善者也。"《吕氏春秋》继承了这一观点,而且有具体的阐发。把战争的胜败,最后归结为人心的向背,更是合理的、进步的。

《吕氏春秋》懂得,战争的胜败,要靠智和勇。但是,它不孤立地看待智、勇,而是把智、勇摆在适当的地位。它说:"夫兵有本干,必义,必智,必勇。"根本的因素是义,智和勇是枝干,是义派生的。它议论说:勇必定战胜怯,但勇和怯又不是固定不变的,"民无常勇,亦无常怯"。变化的原因在于"有气"或"无气"。"有气则实,实则勇,无气则虚,虚则怯。"而有气与否,又在于是否义。义兵就气壮,气壮就勇,大河大山之险也拦不住。相

國學智慧全書——子學智慧

反,不义之兵是虚怯的,即使有险要的山川也守不住,有锋利的武器也用不了。这些议论,可以用来说明历史上许多战争为什么以弱胜强,以少胜众。历史上许多貌似强大的军队,正是由于不义而迅速失败。

《吕氏春秋》虽然强调义是本,但不轻视其他因素,这是它比孟子高明之处。孟子认为仁义之师必胜,但他过分轻视物质条件,认为施行仁义,"不使制梃以挞秦楚之坚甲利兵",即用临时制造的木棒,也可以战胜具有坚实铠甲和锐利刀枪的秦楚军队。《吕氏春秋·简选》不点名地批评说:有人以为,驱使百姓可以战胜受过训练的士兵,老弱的普通人可以战胜精练的武士,没有纪律的囚徒可以战胜列阵严整的军队,锄头木棒可以战胜长矛利刃。这些,都是不懂打仗的人的言论。

它认为,用兵打仗,要懂得利用地形,讲究兵器,训练士卒,精选将校。它把这四个方面称为"义兵之助"。它举例说,商汤伐夏桀,周武伐殷纣,都是举义兵,同时也有精良的战车,武勇的甲士,所以取得战争的胜利,被百姓举为天子。可见,《吕氏春秋》的义兵,虽然吸取孟子的思想,但避免了孟子的偏颇和迂阔。它吸取了《孙子兵法》等兵家思想,如部队的训练,地形的利用等,以纠正孟子的偏颇。同时,又把这些作为义兵之助,放在恰当的地位。

兴义兵能争取民心

在《吕氏春秋》看来,义兵的重要性,不仅在于它能够克敌制胜,更在于它关系到"治乱安危"。

义兵是统一天下必经之路,而统一和治理天下才是长远目标。也可以说,义兵是统一天下、治理天下不可分割的一部分。因此,义兵说的目光,并不专注于战争的胜败,目的也不仅仅是统一天下,而是同时注视着治理天下的问题。换言之,义兵说讲的用兵打仗,已经考虑到对于打仗胜利之后治理天下的影响。所以,《吕氏春秋》主张的义兵,在战争之前和战争之中,都有种种考虑和措施。

《吕氏春秋·顺民》说:"凡举事,必先审民心而后可举。"这是说,在准备举兵征伐不义时,也要先考察民心,然后做出决定。考察民心,决定征伐之后,还要继续做争取民心的工作:"先发声出号曰,兵之来也,以救民之死。……将以诛不当为君者也,以除民之仇而顺天之道也",声明出兵是为了救百姓,诛暴君。

打入敌境之后,义兵不危害五谷、掠夺六畜,不砍树木,不烧房舍,不挖坟墓,而且要释放俘虏,以此争取民众。义兵只对准敌方的统治者,不是对着老百姓的,"克其国,不及其民",只杀少数应当杀的人。战胜之后,还要采取种种措施来镇抚百姓,比如,尊显贤良,敬重老人,赈恤孤寡,救济穷困。这样的义兵,人人欢迎,《怀宠》篇形容说:

故义兵至,则邻国之民归之若流水,诛国之民望之若父母,行地滋远,得民滋众,兵不

接刃而民服若化。

这里的"行地滋远，得民滋众"，暗含着统一天下之意，而"民服若化"则包含统一之后安宁、稳固的意思。

上面这些对于义兵的论述，当然是理想化了的，也是不可能完全做到的。但是，这些论述决不因为难以完全实现而失去意义。如果说，义兵说的反对偃兵、非攻，是解决要不要统一的问题；那么，上述义兵的界说与规定，则解决的是用什么政策来统一的问题。它的锋芒所指，是反对秦国传统的纯用武力的政策。

动兵时就要想到长治久安

秦国的传统政策，在战国末期已经大见成效，有统一天下之势。然而，一味使用严酷的耕战、刑赏政策，统治是否能够巩固？有识之士已经做了深入的议论。

荀子在《议兵》篇中指出：秦国奉行法家政策，兵力最强，"四世有胜"，不是偶然的。但是，这是"末世之兵，未有本统"，即没有稳固的根本。他还指出，兼并容易，"坚凝"困难。比如燕国战胜和兼并了齐国，但不能坚凝，所以田单能够迅速恢复齐国。他主张兴"仁义之兵"，"凝士之礼，凝民以政"，这样才能像商汤、周武那样真正统一天下。这暗示秦国不能像商、周一样，统一天下并长治久安。

《吕氏春秋》的义兵说，显然是顺着荀子的思路来的。由于吕不韦是秦国的当权者，更加强烈地谋划统一天下，所以对于偃兵、非攻大力抨击。然而，他更重视统一后的坚凝问题。可以认为，整个义兵说关注的中心就是坚凝问题。《吕氏春秋》虽然没有明白提出坚凝二字，没有明白指出"凝士以礼，凝民以政"之类的话，但它强调义兵是"顺天之道"的，是为了"救民之死""除民之仇"，以及前述贯串用兵前后的种种措施，无一不是为了坚凝。很明显，这是不指名地批评了秦国的传统，并希冀改变这一传统，以便统一天下和长治久安。

历史的进程，没有按《吕氏春秋》的义兵统一天下，而是秦始皇按秦国的传统以严酷的武力统一天下。但确如荀子所预言的，兼并易，坚凝难，二世而亡。这固然与统一后的政策措施不当有关，追溯上去，兼并战争中用兵的残暴已经种下祸根。

秦以首级计功，坑降卒、屠城等事，史不绝书。《史记·项羽本纪》记载有"楚虽三户，亡秦必楚"之类的誓词，反映了六国被兼并过程中苦难深重。因此，陈胜一呼，天下响应，貌似强大的秦帝国，迅速土崩瓦解。其后，项羽兵力最强，以西楚霸王的名义宰割天下。他虽战无不胜，攻无不取，但同秦兵一样残暴，坑降卒、屠城，大失民心，最后也归于失败。相反，刘邦虽然兵力较弱，但他的用兵，与义兵说颇多暗合之处。所以在楚汉之争中，能够屡败屡起，最后战胜项羽。历史证明，义兵说富于远见卓识，是符合历史潮流的进步理论。

战争是困扰人类的怪物。几千年来,人们向往和平,却无法摆脱战争。一般说来,要求和平,反对战争,无疑是正确的。但是,在战争不可避免的条件下,站在正义的一方,无疑也是正确的。义兵说的积极意义正在于此。

狭义地说,战争是政治的延续;广义言之,战争也是政治。为了什么而战以及如何进行战争,每一个环节都是政治。义兵说没有明确提出战争与政治的关系问题,然而,它十分重视战争的政治问题,或者说,它是从政治的角度来审视战争的各个方面和环节的。这就是它的特别卓越之处。

第二章 治理天下:识别人才, 选贤、任贤

★ 要利民不要自利

昔先圣王之治天下也,必先公,公则天下平矣。

——《吕氏春秋》

《吕氏春秋》有《贵公》《去私》等篇,专门讲"公"的重要性。《贵公》篇说:

昔先圣王之治天下也,必先公,公则天下平矣。

这是把公作为治理天下首要原则,有公才能平。它总结历史,指出得天下的必定公,失天下的必定不公。它认为,圣王用公治理天下,是效法自然的。《去私》篇说:"天无私覆也,地无私载也,日月无私烛也,四时无私行也,行其德而万物遂长焉。"天地、日月、四时,都是无私的,万物因此生长。所以,天子要"全天为故",顺应和效法自然,首先就要像天地、日月那样公而不私。它从贵公去私的原则出发,在《贵公》篇中进而提出:

天下非一人之天下也,天下之天下也。阴阳之和,不长一类;甘露时雨,不私一物;万民之主,不阿一人。

这段话讲得多么好啊! 天下不是哪一个人的天下,而是天下人的天下。自然的阴气和阳气相配,产生出不止一种品类;良好的气候、雨水,受益的不仅仅是一种物类;万民之主,不偏私一个人。《吕氏春秋》的顺应自然,"全天为故",导致出"天下非一人之天下"贵公去私的结论。

怎样才算是公,或者说,公有什么样的界说呢?《贵公》篇引周公的话做解释:"利而勿利也"。用今天的话说,就是要利民不要自利。可以认为,这是贵公的中心思想。

用"利而勿利"解释公十分重要。因为,专制君主往往把自己一人或一姓的私利,称为公。要臣民为他的一家一姓出力卖命,把这称为"公而忘私"。《吕氏春秋》以利民为

公,就堵塞了这种曲解。

贵公、去私的要求,主要是对君主说的,但也适用于别的人。这在《去私》篇的举例中有明确的表述。

例一、尧有十个儿子,不把天下传给他们而传给舜;舜有九个儿子,不把天下传给他们而传给禹。《去私》篇称赞说这是"至公"。换言之,《吕氏春秋》否定家天下,以禅让制为最高程度的公。

例二、叙述晋国的祁黄羊向晋平公推荐他的仇人解狐为南阳令,后又推他的儿子午为国尉,孔子说祁黄羊"外举不避仇,内举不避亲"。《去私》篇称许他公。

例三、墨家巨子腹䵍居秦,其子杀人。秦王考虑到腹䵍年纪大,又是独子,打算赦免。腹䵍说,墨家的主张是"杀人者死,伤人者刑",不能违背。秦王没有办法,只好处死他的儿子。《去私》说腹䵍"忍其所私而行大义",是公。

《吕氏春秋》为天下的长治久安而提出贵公、去私,虽然不免有时代的局限性,但它反对家天下,反对以个人的亲疏、好恶来决定人员的任用,反对以私情损害大义,却有进步意义和普遍意义,因而直到现在,上面这几个故事还经常被人引用。

★修养自身才能治理天下

无为之道曰胜天,义曰利身,君曰勿身。勿身督听,利身平静,胜天顺性。顺性则聪明寿长,平静则业进乐乡,督听则奸塞不皇。

——《吕氏春秋》

《吕氏春秋》不是主张天子要去私吗?为什么又主张天子贵生、重己呢?这是不是有些矛盾呢?不。在《吕氏春秋》中,二者不仅不矛盾,而且互相补充,是在君道无为的原则下互为补充。

在《吕氏春秋》看来,对天子而言,治身是治天下的根本。比如形体与影子,要改善影子必须改善形体。所以它说:"昔者先圣王成其身而天下成,治其身而天下治。"它认为体现"道",自身就能完善;行为合宜,人们都能完善;全面实现君道,百官就已经治理好了,百姓就已经得利了。怎样才能治理好自身和天下呢?都必须遵循无为的原则。《先己》篇解释说:

无为之道曰胜天,义曰利身,君曰勿身。勿身督听,利身平静,胜天顺性。顺性则聪明寿长,平静则业进乐乡,督听则奸塞不皇。

无为之道是顺应自然,无为之义是修养自身,无为之君是不亲自做具体的事。不做具体的事就能公正地听取意见,修养自身就能平和清静,顺应自然就不会违反天性。不违反天性就聪明长寿,平和安静就能事业日进、百姓乐于归化,公正地听取意见就能杜绝奸邪而不致惶惑。

可见,《吕氏春秋》的贵生、重己,与它的贵公、去私一样,都是君道无为的具体表现,目的也一样,都是为了达到无为而治。前面讲过贵公的要旨是"利而勿利",即利民而不自利。这里的贵生、重己,也不是自私自利,而是从自身体现无为,从而达到"乐备君道而百官已治矣,万民已利矣",亦即达到"利而勿利"的目标。

所以,贵生、重己的理论,在《吕氏春秋》中,已经不是"不以天下大利易其一毛"的杨朱学说,而是用来作为君道无为的一部分,用来作为天子达到"利而勿利"目标的桥梁。换言之,天子如果不能贵生、重己,而放纵情欲,贪恋权势,那就不能完善自身,不能公正听取意见,会受物欲的引诱,奸邪的蒙蔽,而不能治理好天下。

★ 把生命放在第一位的人才可以当天子

故曰:道之真,以持身;其绪余,以为国家;其土苴(音居),以治天下。

——《吕氏春秋》

天子必须贵生、重己的一个理论根据是:"惟不以天下害其生者也,可以托天下。"只有不把天下看得比生命还要重要的人,才可以把天下托付给他。这是因为,把自己的生命放在第一位,不把天子的地位看得那么重要,也就不会在当了天子之后把天下当成自己的私有财产了。

《贵生》篇举例说:尧把天下让给叫子州支父的人。子州支父说,让我做天子可以。但是,我现在有病,正在治疗,没有时间来管天下。这是因为要治病而拒绝当天子。第二个例子:越国人连续三代杀了他们的国君。王子搜很害怕当国君,躲避到山洞里。越国没有国君,找王子搜,一直找到山洞。王子搜不肯出来,越国人点燃艾草熏他出来,让他乘坐国君的车子。王子搜仰天大呼说:国君啊,国君啊!你们为什么非要我做国君不可呢!这是怕做国君危及生命而不愿意的例子。《吕氏春秋》认为,只有像这样把生命放在第一位的人,才能当国君。

《吕氏春秋》认为,生命比权位更重要。《重己》篇议论说:巧匠倕的指头,是最巧的指头,然而人人都爱惜自己的指头超过爱倕的指头,这是因为自己的指头对自己最有利。而生命,对自己来说,是最大的利。一旦失去就不可再得,贵为天子富有天下,都不能同它相比。《贵生》篇中引用成语作为结论说:"故曰:道之真,以持身;其绪余,以为国家;其土苴(音居),以治天下。"道的真谛,是首先保持自身,其次才是治理国家和天下,它认为,懂得这个道理,就不会迷恋权位,才可以托天下。

需要说明的是,《吕氏春秋》的《贵生》篇,与《庄子》一书的《让王》篇,颇为相似。《让王》篇也有上述内容,也从子州支父的例子中引出"不以天下害其生者可以托天下"的话。但是,两书的思想倾向是不同的。《庄子》的思想是逃避现实的,它反对任何积极的行为,以换取精神上的超脱与"自由"。《吕氏春秋》的思想是面对现实的,引出的结论是天子贵生才能不私天下,做到利民而勿自利。所以,在这一点上《吕氏春秋》又是继承《庄子》也改造了《庄子》。

《吕氏春秋》贵生、重己,但并不主张苟且偷生。它引用子华子的话:"全生为上,亏生次之,死次之,迫生为下。"并解释说,它主张的尊贵生命,指的是"六欲皆得其宜"的"全生";六欲部分得宜,是"亏生";最次的是六欲莫得其宜的"迫生"。六欲指耳、目、口、鼻、生、死。"迫生"是指不仅吃不了、看不上,而且求生不得、求死不能。在《吕氏春秋》看来,这种受侮辱、受损害的"迫生",比死更糟。可见《吕氏春秋》的贵生是有条件的,条件是要活得像个人。这与为了活下去而不顾一切地苟且求活,是完全不同的。

★顺应自然和节制情欲

六欲皆得其宜。

——《吕氏春秋》

《吕氏春秋》主张"六欲皆得其宜",也不是主张放纵情欲,尽情享乐。在情欲问题上,它主张节欲。它承认情欲是与生俱来的,也不认为情欲本身就坏。它认为,耳朵爱听音乐,眼睛爱看美色,嘴巴喜欢美味,是人人相同的,圣王黄帝和桀纣都一样。不同的是,"俗主"不懂贵生的道理,无限制地追求和放纵情欲,必然使生命受到亏损。另一方面,他们使弄权术,心怀欺诈,不顾正义,追逐私利,也必然招致百姓的怨恨,没有好下场。圣王懂得贵生的道理,顺应自然,节制情欲,能够"天全神和",耳聪目明,处理事情也能像天地

那样"不谋而当,不虑而得"。

针对当时许多君王生活骄奢淫逸,《吕氏春秋》指出:肥肉美酒,是"烂肠之食";明眸皓齿,是"伐性之斧",只坐车轿,会招致足疾。在君主的衣食住行方面,它也主张适度。它说:古代圣王修建园林,只要能够活动身体就行了;建筑宫室楼台,只要足以避开燥热和潮湿就行了;制作车马衣裳,只要能安身暖体就行了;置备饮食,只要合口味饱腹就行了,音乐歌舞,只要能使自己得到娱乐就行了。这些要求,既符合个人的卫生之道,也是治天下所必需,是"治其身而天下治"的具体体现。

在春秋战国时期,许多学派都探讨了情欲问题。粗略地说来,道家主张"无欲"。《老子》说:"无欲以静,天下将自定","不见可欲,使民心不乱"。从根本上反对耳目感官之欲的正当性。墨家一派,不否认情欲,但偏重于禁欲。墨子"腓无胈,胫无毛","日夜不休,以自苦为极"。它嚣、魏牟大约是纵欲的主张者,《荀子·非十二子》说他们"纵情欲,安恣睢,禽兽行",但没有著作传下来。儒家主张节欲,承认情欲但主张加以节制。孟子主张"寡欲",说"养心莫善于寡欲"。荀子主张节欲。他说:"欲虽不可去,求可节也。"他主张用礼来界定和节制情欲。

《吕氏春秋》崇尚自然,是取之于道家的。但他不同于道家的无欲说,认为人生而有欲,顺应自然就不能绝欲、无欲。它反对纵欲,认为那都是违反自然,有损健康的。它的见解最接近于荀子,承认情欲是天生的,主张有节制地顺应它。但是,荀子认为人性恶,所以需要礼义加以节制。《吕氏春秋》在人性问题上,没有明确的主张,大约是近于告子的不善不恶。它的主张节欲,本身也是顺应自然。这是二者的区别。

《吕氏春秋》的主张,较荀子更接近事实。人性无所谓善恶,这种理论也避免了更大的错误。宋明理学家,就是把人欲看作恶,而主张"灭人欲",提出扼杀人性的主张。《吕氏春秋》上述主张,也比较符合卫生之道。《吕氏春秋》有关情欲的论述,对君主而言,是为了保持其良好的身体和精神,以成为"精通乎天地,神覆乎宇宙"的"全德之人"。对百姓而言,则可以利用人有情欲去驱使他们。

荀子

君主贵生而轻视权位,节制情欲,在历史的现实中很难找到。巨大的权力是一种巨大的腐蚀剂。那些君主和准君主们,为了争权夺利,父子相残,兄弟相杀,史不绝书。有了君主的巨大权势,而能节制情欲的,历史上也不多见。长于深宫之中的皇子,长大了世袭而成皇帝,几乎没有不骄奢淫逸的,即使懂得民

间疾苦的开国之君,当上皇帝或还没有坐稳帝位就开始腐化,也不在少数。这些由于君主制度而产生的弊病,《吕氏春秋》希冀用贵公、贵生的说教来解决,显然是无力的。然而,这种理论比之于君权天授,认为君主总是神圣而正确的理论,并从而导致君主的暴虐与骄奢,显然大异其趣。《吕氏春秋》的君道无为,贵公、贵生的理论,虽然不能完全实现,然而相对的实现,却是有的。历史上的文景之治就是例子。而文景之治与秦始皇的差别,就是上述两种君主理论的差别。

★ 君虚臣实,各司职守

夫君也者,处虚素服而无智,故能使众智也;智反无能,故能使众能也;能执无为,故能使众为也。

——《吕氏春秋》

这段话的意思是说,君主要发挥和使用众人的智慧和才能,使众人努力干事,就要使自己"无智、无能、无为",亦即使自己没有智慧、没有才能,不做具体的事。而要做到这一点,就必须"处虚素服"。

所谓"处虚素服",就是使自己清虚、朴素。《圜道》篇有一段话,可以看作"处虚素服"的具体阐释。它说:"天道圜(同圆字),地道方。"何以说"天道圜"呢?"精气一上一下,圜周复匝,无所稽留,故曰天道圜。"在《吕氏春秋》中,精气是指一种流动不居、无所不在的极细微的物质(说详后),它一上一下,循环往复,看不见、摸不到,却到处起着根本性的作用,所以说"天道圜"。"全天为故"的君道,应该效法这样的天道。它是虚的,却无所不在;它朴素得无色无形,却是形形色色万物万事的根本。君主效法天道就是"处虚素服"。

《吕氏春秋·圜道》认为,"君执圜,臣处方,方圜不易,其国乃昌"。君主应该效法"天道圜",臣下应该效法"地道方",君臣各司职守,国家才能繁荣昌盛。《序意》篇说:"爰有大圜在上,大矩在下,汝为法之,为民父母。"讲的是同一意思。在这里,君虚臣实,或君圜臣方,都是一个意思。《分职》篇说:"君者固无任,而以职受任。"君主没有具体的职责,而以职责给臣下。这是君虚臣实的具体说明。

在《吕氏春秋》看来,君虚臣实的格局中,君虚是主导的、决定的方面。君主没有固定的职责,才能把具体的职责给臣下。《吕氏春秋》有《审分》一篇,专讲必须明察君主和臣下各自的职分。它说:"凡人主必审分,然后治可以至,"反之,会招致祸乱。它比喻说,人

和好马赛跑，人比不过马；如果人在车上驾马，马就比不过人了。所以，君主必须像驾车人一样坐在车上，考察臣下的好坏，这就是"审分"。这样，优良的臣下会竭尽能力，邪恶谄媚之徒就不能售其奸了。

★君主不要有具体见解，不做具体的事

君也者，以无当为当，以无得为得者也。当与得不在于君，而在于臣。故善为君者无识，其次无事。有识则有不备矣，有事则有不恢矣。不备不恢，此官之所以疑，而邪之所从来也。

——《吕氏春秋》

《吕氏春秋》进一步提出君主"以无当为当，以无得为得"的原则。《君守》篇说：

君也者，以无当为当，以无得为得者也。当与得不在于君，而在于臣。故善为君者无识，其次无事。有识则有不备矣，有事则有不恢矣。不备不恢，此官之所以疑，而邪之所从来也。

这里，"以无当为当，以无得为得"，不是说只有做不得当的事才是得当，做不得体的事才是得体；而是指以不做得当的事为得当，以不做得体的事为得体。因为，做事得当与否、得体与否，都是臣下的事。对君主来说，做臣下应做的事，即使做得得当也是不得当，做得得体也是不得体。所以，《君守》篇提出：善于做君主的人最好不要有具体的见解，不要做具体的事。君主有某种具体的见解，就会使认识不完备，做具体的事就会照顾不周全。这样，还会出现混乱和歪门邪道的事。君主发表了自己的具体见解和做了具体的事，那些奸险的臣下，会由此窥测到君主喜欢什么、讨厌什么，从而放弃自己应有的职责而去做君主喜欢的事。这样，自然会引起祸乱。

在这个意义上，《君守》篇说："有以知君主之狂也，以其言之当也，有以知君主之惑也，以其言之得也。"有办法知道君主的痴癫，根据是他说话恰当；有办法知道君主昏乱，根据是他说话得体。这种看起来矛盾或不合理的话，用于君主，的确包含着真理性。君主集大权于一身，免不了臣下的窥探和迎合。从而产生种种弊端。《吕氏春秋》对此是有深刻了解的，才提出"以无当为当，以无得为得"的原则。

为了加强上述观点的理论性，《吕氏春秋·君守》引《老子》的话作论据："故曰：不出于户而知天下，不窥于牖而知天道，其出弥远者，其知弥少。"《老子》这段话主要是说，不

出门能知道天下,不从窗户往外看能了解"天"的规律,同外界接触得越多,知道的东西越少。从认识论方面看,《老子》主张直接体会世界的本体——道,反对认识外物,认为那会妨碍对于道的认识。《吕氏春秋》引用这段话,作为君道不应该有具体的见解的理论根据,显然不完全是《老子》原来的意义了。

《吕氏春秋·君守》认为,君主这样做,是效法自然的:"天无形,而万物以成;至精无象,而万物以化;大圣无事,而千官尽能。"天没有形体,万物靠它生成,最细微的精气没有形状,万物靠它化育;圣王不做任何事,官吏们才能竭尽能力。这就是"不为者,所以为之也",也就是"无为而无不为"。

★君主的职责是了解和任用臣下

故古之善为君者,劳于论人而佚于官事,得其经也。

——《吕氏春秋》

君主无为,照上面所说做到无识、无事,是不是什么事情也不做,或什么也不懂得呢?不。君主虽然不应做具体的事,不应与臣下争职,但发现、了解和任用臣下,却是他的重要职责。《吕氏春秋·当染》说:

故古之善为君者,劳于论人而佚于官事,得其经也。

"佚于官事",就是不要做臣下的事;"劳于论人",是努力去识别人才,选贤任贤。这是不可分割的两个方面,是做君主的要点。

怎样识别人才呢?《吕氏春秋》有《论人》篇,专门谈这方面的问题,提出了"八观""六验""六戚""四隐",可以说,是当时有关经验的总结。

所谓八观,就是从八个方面来观察人。这八个方面是:通达时,看他尊敬什么人;贵显时,看他推荐什么人;富有时,看他赡养、接济什么人;君主听信时,看他的行动、作为;闲居时,看他爱好什么;穷困时,看他不接受什么;贫贱时,看他不做什么。八观,是从人的不同境遇中观察他的行为,从而了解他的素质。

所谓六验,是指六个方面的检验。这六个方面是:使他高兴,以检验其操守;使他欢乐,以检验其邪辟与否;使他生气,以检验其节制的能力;使他恐惧,以检验其是否坚持原则;使他悲哀,以检验其仁爱之心;使他困苦,以检验其意志。六验,是从不同情绪的反应中,检验一个人的好坏和特点。

六戚指父、母、兄、弟、妻、子，四隐指朋友、故旧、邻居和亲近的人。《论人》篇认为：除了八观、六验外，还要从种种社会关系，即六戚、四隐来考察人。这样，才能真正了解一个人的真伪和好坏。

应当承认，《吕氏春秋》上述论人的方法，是客观的，也比较全面、严密、深入。可见，君主的"劳于论人"，并非泛泛之论。

更值得注意的是，《论人》篇在讲八观、六验、六戚、四隐之前，强调了君主要"适耳目、节嗜欲，释智谋，去巧故，而游意乎无穷之次，事心乎自然之途"。这一系列比较玄远的词句，主旨就是前面讲的"处虚素服"，"全天为故"。这也不是空泛的联系。如果一个君主，不处虚素服，不贵公、去私，凭一己的好恶来任用人，他必定不可能用八观、六验等客观的方法来观察、考验人。

周武王

两千多年之后，政治制度和许多条件都不同了。但上述论人的原则和方法，看来仍然没有完全过时，仍然具有一定的参考价值。

《吕氏春秋》认为，君主"处虚素服"，就是"通乎君道"；这样才能知贤、任贤，成其功名。它举例说：周武王有周公、召公、太公等五个著名的大臣辅佐他。周武王做不了这五位大臣所做的工作，但是他"通乎君道"，所以能够发挥臣下的智慧和才能，成就了大功大名。反之，君主不能"处虚素服"，而"自骄""自智""轻物"，必然败亡。因为，骄傲自满必定简慢贤士，自以为聪明必定专行独断，轻视事物必定缺乏准备，这样，就会招致祸乱。

★ 静待时机，做出反应

凡应之理，清净公素，而正卒始。

——《吕氏春秋》

作为君术的"因"，特点是"无言无思，静以待时，时至而应"。没有言语和思虑，静静

地等待时机,时机到了就做出反应。而这样做,主观上必须"清净公素"。《任数》篇说:"凡应之理,清净公素,而正卒始。"这是说,"因应"的准则,是纯洁、公正、朴素,自始至终遵循不变。"清净公素"与"处虚素服"同义。所以,静因之术,也就是主观方面"处虚素服",顺应客观趋势做出反应。所以可以说,静因之术是接着"处虚素服"讲的。

《吕氏春秋》从不同角度说明"因"的重要性、必要性,论证"因则功""因则无敌"。《吕氏春秋》的"因",含义广泛。概括地说:对于客观事物和形势而言,"因"是顺应的意思;对于主观作用于客观而言,又有凭借的意思。

《贵因》篇说:"三代所宝莫如因,因则无敌。"它举例说,大禹治水,疏通三江五湖,凿开伊阙,使洪水注入东海,是"因水之力"。舜三次迁徙,第一次迁徙建立小城,第二次迁徙建立大城,第三次迁徙形成国家,结果尧把天子之位禅让给舜,这是"因人之心"。商汤、周武,以一个小的诸侯国,制服了夏和商,是"因人之欲"。去秦国站在车中就可以到达,去越国坐在船中就可以到达,这都是"因其械也"。观察群星、月亮,而推定四时、晦朔,是凭借自然规律的"因"。大禹到裸国去不穿衣服,以节用著称的墨子到楚国去却穿上了丝绸衣服,这都是顺应风俗习惯的"因"。顺应、凭借自然的力量或社会的形势,就能取得成功。

前面已经讲到,《吕氏春秋》非常重视顺应自然,但也不完全否定了人的主观作用。这里的"因",就是在顺应自然的前提下,讲一点主观的作用。《尽数》篇说:"圣人察阴阳之宜,辨万物之利以便生。"这里讲的是顺应自然,但有"察"和"辨",就包含有选择的意思,和"因"的意思是相通的。当然,这里的主观作用,不能丝毫违反顺应自然的原则。

《贵因》篇讲了一个故事,说明"因"包含有选择时机的意思。周武王准备伐商,派人去商的都城刺探情况。探子回报说,殷商要混乱了,邪恶的人胜过忠良的人。武王说还没有到时候。探子二次回报说,殷商的混乱加重了,贤人出走了。武王仍说,还没有到时候。探子第三次回报说,殷商混乱得很厉害了,老百姓连不满的话也不敢讲了。武王说,赶快告诉太公。于是起兵伐商,获得成功。这说明,行动要选择时机,要"静以待时,时至而应"。

君主"静因"之术,在《吕氏春秋》的许多篇章中都有所表述,最显著的是十二纪。可以说,十二纪都是在讲天子如何"察阴阳之宜,辨万物之利以便生"的。"十二纪"根据季节变化的自然现象,采用阴阳五行的学说,规定天子在十二个月中每个月应该做什么和不应该做什么。天子的政事活动与个人活动,都要与物候相因应。都要在这个原则下进行选择和活动。

★ 让臣下先说先做再表态

人主出声应容，不可不审。凡主有识，言不欲先。人唱我和，人先我随，以其出为之入，以其言为之名，取其实以责其名，则说者不敢妄言，而入主之所执其要矣。

——《吕氏春秋》

静因之术的一个重要方面，是君主用它来对待臣下。《吕氏春秋·审应》说：

人主出声应容，不可不审。凡主有识，言不欲先。人唱我和，人先我随，以其出为之入，以其言为之名，取其实以责其名，则说者不敢妄言，而入主之所执其要矣。

这是说，君主对于臣下，说话乃至表情，都不能不审慎。君主有见解也不宜先说出来，而应让臣下先说或先做，然后表态。并根据臣下言词和行动，加以考察。这样，臣下就不敢随便游说，君主就掌握到做君主的要点了。《重言》称赞传说中的殷高宗即位后三年不说一句话，认为这是"古之天子，其重言也如此，故言无遗者。"这些，就是静因之术的具体运用。

君主对臣下，为什么要这样做？这是为了去掉主观方面的局限和蒙蔽。《去尤》说："世之听者，多有所尤。多有所尤则听必悖矣。所以尤者多故，其要必因人所喜与因人所恶。""尤"，是蒙蔽、局限的意思。这是说，人们认识上往往有局限和蒙蔽，这就会得出错误的判断。局限和蒙蔽原因很多，主要由于主观上有好恶。静因，就能去掉主观上的好恶，到时候就顺应形势，做出反应，取得好的效果。君主这样做，就像自然界那样，"因冬为寒，因夏为热"，冬天来了就冷，夏天来了就热，顺应自然，不有意做什么，而万物得益。

反之，如果君主不用静因之术，认为自己比臣下高明，什么都要自己去做，那么，事情一定弄坏。因为，君主"自智而愚人，自巧而拙人"，好发指示，臣下必定请他发指示。君主发的指示越多，臣下的请示也会更多，一直到没有一件事不请示（"诏多则请者愈多矣，请者愈多，且无不请也"）。事实上，君主不可能无所不知，而要他对什么事情都发指示，事情肯定办不好。而且，这样的君主必定越来越自以为是，自高自大。《吕氏春秋·知度》称这样的君主是"重塞之主"，即双重阻塞的君主。这样的君主必定使国家危亡。这些观点当是事实的总结，是颇有见地的。

《知度》又说：

有道之主，因而不为，责而不诏，去想去意，静虚以待，不伐之言，不夺之事，督名审实，官使自司，以不知为道，以奈何为宝。

"因而不为"，指依靠臣下做事而不自己动手去做；"责而不诏"，指督促臣下处理事情而不要自己发指示。对具体问题，不要猜度和思虑，形成某种固定的看法，而要以"静虚"的态度对待。官府的事让官吏自己去办，不代替他们说话，不代替他们办事，要求臣下各自履行其职责，君主只是"督名责实"，考察和要求臣下名实相符，言行一致。以不知具体的事为做君主之道，以询问臣下如何办事为处理事情之宝。

就君、臣分职的角度讲静因之术，上面这段话最全面完整。《吕氏春秋》主张静因之术，重要的根据之一，就是使君臣分职，特别是要求君主不要去侵犯臣下职权范围内的事，以便任用贤能，使之充分发挥智能。

★治理天下莫过于以德行义

为天下及国，莫如以德，莫如行义。以德以义，不赏而民劝，不罚而邪止。……故古之王者，德回乎天地，澹乎四海，东西南北，极日月之所烛，天覆地载，爱恶不臧，虚素以公，小民皆之，其之敌而不知其所以然，此之谓顺天。

——《吕氏春秋》

《吕氏春秋》的"德"与"道"相通，有时是同一意思。德是内在的，用之于外就是义。义是"宜"的意思。以德来对待、处理事物，就是行义，亦即处理得当、相宜。这里说，君主治天下，莫过于"以德"，莫过于"行义"。它认为，古代的圣王是楷模，他们的德充满天地，无所不在。无论是他们喜爱的还是厌恶的，都同样用德去覆盖，像天地对待万物一样。有德的圣王，恬淡朴素，处事公正，人民也随着他们的样子变化而不知道所以然，这就叫顺应自然。可见，这里讲的德，与前面讲的"处虚素服"相通，而行义，则是以德来治理天下、对待百姓。以德行义，体现了君道的"无为而无不为"。

以德也就是"由道"。《吕氏春秋·功名》说："由其道，功名之不可逃，犹表之与影，若呼之与响。"只要以德、由道，就一定取得功名，犹如有标竿一定有影子、呼叫一定有声音一样。它强调："圣王不务归之者，而务其所以归。"圣王不致力于使人归顺他，而尽力于创造使人归顺的条件。德厚，远近的人都服他；主贤，四方豪杰都归顺他。君主要务德、务贤，就是"务其所以归"，抓住了根本。

君主治国"以德"，就要以"爱利"为心，重视民心的趋向。《吕氏春秋·听言》："故当今之世，有能分善不善者，其王不难矣。善不善，本于利，本于爱。爱利之为道大矣。"这与前述天子要"利而勿利",要利民而勿自利是一致的。《适威》篇说：

古之君民者,仁义以治之,爱利以安之,忠信以导之,务除其灾,思致其福。

这是很具杂家特色的话。在君道无为、为君以德的前提下,用仁、义治理百姓,用爱、利安定百姓,用忠、信引导百姓,致力于为民去除灾害,谋求福利。道家的无为,儒家的仁义,墨家的爱利,融合在一起,这样,它们都已经不完全是原来的意义了。

《吕氏春秋》特别强调为百姓兴利除弊或兴利除暴的思想,这与吕不韦统一天下的目标相一致。《功名》篇说：

大寒既至,民暖是利;大热在上,民清是走。是故民无常处,见利之聚,无之去。欲为天子,民之所走,不可不察。今之世,至寒矣,至热矣,而民无走者,取则行钧也。欲为天子,所以示民,不可不异也。

《吕氏春秋》认为,当时是老百姓极端困苦的时代,但各国一样,百姓无法逃避。百姓总是往于己有利的地方去。要统一天下,就必须明察百姓的趋向,并且表现得不同于那些荒淫凶暴的国君。前面讲的"仁义以治之,爱利以安之……"等等,都是"示民"以"异",而"爱民之利"与"除民之害",则包含着广泛的内容,也包括前面讲到过的义兵。

当然,《吕氏春秋》的主张,不是专为统一天下而发,或者说,其重点仍在天下统一之后的长治久安。例如《勿躬》篇说："故善为君者,矜服性命之情,而百官已治矣,黔首已亲矣,名号已章矣。"《上德》篇说："以德以义,不赏而民劝,不罚而邪止。"这都是说,君主无为,或以德治天下,就能够无不为,使百官各司其职,百姓受益,天下安定。

★以赏罚帮助教化

赏罚之柄,此上之所以使也。其所以加者义,则忠信亲爱之道彰。久彰而愈长,民之安之若性,此之谓教成。

——《吕氏春秋》

《吕氏春秋》尚德行义,也讲赏罚,但把赏罚放在次要的地位,作为德、义的补充。《义赏》篇说：

赏罚之柄,此上之所以使也。其所以加者义,则忠信亲爱之道彰。久彰而愈长,民之安之若性,此之谓教成。

这是说,赏罚的权柄,是君主掌握的。如果施加赏罚符合道义,那么,忠诚、信守、相

亲相爱的原则就会彰明。彰明的时间长了，这些就会像人们的本性一样，这就是教化成功。可见，赏罚是在符合道义的原则下使用的，是用来帮助德化的。

赏罚能帮助教化、驱使人们向善的理论根据，是承认人都有欲。《吕氏春秋》认为，欲是天生的、自然的，而且本身无所谓善恶，因此，主张顺应它、利用它。而赏罚便是利用欲的手段。《为欲》篇说：

使民无欲，上虽贤，犹不能用。

故古之圣王，审顺其天而以行欲，则民无不令矣，功无不立矣。

这是说，如果民众没有欲，即使君主贤明，也不能使用他们。圣王顺应自然的天性，满足人们的欲望，因此民众没有不听从的，功业没有不能建立的。它还指出，善于当君主的人，能够使人们不断地满足欲望，这样，人们就能不断被驱使。

《吕氏春秋·用民》认为：人们都"欲荣利，恶辱害"，君主用赏赐满足"荣利"，用刑罚实现"辱害"，就能够驱使人民。它也主张信赏必罚，《贵信》篇提出：

赏罚不信，则民易犯法，不可使令。

《吕氏春秋》很重视"信"，把它提到自然规律的高度，它说："天行不信，不能成岁；地行不信，草木不大。春之德风，风不信，其华不盛，华不盛则果实不生，……天地之大，四时之化，而犹不能以不信成物，又况于人事！"这是认为，不"信"，什么事都办不成，天地四时是这样，人也不例外。它举了正反两面的例子，说明赏罚必信的道理。应当承认，这是经验的总结。

★不以一己爱憎决定赏罚

民无道知天，民以四时寒暑日月星辰之行知天。……人臣亦无道知主，人主以赏罚爵禄之所加知主。主之赏罚爵禄之所加者宜，则亲疏远近贤不肖皆尽其力而以为用矣。

——《吕氏春秋》

《吕氏春秋》认为，赏罚得当，可以使君主和臣下之间互相了解，《当赏》篇说："民无道知天，民以四时寒暑日月星辰之行知天。……人臣亦无道知主，人主以赏罚爵禄之所加知主。主之赏罚爵禄之所加者宜，则亲疏远近贤不肖皆尽其力而以为用矣。"君主的赏罚，是用具体的行为表示他的意见和主张，臣下从这里得到的了解，更广泛、更实在。所以，赏罚得当影响很大，亲疏、远近、贤不肖都知道，都会听从驱使。

君主使用赏罚，不能凭一己的爱憎来决定，应从效果、影响来考虑："凡赏非以爱之也，罚非以恶之也，用观归也。所归善，虽恶之，赏，所归不善，虽爱之，罚。此先王之所以治乱安危也。""所归善"，指效果或影响好，"所归不善"，指效果或影响不好。这是主张君主客观地从整体利益考虑效果，不要凭一己的爱憎决定赏罚。这种主张近于法家。在君主大都凭爱憎好恶决定赏罚的情况下，这种主张是比较合理的。但是，包括先秦法家在内，并没有近代这样的法律，并非依据明确的、客观的法律办事，这是古代与近代的巨大差别。《吕氏春秋》提出的效果和影响好不好，虽然可以促使君主考虑和决定赏罚时能够比较客观和冷静，但与近代的法治，毕竟是本质不同的两回事。

　　《吕氏春秋》虽然也很重视赏罚，但总是把它放在第二位，作为德、义的附属品和补充。《用民》篇说："凡用民，太上以义，其次以赏罚。"赏罚只是天子"用民"的次要手段。为什么要用这种手段？因为人有贤和不肖之分，贤者用德义可以有效，不肖者则必须用赏罚才能驱使，所以，二者并用，君主才能驱使所有的臣下。这种区分，当然不够科学。但从历史上看，德义和赏罚并用，确实比纯用仁德教化或纯以赏罚役使，要有效得多。

　　由于赏罚只是第二位的辅助手段，所以《吕氏春秋》反对"严罚厚赏"，认为这是"衰世之政"。从这里看，《吕氏春秋》虽然也不同意儒家只用王道、仁政，但更反对法家的严刑峻法。而它说的"今世之言治，多言严罚厚赏"，分明是对秦的传统表示不满。

　　以上讲君道无为而无不为的三个方面，处虚素服、静因和尚德行义，都是从不同角度讲的一个东西，即"全天为故"。如上所述，《吕氏春秋》的这些论述，颇多合理、进步的因素。但也应看到，由于《吕氏春秋》上述理论以圣王为中心，由于《吕氏春秋》哲学思想上的缺点（详后），某些地方把这种君道讲得神乎其神，无所不知、无所不能，似乎一旦得到这种道，就变为万能的上帝了。比如《勿躬》篇说：

　　是故圣王之德，融乎若月之始出，极烛六合，而无所穷屈；昭乎若日之光，变化万物，而无所不行。神合乎太一，生无所屈，而意不可障；精通乎鬼神，深微玄妙，而莫见其形。今日南面，百邪自正，而天下皆反其情，黔首毕乐其志，安育其性，而莫为不成。

　　如果说，用日月来形容圣王之德，只是形象的比喻，还勉强说得过去；那么，说精神与太一（即道）符合，就一切邪恶自然得到匡正，老百姓都高兴地培养善性，什么事都能做好，显然是主观的任意夸大了。这种缺点或局限，是古代思想很难避免的，是时代给予的、决定的。我们既不要苛责古人，也应从中吸取应有的理论教训。

国学智慧全书

诗学智慧

马肇基 ◎ 主编

导 语

　　古老的中国是一个诗歌的国度，没有任何一个民族像中华民族一样在绵延数千年的历史长河中如此执着地钟情于诗歌女神。孔子曰："不学诗，无以言。""诗可以兴，可以观，可以群，可以怨。迩之事父，远之事君；多识于鸟兽草木之名。"唐朝出了个诗圣还不算，配享的还有诗仙、诗佛、诗豪、诗鬼等等，故清朝蘅塘退士孙洙说："熟读唐诗三百首，不会吟诗也会吟。"自《诗经》开始，中国人把诗歌和诗人抬至极高的位置，也把诗歌做到了极致，相应地，中国人的古典诗歌情结也如同中国结一样，九曲回肠，精致玲珑，鲜艳得如一簇火焰，照亮了中国人的心灵。

　　如今，中国人对古典诗歌是"心似双丝网，中有千千结"。看天下的父母，谁不给自己的子女买几本"唐诗宋词元曲?"谁不逼着儿女背诵几十首？毛爷爷的古典诗词做得多好，那个时代谁不能像背"老三篇"一样倒背如流？外国人培根不是也说"诗歌使人巧慧"吗？人们相信，知识就是力量，诗歌既然有那么多功用，那么高的知识含量，学诗就最好自蒙童开始。于是，在这种集体无意识中，中国人的古典诗歌情结不只是表露出"望子成龙"的热望，它似乎还隐藏着一个民族的期待：我们民族的未来需要诗人和诗歌。

　　从更深的层次讲，诗歌，是心灵的苏醒，是情志的袒露，是在庸常的浮华或困顿中逼视心灵的洞察，是对生命底色的素描，是对生命斑斓色彩的描绘，是对生命情调的礼赞，是对生命理想的膜拜。诗，本质上是歌唱的，她需要如椽大笔，更需要锦心绣口；她需要包蕴日月，更需要吐纳山川。她在每个人的生命情感里，不在诗学理论中。理论是灰色的，生命之树常青。

　　渐行渐远的是如歌一般青春的背影，生命的情感被理性酿造得越来越醇厚。在理性的追寻中，人人皆可为圣人，人人皆可成佛。

第一篇 《诗经》智慧通解

导读

　　爱情，饱含着人间真情的至善至美。它的生命流程与人类历史一样深厚、一样悠久。只要人类还在不断发展延续，爱情就将生生不息，连绵无绝。古往今来，爱情令多少人幸福欢畅，又使多少人为之痴癫、痛苦、悲伤，因而也就成了千百年来古今中外名人雅士争相吟诵的主题。爱情诗和爱情本身一样，青春永驻，万古常新，如我国最早的一部诗歌总集《诗经》就是以爱情诗为其最重要组成部分的。《诗经》成书于春秋时期，距今约3000年了，它包括风、雅、颂三部分，共305篇，其中爱情诗就有80篇左右。

　　在《诗经》那个时代，礼教已经开始萌芽，婚姻大事不再是完全自由的了，现实开始给人们的感情增加束缚。虽然这些少男少女懂礼、知礼，但为了真爱，他们可以不顾"父母之命，媒妁之言"，他们要拒绝无理的要求，反抗强制的安排，甚至叛离家门，去追求真正的幸福！他们在《诗经》里悲叹着，反抗着，表现得刚强而果断。

　　有热恋的甜蜜，就免不了有失恋的苦涩。在《诗经》里也不乏爱情路上的失意人。他们遗憾，他们怨恨，但他们不屑于在谁是谁非中纠缠不休，错过了就错过了吧。他们不想去伤害哪个人，他们要自己学着忘记那些缠缠绵绵和恩恩怨怨，既然爱已成往事，情已错过，又何必在心底苦守那一地阑珊？

　　《诗经》中的男女，不管是一见钟情，还是日久生情，最终的目的都只有一个，那就是携手步入婚姻的殿堂。既然相爱，那么就握紧对方的手，别在茫茫的红尘中丢了彼此，就这样一直走下去，走到天荒地老，走到岁月的尽头。

　　相爱的人因爱而结合，因结合而幸福，可是月有阴晴圆缺，人有悲欢离合，既然相守是快乐的，分离就必然是痛苦的，相思的几多辛酸，几多痛苦，几多寂寞，几多忐忑……是那样的让人黯然神伤。家是事业的基础，让我们从《诗经》中找到美好的爱情和婚姻。

第一章 憧憬：问世间情为何物 直教人生死相许

爱情是美妙的，对爱情充满憧憬是人的本能。

异性互相被对方的美丽和热情所打动，就必然会撞击出爱的火花。当爱情的精灵最初来到身边的时候，就像春风吹遍大地、万物复苏、蓓蕾绽开、鲜花怒放一样。初恋的爱情就是这样的神秘：分明已觉察到，却又不够真切，就像高空飘忽的云，无论你是处在一种"所谓伊人，在水一方"的向往期待，或是处在"盈盈一水间，脉脉不得语"的空灵境界，爱情都会在倾慕的渴望中，使你感到神秘莫测，咫尺天涯。

青春岁月的少男少女，各自有着美妙的爱情梦：相思的梦是缠绵的，失落的梦是惆怅的，温存的梦是甜蜜的，欢娱的梦是醉人的。有的梦晶莹剔透，有的梦五彩缤纷，有的梦朦胧迷离却曙光乍现……萌动的爱情，也许只是一个微弱的火星，但可以燃起爱情的璀璨焰火；也许只是一棵羸弱的幼芽，但可以长成长青的爱情之树，结出甜美的爱情之果；哪怕它只是昙花一现，也会绽放出无限的美丽来。

★ 周南·关雎

《诗经》本是诗、乐、舞结合的，后来乐、舞失传，今天只剩下诗了。按作品性质和乐调不同，分为"风""雅""颂"三类。"风"指十五国风，是各地土乐、民歌，有诗160篇。"雅"是周王畿的乐歌，分小雅、大雅，大部分为贵族作品，有诗105篇。"颂"是朝廷祭祀颂赞的乐歌，乐调较为舒缓，分为"周颂""鲁颂""商颂"，共计40篇。《诗经》作品的表现手法有"赋""比""兴"三种。"赋"是铺叙，"比"是比喻、比拟，"兴"是先言他物，以引出所喻之词。

《关雎》是《诗经·国风·周南》中的第一首诗。"周南"是十五国风第一风。周，周文王诸侯国；南，这里主要指豫鄂江淮间的南方诸侯国；周南，即指周的礼乐文化对南方诸侯国的影响和教化。古人把《关雎》冠于三百篇之首，对它评价很高。《关雎》有各种不

同的解说,有人说它是歌颂后妃之德,有人说它是讽刺康王等等,而从《关雎》的具体表现看,它确是男女言情之作,是写一个男子对女子的爱情追求。其声、情、文、义俱佳,足以为《风》之始,三百篇之冠。孔子说:"《关雎》乐而不淫,哀而不伤。"篇名取自诗的开头。

关关雎鸠,在河之洲。窈窕淑女,君子好逑。

参差荇菜,左右流之。窈窕淑女,寤寐求之。

求之不得,寤寐思服。悠哉悠哉,辗转反侧。

参差荇菜,左右采之。窈窕淑女,琴瑟友之。

参差荇菜,左右芼之。窈窕淑女,钟鼓乐之。

此情可待成追忆,只是当时已惘然

这首爱情诗写一个男子爱上了一个美丽善良的姑娘,思恋不已,却又追求不到。相思至极,便产生幻觉,仿佛已经同那姑娘结为夫妻,享受着快乐的生活。

雎鸠关关相对唱,双栖河中小岛上。美丽善良的姑娘啊,是我心目中的好配偶。长短不齐的鲜荇菜,顺着水流去捞采。美丽善良的姑娘啊,让我醒着相思梦中追求。追求她的梦想难实现,日日夜夜我都在思念。长夜漫漫难天明,翻来覆去不成眠。长短不齐的鲜荇菜,左手采来右手摘。美丽善良的姑娘啊,我弹琴鼓瑟表爱怜。长短不齐的鲜荇菜,左手挑来右手选。美丽善良的姑娘啊,我敲钟打鼓迎娶她。

诗歌一开始就写成双成对的雎鸠就像恩爱的情侣,它们的阵阵鸣叫诱动了小伙子的痴情,看着它们在河中小岛上相依相和的融融之景,小伙子的目光被美丽贤淑的采荇女吸引,于是沉醉在对姑娘的一往情深之中。是的,淑女不正是青春年少的小伙子们心目中的偶像吗?只有花容月貌的女子是美女,心灵美、才华出众的女子是才女,而两者兼备的女子才是淑女。美女好求,才女次之,而求淑女最难,有时是可遇而不可求,有时却连遇也遇不得!现在,自己这么幸运地遇到了,怎能不狂热地爱上她呢?

正是由于爱恋的深切,这位少女的形象反复在他脑中出现,使他不安,使他难以忘却。可是无奈"求之不得",因此心中弥漫着无穷无尽的痛苦与哀叹,以至于日日夜夜思念着她,翻来覆去睡不着。此时此刻,小伙子和所有陷入热恋中的纯情少年一样,心中渴望与失望交错,幸福与煎熬并存。

对淑女求的爱虽然失败,可是小伙子仍旧痴心不改,在经历了漫长的追求过程,品尝了相思的痛苦、失眠的无奈后,小伙子幻想着终有一天,能在欢庆的乐鼓声中与这位少女结为永好,那么自己一定会让她心中溢满幸福和快乐,两人从此过上和谐美满的生活。

这是一首创作于两千多年前的古老、质朴、率真的民间恋歌,表达了作者那坦诚炽热的感情,诗中娓娓细述了作者的单相思,他的倾慕、爱恋与渴望,具有打动人心的力量,而

这正是亘古以来每一个人心中对爱情最深的企盼。这就使得"关雎"在数千年后的今天读起来，还是那么清新动人，无愧于三百篇之首。

这首爱情诗突出了情窦初开的青年男女对爱情的憧憬和向往，诗中的相思之情是坦率的、大胆的，诗人毫不隐埋自己的感情，也毫不掩饰自己的愿望。这种浓烈的感情和大胆的表白，正是生命欲望和生性本能的自然显露。

爱情对情窦初开的人来说是新奇的，它是他第一次对异性爱的体验，充满着新鲜感；爱情对情窦初开的人来说是美妙的，它是青春的伴侣；爱情对情窦初开的人来说是纯洁的，它是初放的花蕾，素雅、清新、醉人；爱情对情窦初开的人来说是神秘的，它是一座令人向往，但又一时难识"庐山真面目"的迷宫；爱情对情窦初开的人来说是痛并快乐着的，怀着一颗圣洁的心，在对异性思念、亲近、倾慕、试探或追求中，却得不到对方相同的反应，这种滋味是苦涩、惆怅但却又夹杂着甜蜜的忧伤的，是令人回味、咀嚼，让人铭记终生而不能忘怀的。

五代文人韦庄的《思帝乡》就以白描的手法，勾勒出一位情窦初开的少女，对爱情的憧憬和追求："春日游，杏花吹满头，陌上谁家年少，足风流。妾拟将身嫁与，一生休，纵被无情弃，不能羞。"翻译成白话文意思就是：在阳光明媚的春天去郊游，头上落满了杏花的花瓣，路上遇到一位小伙子，长得英俊潇洒，风度翩翩。如果我能和他结为夫妻，一生一世永相随，该有多好啊！即使不能白头到老，中途被他抛弃，我也绝不会后悔。

词中少女在郊游途中迸发出的对爱情的炽热向往，令人感动，她的不求天长地久，但求曾经拥有的爱情理念，酣恣淋漓地昭示着爱情无上的魅力。

难能可贵的是，在那遥远的年代，《关雎》的作者在择偶时，也不是只注重外表美，忽视心灵美，而是内外兼顾。诗人之所以强烈地爱上了那位采摘荇菜的女子，是因为她不但美丽而且善良。男女相互的吸引，爱情的产生，要建立在对方外在美和内在美相结合的基础上，这在古今中外是一致的。可是与女性相比，男性更容易为美丽而动情。外表美丽的女子总能引得陌生男子驻足。女子外貌的美使男子赏心悦目，并使他把这种美通过联想扩展到她的道德、性格等各个方面。伟大的俄国诗人亚历山大·普希金尚且如此，更何况我们这些凡夫俗子呢？

1830年，俄罗斯著名诗人普希金已经32岁了，仍孤身一人，没有成家。在9月里的一次舞会上，他第一次见到了"彼得堡第一美人"、芳龄18的娜塔丽娅。他顿时为她的美丽所倾倒，决心娶她为妻。在此之前，有很多女孩迷恋他，但没有一位像娜塔丽娅那样令他魂不守舍。

娜塔丽娅到底有多美？普希金的一位好友曾这样描述："一生中我见过许多漂亮女人，遇到过比娜塔丽娅更迷人的女人。但从未见过像她那样将古典端庄的脸型与匀称的

身段如此美妙地结合在一起的。高挑的身材,神话般纤细的腰……这是真正的美人。无怪乎,甚至是从最靓丽的女人中挑选出来的女人在她的面前也要黯然失色……必须承认,当时,彼得堡没有一个年轻人不对娜塔丽娅暗怀恋慕。她那灿烂的美和魔力般的名字,让人们陶醉。我认识一些年轻人,他们非常自信地确定自己爱上了娜塔丽娅。不仅是那些仅与其见过一面的人,还有那些根本就没见过娜塔丽娅的年轻人。”从这一段描述中可以看出,娜塔丽娅的确很漂亮,她那美丽的姿色具有极大的魅力。

俗语说:英雄难过美人关。普希金虽是一位大诗人,但却也没能幸免于拜倒在娜塔丽娅的石榴裙下。1828 年他第一次向她求婚遭到拒绝,1830 年他再次求婚。虽然普希金身高仅 1.68 米,比娜塔丽娅还矮了 8 厘米,但他是伟大的俄罗斯民族诗人,俄罗斯文学语言的创建者和俄罗斯近代文学的奠基人,被誉为“俄国文学之父”,娜塔丽娅终于为普希金的名气所吸引,答应了他的求婚,两人走进了婚姻的殿堂。

新婚伊始,普希金对娜塔丽娅倍加呵护,他为能娶到这样一个美人为妻感到骄傲和自豪。他凭借自己天才诗人的名声,将自己的妻子介绍给朋友,引见给沙皇和皇后,将她带进彼得堡的上流社会,进入交际圈。娜塔丽娅借着普希金的大名与达官显贵们结识,享受着“第一诗人夫人”的荣誉,不久,她那魅力的光环已经超过了丈夫的声誉。在各种舞会上,人们谈论的话题大多是她的美丽,男人们喜欢她,仰慕她,热恋她,甚至渴望得到她,而娜塔丽娅则开始晕头转向。她不拒绝男人们的殷勤,甚至当着丈夫的面与他们打情骂俏。特别是当一位名叫丹特士的法国军官来到彼得堡,被沙皇任命为骑兵近卫队的一个军官后,普希金和娜塔丽娅的婚姻生活开始急剧降温。

丹特士不但潇洒、英俊,而且学识丰富,聪慧机敏。尽管娜塔丽娅当时已是三个孩子的母亲,但她毕竟是圣彼得堡的美丽天鹅,丹特士仍然疯狂地爱上了她。而遇到丹特士后,娜塔丽娅那不检点的行为举止更加明显,有时甚至达到了放肆的地步。很快,丹特士成了普希金家的常客,他经常陪伴娜塔丽娅出游。1835 年夏,外界盛传丹特士与娜塔丽娅有染。甚至还有人给诗人送匿名信,“祝贺”他由御前初级侍卫荣升“绿巾骑士”。

自从收到匿名信之后,普希金坐卧不安。为了捍卫自己的尊严和荣誉,他毅然决定向丹特士发起挑战——决斗。对于普希金来说,荣誉高于一切。后来,虽然有人出面给以调解,但是娜塔丽娅和丹特士仍然没有收敛的迹象。当时在普希金看来,除了决斗,他毫无选择了!于是,他再次发起决斗挑战,并提出了极其残酷的条件:双方射击的距离只有十步,并且在第一次双方都没有击中对方之后,决斗再重新开始,直到有一方倒地为止。看来,普希金真的拼命了。

1937 年 1 月 27 日,决斗在离彼得堡不远的黑山进行,丹特士先开了枪,普希金受了致命的重伤,两天后这位还不到 40 岁的天才诗人就离开了人世。长久以来,人们大多认

为普希金成了娜塔丽娅美丽姿色和轻佻行为的牺牲品。

可见，爱情的内容并不是对某个人的单纯知觉，最初的一瞥往往只是一颗火星，经过长期地观察、深刻地了解才能燃起爱情火焰。

被爱的女人都是美丽的，因为"情人眼里出西施"，而对于女人来说，真正的美是由内而外散发的。

《关雎》全诗充满着男子的浪漫情怀，它写思慕，写追求，写向往，深刻细微而不失理性平和，感情热烈又不陷于难以自拔的痛苦呻吟。千百年来，《关雎》一直在河边的沙洲上被深情地吟唱着，而踏着水鸟的鸣声行来的人却换了无数。吟唱着相思之曲沿着白色沙洲迤逦行来的他们，一径在那沙洲边望着远方的倩影低吟歌唱，却始终不把那满载月光的船划向对方。在那些老去的岁月里，他们的故事一如既往。他们都是《关雎》中的主角，和着水鸟的鸣唱与水草的鲜绿，他们前赴后继，从那时，走到了现在。那以后不知尽头的岁月啊，相信一样会回响着后来者穿越岁月的歌，因为古往今来相思之苦是相通的，都是一样的酸楚和甜蜜，一样的折磨人，但是也让人享受。

★ 秦风·终南

《诗经》的作者成分很复杂，产生的地域也很广。除了周王朝乐官制作的乐歌，公卿、列士进献的乐歌，还有许多原来流传于民间的歌谣。这些各个时代从各个地区搜集来的民间乐歌，由官方搜集和整理，并对作品进行过加工，制作乐歌。

秦风就是当年流传于秦国的民间歌谣，古秦国原址在犬戎（今陕西兴平东南），东周初期，因秦襄公护送周平王东迁有功，开始列为诸侯，改建都于雍（今陕西凤翔），从此逐渐强大起来。统治区域大致包括今陕西中部和甘肃东南部。

终南何有？有楸有梅。君子至止，锦衣狐裘。颜如渥丹，其君也哉。

终南何有？有纪有堂。君子至止，黻衣绣裳。佩玉将将，寿考不忘。

只愿君心似我心，定不负相思意

这首诗歌表达了终南山的姑娘对进山青年的热烈爱慕之情，她欣喜于他的到来，并且赞美他的容貌俊朗，风度翩然，表示她心目中的偶像正是这样的形象：

终南山上有什么？有山楸来有梅树。有位君子到此地，锦绣衣衫狐裘服。脸儿红红像涂丹，威风凛凛貌堂堂！

终南山上有什么？有棱有角地宽敞。有位君子到此地，青黑上衣五彩裳。身上佩玉响叮当，富贵寿高莫相忘。

两节诗都对"君子"的来到表示出敬仰和赞叹的态势。那君子的面容红润丰泽，大有福相。那诸侯的礼服，内里狐白裘，外罩织锦衣，还有青白相间斧形上装和五色斑斓的下裳，无不显得精美华贵，熠熠生辉。诗中对青年的衣着有着一种新鲜感，不像是司空见惯习以为常的感觉，而青年也像是在炫耀华服似的。

除了服装外，诗还写到了饰物的佩声锵锵，那身上琳琅的美玉挂件叮当作响，音韵悦耳。这就显出诗所描摹的形象是动态的，仿佛让人感觉到青年步履雍容来到终南山祭祀行礼。诗通过视觉、听觉形象的勾勒，至少在外观上透出富贵气派和令人敬仰的感觉。

哪个少男不钟情，哪个少女不怀春，好男儿见到好姑娘怦然心动，好姑娘见到好男儿倾慕不已，这是最合乎自然，最合乎人性的冲动。

《终南》里的女主人公爱上豪门贵族，是一种由衷的仰慕，一种发自内心地对威严与英雄气概的崇拜，她那率真的赞美和衷心的祈祷，使我们看到一个情窦初开、天真淳朴的怀春少女，而绝不是一个工于心计，一心想攀附权贵的势利女人。爱和地位无关，爱是心灵的盛宴，怎么可以因为地位而撤掉情感的佳肴？姑娘是勇敢的，是应该得到真诚祝福的。

贵族青年的风流倜傥、凛凛威风自古就是吸引少女芳心的有力武器，在古代文学作品中，美女爱富贵男子的不在少数，比如宋代作家晏几道就有一首词《生查子》：

金鞍美少年，去跃青骢马。紫系玉楼人，绣被春寒夜；消息未归来，寒食梨花谢。无处说相思，背面秋千下。

起首两句描绘的"金鞍美少年"形象，正是女主人公思念的对象。能坐在千里马的描金鞍子上的，一定是富家子弟无疑。他的倏然离去，让女主人公孤灯独眠，魂牵梦萦天天盼，月月盼，寒食节过去了，梨花开了又谢，一次次的等待，始终没有等到他的音信，随之而来的，只是一次次的失望！最后她在秋千架下背面痴痴地站着，默默地承受着相思之苦，无处诉说，也不想对人诉说。

可是男人要富且贵，势必不能有大把的时光抛洒给女人，因此为之付出爱的女人要有心理准备。被誉为盛唐"七绝圣手"的王昌龄的《闺怨》中就有"悔教夫婿觅封侯"的名句，写独守空房的女子备感寂寞、孤独，悔恨当初不该让丈夫去立功封侯。

可是，在现实生活中太多的少男少女往往是即便一开始就知道注定是段错恋也要勇敢地去爱，哪怕为了这爱，放弃太多，改变太多。只因为太爱对方，所以觉得这样的牺牲虽然代价昂贵，却也是值得的，至于失去对方的爱有多痛，他们真的不想去感受，可是他们不明白，有些时候，爱是不在自己的掌控之下的，例如英国王妃黛安娜那段令人惋惜的失败婚姻。

215

在1981年那场全球瞩目的世纪婚礼上，19岁的戴安娜身穿雪白的席地婚纱，与查尔斯王子并肩缓缓走过。喧闹的人群、女王的祝福、戴安娜的微笑、查尔斯甜蜜的吻，掩盖了令人伤心的事实：灰姑娘要嫁的王子，心里早有了别的女人——与王子青梅竹马的卡米拉。新婚伊始，戴安娜还自信满满，以为凭着自己的魅力能将王子的心从卡米拉那儿夺过来。在世人眼中，卡米拉怎能与戴安娜相比？戴安娜年轻漂亮、聪明和善，而卡米拉不但貌不出众，而且比查尔斯王子还要年长，更重要的是她已经有了丈夫。然而，在这场感情的拉锯战中，戴安娜还是输给了这个表面看起来不如她的女人，最后堕入绝望的深渊。她情绪时常处于抑郁之中，多次企图自杀，之后又频频传出绯闻。或许背叛也是一种疗伤的方式。这一出童话式的婚姻于1996年正式结束，15年的王室生活对于戴安娜就像一场噩梦。

灰姑娘与王子的美丽童话有哪个女孩子不向往？然而王子没有灰姑娘，他还是王子；灰姑娘若没有王子，就永远是灰姑娘。童话是美好的，现实是残酷的，但是童话真正打动人心的正是这种美好，这种美给了大多数女孩子一个灰姑娘般的梦想，我们无须计较灰姑娘和王子婚后究竟能走多远，只要他们的感情曾经够美，够浪漫，能让我们的心情在阳光中慢慢渗透，就已足够。

第二章 思念:此情无计可消除 才下眉头,又上心头

恋爱中的人都有这样的感觉,即使每天朝朝暮暮,相依相守,仍觉得两个人在一起的时间不够,恨不得片刻不能分离。然而,分离又偏偏是我们不能掌控的。和情人分离的时候,心里往往会涌起惆怅迷茫,深刻地感觉到彼此切肤的思念和牵挂。

思念是痛苦的,是揪心的,夹杂着对相守时光的无限怀念。夜阑人静,孤灯只影,或许对自己茶饭不思的状态毫无感应,却对情人热烈的目光和温柔的耳语念念不忘,时常回想。可越回想,越感伤,不觉思念的线正零乱繁复地缠绕心房,思念的痛已渗入皮肤,刻画出新的情伤……

分离哪怕短暂,思念却是无比清晰。在分离中休会到爱之深,情之切,心之耽……体会到原来恋人的一颦一笑,一举一动都已渗入自己的骨血,不能分离。

我们在分离中看清自己,也看清对方,用心聆听感情的私语。慢慢懂得拥有,懂得呵护,懂得珍惜,然后共同感悟厮守一生的情爱真谛。

★齐风·甫田

对这首诗主旨的看法历来分歧较大,《诗说》认为是讽刺齐景公的,也有人认为这首诗是文姜在齐思念其子鲁庄公,归鲁相见之后所作,但有人对此提出质疑,因为鲁庄公生于桓公六年,即位时年十三,庄公尚未成年,与诗中的"突而弁兮"相背。又有人认为是写妻子对远方丈夫的思念等等,相对而言,应该说这首诗还是应该属于少女对青梅竹马的少男的思念,两人长时间不得相见,等到相见,男的已由孩子变为成人。

> 无田甫田,维莠骄骄。
> 无思远人,劳心忉忉。
> 无田甫田,维莠桀桀。

无思远人,劳心怛怛。

婉兮娈兮,总角丱兮。

未几见兮,突而弁兮。

多情自古伤离别,更哪堪冷落清秋节

这首诗前两节写了对远离自己的恋人的强烈思念:不要耕种大块田,那里杂草长得高又密。不要思念远行人,思念起来太忧伤。不要耕种大块田,杂草长得密麻麻。不要思念远行人,思念起来心伤悲。

这两节用的是重叠格式,两节内容基本相同,只是换了两对词,而所换的两对词"骄骄"与"桀桀""忉忉"与"怛怛"的意思又差不多。这两节的第一、二句是起兴,主要是为了引出这两节的第三、四句,第三、四句本是说少女思念恋人心切,随着时光的流逝,这种思念越来越强烈,以至于使自己整天萎靡不振,但是作者在这里却正话反说,本来思念无法抑制,但作者却说,切莫挂念他了,其实越是这样说,说明她牵挂得越是强烈。

在这里,诗人是明知不可为而为之,明知抛不开却强抛之,以强制的方式表达的却是深沉的思念和牵挂。这种强装出来的豁达,同真正的豁达有着明显的区别。彻底豁达,如释迦牟尼由王子出家,在菩提树下悟道成佛,自然是人生至高境界,可惜凡人肉胎难以做到。强装出来的豁达,只是进一步证明和强化了放不下和有所谓,比如失恋之后故作坦然地对人说:"无所谓,天涯何处无芳草。"

有时我们的确需要强装豁达,这比强装忧愁要真诚和坚强得多。正因为思之切、忧之深,才有强忍忧愁作笑脸,表面上痛苦似乎化解了,实际上却沉入了心底深处。

而第三节则是描写作者无法摆脱刻骨的相思,于是在梦中实现了自己的心愿——见到了自己的心上人。分别多年的人意外出现,惊喜的同时,她发现他已经由活泼漂亮的少年长成了高大英俊的男子汉:"当初年少多秀美,小辫翘起像牛角。几年没见他的面,转眼成人戴上帽。"第三节,寥寥数语,就使得相见的激动情景和两人欢乐的心情跃然纸上。可是梦毕竟是梦,梦醒之后,梦中美好的一切都了无痕迹,梦中的欢乐不过是镜中花,水中月,虽诱人但虚无,空留惆怅。

思念,是一种感人的情怀,是一种珍藏于内心的甜蜜,更是一种深沉的渴望。迷醉是它的色彩,倾心是它的芳香,甜蜜是它的诱惑,痛苦是它的魔力。

宋代著名词人柳永的《蝶恋花》就是一首怀人之作:

伫倚危楼风细细,望极春愁,黯黯生天际。草色烟光残照里,无言谁会凭阑意?拟把疏狂图一醉,对酒当歌,强乐还无味。衣带渐宽终不悔,为伊消得人憔悴。

词人把漂泊异乡的落魄感受,同怀念意中人的缠绵情思结合在一起,借景抒情,感情

真挚。上阕写在一个春风吹拂的日子里，词人登高望远，离愁油然而生。可是见不到伊人，心中即便有再多的愁苦也是衷肠无处可诉啊。下阕写主人公为消释离愁，决意痛饮狂歌，可是借酒浇愁愁更愁，强颜欢笑终无味，最后两句终于点明，所有的痛苦都是为了那个心爱的女子，为了她，纵然消瘦憔悴了，也心甘情愿。"终不悔"三个字表现了主人公爱之深，爱之切！

"白杨苍发春正美，黄鹄帘低垂，燕子双去复双来，将雏成旧垒，秋风忽夜起，相呼度江水；风高江浪危，拆散东西飞！经径紫陌芳情断，朱户琼窗侣梦违。憔悴卫佳人，年年愁独归。"这首表达相思之苦的诗作出自宋末元初时期的才女张玉娘之手。

张玉娘，字若琼，号一贞居士，浙江松阳人，富有文才，尤擅诗词，时人以汉班昭比之，与李清照、朱淑贞、薛涛并称宋代四大女词人，著《兰雪集》一卷。

张玉娘出身仕官世家，自幼饱学，敏慧绝伦，不独熟悉女红，而且能写文章，她的爱情故事更是真切感人。

玉娘 15 岁时和与她同庚的书生沈佺订婚。沈佺是宋徽宗时状元沈晦的七世孙，才思俊逸，不同于一般的纨绔子弟，而且沈、张两家有中表之亲。玉娘和沈佺青梅竹马，当一个长成貌美而又颇有文采的妙龄少女，一个长成才思俊逸的翩翩少年时，两人不由得互生爱慕之情，两家的父母也觉得这是一桩门当户对的婚事，于是便订下了这门百年之好。订婚后，两人更加恩爱，经常互赠诗物。

谁知好景不长，沈家日趋没落，沈佺又无意功名，玉娘的父亲便有了悔婚之意，称"欲为佳婿，必待乘龙"。迫不得已，沈佺离乡别土赴京应试，但玉娘的父亲还是取消了这门婚事。两人当时鱼雁沉浮，消息断绝，玉娘很是痛苦，遂写出这首《双燕离》。后来，沈佺虽然高中榜眼，但由于爱情受挫而终日落落寡合的他，因忧郁过度，又外感寒疾，终于一病不起。玉娘闻讯后，悲痛欲绝，一面瞒着父母偷偷遣使问候，一面递信赠诗，以死相誓："毂不偶于君，死愿以同穴！"玉娘悲痛欲绝，长歌当哭，赋诗一首以明心志："中路怜长别，无因复见闻。愿将今日意，化作阳台云。"她决意终身不嫁，发誓要像阳台云那样永远围绕着沈佺。

柳永

从此，玉娘陷入巨大的哀伤和无尽的思念之中。父母见她终日寡欢，欲给她另觅佳偶，她坚决拒绝了这一做法，对父母说："我之所以活到现在不死，只是由于有二位双亲在啊！"在守情五年后，这年元宵之夜，家人皆去观灯，独玉娘托病坐于灯下。恍惚中，她发现沈佺站在面前。玉娘又惊又喜，去抓他衣服，却若即若离，不禁凄然泪下。又一晚，她

219

梦见沈佺驾车相迎,醒来披衣而坐,对侍女说:"我心已定!"于是绝食而亡,死时才 28 岁。

她父母得知女儿殉情而去,征得沈家同意后,特将玉娘与沈佺合葬一处,在人世间他们不能比翼齐飞,在阴间他们终于可以成双成对了。

两地相思最是痛苦无奈,它要求双方付出更大努力,且需更多耐心和更强毅力。月圆的时候,你只能独自一人,形影相吊地对月吟唱:"但愿人长久,千里共婵娟!"那份孤独、那份寂寞,一同融进了月色中。

思念,是心绪不宁时勾起的记忆中的点点滴滴,是满怀激情而无人倾诉时对月儿的喃喃低语;思念更是一种焦虑的等待。

对古人而言,由于通讯技术的不发达,他们思念的空间和时间似乎被拉长了千万倍,但又正是因为这似乎是被拉长了的空间和时间使得古人的思念更加的望穿秋水,恰似一瓶陈年老酿,既有浓郁宜人的幽香,又有沁人肺腑的苦楚,令人回味无穷啊!那苦苦的守候和期待是如此的美丽动人!古人的思念是一笔浓墨写就的诗意山水画卷,让人百看不厌!我们常常感动于古人的爱情,忆及古人,便有许多敬重在心头!

★陈风·月出

这首诗大约是用陈国方言创作的,诗中的一些词语在《诗经》别的篇目中并不常见。在中国文学史上,它第一次将远在天边的月亮拉到了我们的眼前,第一次从貌似冰冷的月亮中发现了无尽的柔情。

> 月出皎兮,佼人僚兮。舒窈纠兮,劳心悄兮。
> 月出皓兮,佼人懰兮。舒忧受兮,劳心慅兮。
> 月出照兮,佼人燎兮。舒夭绍兮,劳心惨兮。

衣带渐宽终不悔,为伊消得人憔悴

这是一首月下怀念爱人的诗。高悬的明月,可以千里同照,而清澈幽冷的月色,又常给人一种静谧孤寂的感觉,因此在月下是最容易勾起思乡怀人之情的。这首诗的作者就是如此,他在皎洁的月光下,想起了自己那位漂亮的爱人,于是心中骚动,惶惶然不能自己,以至陷于深沉的痛苦之中:月亮出来多明亮呀,美人的仪容多俊俏呀,姗姗而来多苗条呀,使我心头好烦恼呀。月亮出来多明晃呀,美人的脸庞多美丽呀,施施而来多婀娜呀,使我心头好苦恼呀。月亮出来多皎洁呀,美人脸上泛银光呀,缓步而来多妖娆呀,使我心头好焦躁呀。

"月出皎兮,佼人僚兮。"月光银影下的妙龄少女,那曼妙动人的曲线,轻盈多情的体态,缓缓地,宽舒地,仿佛天上仙女下凡来。"舒窈纠兮,劳心悄兮。"情影娇媚,顾盼生姿,撩拨了年轻后生那敏感易颤的心弦,禁不住心生激荡,柔情乍起,思绪轻扬。一亲芳泽的渴望,获取伊人芳心的期盼,有千缕万缕的情丝飘动。"乱我心者今日之日多烦忧",只思量何时才能瑶台月下日日逢,心中陡生淡淡的忧愁,似有不胜轻挥的哀怨,心随月色而去,佼人何在?作者似乎在无意中道出了人类心灵最柔软的体验。

诗中的美人,若真若幻,似梦非梦,惝恍迷离,究竟是作者心中的幻觉?还是现实中真实的场景呢?似乎没人能说得清楚,也无须说清楚。女人如花,或如牡丹国色天香,或如丁香淡雅清逸,或如玫瑰灿烂妖娆,或如水仙空灵脱俗……巧笑倩兮、美目盼兮;瑰姿艳逸、仪静体闲,可谓秀而不媚、清而不寒。她们有花一样的娇美的容颜,花一样的高雅的气质,花一样质朴的情怀,花一样的无私的精神。她们的馨香芬芳了家庭和社会,她们的美丽愉悦着人们的眼眸和心灵。女人如月,男人激情如火豪情万丈,自诩是光芒四射的恒久星座,而纤尘不染的一轮皎月却让他们黯然失色,那月就是女人。女人让这世俗的人间有了一种纯净,女人也让这喧嚣的世界有了一时静谧。月上柳梢,女人的情愫演绎着人间的喜怒哀乐;月下吹箫,女人的风姿美丽着古老的经典;月洒银辉,素影迷离,佳人婀娜,直让《月出》的作者想得心焦如火,瞪着眼睛对月抒情,淳朴、憨厚得着实可以。

有人说:"中国的月亮是从《诗经》中升起的。"指的就是这首诗,这皎洁的歌声传唱在陈国的月夜里。从此,我们的民族情怀里就添了一缕月光的浪漫,我们的文化长河里就荡漾着一片浪漫的月光。明媚的月光不但与人世间的男情女爱相随,还抚慰着生活的各个层面,在人们生死别离、喜怒哀乐的棱棱角角上,镀上闪亮的光泽,让芸芸众生原本暗淡无光的日子有了钻石般的光彩,在历史的长河里漾起璀璨的波光。

古人笔下的月亮,素雅、宁静、温柔、神秘。李白曾说:"人攀明月不可得",因此为那只辛勤捣药的兔子和形单影只的嫦娥叹息。臆想和幻觉是美丽的,许多诗人,或者普通人,把许许多多世间装不下、载不动的情愫寄存到那座冰清玉洁的天上宫阙,使之成为人类文化永久的收藏。时至今天,我们明明知道月亮是一颗行星,是一个既无氧气,又无流水的荒凉星球,而顽固地鲜活在我们心头的仍是古人的那轮月亮——玉兔和嫦娥依然编织着我们银色的梦境。

但是,今日毕竟不同于往昔了,当如豆的油灯被闪烁的霓虹灯取代,夜晚的都市绽放异彩,纯白的月色终于被人造的风景取代。电视、网吧、酒吧、歌厅、美容院、瘦身房、交友会所、星级宾馆占据了城市的漫漫长夜,步履匆匆的人们已经没有抬头的闲暇。他们的目光被锁定在声光色电中,月亮逐渐退出我们的视野,恍惚迷离,凄凉地退返古时。"月出皎兮,佼人僚兮。舒窈纠兮,劳心悄兮……"这些情义绵长的诗句渐行渐远,也带走了

时光深处的祈盼流连。然而不管时代如何变化,我们都应该相信爱情的意义,虽然我们不能保证爱情是永恒的,但是正如琼瑶所说:"要是没有那么一个人,想着,念着,恨着,那这一生该是多么的无趣。"将来的事情也许我们无法预料,但是豆蔻年华之后,我们就应该有一个在心里想着、念着的人,我们无须怀疑爱情的存在。

能够相敬如宾、水到渠成、顺理成章地"与子偕老"当然是一种美好的境界,然而,爱情路上充满酸甜和苦辣,有荆棘有羁绊,一路磕磕绊绊地走来,最后终于执手,也许这样的爱情更富有一些刻骨铭心的味道,所以有情人月光下的焦灼与怅惘、相思与痛苦,都会成为我们生命履历中值得回味的篇节。

西汉才女卓文君就曾用一首《白头吟》来表达自己对爱情的捍卫和执着,诗中借山上的白雪和云中的明月来比喻自己的坚贞心志:"皑如天上雪,皎若云间月。闻君有两意,故来相决绝……"

卓文君是临邛大富商卓王孙的女儿,美丽聪明,精诗文,善弹琴。传说当时的文君寡居在家,而司马相如则是蜀郡(今四川成都)人,少年时代喜欢读书练剑,20多岁就做了汉景帝的"武骑常侍",也就是读书侍从,但他并不受重用。后来他辞官投靠梁孝王,梁孝王死后他不得不返回故乡,因家中贫穷,他只好投靠好友临邛令王吉。一天,王吉带他一起到当地富豪卓王孙家赴宴,正当酒酣耳熟的时候,王吉请司马相如弹一曲助兴。司马相如早就听说卓王孙有个新寡在家的女儿叫卓文君,不但长得很美,而且非常喜欢音乐,于是司马相如便弹了一首自己创作的《凤求凰》,大胆的表白更使隔帘听曲的卓文君为之倾倒。后来司马相如买通卓府下人,与卓文君开始了幽会,两个人你有情,我有意,非常甜蜜,但两个人的爱情受到了卓王孙的强烈阻挠,于是一天夜里,卓文君收拾好了自己的首饰,偷偷溜出家门,与早已等在门外的司马相如一起逃到了司马相如的老家成都。

可是司马相如家一贫如洗,这种日子两个人实在过不下去了,只得回到临邛,为了逼迫卓王孙"就范",两个人就在卓王孙家对面开了一家酒店,文君坐柜台打酒,相如穿上围裙,当起了跑堂,目的只有一个:寒碜卓王孙。果然,当地的人们一听首富家的千金小姐竟当垆卖酒,都纷纷来看热闹,这让卓王孙觉得颜面大失,出于无奈,他"不得已"地屈服了,给了司马相如一大笔钱,让他俩赶快离开。于是司马相如揣了钱,带了人,返回了成都,"买田宅,为富人"。

后来,他当年为梁孝王写的一篇"子虚赋"受到汉武帝赞赏,被召进京城,封为侍从郎,他一去五年,杳无音信。卓文君在蜀中望穿泪眼,不料有一天却突然接到丈夫仅写着"一二三四五六七八九十百千万。"十三个大字的家书,此表"无亿"即"无意"。原来才子自古多风流,久居京城的司马相如已经将心游移在别的女子身上,想另娶名门千金了。卓文君十分伤心,想着自己如此深爱对方,对方竟然忘了昔日月夜琴挑的美丽往事,于是

挥毫疾书了这首著名的数字诗：

一别之后，二地相思，只说三四月，谁知五六年，七弦琴无心弹，八行书无可传，九连环从中折断，十里长亭望眼欲穿，百思想，千系念，万般无奈把郎怨。万语千言说不完，百般无聊，十倚栏，重九登高看孤雁，八月中秋月圆人不圆，七月半焚香秉烛问苍天，六月伏天人人摇扇我心寒，五月榴红似火，偏遇阵阵冷雨浇花端，四月枇杷色未黄，我欲对镜心意乱，急匆匆，三月桃花随水转，飘零零，二月风筝线儿断，噫，郎呀郎，巴不得下一世你为女来我为男。

司马相如

后来她又加上了那首写得不卑不亢、情真意切的《白头吟》，诗中发出了铿锵有力的呼唤："愿得一人心，终老不相负！"一个女子的坚定和隐忍尽在其中，也为他们的爱情故事平添了几分美丽的忧伤。

据传司马相如看了这首诗后，被妻子的才思和深情所打动，于是打消了休妻的念头，羞愧交加地亲自回乡，用驷马高车接妻子返回长安，并从此杜绝声色犬马，兢兢业业做学问，终成辞赋一大家。文君是聪明的，她用自己的智慧挽回了丈夫蠢蠢欲逃的心；文君也是幸福的，司马相如最终没有背弃最初的信誓。

第三章　受阻：从来好事天生险
自古瓜儿苦后甜

爱情本是一只自由的鸟，它该生活在广袤的森林里和辽阔的蓝天下，可是却常常被关进笼子。那么互相爱着的人为了争取爱情的自由解放，不得不"逼上梁山"，不得不以各种方式去抗争。在这种状态下燃烧的爱，就是一团扑不灭的火，有着敢于冲破一切罗网的野性，它粗犷豪迈、不拘约束，不循旧规，不守礼法。不惜付出任何代价大胆无畏地去爱，是一种野性美。

绝大部分的爱情阻碍，竟是来自最亲最爱的父母或家人的反对，然而父母家人不会永远都那么固执，只要坚持自己的想法，不后悔，不放弃，就终会有幸福的那天。毕竟那是自己的选择，无论结果怎样，起码自己不会后悔当初。生活中如果不能去追求自己想要的东西，那么活着就成了别人的附属品了。

"有情人终成眷属"，不该只是对伴侣的祝福，更应该是一种成全的胸襟与实质的协助，作为父母亲人不要将自己的儿女兄妹逼入绝境，不能成全的爱，就是悲剧：两个备受相思之苦却因外力无法在一起的人，要么是奋起抗争，令亲情元气大伤；要么是肝肠寸断，劳燕分飞；要么是万般无奈，以身殉情……总之，阻力让爱情走得曲折也走得更远，经历过愁肠百结、撕心裂肺之后，究竟是大团圆还是分手，全在于人为努力的程度。

★郑风·将仲子

春秋之际，郑国人民创造了一种具有地方色彩的新曲调，激越活泼，抒情细腻，较之迟缓凝重的"雅乐"，无疑是一个进步。孔子责备"郑声淫"，要"放郑声"，就是害怕郑国这一"激越活泼"的新声，会取代周王朝的正乐。

《郑风》中绝大部分是情诗，这虽同郑国有溱水、洧水便于男女游览聚会有关，但更主要的是同郑国的风俗习惯密不可分。

　　将仲子兮，无逾我里，无折我树杞。岂敢爱之，畏我父母。

仲可怀也,父母之言,亦可畏也。

将仲子兮,无逾我墙,无折我树桑。岂敢爱之,畏我诸兄。

仲可怀也,诸兄之言,亦可畏也。

将仲子兮,无逾我园,无折我树檀。岂敢爱之,畏人之多言。

仲可怀也,人之多言,亦可畏也。

最恨无情芳草路,匿兰含蕙各西东

这首诗写一个女子在旧礼教的压迫下,忍痛拒绝情人前来幽会:

求求你,我的小二哥,别翻越我家的院墙,不要攀折我种的杞树的树枝。我哪里是舍不得杞树啊,我是害怕我的父母。小二哥啊,我虽然很想你,但父母的话,真的让我很害怕。求求你,我的小二哥,别翻越我家的围墙,不要攀折我种的桑树的树枝。我哪里是舍不得桑树啊,我是害怕我的兄长。小二哥啊,我虽然很想你,但兄长的话,真的让我很害怕。求求你,我的小二哥,别翻越我家的园子,不要攀折我种的檀树的树枝。我哪里是舍不得檀树啊,我是害怕邻居的流言蜚语。小二哥啊,我虽然想你,但邻居的流言蜚语,真的让我很害怕。

诗以委婉的语言,真实细腻地表达了这个女子的内心矛盾和痛苦心境,她一方面在父母、兄长、外人等各种势力的干涉下,不敢同情人接近,另一方面又确实想念情人,欲拒心不忍,最后只得向对方说明自己的苦衷。

"将"在古代汉语里有"请求"的意思,"仲子"是诗中女主人公的男朋友,中国古代的排行所说"伯、仲、叔、季"是指"老大、老二、老三、老四"。所以仲子就是排行第二的人,所以要把这句翻成白话,就是说"我的小二哥呀"。这个仲子呢,常常跳墙,翻进去跟这个女子幽会。所以这个女子就说"仲子哥你不要老翻我们家那个墙啊,不要把我们墙旁边那个杞树的树枝都折断了",这是一个拒绝,可是拒绝是很伤感情的,所以诗中由此跳出了一句绝妙的内心表白:"岂敢爱之?"这一句反问显出了女主人公的细心,她唯恐自己的求告,会被心上人误会,所以又赶紧声明:"岂敢爱之?畏我父母。"——意思是说"我不是爱那棵树,我难道爱树甚于爱你吗?只因为害怕我父母啊!"我虽然爱着你,却不能让你翻墙折杞前来,实在是迫不得已啊。一个"畏"字,既吐露了她对父母的斥责,也表现了她的胆战心惊!为了进一步抚慰心上人那颗受伤的心,可怜的女主人公又给了心上人以温言软语的安慰:"仲可怀也,父母之言,亦可畏也。"意思是说:"我实在是天天想着你呀,只是父母的斥骂,也实在让我害怕呀……"这似乎是安慰,又似乎是求助,活脱脱刻画出了热恋中少女那既痴情又担忧的情态。

后边两节在重复第一节的基础上,将"畏我父母",换成"畏我诸兄"和"畏人之多言",意思是说害怕兄弟们的责怪和邻居们的流言蜚语。这说明当时的婚姻制度已较严格,这种不是明媒正娶的"私情"受到社会的强大压力。这种不准青年男女恋爱、私会的礼法似乎是一张无形的大网,从家庭一直布向社会,谁也无法挣脱它,这张网被"父母""兄弟"和"乡邻"们张开着,将怀春少女重重围裹,在少女看来它是那样森严和恐怖。由此我们可以品味到女主人公的焦灼和畏惧——她实在孤立无助,难于面对这众口铄金的舆论压力啊!

诗中的女主人公为什么要怕父母和兄长呢?这是因为在农业社会中婚姻很多时候表现为"财产式婚姻"——婚姻是双方家庭之间的财产交换,因此当事人无权选择。财产式婚姻本身就是一种以婚姻换取利益的买卖。因而女性不但对丈夫来说是购得的财产,对自己的父母来说,也成为待价而沽的商品。这是女性的悲哀,自古以来,中国历史上因为父母、兄弟的干涉而造成的爱情或婚姻悲剧举不胜举。

南宋时期伟大的爱国词人陆游20岁左右时与表妹唐婉结婚。唐婉是一个很有才华的大家闺秀,结婚后,他们夫妻情浓意蜜,非常恩爱。然而,唐婉的才华横溢及与陆游的亲密感情,引起了陆母的不满,以致最后发展到强迫陆游和她离婚。陆游和唐婉的感情很深,不愿分离,他一次又一次地向母亲恳求,都遭到了母亲的责骂。最后在封建礼教的压制下,这对结婚只有两年左右的恩爱夫妻便被强行拆散了,两人只好洒泪诀别。后来唐婉改嫁赵士程,陆游也再娶王氏。

然而这段情意铭心刻骨,令两人始终难以忘怀。陆游30多岁时,在一个春意盎然的日子里,出游沈园,与离别多年的前妻唐婉及其后夫赵士程不期而遇。唐婉遣人送酒致意。看到魂牵梦萦的前妻憔悴的容颜,隐含忧愁的神态,陆游无限感伤,压抑不住内心的感情冲动,在园壁上挥笔题下了一阕脍炙人口的名篇《钗头凤》:

红酥手,黄縢酒,满城春色宫墙柳。东风恶,欢情薄。一怀愁绪,几年离索。错!错!错!春如旧,人空瘦,泪痕红浥鲛绡透。桃花落,闲池阁。山盟虽在,锦书难托。莫!莫!莫!

起首三句,为回忆往昔与唐婉偕游沈园的美好情景。遥想当时,唐婉用红润的双手,把尘封的黄酒斟满,柔情似蜜地端坐在陆游前面,满城春色,夫妻沉醉在美满幸福中。

东风恶等数句,说的是恶风作践了美好春景,指的是封建恶势力拆散了他们的幸福婚姻。恩爱夫妻被迫分离,使他们感情上蒙受巨大的折磨。一怀愁绪,折磨几年,至今仍受熬煎,只能沉痛地感叹"错,错,错"!

下阕写这次沈园重逢,春天如旧,和上次一样,但人却今非昔比,她憔悴了,消瘦了,可想而知她受的折磨和熬煎。她流的泪,把鲛绡浸透了。桃花凋谢,园林冷落,东风无力百花残,自然规律和社会势力都是不可抗拒的。山盟海誓虽在,但无法寄托,不能表

达——表达又有何用？只好认命了，感叹"莫，莫，莫"！

当时唐婉读了这首词后十分伤感，不禁也和了一首《钗头凤》：

世情薄，人情恶，雨送黄昏花易落。晓风干，泪痕残。欲笺心事，独语斜阑。难！难！难！人成各，今非昨，病魂常似秋千索。角声寒，夜阑珊。怕人寻问，咽泪装欢。瞒！瞒！瞒！

陆游在词中倾吐了内心的深沉隐衷和对唐婉的无限怜惜、思念和负疚之情，同时对封建礼教提出了强烈的抗议；唐婉则在泣诉了别后对陆游的缠绵的思念之情，自己内心的痛苦和尴尬处境的同时，也流露出对爱情悲剧制造者的不满情绪。陆词沉痛而唐词凄婉，都是血泪凝成的不朽之作。

据说沈园相会后，唐婉便抑郁成病，不久就玉殒香消。这给陆游的心灵造成了难以弥合的创伤。从此他陷入了深深的追念和痛悔之中，而沈园也成了陆游的伤心断肠之地。每游沈园甚至是梦游，几乎都会有伤心断肠的哀曲从他心底自然流出。他 67 岁的时候，重游沈园，看到当年题《钗头凤》的半面破壁，事隔 40 年字迹虽然已经模糊，他还是泪落沾襟，写一首诗以记此事，在诗中哀悼唐婉："泉路凭谁说断肠？断云幽梦事茫茫。"后陆游住在沈园的附近，"每入城，必登寺眺望，不能胜情"，写下绝句《沈园》："梦断香消四十年，沈园柳老不吹绵。此身行作稽山土，犹吊遗踪一泫然。"就

陆游

在陆游去世的前一年，他还写诗怀念："沈家园里花如锦，半是当年识放翁。也信美人终作土，不堪幽梦太匆匆！"这一首首爱情诗，情深意长，哀怨沉痛，字字句句，都是对吃人的封建礼教的控诉。

这真是一段深挚无告，令人窒息的爱情。爱情的悲剧，让人心痛；爱情的浪漫，让人心动……对唐婉来说能在死后 60 年里仍然被人真心悼念，大概也可以说是不幸中的一种幸福吧！

陆游面对严厉母亲的威势，选择了妥协，而《将仲子》中的女主人公则在压力面前，欲爱不成，欲罢不忍，陷入两难处境之中。现实的处境决定了她的选择只有妥协或者反抗，除此以外，无路可走。

选择是艰难的，更是痛苦的，其实又何止是爱情呢？应当说两难处境是我们不得不

227

经常面对的一种生活状态。这时,你只能选择是或不是,毋庸解释,不容模棱两可,这是非常残酷的。或者妥协,或者反抗;或者生存,或者死亡。你没有退路,也没有回旋的余地。而事实上,大多数的人面对选择,是屈从于压力,违背自己的意愿,站在了妥协的那一边。

现代人常常唱叹自己活得太累,这种累不是来自身体,而是来自心理。其实累不累的控制权掌握在我们自己手中,真正豁达的人,是不会屈从外在压力,不会屈从别人的意志的。他有自己的主见,自由的意志,独立的人格。也许这在《将仲子》的时代是不可想象的,但如今,这已经不是天方夜谭了。

当然,也有人认为《将仲子》里的女主人公根本就不爱她的小二哥,而“父母、兄弟、人之多言”只不过是她拒绝对方求爱的一种借口罢了,这个借口找得很艺术:虽然我爱你,可我父母不同意,你说怎么办?总不能让我不要父母吧?那可是大不孝。如果这样理解这首诗歌有道理的话,那我们的先人真的是太聪明了,因为5000多年后的今天,我们还在恶补该如何说“不”!

★鄘风·柏舟

这是一首反抗父母之命、争取婚姻自主的爱情诗,出自《鄘风》。

泛彼柏舟,在彼中河。髧彼两髦,实维我仪。之死矢靡它。母也天只,不谅人只。

泛彼柏舟,在彼河侧。髧彼两髦,实维我特。之死矢靡慝。母也天只,不谅人只。

最恨粉墙高几许,蓬莱弱水隔千重

“最恨粉墙高几许,蓬莱弱水隔千重”出自宋代黄氏女的《感怀(二首)》其二:“自从闻笛苦匆匆,魄散魂飞似梦中。最恨粉墙高几许,蓬莱弱水隔千重。”

据传,当时一位名叫潘用中的书生住在黄氏女家对面的旅店里,他经常吹笛子自娱自乐。有一次他去春游时与黄氏女相遇,两人一见钟情。从此,两人隔街相望,并且各自在手帕上题完诗后,互相抛掷给对方,借此传情。不料,有一次,抛掷时失手,手帕落到了旅馆老板娘的手中,潘用中只得向老板娘坦白了这段感情,并且恳求老板娘代为传书送信。后来潘用中随着他父亲一起搬到别处,见不到黄氏女的他,难以忍受思念之苦,就请求父亲为自己向黄家求婚,可是他父亲认为黄氏女的祖父在朝中为官,两家门不当户不对的,肯定是一场无望的姻缘,即使去了也必然是碰一鼻子灰回来,因此就把这件事搁置了下来。没过多久,当初那家旅店的老板娘找来了,她告诉潘用中,自从他搬走之后,黄

氏女相思成疾，卧床不起。她母亲一再探问她后，得知她害的是相思病，又看了潘用中为黄氏女题在手帕上的诗，被他的真情和才华所打动，同意了这门婚事。喜出望外的潘用中父子赶忙托人前去求婚，黄氏女的病顿时痊愈，两人共结连理。

而下面这首《柏舟》同样描写了一个姑娘爱上了一个垂着双髻的小伙子，母亲的横加干涉激起姑娘的怨愤与反抗，她发誓要和母亲对抗到底：

"轻轻摇荡着的柏木舟，在那河中慢慢游。那头发垂分的美少年，实在让我好喜欢，誓死不会违心意，我的母亲我的天，为何不体谅我的心！

轻轻摇荡着的柏木舟，在那河边慢慢游。那头发垂分的美少年，实在让我好动心。发誓永远不变心！我的母亲我的天，为何不体谅我的心！"

这是一首反抗家庭干预，追求婚姻自主的民歌。姑娘望着行驶在河中的柏舟，怀念着自己心中的恋人，誓死不改变自己的主意。作者直抒胸臆，感情强烈，读来如见其人，如闻其声。它反映了《诗经》时代民间婚恋的现实状况：一方面青年男女们在政令许可的范围内享有较大程度上的恋爱自由，另一方面已经出现了婚姻必须听从"父母之命""媒妁之言"的情况，礼教已经通过婚俗和舆论来干预生活了。

古今中外，在婚姻爱情方面，父母与儿女最容易发生冲突和矛盾，儿女相中的，父母不屑一顾；父母看上的，儿女却很不感冒，这其实是两种不同观念的背离和交锋。冲突双方往往各自坚持自己的价值准则，互不相让，父母经历了岁月的磨炼，比儿女多了世故，少了纯真；多了功利，少了热情；多了理智，少了激情……在父母看来，儿女幼稚，感情用事，可是爱情婚姻是一辈子的大事，由不得他们胡来，于是横加干涉。这样的父母总以自己和自己的生活经验作为参照，而不能设身处地地站在子女的立场上思考问题。

西方的罗密欧与朱丽叶，中国的《孔雀东南飞》……太多的爱情悲剧都源于父母的阻拦。面对巨大的阻力，要想捍卫爱情，需要坚强的意志，需要痴癫的傻气，更需要对抗压力和寂寞的勇气。说到这一点，人们常常会想到梁山伯与祝英台的凄美的爱情故事。

从前有个姓祝的地主，人称祝员外，他的女儿祝英台不仅美丽大方，而且非常的聪明好学。但由于古时候女子不能进学堂读书，祝英台只好恳求父母同意，女扮男装，去杭州求学。途中遇到同是到杭州求学的梁山伯，两人"结为八拜之交"，还成了同窗。

一晃三年过去了，学年期满，该是打点行装、拜别老师、返回家乡的时候了。同窗共读整三载，祝英台已经深深爱上了她的梁兄，而梁山伯却不知祝英台的真实身份。祝英台对梁山伯讲家中有一个小妹，人唤祝九妹。相貌与自己甚为相像且知书达理，尚未婚配，希望梁山伯能来提亲。几个月后，梁山伯前往祝家拜访，结果令他又惊又喜。原来英台便是祝九妹。再见的那一刻，他们都明白了彼此之间的感情，早已是心心相印。此后，梁山伯请人到祝家去求亲。可祝员外哪会看得上这穷书生呢，他早已把女儿许配给了有钱人家的少爷马文才。梁山伯顿觉万念俱灰,一病不起,没多久就死去了。

听到梁山伯去世的消息,一直在与父母抗争以反对包办婚姻的祝英台反而突然变得异常镇静。她套上红衣红裙,走进了迎亲的花轿。迎亲的队伍一路敲锣打鼓,好不热闹!路过梁山伯的坟前时,忽然间飞沙走石,花轿不得不停了下来。只见祝英台走出轿来,脱去红装,一身素服,缓缓地走到坟前,跪下来放声大哭,霎时间风雨飘摇,雷声大作,"轰"的一声,坟墓裂开了,祝英台似乎又见到了她的梁兄那温柔的面庞,她微笑着纵身跳了进去。接着又是一声巨响,坟墓合上了。这时风消云散,雨过天晴,烂漫野花在风中轻柔地摇曳,一对美丽的蝴蝶从坟头飞出来,在阳光下自由地翩翩起舞。

生死之恋总是令人感怀不已。梁祝的故事不仅感动了一代代少男少女,也令许多多情的成年人伤怀。如今人们已经习惯将这个故事界定为"悲剧",称其为中国的"罗密欧与朱丽叶"。

年轻人为爱情而逝,白发人送黑发人,让人备感生命的脆弱。其实,死并不是面对阻力的唯一选择,反而却是最懦弱的选择。只要你爱得够坚定,爱得够投入,来自外界阻挡的理由统统都不成为理由,没有什么比爱更有力量,只要两个人真心相爱,只要你有勇气冲破内心的藩篱,那么任何人和事都不能牵绊你爱的步伐。无论压力、贫穷、疾病、离别甚至死亡,只要相爱,世界上就没有克服不了的困难。无论如何都不要说:"我别无选择,只能选择放弃。"这些人通常会为自己的懦弱选择一个"伟大"的借口——为了彼此不受到伤害而退却。而他们却忘记了放弃才是对彼此最大的伤害。

婚姻归根结底是两个人的事情,当然父母考虑的可能更多的是孩子的前途问题,其实这种事情最好是好好和家人沟通,也只有沟通才可以解决问题。如果父母不同意即使是结婚了,以后的生活也不会完美。用耐心和努力去说服家人,用爱说话,让家人相信,你们在一起是幸福的,才是明智之举。

在现代这个社会中,爱情基本上是不存在门第阻力的。因为这种观念在人们的心目中已经逐渐淡化了。在这个社会急剧动荡的时代里,各种物欲的大潮使得纯真的爱情几乎像出土文物那样珍贵。这个时候,我们是不是更应该呼唤还爱情以纯真呢?

第四章 婚姻：得成比目何辞死
愿作鸳鸯不羡仙

再多的恩爱，若不用婚姻来装载，也终如流沙般一点点流散，因此爱情最美好的结局莫过于牵手走进婚姻殿堂——"执子之手，与子偕老"，所以"洞房花烛夜，金榜题名时"也就成为永久传诵的经典语句。

沉浸于美妙爱情中的男女，有一天，忽然听到心里有个声音对他们说："你们应该结婚了"，于是他们开始为婚礼而忙碌。结婚是件大事，婚礼则成为结婚最直接的表现形式，在这一生中最美丽、最浪漫的时刻，伴着悠扬的婚礼进行曲，新娘与新郎在亲朋好友的祝福声中走进了神圣的婚姻殿堂，从此，一个男人和一个女人的生命就紧紧地连在了一起。不管婚礼让人多么激动和难忘，接下来的日子都是平凡的，不管你愿不愿意，你都告别了单身生活，不能再天马行空般毫无牵挂地独来独往，不能再任性地想怎么样就怎么样，你必须每日面对柴米油盐之类的琐事，然而这正是婚姻的魅力所在，爱情的幸福与恒久，在于婚姻。而婚姻的幸福与恒久，在于它的烟火气。两个人在一个屋檐下一个锅里搅勺子，爱情才真正入了味，酸甜苦辣咸，五味俱全，融入彼此的生命里，和着血液一起流，成就着凡俗里的地老天荒。

朝夕相处的日子里，你会发现枯燥的日子竟也充满无限魅力，从此你的喜与乐，悲与苦，都有人与你同享，为你分担，而且彼此牵挂；在你夜归的时候，永远有一盏灯为你亮着，从此家成了最温馨的避风港，在家中你尽可卸下面具，还原一个真实的你，你将获得轻松、真实，丝毫感受不到做人的疲累。

★周南·桃夭

《诗序》认为这是"美后妃之德"的作品，可是遭到很多人的质疑，人们通常认为这是一首庆贺年轻女子出嫁的诗，据《周礼》中记载："仲春，令会男女。"朱熹《诗集传》中说："然则桃之有华（花），正婚姻之时也。"可见周代往往把结婚吉日选在春光明媚桃花盛开

的时候,而人们也常常以桃花起兴,祝福和赞美新娘。

> 桃之夭夭,灼灼其华。之子于归,宜其室家。
>
> 桃之夭夭,有蕡其实。之子于归,宜其家室。
>
> 桃之夭夭,其叶蓁蓁。之子于归,宜其家人。

皓齿复明眉,妆成为阿谁

这首诗着重表现的是对新婚女子美丽、纯洁的歌颂和对她幸福婚姻的无限祝福:桃花怒放美如画,色彩鲜艳多华贵。花样美女要出嫁,喜气洋洋到夫家。桃花怒放美如画,果实累累多肥硕。花样美女要出嫁,早生贵子后嗣旺。桃花怒放美如画,碧叶青青多茂盛。花样美女要出嫁,同心同德合家睦。

这是一首洋溢着欢乐气氛的诗,沃野绵延千里,桃花一齐盛开,璀璨艳丽,芬芳耀目,多么美好的盛景,多么热闹的场景,而恰恰在这时,有一个姑娘要出嫁了,多么让人兴奋的一件事啊!

全诗共分三节,用复沓的形式反复吟咏着对新娘子的赞美和祝福,作品情景交融,用盛开的桃花来比喻大喜之日因兴奋羞涩而两颊飞红的新娘,生动而形象,营造出了人面桃花两辉映的艺术效果,开创了我国文学史上用花来比喻美女的先河。这个生动的比喻给全诗带来了无限的光辉,使得新娘子的形象生动传神。读过这样的名句之后,我们的眼前顿时会浮现出一个像桃花一样鲜艳,像桃树一样充满青春气息的少女形象,尤其是"夭夭"和"灼灼"四个字,真给人以照眼欲明的感觉,传达出一种喜气洋洋的气氛。

这首诗歌对新人的祝福也别具一格,它由桃树繁花落尽子满枝和桃叶的茂密成荫,联想到女子成婚之后,早生多育,儿女满堂的幸福生活,密密麻麻的桃子,郁郁葱葱的桃叶,真是一派兴旺景象啊!这样的祝愿,反映了普通劳动人民对生活的热爱,对幸福和美好家庭的追求。这首诗,不像一般贺人新婚的诗那样,或者夸耀男方家世如何显赫,或者显示女方嫁妆如何丰盛,而是反复地强调"宜其家人",祝福家庭和美,确实独辟蹊径,极具感染力。可见在当时人的思想观念中,艳如桃花、照眼欲明,只不过是"目观"之美,这还只是"尽美矣,未尽善也",只有具备了"宜其室家"的品德,才能算得上是美丽的少女,合格的新娘。

芸娘的故事见于她的丈夫沈复的《浮生六记》,故事很简单,不过是些日常琐事,文笔也很淳朴,绝无煽情笔调,但却感动了很多人。

芸娘虽然自幼丧父,但因生性聪颖,自学成才,不仅写得一手好诗文,还擅女红。而沈复只是一个贫寒的读书人,做过幕僚,经过商,平时写写诗,赏赏画。芸娘对沈复的体贴真是没的说,譬如开篇"留粥"的故事,写的是沈复在与芸娘未成婚的时候,到芸娘家做

國學智慧全書

诗学智慧

232

客,帮忙送客晚归,想要吃点东西,却只有糕饼甜食。一向不爱甜食的沈复正在犹豫时,芸娘悄悄拉了拉他的袖子,原来早已帮他留着清粥小菜,多么的体贴可爱。结婚以后他们一同讨论诗文、赏花玩石。可是芸娘因为女扮男装随夫一同夜访水仙庙庙会,同游太湖与舟子击碟而歌,而失去了公婆的欢心,乃至于闹到分家,也就是逐出家门。好在夫妻感情甚笃,苦中作乐,依然和和美美,芸娘用一双巧手将狭小的屋子布置得很温馨,在炎热的夏季用爬藤植物制作活花屏,使丈夫不觉天热,从柴米油盐中袅袅升腾出芸娘的贤惠和温柔,难怪林语堂说,芸娘是中国文学中最可爱的女人。

但是芸娘之所以为人称道,更重要的一个原因是,她实在太大度了,大度到非要绞尽脑汁给沈复纳一个美而有韵的小妾,尽管被沈复谢绝,但她依然物色着。结果好不容易物色到了一个,却又被有权有势者夺去,芸娘便大病一场,飘然而逝。芸娘的举动感动了不少人,恐怕这其中绝大多数是男人吧。女人大都不会理解她的这种“非常壮举”,但芸娘的温柔和贤惠还是值得我们今天众多的“野蛮女友”和“强悍妻子”学习的。婚姻的烦琐与平淡让崇尚浪漫与激情的现代男女产生很大的心理落差,他们的山盟海誓在一次次的撞击中渐渐褪去了颜色。他们就像两只斗鸡,在彼此的交锋中谁也不肯做出丝毫让步,以至于把古人心目中的家——“最幸福的港湾”变成了今人口中的家——“围城”或“爱情的坟墓”。

《桃夭》这首简单朴实的诗歌,唱出了亲朋好友对出嫁女子的赞美和祝福,无限的深情蕴含其中,歌中没有浓墨重彩,没有夸张铺垫,平平淡淡,却感人至深,这是因为简单是质朴,是真实,是实在,是亲切,是萦绕心间不能忘却的情思。新娘子的亲人给予她的“宜其室家”的希冀和祝福应该说是送给她的最宝贵的嫁妆。

★ 王风·君子阳阳

东迁后的周王朝国力大减,失去了原来的宗主地位,对诸侯国非但无力控制,而且还受到强大诸侯国的欺凌,领土日见削减。然而在春秋之初,周王朝还不免要摆出一副天子的架势,对所谓“无礼”的诸侯国进行征伐,但可悲的是,征伐总是以失败告终。

正因为东周王朝前期征伐频繁,又加上大贵族集中,生活奢侈,所以不得不加重对自己统治区人民的压迫和剥削。沉重的兵役、劳役和经济的负担,造成不少旷夫怨女流离失所。这首诗写了一对贫贱夫妻的苦中作乐。

> 君子阳阳,左执簧,右招我由房,其乐只且!
> 君子陶陶,左执翿,右招我由敖,其乐只且!

宅中清歌日日新，一声留得满城春

这是描写一对夫妻共同歌舞的诗，诗中描写了夫妻二人在家自娱的欢快情景：

夫君得意喜洋洋，左手拿簧高声唱。右手招我去游乐，尽情欢爱真快乐。夫君乐陶陶，左手拿翿把舞跳。右手招我去游玩，尽情欢爱真快乐。

丈夫先奏起乐来，然后招呼妻子一起来歌唱；丈夫又拿起舞具来，邀请妻子一起来跳舞。作者用极具生活气息的语言生动地描绘出了这对感情融洽的夫妻日常生活中追求精神享受的情形。这让人不由得想到了南宋著名词人李清照和丈夫赵明诚志趣相投、诗词唱和的那段美好日子。一代才女李清照18岁与太学生赵明诚结婚，李清照这位女中豪杰，胸襟阔达，目光远大，虽然丈夫学识渊博，而且贵为宰相之子，但她并不注重丈夫的地位和财富，在乎的只是夫妻的恩爱。赵明诚博览群书，酷好书画，尤其擅长金石鉴赏。于是婚后夫妻二人时常诗词唱和，共同研究金石书画，有着说不尽的欢悦。结婚时，因赵明诚在太学读书，还领不到俸禄，但一旦发现难得的古玩、书籍或字画时，夫妻俩一定会想方设法买到手，常常因囊中羞涩，不得不靠典当质衣来换取，但二人毫不在意，总是拿到宝物就立刻回家，夫妻对坐，共同把赏，谈笑风生。而更多的时候，则是夫妻二人一起赏花赋诗，倾心而谈。他们常常斟上香茶，随意说出某个典故，让对方猜其出处，猜中者饮茶，不中者不得饮。每次比赛，李清照总是赢，当赵明诚抽书查证时，李清照已满怀自信地举杯在手，开怀大笑……这就是二人琴瑟和鸣、情投意合、浪漫高雅的婚后生活。赵明诚英年早逝后，李清照顿时感到似生命的支柱坍塌了一般，从此生活在悲伤之中，无法自拔。

《君子阳阳》这首诗中的女子对丈夫一往情深，看到心爱的丈夫拿着管簧羽扇招呼自己，便心花怒放地随他一起歌舞，作者用短小精炼的言句表达了深厚真切的情感。在古代诗歌中表现夫妻恩爱、歌舞自娱内容的作品并不多，多的是征夫闺怨诗，因此《君子阳阳》应该说是独辟蹊径之作。

贫贱夫妻百事哀，艰难的处境中能够相濡以沫，同甘共苦已经难能可贵了，而在沉重的生活压力之下，日出而作、日落而息的夫妻尚能够歌舞自娱，则非常人所能及。所以说，并不是每个女人都是金钱和权势的奴隶，有的人找恋人、找丈夫，找的就是诗中这样的君子，一脸阳光，满面快乐。他追求她，即使没有鲜花，没有巧克力，就凭那张阳光朝气的笑脸，她就乐于跟他走。

当今的人们忙于事业，急于成功，心态浮躁到了极点，没有浪漫，没有雅兴，也没有时间谈恋爱。女的嫁给了工作，男的迎娶了事业，一路上他们匆匆而来，急急而去，与他人擦肩而过时，无暇瞄上一眼，更别提停下脚步了。所以即便有幸相遇，彼此仍旧还是陌路

人。"连睡觉的时间都不够,哪有精力谈婚论嫁!"是他们的口头禅。男人和女人的关系在他们心目中不再是树和藤的形象,而要变为职场中肩并肩、背靠背打拼的兄弟。

"事业第一还是爱情至上?"成了当今人们争论不休的话题,往往是年轻的时候把事业视为人生第一目标,直到把一段美好的爱情弄丢了后才醒悟:如果时光可以倒流,我一定选择爱情而不是事业。因为年轻,常常不懂得珍惜"千年等一回"的真爱,可是事业成功之后,爱情已经跑得无影无踪了。

有人说,人生在世没有什么会比功成名就更重要,人过留名,雁过留声嘛。所以为了芳名能够载入史册,哪怕是放弃一切也在所不辞,爱情只不过是过眼云烟,完全可以置之度外!

唐代诗人李商隐的《为有》诗:"为有云屏无限娇,凤城寒尽怕春宵。无端嫁得金龟婿,辜负香衾事早朝。"就是描写了冬去春来之时,一位身居高官的丈夫因为要赴早朝而辜负了一刻千金的春宵,从而让受了冷落的妻子备感委屈和怨尤的情形。其实这位妻子还算不上有多么凄惨,比起那些被丈夫以事业的名义夺去了生命的女性,她还应该为自己感到庆幸。一提起吴起这位历史上的名将,大家肯定是耳熟能详,可是你能想到吗?当初就是因为他的妻子是齐国人,鲁国怕他受齐国人的影响而不肯给他官做,情急之下,他手起刀落,砍掉了妻子的脑袋。无独有偶,历史上,另一位大名鼎鼎的人物张巡,当安禄山大军南下时,他奉命把守睢阳,粮草告尽之时,也把心爱的妻子拉出杀掉以飨将士。这样的男人一旦事业心高涨,什么可怕的事都做得出来,真是恐怖至极!

因为事业而放弃爱情不只可惜,简直就是有点儿愚蠢了。其实事业和爱情并不是对立的,而是相辅相成的,事业是爱情的基础,爱情是事业的动力,几乎所有成功男人的背后都站着一位伟大的女人。著名科学家达尔文就曾经说过:"我的妻子是世界上最好最善良的妻子,她的价值比黄金还要宝贵。"

达尔文的妻子叫埃玛,两人在孩童时代就认识,常在一起诵诗、钓鱼、玩游戏。1838年,已经在科学界崭露头角的达尔文和埃玛结婚了。当时他们住在一所简朴的伦敦式房屋里,日子过得比较清贫,达尔文把全部精力倾注在科学研究上面,埃玛不但细心地照顾他的生活起居,而且成了他最坚强的精神后盾。后来达尔文的名声越来越大,成了声誉显赫的英国皇家学会的会员之一,前来拜访的人络绎不绝,使他应接不暇。这个时候,埃玛承担起了接待客人的重要任务,大大减轻了达尔文的压力。当达尔文静下心来进行科学研究时,埃玛会想尽一切办法使他不受到任何干扰,即便是和父亲感情非常好的孩子们也被强制不准进父亲的书斋。

超负荷的工作,使达尔文的身体健康出现了问题,细心体贴的埃玛建议他远离繁华的都市,僻静的乡村生活会给他带来益处,于是他们全家搬到了乡下。埃玛无微不至地照顾着达尔文,每当达尔文患病,变得焦躁烦恼时,她就安慰他,为他弹钢琴、读小说,陪他散步,与他一起到海滨疗养。有时,她还有意与他讨论他所钟爱的科学问题。达尔文长期失眠,特别是在写《物种起源》时,被严重的神经衰弱折磨得痛苦不堪,埃玛尝试着用各种办法来帮助他度过了那段难挨的时光。

在人生历程中,爱情与事业无数次的碰撞,撞击出的那些火花,给生活增添了无限的璀璨。我们不必舍弃二者中的任何一方,我们完全可以智慧地鱼与熊掌兼得,赢得事业,守住真爱,这才是完整的人生。

第五章 别离：悲歌当泣 远望当归

人有悲欢离合，月有阴晴圆缺，此事古难全。离别的忧思，相聚的喜悦，以想象为心灵的慰藉，应当是人世间永恒的主题，也是人类永恒的生存状态，它为我们提供了感怀创作的不竭源泉。

小别胜新婚，久别盼重逢。长相厮守，日月淡如水；离别重逢，平静中泛起层层波澜。平淡如水，可以长久永恒；波澜起伏，可以激情澎湃。这是不可相互替代的两种互补的生存状态。

平平淡淡是真实，是踏实，是实在；但平平淡淡又容易枯燥乏味，沉闷琐碎。激情澎湃是浪漫，是热烈，是冲动；但激情澎湃又难以持久，难以稳定，也充满危险。枯燥的平淡和危险的浪漫，形式不同，却一样使人心绪不宁。

尽善尽美的境界，大概只存在于想象之中。二人世界的完美境界，大概是有分有合，有平淡真实也有激情浪漫，有油盐酱醋锅碗瓢盆的细碎，也有潇洒旷达热情奔放的豪迈。这种境界难于企及，正因如此，也就更显可贵。

难以企及的理想境界存在的价值，在于它为我们提供了一个坐标，指出了一个方向。这样，即使地域阻隔、两相分离、思念绵绵、即便平淡琐碎、沉闷乏味、充满烟火气息，心灵也有了依靠，有了寄托。心中踏实，就不畏道路的坎坷和生活的艰辛。

★召南·殷其雷

这是一首思妇诗。关于"周南""召南"两部分诗。除了来自江汉之间的一些小国，还有少量诗篇也远及原来周公旦和召公奭分治的地区（今河南洛阳一带）。因此"二南"诗的产地大致说来，包括今河南洛阳、南阳和湖北的郧阳、襄阳等地。

"南"原来是一种很古老的乐器名称，后来才演变为一种地方曲调的专名，称"南音"。这种曲调最初盛行于江汉流域，以后逐步影响到北方的地区，"二南"中的诗就是用"南音"演唱的歌词。自汉以来，虽然"声"渐渐失传了，但是"南"这个名称仍然保留了下来。

殷其雷，在南山之阳。何斯违斯，莫敢或遑！振振君子，归哉归哉！

殷其雷，在南山之侧。何斯违斯，莫敢遑息！振振君子，归哉归哉！

晓来谁染霜林醉,总是离人泪

殷其雷,在南山之下。何斯违斯,莫与遑处! 振振君子,归哉归哉!

这首诗以重章复叠的形式唱出了妻子对丈夫的思念之情。三节的开头都以雷声起兴,这震耳欲聋的雷声此起彼伏,一会儿在山的南坡炸响,一会儿在山的旁边轰鸣,一会儿又在山脚下发威,天气是如此的恶劣,不由得让诗人为在外奔波的丈夫担起心来:隆隆的雷声,在南山的阳坡炸响,怎么这样的季节你仍在外漂泊? 你不敢有些许的懈怠,勤奋上进的君子呀,快点回家吧,快点回家! 隆隆的雷声,在南山的边上轰鸣,怎么这样的季节你仍在外漂泊? 你不敢有片刻的歇息,奋发向上的君子呀,快点回家吧,快点回家! 隆隆的雷声,在南山的脚下响起,怎么这样的季节你仍在外漂泊? 你不敢有些许的休憩,努力进取的君子呀,快点回家吧,快点回家!

而这首《殷其雷》中雷声的飘忽不定,既表现了天气的极度恶劣,更暗示了丈夫行踪无定的漂泊生活,妻子在牵肠挂肚的思念与担心之余,一想到丈夫是为事业在不停地打拼,便衷心地赞美丈夫是勤奋上进的好男人,表现了她对丈夫的钦佩和赞美。尽管如此,作为妻子她还是迫切地希望丈夫能够早日归来。这表现了诗人心中情与理的矛盾与冲突,这样的冲突更加折射出妻子对丈夫的感情之深。

由于丈夫在外服徭役或兵役,或在外任职、经商等,使得夫妻长期分居,不能团聚,这就必然会引起夫妻的相互思念之情。这样的作品在《诗经》里比比皆是,而在《诗经》之后的诗坛更是蓬勃发展,如《古诗十九首》中的《明月何皎皎》:"明月何皎皎,照我罗床帏。忧愁不能寐,揽衣起徘徊。客行虽云乐,不如早旋归。出户独彷徨,愁思当先谁? 引领还入房,泪下沾裳衣。"这首诗中刻画了一个久客异乡、愁思辗转、夜不能寐的游子形象。他的乡愁是由皎皎明月引起的。夜深人静,明亮的月光最易勾引起游子的离愁。他辗转反侧,难以入眠,便索性"揽衣"而"起",在室内"徘徊"起来。"看月""失眠""揽衣""起床""徘徊"这一连串的动作,说明他实在无法入睡,同时也说明他心中忧愁很深。

"客行虽云乐,不如早旋归。"画龙点睛,点明主题。追求功名的兴奋哪里比得上合家团圆所带来的喜悦呢? 尽管如此,因为各种原因,还是无法踏上归程,想归而不得归,该是多么的无奈啊! 因为内心堆满无法排遣的烦闷,于是他走出户外,独自在月下彷徨,不由得向千里之外的故乡望去,痛苦更加难以忍受,只得又回到了室内。从"出户"到"入房",这一出一入,把游子心中翻腾的愁情推向顶点,以至禁不住"泪下沾裳衣"了。

再如王昌龄的《闺怨》一诗:"闺中少妇不曾愁,春日凝妆上翠楼。忽见陌头杨柳色,悔教夫婿觅封侯。"这首诗讲述了这样一个故事:

一个春天的早晨，这位少妇经过一番精心的打扮后，登上了自家的高楼，不经意间看到了原野上那青青的杨柳，竟勾起她许多的感触与联想：又一个春天来临了，生命短暂，青春易逝，功名利禄都是身外之物；当年与丈夫的折柳赠别，物是人非，当年的执手相看泪眼，变成了今日的千里相隔，这一切，都促使她从内心深处冒出以前从未明确意识到过的念头——悔教夫婿觅封侯。

　　这首闺怨诗细致而生动地刻画了一位闺中少妇的心理状态，抒发了追求世俗荣华不如朝夕相爱的感情。

　　夫妻两地分居现象由来已久，中国早就有"牛郎织女"的动人传说。可是对于天底下所有的妻子来说，分离带来的痛苦是最难以忍受的，思念让她们觉得自己的心像被对方带走了一样，空空的，酸酸的。思念让她们更加深刻地体会到，自己是那么爱他，那么依恋他，这种感觉，让人幸福，也让人痛苦。

　　明宪宗时期，秦淮河畔名妓杨玉香以诗文弹唱酬客。她深居简出，喜好诗书，不苟言笑，因色艺绝伦，吸引了不少有才有胆的客人。当时有个叫林景清的闽县世家公子奉命送贡品入朝，在返回途中，路过金陵，与杨玉香相识，两人互生爱慕之情，不久就恩恩爱爱，俨然一对伉俪。可是美好的时光总是过得那么快，几个月之后，林景清所带盘缠用尽，又加上他父亲捎信来催他返家，于是他不得不离开金陵回一趟闽县。虽然这时他与杨玉香已经情同夫妻，但毕竟尚未经父母同意，没有明媒正娶，因而不便带她一起返回故里。他打算回家禀明父母后，马上回头来迎娶她。

　　临行前，两个人免不了要海誓山盟一番。自从林景清离开金陵之后，杨玉香洗尽铅华，闭门谢客，一心等待着林景清回来接她。可是光阴荏苒，林景清始终杳无音信。种种疑问和猜测填塞在她心头，在煎熬中度过了两年之后，她感到有些绝望了，于是开始念经拜佛，借以寄托自己孤寂的心灵。

　　林景清为何违背自己的诺言，久久不归呢？原来当时明朝廷无能，宦官乱政，国家陷入混乱，东海倭寇乘虚而入，在闽浙沿海一带烧杀抢掠。而林景清家乡一带正是倭寇出没频繁的地方，路途行人罕见，充满危险。林景清本想冒险北行，无奈父母坚决反对，直到六年之后，倭寇被平息，林景清才得以北上。他一路上心急如焚，日夜兼程。可哪想到，等待他的却是杨玉香魂归九泉的噩耗。原来日日苦守空房的杨玉香，因思念太甚，以至身体虚弱染病，最后郁郁而终。闻此消息，林景清顿觉五雷轰顶，他抚棺恸哭不已，竟至气息全无，阴魂追随杨玉香而去。

　　爱情是神圣的，距离是现实的，爱情如何敌得过距离的考验？那是需要人们克服很多人性弱点的，否则爱情就是一场悲剧。

　　传说，唐懿宗时期朝中宰相王允的三女儿王宝钏长得如花似玉，一天，王宝钏带着自己的丫头到长安城南一带踏青,路遇一个风流的公子哥儿对其纠缠不休,这时一位素不相识的书生出手相救,打跑了那个公子哥儿,这位名叫薛平贵的书生就此赢得了王宝钏的一颗芳心,两个人开始了甜蜜的恋情。

这份"门不当户不对"的姻缘,立刻遭到王允的强烈反对,但王宝钏誓死捍卫自己的爱情,最后气得王允竟跟她断绝了父女关系。王宝钏毅然走出豪门,嫁进贫寒的薛家。婚后,他们夫妻俩搬进了武家坡上的一处旧窑洞,过着清苦的日子,虽然经济十分拮据,但两个人的感情生活却非常甜蜜。

爱情永远是女人的事业,却不会是男人生命的全部,王宝钏留不住薛平贵追求功名利禄的脚步,后来薛平贵参加了沙陀的部队,走上了战场,王宝钏则继续生活在旧窑洞里等着薛平贵回来。有一次,春花公主的马突然受惊眼看就要冲下悬崖了,危急关头,薛平贵再次英雄救美,也再次赢得了美女的青睐,春花公主对救命恩人一见钟情。薛平贵为了攀附权贵,竟置糠糟之妻王宝钏于不顾,跟春花公主结成了夫妻。

几年的时光一晃而过,薛平贵随军来到长安。因沙陀军战功辉煌,薛平贵也被朝廷冠以重职,这时功成名就的薛平贵来到武家坡的旧窑洞。王宝钏终于等来了心爱的薛郎。她原本以为自己虽然耗尽了生命中最璀璨的时光,但毕竟迎来了丈夫功成名就、衣锦还乡的美好结局。然而,她没有想到跟他一起来到的,还有他年轻貌美的妻子春花公主。虽然薛平贵把王宝钏接进了他的府邸,让两位夫人平起平坐,共享荣华富贵,虽然王宝钏从她苦苦守候了 18 年的寒窑走进了金碧辉煌的华屋,虽然她表面上笑颜绽放,看似风光无限,衣食无忧,但她的心中盛满难言的苦涩,因为她发现了一个让她无法接受的现实——薛平贵其实早已不爱她了,自己 18 年的等待毫无价值,18 年来自己不过是生活在幻想的梦境里,在那个梦境中,他一如既往地把自己当成手心里的宝。可是实际上,她只不过是他眼里的一块鸡肋而已。梦碎之后,一切颓然倒下,曾经万般坚强的她在住进豪宅 18 天后死去了,18 年的凄惨,18 天的荣华,多么不对等,多么令人心酸。

多少年来,等待,仿佛成了中国女性的习惯,在那渐渐枯萎的青春里,等待着她们无法预知的爱情结局和命运安排,却全然不去思考这种等待是否有价值,那个人是否还值得自己如此苦心守候。很多时候,这种等待,从开始那一刻起,就让她们无力地臣服于自己的命运了。

当然,我们并不否认大多数的爱、大多数的人值得等待,值得守候,真心真意地爱可以战胜孤独和寂寞。所以对两地分离的爱人来说,困难的不是空间的距离,而是心的距离。如果两个人足够相爱,再远的距离也是微不足道的。家不一定非得是固定的理念,不一定非得是特定的空间,两个人即使不在一起,只要心心相印,息息相通,就能找到家的感觉。

君不见随着时代的变迁，原本可以亲密无间地生活在一起的夫妻今天非要折腾着"两地分居"不可，于是"周末夫妻"等新的名词、新的生活方式应运而生。其实不管是"牛郎织女"天各一方备受煎熬的时代，还是刻意营造距离的"周末夫妻"的时代，只要心在一起，人就在一起了，因为家就在心中，彼此都住在对方的心里。也许正如秦观的《鹊桥仙》所吟唱的："纤云弄巧，飞星传恨，银汉迢迢暗度。金风玉露一相逢，便胜却人间无数。柔情似水，佳期如梦，忍顾鹊桥归路。两情若是久长时，又岂在朝朝暮暮。"秦观这是在借牛郎织女的传说歌颂坚贞的爱情。尤其是"两情若是久长时，又岂在朝朝暮暮"千百年来给人多少激励，多少启发！能够花前月下朝夕厮守的爱情固然很美好，但如果双方貌合神离，那么即使朝夕相处，又有多少幸福可言？有时，倒是由距离酿出的爱情美酒愈发浓烈醇厚。

★秦风·晨风

秦风产生的时代，大致说来是自春秋初至秦穆公（死于公元前 622 年）这一百五六十年间。

> 鴥彼晨风，郁彼北林。未见君子，忧心钦钦。如何如何？忘我实多！
> 山有苞栎，隰有六驳。未见君子，忧心靡乐。如何如何？忘我实多！
> 山有苞棣，隰有树檖。未见君子，忧心如醉。如何如何？忘我实多！

知我者谓我心忧，不知我者谓我何求

这首诗写妇女担心外出的丈夫已将她遗忘和抛弃：鹯鸟飞得快如风，瞬间没入北边密林中。见不到君子你的面，我的心里真烦忧，怎么办啊怎么办，你真的把我干干净净地忘记了！山坡栎树丛丛生，低洼之处梓榆长。见不到君子你的影，我的心里好郁闷，怎么办啊怎么办，你真的把我彻彻底底地忘记了！山坡唐棣郁郁长，低洼地儿山梨生，见不到君子你的面，我的心里好迷惘，怎么办啊怎么办，你真的把我完完全全地忘记了！

这位妇人的丈夫也许是个征夫，也许是个商人，又或许是个在外做官之人，总之很长时间没有回家了。她终日牵挂着他，愁肠百结，一日复一日的漫长等待，让她患得患失，疑心丈夫是把她忘了，或是把她遗弃了。

全诗共三节，通过重吟迭唱，表达了主人公因见不到丈夫而产生的无限哀怨之情。第一节用鹯鸟归林起兴，说鸟飞累了，还会回到自己的巢里，而人却忘了家。带着这种哀怨，她极目远眺，可是收入眼底的尽是远处苍茫的山头、葱茏的树木，哪里有丈夫的身影？失望之余，忧伤苦涩涌上心头，莫非真的应验了当初他走时自己对他撒娇说的那句话：

"你一定会把我忘了的!"难道你真的忘了我吗? 质朴的语言,表达的却是真挚的情感,女主人公的痴情、纯真的形象栩栩如生地浮现在我们眼前,使我们如闻其声,如窥其心。一句"如何如何? 忘我实多!"反映出了当年两人曾有过无比甜蜜的时光,妻子对丈夫的撒娇,足以说明当年的恩爱。

第二节和第三节的开头,用起兴的句子,通过描写不同的树木各有适宜其生长的土地,说明万物各得其所,独有自己无所适从,那份惆怅和凄凉可想而知。分离带给恩爱夫妻的是难以言表的痛楚,晋初著名诗人张华的《情诗》五首之一:"游目四野外,逍遥独延伫。兰蕙缘清渠,繁华荫绿渚。佳人不在兹,取此欲谁与? 巢居知风寒,穴处识阴雨。不曾远别离,安知慕俦侣?"写情真实动人,表现上也较朴实:极目远眺辽阔四野,心绪茫然地良久伫立。水渠边美丽的兰花和蕙草在茁壮地生长着,水中沙洲被盛开的繁花覆盖着。可是娇妻不在眼前,即便是采摘了兰蕙又有谁可以相赠呢? 飞鸟尚且懂得在寒冷的天气躲进巢里御寒,蚂虫也明白在下雨的时候藏在洞穴里避雨,没有体验过夫妻生离死别的人是不可能知道漂泊在外的人的思家之情有多深的!

不能长相厮守的爱情就如同一架负载超重的飞机,背负那样的负担,爱情需要有多大的勇气才能毅然决然地冲向蓝天;无法长相聚的爱情仿佛是一座迷宫,身陷其中的人,为了寻找出口,常常会碰壁。分离的时光中,恩爱的双方每时每刻都在思念着,猜测着,生怕对方的心已经从自己身上飞走了,这种内心的不安又岂是忐忑两个字可以形容的! 爱情之所以让人容易患得患失,就是因为爱得深,爱得切,所以才会那么担心失去。爱情是专一的,也是自私的,谁不想把爱人紧紧抓住让其只属于自己一个人? 可是自古以来因时间和空间距离造成的爱情悲剧太多了,谁又能担保自己的爱情是坚不可摧的呢?

离别让亲朋黯然神伤,离别让夫妻心折骨凉,丈夫的离家远去,留给妻子的是绵绵无尽的相思和愁苦,古代有许多文人都描写了思念丈夫的女人复杂而痛苦的内心世界,如欧阳修的《玉楼春》:"别后不知君远近,触目凄凉多少闷。渐行渐远渐无书,水阔鱼沉何处问。夜深风竹敲秋韵,万叶千声皆是恨。故欹单枕梦中寻,梦又不成灯又烬。"这首小令上阕描写了思妇别后的孤凄苦闷和对离家丈夫的深切怀念之情:自从分别之后,不知你身在何处,每当看到凄凉的景色,都会触动我内心无限的愁闷,你越行越远,我得不到你的半点音信,传书的鱼儿都沉在了水底,叫我到哪里去探知你的消息呢? 下阕描写思妇秋夜难眠,独伴孤灯的愁苦:深夜秋风吹动着竹叶,那凄凉的"飒飒"声,激起我心头多少的离愁别恨。我多么渴望能够在梦中与你相会,可是灯油已经燃尽了,我仍然无法入睡。

然而也有不被时空距离所离散的爱情,比如百里奚认妻的故事:当年,百里奚饱读诗书,才学过人,可是却怀才不遇。百里奚的妻子杜氏是个非常有远见的女子,她深信自己的丈夫终会有出人头地的那一天,因此她鼓励百里奚:"大丈夫志在四方,你应当出去闯

荡闯荡,老人和孩子有我照顾呢。"在妻子的一再鼓励下,百里奚终于下定了离家创业的决心。当时百里奚家里非常贫穷,为了给他饯行,杜氏不但把家中仅剩的两升粟米煮成了干饭,而且不顾百里奚的阻拦,将家中唯一的母鸡宰杀了。柴草不够,她就把门闩卸下来烧掉,煨出一瓦罐金黄的鸡汤,分别时,杜氏叮嘱百里奚道:"你日后富贵了,可别忘了今日的门闩煮鸡啊!"

离开家乡的百里奚虽然历经坎坷,却始终不得志,当有一天他风餐露宿地回到家乡时,却不见了妻儿老母,原来,自百里奚走后,家中的光景更加凄惨,不久他母亲就在贫寒中过世了,杜氏掩埋了婆婆后,只好带着儿子逃荒去了。到处打听都没有妻儿的消息,万般无奈,百里奚只得独自呆了下来,靠给别人养牛为生,直到秦穆公派人拿五张公羊皮将他换到了秦国。百里奚成了秦国丞相之后,生日那天,他在宰相府举行盛大的生日宴会,正当高朋满座,觥筹交错之时,突然,一阵琴声传来,百里奚侧耳一听,心中一惊,忙问手下是何人在弹琴,总管回答说是府中一个贱役。百里奚赶紧命令请她进来。进来的是一个憔悴瘦弱的妇人,百里奚对她说:"今天是我的生日,请你在筵前演奏演奏,助助兴。"于是这位妇人边弹琴,边唱道:"百里奚,五羖皮。忆别时,烹伏雌,炊扊扅(意即为门闩)。今日富贵忘我为? 百里奚,百里奚! 母已死,葬南溪;坟以瓦,覆为柴。春黄齑,搤伏鸡。西入秦,五羖皮。今日富贵捐我为?"

意思是说:百里奚是用五张羊皮换来的,想到当年我与他分别时,我为他烧门闩,煮母鸡,为他饯行,十分凄凉。莫非今日他富贵了,就忘记了我?

百里奚一听,立刻明白了:眼前的这个妇人正是自己失散了几十年的结发之妻! 原来,逃荒的日子里,杜氏也在四处打探百里奚的消息。后来她得知百里奚做了秦国的宰相,就设法进相府当了女仆,希望找机会认亲。今天终于实现了心愿,一对历经坎坷的夫妻终于团圆了,秦穆公听说这件事后,特别重赏了这对夫妻,从此,百里奚和杜氏过上了恩爱幸福的生活。

有人说,爱一个人就是全心全意跟他一起过日子,直到天荒地老;爱一个人就是一边怨恨他,一边思念他,万水千山走过之后,赫然发现爱情有时就是这样执着,坚持到底两个人的泪就都会成为了幸福的回味。

柳摇金是唐玄宗天宝年间长安富商李宏家中的歌姬,不但有着沉鱼落雁之美,而且精通琴棋书画之艺,深得李宏之宠。当时南阳郡人韩翃非常有才华,从家乡来长安谋求发展,一个偶然的机会结识了李宏,两人随即结为好友,而且韩翃还寄居在李宏家中,等待着进入仕途的机会。

因为李宏经常在柳摇金的面前称赞韩翃的聪慧,使得柳摇金对韩翃渐渐产生了好感。而韩翃也渐渐爱上了柳摇金,然而两人碍于道义,谁也不便明确表示什么。但随着时间的流逝,李宏还是看出了端倪。于是他慨然把柳摇金赠给了韩翃,而且还给他们置了房子,让他们组成了一个美满的小家庭。

红袖添香夜读书。在柳摇金的陪伴下,韩翃埋头苦读,终于在天宝十三年考取进士。接下来就是等待朝廷委派官职,这中间有一段空闲时间,韩翃想趁此时机回乡省亲,了却自己满怀的思乡之情。路途遥远,再加上长安家中也需人照管,所以不便携柳摇金同往。夫妻俩缠绵恩爱,难舍难分,一直拖到天宝十四年秋天,韩翃才依依不舍地告别爱妻,踏上回乡的路。

衣锦还乡的韩翃在家乡大宴亲友、拜访故旧、祭祖扫墓,着实风光了好一阵子。远在长安的柳摇金独坐空帏,朝思暮想,闭门不出,静等丈夫归来。转眼秋去冬来,几番寒风冷雨过后,长安街头瑞雪纷飞。就在这时,安史之乱爆发了。中原一带战火连天,长安、洛阳两京,人心惶惶。由于战乱阻隔了道路,远隔千里的丈夫不知何时才能回到自己身边,柳摇金忧心如焚,彷徨无计。

后来,潼关失守,唐玄宗率宗室百官仓皇离开长安,逃往西蜀,长安城陷入一片混乱之中。为了保全自己的清白之身,柳摇金在脸上涂了烟灰,换上破旧衣衫,随人流逃到郊外,寄居在法灵寺中避难数月。唐肃宗至德二年战乱平息。

柳摇金满身疲惫地回到了长安节台的宅院。经过一年多的兵荒马乱,长安街市上到处是一片萧条景象,柳摇金的生活也陷入艰难困苦之中。

战乱中,韩翃无法奔回长安,因而就近辗转投奔节度使侯希夷军中担任主簿,随军征战,戎马倥偬。两京虽然收复,各地战争仍在延续,韩翃所在的军队还要继续作战,一时之间尚无法返回长安与妻子团聚。正当韩翃在战场上扫荡贼兵残余势力之时,已经日渐恢复繁荣的长安市里,一批帮助唐军平定叛乱的回纥番将,凭着他们的战功,趾高气扬,横行霸道。柳摇金因出众的美貌,被番将沙叱利看中,在求亲遭到拒绝后,沙叱利派人强行把柳摇金抢入府中占为己有,从此柳摇金天天过着以泪洗面的日子。

等韩翃回到长安自己那熟悉的家院时,不料却是人去楼空,巨大的打击使他终日失神落魄。后来他虽然打听到爱妻是被沙叱利所抢,但无奈撼动不了这名番将,韩翃几乎绝望了。后来,韩翃的一位好朋友冲进沙叱利府抢出柳摇金,夫妻终于得以团圆。经过一番斡旋,沙叱利终于答应不再追究。

柳摇金和韩翃经过这番变乱,对京城已无留恋,于是韩翃辞去官职,携带爱妻返回老家南阳,从此过着男耕女织的田园生活,虽然清贫,但却十分美满。后来韩翃的诗名传遍天下,被列为当时全国的"十大才子"之一。

虽然爱情有时很脆弱,但爱过、浪漫过、哭过、伤过、累过、痛过、到最后还是不能离弃,那这份爱便已被两颗真心磨砺得坚若磐石了。百里奚认妻不就是很好的例证吗?所以爱了就不要轻言放弃,爱一个人虽然很难,但能与一个相爱的人在一起却是那么的幸福,那份甜蜜是那样的让人留恋。

第六章　歧途：红杏枝头春意闹

爱情是热烈的，但又是疯狂的，正如莎士比亚的名言：诗人、情人都是疯子。热烈而又疯狂的爱情不仅会冲破各种世俗偏见，而且会使人失去理智，乃至突破人的伦理道德底线，演变成疯狂的情欲之火，从而失去爱情的美好而成为人们抨击、讽刺，乃至诅咒的对象。《邶风·新台》说卫宣公本为他儿子伋到齐国去迎娶儿媳妇，因为新娘长得美，他就自己霸占了，还不知羞耻地筑造新台来作乐。所以毛诗说："国人恶之，而作是诗也。"同样在《鄘风·墙有茨》中写卫宣公死后，惠公初登王座，其庶兄顽与宣姜苟合。诗人看到这种丑恶，真是难以说出口。这样的行为不止为人们所厌恶，连宋朱熹也不能不蹬足大骂："人道尽，天理灭矣！"

那时同姓不得通婚，更何况五服之内，乃至亲兄妹。但有些贵族就是能做出来，《齐风》中的《南山》《敝笱》《载驱》三篇对鲁桓公夫人文姜和她亲哥哥齐襄公私通的事，做了无情的揭露，给以极大的蔑视。这样的史实在《春秋》《左传》中都有记载。

★ 邶风·新台

这首诗大约出现在公元前 718 年。诗中辛辣地讽刺了卫宣公霸占儿媳的丑恶行为，无情揭露了剥削阶级伦理道德的虚伪和腐朽。据记载，卫宣公爱夫人夷姜，生子伋，立为太子，后来卫宣公托人在齐国替伋定了一门亲。可是当伋妻从齐国来嫁伋时，尚未到达卫国，宣公听说儿媳妇很是貌美，顿时淫心大发，欲夺为己有。由于担心儿媳妇不从，他派人在她赴卫必经的黄河之滨筑了一座豪华的行宫，这就是新台。他把新台作为藏娇之地，等儿媳妇抵达这里时，卫宣公就将她诱入新台，让她做了自己的老婆，她就是后来的卫宣公夫人宣姜。卫国人民对卫宣公这一荒淫无耻的行径非常愤慨，便以歌谣为武器，对他进行鞭挞。

> 新台有泚，河水弥弥。燕婉之求，蘧篨不鲜。
> 新台有洒，河水浼浼。燕婉之求，蘧篨不殄。
> 渔网之设，鸿则离之。燕婉之求，得此戚施。

霜禽欲下先偷眼，粉蝶如知合断魂

这首诗假托齐女的口吻，诉说自己的不幸和对宣公的厌恶：新台建起高又高，堂皇富丽又灿烂，河水上涨浪滔滔。出嫁时说是将要嫁给一位美少年，谁知到头来嫁的却是一个矮胖丑陋丑八怪！黄河水上的新台啊，空自光耀绚丽，黄河水呀，你就像滔滔不尽的泪水。只说嫁个美少年，没想到最后嫁的却是一只癫蛤蟆！张起渔网想打鱼，谁知网到的却是癫蛤蟆！只说嫁个美少年，谁知最终却嫁给了一个弯腰驼背的丑老公！

这首诗以一个女子的口吻抒发了自己爱情婚姻受骗的不幸与痛苦，同时还揭穿了一个被刻意掩盖的谎言与阴谋。这位不幸的女子就是齐国国君齐僖公的大女儿宣姜。齐国姜氏以出美女著称，当时的上流社会男子，都以迎娶齐国姜家女子为人生乐事。最出名的姜家女儿名庄姜，《诗经》中曾这样赞颂她的绝世容姿："手如柔荑，肤如凝脂，领如蝤蛴，齿如瓠犀，螓首蛾眉，巧笑倩兮，美目盼兮……"庄姜不仅美丽，而且品行、操守无可挑剔，正所谓"窈窕淑女，君子好逑"，令许多优秀的男子竞折腰，可是继她之后的姜家女儿虽然美丽依旧，操行却似乎每况愈下，甚至还因此惹出许多天大的祸事。公元前7世纪初，齐鲁大地上，就有一对犹如罂粟花般妖艳美丽的公主姐妹花，她们就是齐僖公的女儿。她们在历史上都没有留下真正的名字。姐姐因为嫁给了卫宣公，被称为宣姜；妹妹因为嫁给了鲁桓公，被称为文姜。

按说，她们嫁得门当户对，理应像童话中的公主与王子过着幸福无比的神仙般的日子，事实却恰恰相反，她们不仅没有享受到爱情婚姻的甜蜜与幸福，反而她们的人生悲剧，就是从出嫁开始的，尤其是姐姐宣姜。而她们的婚姻悲剧，又影响了公元前7世纪初的东周历史。她们不幸被卷进了历史的漩涡，在历史的长河中泛起几朵不知是应当被称赞还是被鞭挞的浪花，反正后世有人是这样评价她们的："妖艳春秋首二姜，致令齐卫紊纲常。天生尤物殃人国，不及无盐佐伯王！"

而有关宣姜的沸沸扬扬的爱情谎言与阴谋的制造者就是"大名鼎鼎"的卫宣公。这位卫宣公在这之前就已经"臭名远扬"了，他大概算得上是春秋时期，乃至整个中国历史上最为不堪的老流氓之一了。当他还是太子的时候，就荒淫不堪，与自己父亲庄公的妃子，亦即自己的庶母夷姜私通，并生下了一个儿子，取名伋，偷养在宫外。也有人说，伋念作"急"，意思是"急急而来的儿子"。当宣公终于继位为王的时候，原配邢妃失宠，他正式将夷姜纳入自己的后宫，并立夷姜与自己的儿子伋为太子。

公元前718年，年方15岁的宣姜正是情窦初开的年纪。夏天，卫国派来了使者，代太子伋向宣姜公主求婚。伋这年不过十六七岁，和公主的美貌闻名于世一样，太子的俊美

儒雅,在诸国间也赫赫有名。虽然他的身世方面有些避讳的问题,但并不妨碍他的未来国君身份。齐僖公自然立刻答应了这桩看起来十全十美的婚事。

可惜卫国"人才"辈出啊,为太子求婚的使臣就是其中的佼佼者。回到国内,这个家伙立即向国君卫宣公禀报:公主倾国倾城,貌比天仙,简直比花儿还诱人,主公啊,这样的绝色美女,您老人家不如自己摘了吧。当然,臣子我的如此忠心,您可不要忘记喽。

老色鬼卫宣公当年无权无势时,就敢在父王的眼皮底下勾引庶母,德行之劣和色胆之大可见一斑,如今已大权在握,更是百无禁忌,立即就对还没过门的儿媳妇垂涎三尺了,但又觉得事关国家社稷的形象和承传,必须小心从事。君臣两个于是连忙进行了一番密谋,力争把骗婚计划安排得天衣无缝。先是怕公主不从,就使人在她赴卫必经的黄河之滨赶建了一座豪华的行宫——新台,作为金屋藏娇之所,然后又在迎娶公主的前夕,把正一心期待着迎娶心上人的太子支到国外,自己跑到新台那里去迎亲。

公主抵达新台当天,卫宣公就迫不及待地举行了婚礼。这样小公主盖着盖头,糊里糊涂地和老东西卫宣公行了婚礼。直到进入洞房,小公主才赫然发现,当初来相亲的俏郎君一下变成了胡子花白的糟老头儿,而且是一个又老又丑,荒淫无耻的家伙。

等到太子回国后,宣姜公主已由妻子变成庶母了。而宣姜公主呢? 在离开齐国的时候,一路上都在憧憬着"桃之夭夭,灼灼其华,之子于归,宜其室家"的新生活,幻想着自己的丈夫将是一位"有匪君子,如切如磋,如琢如磨,瑟兮僴兮。有匪君子,终不可谖兮"的郎君。看到丈夫一下子从梦想中的白马王子变成了丑八怪,这在宣姜少女的心里会是怎样大的一个打击,会造成怎样大的伤害,这种伤害最后甚至能完完全全改变一个人。她的内心的失望和懊恼是可想而知的,但在别人的地盘上,在那个婚姻不能自己做主的年代,即使她有什么想法,又能怎么样呢? 更何况木已成舟,生米已经煮成了熟饭呢?

她唯一能做的就是发发牢骚罢了,于是就有了《新台》这首诗,诗中通过诉说自己可怜而又无奈的婚姻悲剧,表达了自己爱情婚姻的不幸和对宣公的厌恶。诗共有三节,每节四句。诗名《新台》,便从新台豪华高敞的样子和黄河水的洋洋大观说起。正是春水方生,新台方就的时节,一切都富有勃勃生机和新意,也正当新婚之时。这是即将与太子成婚的齐公主入卫时,极目所见的美好景象。这个印象中融入了她内心的喜悦。

正当公主满心欢喜,充满了对未来丈夫美好想象和新婚生活幸福憧憬的时候,不想遭到了当头一棒。此时,诗意也突然来了一个大转折——本来是要嫁给太子的,谁想到来迎亲的老公公最后竟然成了自己的丈夫,你看他满脸的褶子,挺着个大肚子,整个一癞蛤蟆形象! 三、四两句直接抒发了齐公主的极度失望的心情,并以形象的比喻揭示自己内心的感情转折和抑制不住的失望:一路上实指望匹配个才貌相当的如意郎,到头来却中了"调包计",调出来一个又老又丑的癞蛤蟆!

头二句写河畔之景,景中蕴含齐公主向往幸福之情。三、四句写失望之情,此情中折射出癞蛤蟆的丑恶之景。这两节由景及情,在强烈的对比中,反衬出齐公主的失望和卫宣公的丑恶。

第三节的头两句采用了比兴的手法。《诗经》时代,人们习惯以张网捕鱼比喻寻求佳偶。张设渔网本来是想捕条鲜鱼的,结果鲜鱼没捕着,反而网得个令人厌恶的癞蛤蟆。诗人用这个所得非所求的著名比喻,比兴起齐公主原想与太子白首偕老,结果却落入老丑不堪的卫宣公之手,成了卫宣公砧板上的刀俎鱼肉。新娘子恐怕做梦也不会想到婚礼竟会有这样的变故:未婚夫变继子,老公公变老公。新娘子真是希望有多大,失望就有多大,平白地辈分高了一级,可能连哭都来不及了。这里使用的仍是一正一反、相辅相成的写法,进一步加深了前两节的艺术效果。

这首《新台》用癞蛤蟆、戚施(驼子)来比喻卫宣公,是再贴切不过了,它活脱脱地刻画出卫宣公臃肿狼狈、不能俯仰的丑恶形象。诗人在头两节中一再点明新台和河水,豪华的新台是卫宣公满足其淫昏兽行的场所,现在正好成为他乱伦逆理罪恶的见证。河水是新台台址所在的环境,滔滔的黄河水也不可能冲刷干净卫宣公的秽行。这首《新台》就把卫宣公这个衣冠禽兽永远钉在历史的耻辱桩上了。

那位"调包计"中可怜的太子呢?老色鬼卫宣公在自己的后宫里,挑了几个女人,送去给儿子,并将其中的一个指定为太子妃。

太子失去了一见钟情的意中人,娶进门的是父亲的侍妾。作为一个男人,他的心情可想而知了。根据史书上记载,从此以后,太子伋就经常发呆,木讷无语。然而太子伋终究是个老实人,对父亲更是敬若神明。他没有公开表示任何不满,只是默默地接受了这一屈辱的安排。

对于齐僖公来说,刚听到这一消息时,当然着实愤怒了好一阵子。不过他毕竟是个政治上的老狐狸,女儿提前嫁给了国王,对自己的好处更是大大的,所以他也就笑纳了这个比自己小不了多少的女婿。

在失望懊恼之后,宣姜跟那些势利的女人一样,只要能掌握眼前的富贵,也就自欺欺人地图个快活,而且一连生了两个儿子:卫寿和卫朔。于是一场新的悲剧,就要在从前的情人,也是"调包计"中一对可怜的受害者之间上演了。

女人可以不爱男人,却不可以不爱儿女。这两个血肉相连的儿子寿与朔,就是宣姜全部的寄托和希望。15年过去了,宣姜的两个儿子都长大了。老色鬼卫宣公也日渐老态龙钟了。看着一天天衰老的卫宣公,宣姜不得不开始认真考虑自己和孩子的未来,同时,也无时无刻不在为老头子死后自己和孩子们的前途担忧。慢慢地,她心中对先前的未婚夫太子伋温柔美好的记忆消失了,取而代之的是深深的恐惧,并深刻意识到她的前任未

婚夫是亲生儿子以后称孤道寡的绊脚石，必须搬除。当然，她的恐惧还有另一层缘故：既然封建社会把女性不当做人，也不允许女性成为"人"，那么女性唯一的出路就是自己也不把自己当成"人"，要么把自己改造成《列女传》上那些节妇烈女，再立上一块贞节牌坊，要么就把自己异化成另一种人，为正人君子、道学先生们所不齿的那种"荡妇""祸水"。深宫就像是一口噬人的枯井，"五陵豪族，充选掖庭，四姓良家，驰名永巷"，但是这些"自号娇娥""曾名巧笑"的少女们整日里盼望的，也是正人君子们规定应该盼望的，只不过是"而望幸焉"（这个"幸"其实应该翻译成"玩弄"）。更何况，"有不得见者三十六年"，整日里唯有望着"昭阳日影""中宫之缓箭"，便从十六望到了六十，"白头宫女在，闲坐说玄宗"了。从这个意义上说，深宫真是一处把"人"变成"非人"的"好地方"，正是多年的后宫生活磨砺，使早年那个纯洁的豆蔻少女变成了后来狠毒的"荡妇"宣姜。

宣姜的长子寿，是一个清秀善良的少年，可是他的弟弟朔，却是一个小阴谋家。终于有一天，朔向母亲告密，说大哥从来就没有忘记过夺妻之恨，甚至还发誓在继位之后，要将他母子铲除干净。事情的原委是这样的：

一天，宣姜的长子寿为太子伋举行生日宴会，他的弟弟朔也参加了。席间太子伋与寿两个人谈笑风生，关系十分融洽。朔插不上嘴，就托病先离开了。回来后，他直接跑到母亲那里，双眼垂泪，扯了一个大谎，造谣说："孩儿好意同哥哥为太子过生日，没想到太子饮酒正浓时，戏谑之间，呼孩儿为儿子。孩儿心中不平，说他几句。他就说：'你母亲原是我的妻子，你便称我为父，于理应该。'孩儿再待开口，他便要打我。幸亏哥哥劝住了，孩儿才得以逃席回来。受此大辱，希望母亲一定禀知父王，为孩儿做主！"

没有哪个母亲不相信自己的儿子的。宣姜闻言大惊失色，马上带着朔去找丈夫卫宣公，让卫宣公为自己和自己的亲生儿子做主。老头根本不觉得这件事的祸根就在自己身上，反而把太子伋的生母夷姜喊来，痛骂她教子无方。夷姜，怨气填胸，无处申诉，当天就在夜里自缢了。

对夷姜的死，卫国舆论都是漠然的，就连她的亲生儿子太子，也把"节哀顺变"这几个字"表达"得极好，照样地温良恭俭，让他红了眼的老子兄弟一时找不到下手的借口。

但他即使这样，也挡不住老色鬼卫宣公斩草除根之意。因为这些年卫宣公在儿子面前多少有点不好意思，如果能够永远见不到这个儿子就可免去这许多尴尬；更何况如今他已经老了，他担心自己会死在正值盛年的长子手里。有了这些因素，他的兽性再度发作。人们常说"虎毒不食子"，但实际上在权力与亲情的天平上，天平是经常向权力倾斜的，尤其是对于站在权力顶峰的人来说，为了权力之争，是经常会有如此野蛮的行径的。于是卫宣公决定再搞一个阴谋，杀掉太子，彻底摆平此事。

恰巧齐国要进攻纪国，请求卫国出兵相助，卫宣公就一面命太子前往齐国约定会师日期,并让太子在乘坐的船上使用一面特别的旌旗——白色牛尾旗(一种代表封国使节的标志),一面暗地里派出杀手,伪装成强盗埋伏在半道上,命令他们"看见悬挂白色牛尾旗标志的船,就将船上的人都杀掉"。

这个阴谋本来是高度机密的,不想却被宣姜的大儿子寿探听到了。寿是一个有良心有道义的君子,他对邪恶的爹娘无可奈何,无法劝说他们收回成命,只好把阴谋告知长兄。哪知这个太子伋居然是一个忠孝节义到可以不顾是非地步的人,他不仅不相信自己的亲爹会对自己痛下杀手,而且居然说出"既然是父亲让我死,我怎么可以违背父命苟且偷生"这样的话,坚持要出发。

寿不得已,决心为弟弟赎罪,就设宴为长兄饯行,在宴席上把他灌醉,留下一张字条:"我已代你前往,你赶快逃命。"然后拿着白色牛尾旗出发了,到了埋伏地点,"强盗"只认旗不认人,不由分说就把他杀掉了。

太子伋醒来,找不到寿,终于明白了事情的真相,连忙去追赶弟弟。他赶到河边的时候,跟那帮杀手打听:"请问,刚才看见拿白色牛尾旗的人了吗?""看见了,不过我们已经把他杀了。"太子一听,一面为寿的死痛哭流涕,一面对那些杀手说:"你们杀错了,我才是你们要杀的那个人。"醒过神来的杀手一不做二不休,把他也乱刀砍死了。

宣姜闻听这个消息,顿时昏死过去。当天,卫宣公的桌上摆上两个儿子的人头,两个孩子的人头,像两个祝寿的寿桃。卫宣公也不知道是该乐还是该哭?从此他白日见鬼,一闭眼就做噩梦,白天抽风,晚上颤得更厉害,连宫殿都跟着颤,没半个月也就归西了。

卫宣公的一生可以说是荒淫的一生,也是无耻的一生,家庭关系极为混乱。他的大儿子太子伋,是他当初和父亲的侍姬夷姜私通所生,而二儿子寿和朔则是霸占的儿媳妇宣姜所生。在宣公的老婆群中既有自己的继母,也有自己的儿媳。太子伋的母亲既是自己的祖母,又是自己的母亲。

对于卫宣公的故事,唐玄宗自然是知道的,或许当初也在回味这个故事的时候暗暗发笑过。可是,他见到自己的儿媳妇杨玉环后,其卑劣行径一点也不比卫宣公逊色。但一曲《长恨歌》,却将李隆基的荒唐演绎成了千古爱情绝唱,甚至还博得了很多人的同情与赞赏。事情的经过是这样的:

公元736年,唐玄宗宠爱的妃子武惠妃病死,玄宗日夜寝食不安。他的心腹宦官高力士就告诉他:玄宗和武惠妃的儿子——寿王李瑁的妃子杨玉环美貌绝伦,艳丽无双。于是玄宗不顾什么礼节,就将她招进宫里。为了掩盖自己夺儿媳的丑恶行径,唐玄宗让杨玉环自己请求进宫做女官,住进南宫,又赐号太真。为了安慰儿子寿王,唐玄宗又给他娶了个妃子作为补偿。于是"父夺子妻",就成了唐朝宫闱的一大丑闻。后来,唐玄宗封杨玉环为贵妃,这就是历史上有名的杨贵妃。贵妃的地位仅次于皇后,但这时候没有皇

后,所以杨贵妃实际上就是唐玄宗的皇后了。

杨玉环不仅容貌出众,更具有高超的音乐、舞蹈艺术修养,精通音律,擅长歌舞。而玄宗也是自幼喜爱音乐,会作曲,能舞蹈。因此,唐玄宗与杨玉环两人颇有琴瑟相和,夫唱妇随的味道。古书记载:有一次,玄宗倡议用内地的乐器配合西域传来的5种乐器开一场演奏会,当时玄宗兴致勃勃,手持羯鼓,杨玉环弹奏琵琶,轻歌曼舞,昼夜不息。还传,有年深秋,玄宗带贵妃在大明宫太液池观看娇美的白莲花时,指着贵妃说:"莲花虽美,有形无神,又怎比得上吾这解语之花啊!""解语花"遂成为后世赞美佳丽的成语了。

贵妃因受宠,连带家族也都受到封赏。她的三个姐姐都被封为国夫人,同族兄弟也都做了大官,特别是杨国忠被封为右丞

杨玉环

相,总揽国政大权。唐玄宗沉溺于酒色,政治越来越腐败,导致矛盾日益激化,终于爆发了"安史之乱"。唐玄宗仓皇逃往四川避难,行至马嵬坡,军士哗变,杀死了民愤极大的杨国忠,又逼唐玄宗杀死杨贵妃。玄宗无奈,便命高力士赐她自尽,最后她被勒死在驿站佛堂前的梨树下,死时年仅38岁。

贵妃死后,玄宗极为痛苦。白居易在《长恨歌》中对此进行了着力渲染:

黄埃散漫风萧索,云栈萦纡登剑阁。峨眉山下少人行,旌旗无光日色薄。蜀江水碧蜀山青,圣主朝朝暮暮情。行宫见月伤心色,夜雨闻铃肠断声。……马嵬坡下泥土中,不见玉颜空死处。君臣相顾尽沾衣,东望都门信马归。归来池苑皆依旧,太液芙蓉未央柳。芙蓉如面柳如眉,对此如何不泪垂。春风桃李花开日,秋雨梧桐叶落时。西宫南内多秋草,落叶满阶红不扫。梨园弟子白发新,椒房阿监青娥老。夕殿萤飞思悄然,孤灯挑尽未成眠。迟迟钟鼓初长夜,耿耿星河欲曙天。鸳鸯瓦冷霜华重,翡翠衾寒谁与共。

玄宗在逃往四川的路上,四处是黄尘、栈道、高山,日色暗淡、旌旗无光、秋景凄凉。这是以悲凉的秋景来烘托人物的悲思。在蜀地,面对着青山绿水,唐玄宗还是朝夕不能忘情,蜀中的山山水水原是很美的,但是在寂寞悲哀的眼中,那山的"青",水的"碧",也都惹人伤心。大自然的美应该有恬静的心境才能享受,他却没有,所以就更增加了内心的

痛苦。行宫中的月色,雨夜里的铃声,本来就很撩人意绪,诗人抓住这些寻常但是富有特征的事物,把人带人伤心、断肠的境界。再加上那一见一闻,一色一声,互相交错,更表现出玄宗内心的愁苦。回京城的路上,本来是高兴的事,但路经马嵬坡时,玉颜不见,玄宗不由伤心泪下。回长安后,白昼里,由于环境和景物的触发,从景物联想到人,景物依旧,人却不在了,玄宗禁不住就潸然泪下,从太液池的芙蓉花和未央宫的垂柳中仿佛看到了杨贵妃的容貌。这种苦苦的思恋,"春风桃李花开日"是这样,"秋雨梧桐叶落时"也是这样。看到当年的"梨园弟子""阿监青娥"都已发白颜衰,更勾引起玄宗对往日欢娱的思念,自是黯然神伤。从黄埃散漫到蜀山青青,从行宫夜雨到凯旋回归,从白昼到黑夜,从春天到秋天,处处触景伤情,时时睹物思人,从各个方面反复渲染了玄宗的苦苦追求和寻觅。

★鄘风·墙有茨

这首诗讽刺了公子顽与他的后母宣姜苟合的事,大约出现于闵公二年。据《左传》记载:卫宣公死后,惠公即位,惠公异母兄公子顽在齐襄公的怂恿下,与惠公母亲宣姜苟合,并生了好几个儿女。卫国人民对这种母子乱伦行为非常厌恶,便作了这首诗来讽刺。

墙有茨,不可扫也。中冓之言,不可道也。所可道也,言之丑也。
墙有茨,不可襄也。中冓之言,不可详也。所可详也,言之长也。
墙有茨,不可束也。中冓之言,不可读也。所可读也,言之辱也。

樱桃落尽春归去,蝶翻金粉双飞

这首诗的意思十分简单明,说的是:墙头上的蒺藜长满了刺,紧贴墙上无法扫。墙内宫室的艳事,不可向外对人说!如果真的说出了这些事儿,那可就太丢人了!

墙头的蒺藜长又长,不能将它们来攘除啊,宫室里的那些话,不能详细地去说呀,如果详细说出来,千言万语也讲不完!

墙头蒺藜长蔓蔓,不可捆扎而除之,宫室的艳事,不可向外去张扬。如果公开去传播,让人听了觉羞耻!

这首讽刺诗写得很有特色。一开始,诗人从正面提出自己的看法,认为"中冓之言不可道",它就像墙上的茨草一样,谁"扫"扎谁的手,谁"襄"谁倒霉,谁"束"谁吃亏。这种姿态给人的印象是,仿佛他已看透世事,不愿招惹是非。谁料到,这位诗人的"不可道""不可详""不可读"是要造成一种悬念,把人们的胃口吊足。"所可道也"是具转折作用

的重要一笔，它半遮半掩地将真相露出一个边，使人的好奇心大大膨胀起来。然而真相到底是什么？他又闭口不言，只是继续"折磨"读者，"你要详知内情吗？说起来话长！""你要获得真相吗？太难为情了！"真是把真真假假玩了个不亦乐乎！其实，话根本不用说透，点到就行。哪一个读者读后不心领神会？

宫中的丑事说不得，就像墙上的蒺藜一样，要遮得严严实实的，烂也要烂在里面，让你即使闻到了臭，也不知道是怎么一回事。在前文《邶风·新台》背后的整个事件中，唯一的胜利者就是朔。这小子躲在暗处，狂笑不已：杀手们真是了不起啊，一下子铲除了我两个对手！卫宣公一命呜呼后，朔如愿以偿，继了位，欢天喜地当上了卫惠公。但还没开始过瘾，卫国的贵族们由于不能接受他这个坏蛋当国王，就发动了政变。朔不得已，只好逃到齐国他姥姥家搬救兵去了。逃跑的时候，他压根就忘了还有他母亲存在。

宣姜落在了卫国左公子的手里，她请求左公子杀了她。但是卫国的贵族们并不想得罪齐国，于是饶了她。

当时齐国正值宣姜的哥哥襄公在位，对外甥的求救，他本想予以相助，可是襄公正向周王室求婚，而卫国新君黔牟亦同是周天子之婿，不便兵戎相见。另一方面，襄公也为防卫国臣民因恼怒杀掉宣姜，就想出了一个自认为妙不可言的好办法：让死去的太子伋的同母弟弟——公子顽，迎娶宣姜，以完齐僖公的心愿。这样一来，既安慰了亡灵，又巩固了两国交好。

宣姜虽然名为公主，但实际上只不过国家间的联系工具，宣姜在茫然中不得已接受了命运的安排。而卫国贵族得此消息，心想能借此贬宣姜名号，也都觉得这真是一个好主意。只有公子顽固念父子伦理，拒不服从。

公子职见公子顽不从，担心齐国一旦怪罪下来，会使两国关系破裂，于是心生一计，借口邀公子顽赴宴，然后灌醉他，再将他移至宣姜的寝室。公子顽酒醒后，见事已至此，后悔亦太迟了，只好纳宣姜为夫人，此后育有三男二女，长男齐子早卒，次子戴公申，幼子元公毁，两个女儿分别嫁予宋桓公、许穆公为妻，是为宋桓夫人、许穆夫人。这两位女性后来都青史留名，在历史上留下了一番丰功伟绩。

而她们的母亲宣姜，由于在其身上发生了那么多的荒唐的婚恋故事，因此，在历史上是作为一个"荡妇"的角色出现的。诗经里有五首诗涉及宣姜，分别是邶风的《新台》《二子乘舟》，鄘风的《墙有茨》《君子偕老》《鹑之奔奔》，其中有三首是对宣姜进行批判讽刺的。如果说《新台》假托宣姜的口吻，在嘲讽卫宣公的同时，还对宣姜的不幸表达了一定的同情的话，那么《墙有茨》《君子偕老》《鹑之奔奔》则毫不留情地对其进行了斥责和嘲笑。《墙有茨》是最具有代表性的。宣姜与继子顽这样的事情是逃不过众人雪亮的眼睛的，于是民间歌手就将他们成婚，并生儿育女的丑闻编成歌谣，广为流传，使其成为千古

笑柄。

另一首《君子偕老》则委婉地讽刺了宣姜的品德,认为她是一个有貌无德之人:

君子偕老,副笄六珈。委委佗佗,如山如河。象服是宜。子之不淑,云如之何?

玼兮玼兮,其之翟也。鬒发如云,不屑髢也。玉之瑱也,象之挮也。扬且之皙也,胡然而天也?胡然而帝也?

瑳兮瑳兮,其之展也,蒙彼绉絺,是绁袢也。子之清扬,扬且之颜也,展如之人兮,邦之媛也!

再如《鹑之奔奔》:

鹑之奔奔,鹊之彊彊。人之无良,我以为兄?

鹊之彊彊,鹑之奔奔。人之无良,我以为君?

这首诗讽刺宣姜先嫁卫宣公,后又与公子顽通奸,禽兽不如。全诗意思是说,鹑鹑家居常匹配,喜鹊双飞紧相随。人君不端无德行,何必称他为兄台?喜鹊家居常匹配,鹑鹑双飞紧相随。女人不贞无德行,何必视她为知音?

宣姜的悲剧也不能完全归咎于她自己。这里既有时代的客观因素,也有人们的偏见。实际上整个春秋时代,男女淫乱,君臣相残,同室操戈,父子反目,各种非礼的事是擢发难数。有人甚至说乱伦似乎是春秋时代淫乱行为的主旋律,几乎贯穿整个250年的历史,涉及各诸侯国的王侯将相,乃至臣仆庶民。或许,这也许是多妻制的产物:年迈老父娶几个和儿子年龄相仿的女子,为乱伦提供了条件和机会。

而在封建礼教的重重枷锁下,女性的身心更是备受戕害,自由被剥夺,人性被扭曲,女性没有真正的爱情、真正的婚姻、真正的幸福和快乐。这股强大的暗流一直流淌了几千年,甚至仍有分流残支,继续腐蚀着女性的身心。从某种程度上讲,女性的柔、顺、美给自身招来了灾祸,"红颜薄命"是最恰当的概括。女性像玩物一样被男性争来抢去,在其间失去了女性的权力、人格、尊严。她们成了用来发泄性欲的工具、繁衍子息的机器。

宣姜

因此,"女乱"中的妇女大多数是由于被逼无奈而卷入祸乱的。只有极少数妇女本身

淫荡之极,行径又令人发指。如骊姬、夏姬等人,虽有其恶的一面,但这也是封建社会对妇女重压下的畸形产物,含有反抗精神的变异因素。

另一方面,中国的封建社会是不把人当人看的,尤其是不把女性当人看的。所以,褒姒是亡国的祸水,而不是那个身世坎坷的少女。褒姒的母亲原是王宫的一个童妾,"未及笄而孕,无夫而生子",因此被那些忠臣明君们认为是国之妖孽。褒姒刚一出生便被弃于道上,被一对"有罪"的夫妇收养并且带到褒国。后来不知道是褒人主动献出了褒姒,还是周幽王慕褒姒之色而"求"来的,总之,褒姒从此入了深宫。褒姒或者是因为童年生活的艰辛,或者是因为年少命运的多舛,或许是悲嗟上天的不公,那忧郁过早地堆上了少女的眉头。偏偏那个"多情"的周幽王不喜欢忧郁美,挖空心思想出了"烽火戏诸侯"的游戏来逗她发笑,而褒姒只不过是笑了一下,便从此给钉在了历史的耻辱柱上。

第二篇 《楚辞》智慧通解

导读

《楚辞》是中国文学史上继《诗经》之后又一部影响深远的巨著。诗、骚并举，成为中华文明史上形态各异，相辅相成的"诗学原始"。梁启超说："吾以为凡为中国人者，须获有欣赏《楚辞》之能力，乃为不虚生此国。"

《楚辞》的主要作者屈原，生活于战国中期的楚国。他名平，字原，出身楚国贵族。曾在楚怀王时担任过三闾大夫、左徒等重要官职。

他是一个爱国主义者，同时也是一个人格完美主义者，这两者在他，是自觉地结合在一起的，而这也就是将楚国的命运和自己个人的命运系结在了一起。他的一切思想作为，都和对楚民族及其文化历史的热爱分不开。他生当末世，目睹了楚国朝廷中的种种腐败和不可为，预感到国家危难的来临而回天乏力，最后，只能以人格的坚守和以死殉国，来表达他一腔的热忱和忠贞，这样一种悲剧性的命运，不能不感人至深。屈子沉江，已成了一种符号，一种价值典型，他从个体的死亡中，升华出神圣感，升华出新的生命价值认知。

屈原对楚国的热爱，是和他对楚文化的深深了解联系在一起的。源远流长，深厚博大的楚文化，在他的笔下绽放出了一朵朵艺术奇葩。

屈原之后，最著名的《楚辞》作者是宋玉。

杜甫说："摇落深知宋玉悲，风流儒雅是吾师。"中国文学史一向以屈宋并称，虽然宋玉的成就不能与屈原比肩，但仅就杜甫这两句诗，我们也可窥见他的影响之一斑。

本篇选取的《楚辞》作品，以屈原为主，除选取他的主要作品外，还选了宋玉的《九辩》和淮南小山的《招隐士》，读完这些作品，读者当可对《楚辞》有一个初步的了解。同时对我们如何为人、处世也有一定的启示。

离骚

屈原

　　《离骚》是屈原的代表作,也是我国古代最著名的一首抒情长诗。关于"离骚"一词的含义,自汉代以来就存在着不同的说法,司马迁在《史记·屈原列传》里说:"离骚者,犹离忧也。"班固《离骚赞序》说:"离,犹遭也;骚,忧也。叫已遭忧作辞也。"王逸《离骚经章句序》说:"离,别也;骚,愁也。"近人游国恩认为,"离骚"是一个连绵词,是楚国古典《劳商》的声转,同时义有牢骚不平的语义(《楚辞概论》)。钱钟书则认为"离骚"是"欲摆脱忧愁而遁避之"之意(《管锥编》第二册)。这就是说,"离骚"是一个具有复杂语义的词语。从《离骚》本文对"离"字的应用,可以看出,它确实具有"遭"与"别"两种不同的语义,这就形成了"离骚"的双义性悖论,而这种悖论,也就"造成了一种内在的骚动不安的审美活力,倾泻着诗人遭遇现实困境而想抛离忧愁,却在抛离忧愁的求索中遭遇到更加痛苦的精神困境"。

屈原

　　据史书记载,屈原在楚怀王时代曾经做过左徒、三闾大夫等官职,一度颇得楚怀王重用,对改革楚国政治,促使楚人发愤图强很有一些抱负。后来怀王听信他人谗言,疏远了他,《离骚》的创作,就是在他被疏之后。

　　读《离骚》,我们可以感受到一个铮铮铁骨的屈原。他那强烈的爱国主义精神和完美的人格必将感染一代又一代人。

帝高阳之苗裔兮,朕皇考曰伯庸。

國學智慧全書

楚辞

257

摄提贞于孟陬兮，惟庚寅吾以降。

皇览揆余初度兮，肇锡余以嘉名：

名余曰正则兮，字余曰灵均。

纷吾既有此内美兮，又重之以修能。

扈江离与辟芷兮，纫秋兰以为佩。

汨余若将不及兮，恐年岁之不吾与。

朝搴阰之木兰兮，夕揽洲之宿莽。

日月忽其不淹兮，春与秋其代序。

惟草木之零落兮，恐美人之迟暮。

不抚壮而弃秽兮，何不改乎此度？

乘骐骥以驰骋兮，来吾道夫先路！

这是《离骚》的第一节。屈原自述生平，表明心志。诗句大意如下：

古帝高阳氏的后代子孙啊，我那显赫的先祖叫伯庸。岁星正当摄提格的那年孟春正月，庚寅日我出生到了人间。父亲审察我初生时的情形，显示神兆赐给我好名字，给我起名叫正则，给我表字叫灵均。我既有如此多的天赋美德，又加上讲究仪容体态，身披着芬芳的江离与辟芷，又将秋兰联缀成串做佩饰。

时光如水一般流逝，我时常担心赶不及，恐怕年岁不会等待我。早晨摘取山坡上的木兰花，晚上采摘沙洲边的宿莽。日月行进匆匆从不停留，春天与秋天不断地轮替。想起草木的凋零啊，就担心美人的年老。何不趁着壮年抛弃那些污浊的东西，何不改变现在的法度？跨上骏马向前飞奔呀，来吧，让我做一个先驱在前引导。

开篇第一节，先从自己的出生写起，这是一种回到"人之初"的精神原点的写法。"帝高阳之苗裔"的说法，表现的不仅是血统的高贵，而且，也显示出一种民族文化认同。高阳，即颛顼，黄帝之孙，中华古史传说中著名的五帝之一。说是高阳氏的后裔，即是自觉将自己生命的意义，和楚宗族，和中华文明的命运密不可分地系结在一起，这是屈原的爱国主义和他守正不阿人格的重要基础之一。接着写到的出生日期和命名经过，则进一步从信仰的角度，强调了自己天赋的纯正和家庭期待的统一。"正则""灵均"这两个名字，既可以看作是对他名"平"字"原"来历的说明，也可以看作是对一种家族期待和生命原则的阐释，这是他一切生命活动的出发点，也就是诗中所说的"内美"的最初根源，再接下去写到的"扈江离与辟芷兮，纫秋兰以为佩"，以及后面反复出现的同类描写，则是对所谓"修能"的强调。在申明了这一切之后，屈原所表达的最强烈的生命体验，是一种时光流逝水不停留的匆促感。"日月忽其不淹兮，春与秋其代序，惟草木之零落兮，恐美人之迟暮"，正是这样一种强烈的时间意识，决定了屈原的生命始终处于一种无法遏止的焦虑之

中"汩余若将不及兮,恐年岁之不吾与",在这短暂的生命时光中,人应该有所作为,而这作为在他,就是"抚壮而弃秽",改变楚国朝廷中所有那些迁延无为、腐败荒废的一切。"乘骐骥以驰骋兮,来吾道夫先路",既可以看作是对楚王的劝导,也可以看作是作者对自己的鞭策和鼓励。

> 昔三后之纯粹兮,固众芳之所在。
>
> 杂申椒与菌桂兮,岂维纫夫蕙茝!
>
> 彼尧、舜之耿介兮,既遵道而得路。
>
> 何桀纣之昌披兮,夫唯捷径以窘步。
>
> 惟党人之偷乐兮,路幽昧以险隘。
>
> 岂余身之惮殃兮,恐皇舆之败绩!
>
> 忽奔走以先后兮,及前王之踵武。
>
> 荃不揆余之中情兮,反信谗而斋怒。
>
> 余固知謇謇之为患兮,忍而不能舍也。
>
> 指九天以为正兮,夫唯灵修之故也。
>
> 初既与余成言兮,后悔遁而有他。
>
> 余既不难夫离别兮,伤灵修之数化。

第二节从追述前王踵武,总结历史教训,到批判现实丑恶,倾诉政治生活苦闷,贯穿其间的主要是有关立身用人和道路选择问题上的焦虑。诗句大意如下:

从前三王的德行多么纯正啊,那里本该就是众芳的所在。到处都散发着申椒和菌桂的香气啊,岂止是联缀起蕙草和白芷!那唐尧虞舜多么正直啊,他们遵循大道,就找到了正确的道路。夏桀商纣又是多么狂妄啊,一味寻求捷径却陷入了困境。一想到那结党营私者的苟且偷乐啊,就觉得道路昏暗而险窄。哪里是我自己害怕灾祸啊,担心的是君王车子的倾覆。

急急忙忙前后奔走,追踪前代君王走过的脚迹。君王您不体谅我的一片苦心啊,反而听信谗言大发脾气。我本来知道反复申说逆耳忠言的危险啊,还是忍也忍不住。指着高高的天空为我作证,这一切只是为了神圣的君王之故。开头已经与我有了约定,后来又后悔逃避有了别的想法。我已是不怕离别远去,伤感的只是君王的一再变化。

承接上节末尾的"来吾道夫先路",第二节围绕道路选择问题,正面展开了作者在政治生活中面临的矛盾和斗争。"路"的象征意味充分显现,而对它的选择直接关涉到不同的道德人格。"三后"与"桀纣"所代表的历史经验,在这里化成了一种无法测知的现实对立,申椒、菌桂、蕙这类香花香草,也直接化成了一种人格形象。特别值得注意的是这里提到的"党人"形象,虽然不详具体所指,但这显然是屈原在政治上的最主要对立面,对于

259

他们的作为，屈原只用了一个词"偷乐"，但仅此也就可以想见当时楚国朝廷里的那种腐败风气了。"党人"的路，就是"桀纣"的路；屈原要走的路，是"三后"的路。为了避免"皇舆之败绩"，走上"前王"走过的正确道路，他前后奔走，不惮劳累，结果却是楚王的"信谗而斋怒"。从这里我们还可以知道，楚王曾经与屈原有过某种政治上的计划，但终因听信谗言而改变了原定的做法，这就使一个强烈地意识到历史危机的诗人，不能不既感伤，又焦虑、委屈。而这些还是次要的，最使他感觉揪心的，还是那种对于危败的预感和恐惧。这就让我们深刻感觉到在历史转折时期一个先知者的悲剧。

商纣王

> 余既滋兰之九畹兮，又树蕙之百亩。
> 畦留夷与揭车兮，杂杜衡与芳芷。
> 冀枝叶之峻茂兮，愿俟时乎吾将刈。
> 虽萎绝其亦何伤兮，哀众芳之芜秽。
> 众皆竞进以贪婪兮，凭不厌乎求索。
> 羌内恕己以量人兮，各兴心而嫉妒。
> 忽驰骛以追逐兮，非余心之所急。
> 老冉冉其将至兮，恐修名之不立。
> 朝饮木兰之坠露兮，夕餐秋菊之落英。
> 苟余情其信姱以练要兮，长顑颔亦何伤。
> 揽木根以结茝兮，贯薜荔之落蕊。
> 矫菌桂以纫蕙兮，索胡绳之纚纚。
> 謇吾法夫前修兮，非世俗之所服。
> 虽不周于今之人兮，愿依彭咸之遗则。

第三节大意如下：

我既已培育了九畹的兰草，又种下了百亩的蕙草。一畦畦地栽植留夷与揭车，又夹杂着一些杜蘅和白芷。希望它们枝叶茂盛啊，到时节我将收割鲜艳的花枝。虽然它们枯萎凋落了也没有什么，伤痛的是众芳荒芜丛杂而又变质。

國學智慧全書 诗学智慧

　　大家都竞相追逐钻营以贪求私利啊，全然不知满足。根据自己的私心推测别人的行为啊，各自都动起嫉妒别人的念头。急急忙忙地奔走追逐，不是我所着急的问题。人生的暮年一点点迫近着，我担心的是美名不能树立。清晨饮一杯木兰上滴落的露水啊，傍晚吃一口秋菊才放的鲜花。假如我的情志真的是美好而切要，就算总是面黄肌瘦又何妨。

　　手持木根缠绕上香草，串起薜荔刚开的花蕊，高举起桂树的枝条缠绕上蕙草，用胡绳草搓成一串串的环缀。我效法前代的高人，不取世俗之人的服用。虽然不能让今天的人们都满意，我还是愿意遵从彭咸留下来的原则。

　　第三节话题转向屈原自己为实现理想曾做过的努力。在这里"芳草喻"，仍然直接暗示着某种人格。滋兰树蕙隐喻着对人才的培养，而它们的萎绝芜秽，则暗示出屈原在这一问题上遇到的挫折。在这里，对立的因海西不再是"党人"，而是"众""俗"，是社会性的物质欲，望对人心的腐蚀。在"众皆竞进以贪婪兮，凭不厌乎求索"的社会诱惑，与"朝饮木兰之坠露兮，夕餐秋菊之落英"的清寒孤傲面前，有什么能阻止"兰蕙"的芜秽呢？支持着屈原的只是一种历史价值，那就是可以长存于时间中的"修名"，再就是那种自信真理在握的信念："苟余情其信姱以练要兮，长顑颔亦何伤"。选择了"修名"，选择了真理的同时，屈原也就明白了自己命运的悲剧性："虽不周于今之人兮，愿依彭咸之遗则。"彭咸，这个一再出现在屈原作品中，而为他奉为榜样的人，究竟做过些什么，我们已不得而知，王逸说他是"殷贤大夫，谏其君不听，自投水死"，这一说法早已遭到后人的怀疑，但通过他，屈原为自己竖立起来的显然是一种历史的尺度。

> 长太息以掩涕兮，哀民生之多艰。
>
> 余虽好修姱以鞿羁兮，謇朝谇而夕替。
>
> 既替余以蕙纕兮，又申之以揽茝。
>
> 亦余心之所善兮，虽九死其犹未悔。
>
> 怨灵修之浩荡兮，终不察夫民心。
>
> 众女嫉余之蛾眉兮，谣诼谓余以善淫。
>
> 固时俗之工巧兮，偭规矩而改错。
>
> 背绳墨以追曲兮，竞周容以为度。
>
> 忳郁邑余侘傺兮，吾独穷困乎此时也。
>
> 宁溘死以流亡兮，余不忍为此态也。
>
> 鸷鸟之不群兮，自前世而固然。
>
> 何方圜之能周兮，夫孰异道而相安？
>
> 屈心而抑志兮，忍尤而攘诟。

伏清白以死直兮,固前圣之所厚。

第四节大意如下:

长长地叹息一声擦去眼角的泪水,哀怜人民的生活有着多少的艰难。我虽然喜欢修洁美好却受到种种的牵绊,早晨受到斥责晚上就被撤换。既因以蕙草作带撤换我,又加上摘收白芷。这也就是我心里所爱慕的啊,即便是为它死九次我也不后悔。

可恨的是君王的糊涂啊,到底也不能体察民心的要求。众女嫉妒我的美貌,造谣说我善淫。时俗本来就盛行投机取巧啊,背离规矩随意改变措置。撇开绳墨追随邪曲,竞相苟合取容成了立身处世的法度。

夏桀

郁郁闷闷怅然而立,只有我穷困在这样的时候。宁肯忽然死去或者流离此故土,我也不忍做出那样的姿态。猛禽的不与凡鸟同群,自前世以来本就如此。方与圆怎么能密合在一起?选择不同道路的人怎么能彼此相安?委屈心灵,压抑情志,忍受罪过,招取悔辱。做清清白白的事坚守正道而死,前圣所看重的本就是这些。

在第四节的义字中,接连出现了三次"死"字。第一次在他因爱好香洁而遭斥逐时,他的回答无怨无悔:"亦余心之所善兮,虽九死其犹未悔"。第二次在他遭到中伤,时俗提示他"背绳墨以追曲兮,竞周容以为度"时,他的反应坚决果断:"宁溘死以流亡兮,余不忍为此态也"。第三次在他清楚地意识到自己的与众不同,同时感觉到自己生活的"屈心而抑志兮,忍尤而攘诟"时,他的表现坦然自若:"伏清白以死直兮,固前圣之所厚"。死亡在这里,是在对一种生存原则的坚定维护意义上出现的,死在这里不是生命的毁灭,而是它的永存,是对生命之清白、高洁,以及追求之不同凡响的有力证明。同时,从这段文字中一再提到的"民生""民心"等语来看,这里的死亡意识,还有一种为民请命的意味。"长太息以掩涕兮,哀民生之多艰",随着一声慨然长叹,让我们更清楚地看到了屈原政治追求的深层含义。

悔相道之不察兮,延伫乎吾将反。

回朕车以复路兮,及行迷之未远。

步余马于兰皋兮,驰椒丘且焉止息。

进不入以离尤兮,退将复修吾初服。

制芰荷以为衣兮，集芙蓉以为裳。

不吾知其亦已兮，苟余情其信芳。

高余冠之岌岌兮，长余佩之陆离。

芳与泽其杂糅兮，唯昭质其犹未亏。

忽反顾以游目兮，将往观乎四荒。

佩缤纷其繁饰兮，芳菲菲其弥章。

民生各有所乐兮，余独好修以为常。

虽体解吾犹未变兮，岂余心之可惩。

第五节大意如下：

懊悔当初选择道路时看得不够清晰，停下来久久地伫立，想返回出发之地。调转我的车子又走上来时的路途，趁着走入迷途未远的时候。让我的马儿在长满兰草的山坡边徐徐行走，奔上长着花椒树的山丘，暂且在这儿休息。进不能得到接纳而遭受罪责，退下来我再来修整当初的衣饰。

用荷叶制成上衣，联缀荷花作成下裳。不了解我也就算了吧，只要我的情志真的芬芳。让我的帽子高高地耸起，让我的佩饰长长地飘曳。花气的芳香和佩玉的光泽交织在一起，我洁净光明的小质没有受到一点亏损。

忽然回头游目四望，我将远去游观荒远的四方。佩饰缤纷装点繁丽啊，香气菲菲更加袭人。人生各有所乐啊，我独爱美而成习。即使是体解形消也一仍其旧啊，我的心难道会因受惩戒而改变？

第五节的开头，话题义一次回到了"道路"问题上，但这里的"道路"，已不是根本的原则，而是具体的方法，屈原在这里又一次表现出了知识分子的善于自我反省。"回朕车以复路兮，及行迷之未远"，这里的"复路"，这里的"行迷"

商汤

指的是什么呢？是对自己劝导楚王方法的恰当与否的怀疑，还是对自己政治生涯的厌倦？后面"退将复修吾初服"的话，很让人想起陶渊明《归去来兮辞》里的一些语言，"步余马于兰皋兮，驰椒丘且焉止息"，"制芰荷以为衣兮，集芙蓉以为裳"，"高余冠之岌岌兮，长余佩之陆离"一类的诗句，给人的感觉也真像是"久在樊笼里，复得返自然"，从某种社

会性的苦恼中解脱出来,屈原似乎是要在楚国的山林水泽间归返到他的精神家园。然而,就是在这样的时刻,他还是不能忘记对自己生存原则的维护:"民生各有所乐兮,余独好修以为常。虽体解吾犹未变兮,岂余心之可惩"。这就为下面篇章的开展做出了必要的铺垫。

女嬃之婵媛兮,申申其詈予。

曰:"鲧婞直以亡身兮,终然夭乎羽之野。

汝何博謇而好修兮,纷独有此姱节?

薋菉葹以盈室兮,判独离而不服。

众不可户说兮,孰云察余之中情?

世并举而好朋兮,夫何茕独而不予听?"

依前圣以节中兮,喟凭心而历兹。

济沅湘以南征兮,就重华而陈词:

"启《九辩》与《九歌》兮,夏康娱以自纵。

不顾难以图后兮,五子用失乎家巷。

羿淫游以佚畋兮,又好射夫封狐。

固乱流其鲜终兮,浞又贪夫厥家。

浇身被服强圉兮,纵欲而不忍。

日康娱而自忘兮,厥首用夫颠陨。

夏桀之常违兮,乃遂焉而逢殃。

后辛之菹醢兮,殷宗用而不长。

汤、禹俨而祗敬兮,周论道而莫差。

举贤而授能兮,循绳墨而不颇。

皇天无私阿兮,览民德焉错辅。

夫维圣哲以茂行兮,苟得用此下土。

瞻前而顾后兮,相观民之计极。

夫孰非义而可用兮?孰非善而可服?

阽余身而危死兮,览余初其犹未悔。

不量凿而正枘兮,固前修以菹醢。"

曾歔欷余郁邑兮,哀朕时之不当。

揽茹蕙以掩涕兮,沾余襟之浪浪。

第六节大意如下:

女嬃气喘吁吁多么愤怒啊,她翻来覆去地数落着我。说:"鲧为人刚直奋不顾身啊,

终于被杀死在羽之野。你为什么要那么忠直而洁身自好，独独有这么多的好节操？满屋子堆的都是杂草啊，你偏偏脱离群众不肯佩带。众人不是可以一家一户地去向他们解说的，谁会来体察我们的内情？世人都喜欢结党以营私啊，你为什么总要一个人孤零零而不听我的劝说。"

依从前代圣人的标准，不偏不倚地处理人和事，慨叹我满怀愤懑地经受了的这一切，渡过沅水、湘江向南进发啊，去向虞舜诉说我的委曲：

夏启从上天偷取了《九辩》和《九歌》，从此寻欢作乐放纵自己。不考虑危难为未来做打算，五辞，也是从历史的经验出发，寻找行为的尺度和准则。"皇天无私阿兮，览民德焉错辅。夫维圣哲以茂行兮，苟得用此下土。瞻前而顾后兮，相观民之计极。夫孰非义而可用兮？孰非善而可服？"这就是通过总结历史经验，他最后得出的民本主义的政治哲学。他始终自信真理在握，即便身近"危死"，也无怨无悔，就是因为在他的内心里有着这样的道义上的支持。女嬃的指责和向舜帝倾诉，展示了在高洁人格追求和持守中，家庭责任和历史价值的冲突，是精神探索的深化，把内在的分裂作了戏剧化的表达。

舜帝

跪敷衽以陈辞兮，耿吾既得此中正。

驷玉虬以乘鹥兮，溘埃风余上征。

朝发轫于苍梧兮，夕余至乎县圃。

欲少留此灵琐兮，日忽忽其将暮。

吾令羲和弭节兮，望崦嵫而勿迫。

路曼曼其修远兮，吾将上下而求索。

饮余马于咸池兮，总余辔乎扶桑。

折若木以拂日兮，聊逍遥以相羊。

前望舒使先驱兮，后飞廉使奔属。

鸾皇为余先戒兮，雷师告余以未具。

吾令凤鸟飞腾兮，继之以日夜。

飘风屯其相离兮，帅云霓而来御。

纷总总其离合兮，斑陆离其上下。

吾令帝阍开关兮，倚阊阖而望予。

尧帝

时暧暧其将罢兮,结幽兰而延伫。

世溷浊而不分兮,好蔽美而嫉妒。

朝吾将济于白水兮,登阆风而绁马。

忽反顾以流涕兮,哀高丘之无女。

溘吾游此春宫兮,折琼枝以继佩。

及荣华之未落兮,相下女之可诒。

吾令丰隆乘云兮,求宓妃之所在。

解佩纕以结言兮,吾令蹇修以为理。

纷总总其离合兮,忽纬繣其难迁。

夕归次于穷石兮,朝濯发乎洧盘。

保厥美以骄傲兮,日康娱以淫游。

虽信美而无礼兮,来违弃而改求。

览相观于四极兮,周流乎天余乃下。

望瑶台之偃蹇兮,见有娀之佚女。

吾令鸩为媒兮,鸩告余以不好。

雄鸩之鸣逝兮,余犹恶其佻巧。

心犹豫而狐疑兮,欲自适而不可。

风皇既受诒兮,恐高辛之先我。

欲远集而无所止兮,聊浮游以逍遥。

及少康之未家兮,留有虞之二姚。

理弱而媒拙兮,恐导言之不固。

世溷浊而嫉贤兮,好蔽美而称恶。

闺中既以邃远兮,哲王又不寤。

怀朕情而不发兮,余焉能忍而与此终古?

黄帝

第七节大意如下:

摊开衣襟跪在地,说完这番话,我心里一片明亮,确认自己已经得到了中正的至理。驾起四匹玉龙的车子,乘上凤鸟,忽然卷起一阵夹着尘埃的大风,我向上天飞去。

早晨从苍梧出发,傍晚就到了昆仑山中的县圃。想稍稍在这神灵的门前停留一下啊,太阳看看就要下山已近黄昏了。我命令羲和放慢车速,望着崦嵫山不要靠近。路途漫漫多么遥远啊,我还将去上下四方以寻求。

在咸池边饮饮我的马儿啊,在扶桑下整整我的马缰。折一枝若木拂拭拂拭将落的太阳啊,姑且就这样逍遥而徜徉。让月神望舒在前开路,让风神飞廉在后奔随。让凤凰替我先行警戒,雷师告诉我行装尚未齐备。我命令凤鸟飞腾啊,夜以继日向前飞去。旋风翻卷着靠向我的车子,率领着云霞来迎。云朵纷乱忽聚忽散,霞光斑驳上下闪灿。

我命令天帝的守门人打开门闩，他却只是靠着天门冷漠地看着我。时光昏暗一天就要结束了，手里编结着幽兰，我只能滞留在天门前久久地伫立。世界混浊不分好坏啊，总是喜欢掩盖他人的美好而嫉妒。

早晨我将渡过白水，登上阆风山系住我的马。忽然回头一望，泪水就流了下来，悲叹高丘之上无美女。

忽然我就到这春神的宫殿里来游玩，折下玉树的枝条增添佩饰。趁着这美丽的荣华未凋谢，看看下界有什么好女子可赠予。

我命令丰隆乘云而去，寻找宓妃的所在。解下佩带与她订约啊，我让謇修去做媒。事情像云朵一般纷乱忽聚忽散啊，忽然间她就耍脾气改变了主意。她傍晚回来住宿在穷石，早晨就在洧盘洗她的长发。仗着自己的美貌无比骄傲，一天天贪图享乐过度地游玩。虽然真的美丽却不懂礼节，来吧，让我们撇开她另找别人。

看啊看啊看啊，看遍了四方最远的边际，走遍天空我才下来。望见瑶台高高地耸起，望见了有娀氏的美女。我让鸩鸟为我做媒，鸩鸟却告诉我那女子不好。雄鸠也鸣叫着飞走了，我还讨厌它说话轻薄巧辩。心中犹豫，狐疑不定，想自己去又不可以。凤凰既已受人之托带去了聘礼，恐怕高辛氏要赶在我前头娶到有娀氏的女儿。

想远去别处却找不到停留之地啊，姑且就这样飘荡而逍遥。趁着少康还没成家啊，留住有虞氏的二姚。媒人无能说辞笨拙啊，恐怕说合的话也不牢靠。世间混浊妒贤嫉能啊，总是喜欢隐人之美扬人之恶。

闺中既是那样深远啊，明君又不醒悟。心怀着这样的至情而无从抒发，我怎能忍受这种情形永远这样下去。

从对帝舜的一番诉说中理清了自己的思想，也仿佛印证了自己行为的正确性，这就使他从一种现实的紧张中暂时解脱了出来，而开始了自我精神的求索。这一节有关神话世界游历的描写，闪射着绮丽的光芒。诗人在这里乘龙驭凤，行踪从昆仑县圃、咸池扶桑，直到天帝的门前，继而又转道白水阆风，漫游春宫。一路伴随着风云雷电，声势浩大，空间广阔，光彩斑斓。表面看仿佛摆脱了人世生活的种种羁绊，然而仔细察看就能发现，真正伴随着他的，仍是那种时光的匆促感，人事的阻隔感，和精神的孤独感。就是这种孤独感，催迫着他寻找精神上的相知，这就是《离骚》中"求女"的真正意义。然而，三次追求三次失败，原因既在对物件性情的不完全了解，更在"理弱而媒拙"和"世溷浊而嫉贤兮，好蔽美而称恶"。"媒"的问题，实际上是一个沟通和表达问题，屈原在这里触及的，是又一个普遍的人生困境。以神游写充满辉煌、又充满失落的精神求索，是屈原诗性思维的一大创造。它把天地风云神灵与人的精神焦虑驰逐相交织而浑融，展示了一个既是神话的、又是深度精神性的光色绚丽的非世界的世界。

索藑茅以筳篿兮，命灵氛为余占之。
曰："两美其必合兮，孰信修而慕之？
思九州之博大兮，岂惟是其有女？"
曰："勉远逝而无狐疑兮，孰求美而释女？
何所独无芳草兮，尔何怀乎故宇？"
世幽昧以眩曜兮，孰云察余之善恶坦？
民好恶其不同兮，唯此党人其独异！
户服艾以盈要兮，谓幽兰其不可佩。
览察草木其犹未得兮，岂珵美之能当？
苏粪壤以充帏兮，谓申椒其不芳。
欲从灵氛之吉占兮，心犹豫而狐疑。
巫咸将夕降兮，怀椒糈而要之。
百神翳其备降兮，九疑缤其并迎。
皇剡剡其扬灵兮，告余以吉故。
曰："勉升降以上下兮，求矩矱之所同。
汤、禹严而求合兮，挚、咎繇而能调。
苟中情其好修兮，又何必用夫行媒？
说操筑于傅岩兮，武丁用而不疑。
吕望之鼓刀兮，遭周文而得举。
宁戚之讴歌兮，齐桓闻以该辅船。
及年岁之未晏兮，时亦犹其未央。
恐鹈鴂之先鸣兮，使夫百草为之不芳。"
何琼佩之偃蹇兮，众薆然而蔽之。
唯此党人之不谅兮，恐嫉妒而折之。
时缤纷其变易兮，又何可以淹留？
兰芷变而不芳兮，荃蕙化而为茅。
何昔日之芳草兮，今直为此萧艾也？
岂其有他故兮，莫好修之害也！
余以兰为可恃兮，羌无实而容长。
委厥美以从俗兮，苟得列乎众芳。
椒专佞以慢慆兮，樧又欲充夫佩帏。
既干进而务入兮，又何芳之能祗？

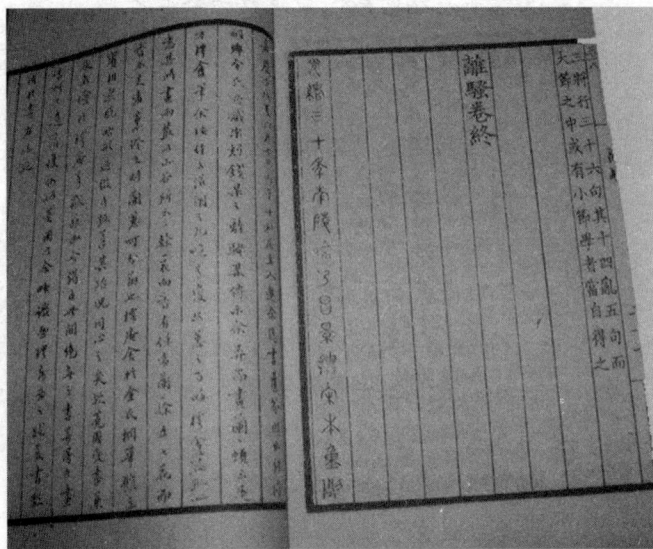

《离骚》书影

固时俗之流从兮，又孰能无变化？
览椒兰其若兹兮，又况揭车与江离？
惟兹佩之可贵兮，委厥美而历兹。
芳菲菲而难亏兮，芬至今犹未沬。
和调度以自娱兮，聊浮游而求女。
及余饰之方壮兮，周流观乎上下。

第八节大意如下：

索取蔓茅和竹片，命令灵氛为我占卜。问他说："两美一定会遇合，但谁又是真正美好而值得我爱慕的人呢？想九州之大，难道只是这里才有美女？"

灵氛说："勉力远去，不要再狐疑，谁人求美而能放过你呢？何处没有芳草呀，你为什么只是留恋着故居？世界昏暗而又使人迷乱，谁还体察我们的善恶？人们的好恶本来就不同，那些结党营私的人只是更加特别。家家户户佩戴艾蒿满腰，却说幽兰不可佩戴。观察草木都不能辨清好坏，鉴别美玉怎能得当？他们取来粪土填满香袋，却说花椒不芬芳。"

想听从灵氛的吉占，内心不免还是犹豫狐疑。巫咸将在晚上降神，我带了花椒和精米去迎接。

天上的百神蔽空齐下，九嶷山的众神纷纷来迎。光芒四射诸神显灵，告诉我一些吉利的故事。说："努力上下求索，寻求与自己价值尺度相同的人吧。商汤、夏禹诚心寻求志趣相投者，就有伊尹、皋陶能与他们协调。假如内心真的喜欢美好，又何必要媒人来说

合。傅说在傅岩为人筑墙，武丁也对他用之不疑。吕望曾是操刀的屠夫，遇到周文王得到拔举。甯戚边牧牛边唱歌，齐桓公听见就任用他为辅佐。趁着年岁还不太晚，时间也没有花光，努力有所作为吧，可怕的是杜鹃鸟先一叫，百草就不再散发芬芳。"

我的佩玉是多么高清啊，人们却遮遮掩掩往暗处藏掖。这些结党营私的人不讲信义啊，恐怕只会出于嫉妒而摧毁这佩玉。时世纷纭变化不定，又怎么能长久在此停留？兰草白芷变得不再芬芳，菖蒲蕙花变成了茅草。怎么从前的芳草，今天都变成了青蒿艾蒿？难道还有别的什么缘故？都是不自爱美害的。我原以为兰是可靠的，岂料它并无实质只是外表美好而已。放弃它本来的美好而去顺随世俗，苟且得到"芳草"的美名。椒专横谄媚而又傲慢，栋又想钻进香袋冒充芳馨。既求进用而投机钻营，又怎么能对芬芳真的心存敬意？世俗本就是随波逐流的啊，有谁能不随之变化呢？看看椒兰都是这样子，又何况揭车与江离？只有我这些佩饰可贵啊，美好虽被抛弃却经受住了这一切，香气扑鼻味儿一点没减少，芬芳至今很浓郁。

调整好佩玉的节奏和步伐以自得其乐，姑且就这样到处漂流，去寻找我心目中的美女。趁着我的佩饰正盛的时节，走遍四方上下去寻觅。

精神世界里的远行求索和"求女"屡屡受挫之后，诗人又回到现实之中。这时，对于他来说，还有另一种生活的可能造成精神的痛苦，那就是离去，离开楚国。灵氛的占卜和巫咸的降神，其实都是诗人内心矛盾的一种展现方式，是精神深度裂变而采取的诗的戏剧化表述方式。战国时期，中华文明圈正面临着一次新的整合，在本国找不到发展机会的"士"，在他国常可找到实现他人生价值的机遇，楚才晋用，朝秦暮楚已是士生活的常态，屈原不是不知道这种事实。"党人"的倒行逆施，世俗风气的堕落，似乎都在逼他离开这里，去寻找另外的机遇，然而他却深深地怀恋着自己的"故宇"。虽然灵氛告诉他"两美其必合"，劝他"远逝而无孤疑"，但他还是免不了"心犹豫而狐疑"。借巫咸之口说出的话，与其说是神意，不如说是诗人自己思想中的另一种考虑。在这里，他试图摆脱对"行媒"的依赖，寻求君臣遇合的更直接的路径，姜尚遇周文王等许多这类历史佳话似乎在鼓励着他，这里似乎透露出了屈原对朝廷中某些自己曾寄予希望的人的极度失望。时间再一次成为他思考问题的一个焦点，但它的意义已不仅是生命的匆促，而且也有对于变易的疑惧，"何昔日之芳草兮，今直为此萧艾也"，这样的感慨或许有具体的所指，但何尝又没有表现出一种有普遍意义的生命困惑？在这样的变易中，更显出了那种坚定人格的可贵："芳菲菲而难亏兮，芬至今犹未沫。"这就是屈原自我精神的赞歌。

灵氛既告余以吉占兮，历吉日乎吾将行。

折琼枝以为羞兮，精琼靡以为粻。

为余驾飞龙兮，杂瑶象以为车。

何离心之可同兮？吾将远逝以自疏。

邅吾道夫昆仑兮，路修远以周流。

扬云霓之腌蔼兮，鸣玉鸾之啾啾。

朝发轫于天津兮，夕余至乎西极。

凤皇翼其承旗兮，高翱翔之翼翼。

忽吾行此流沙兮，遵赤水而容与。

麾蛟龙使梁津兮，诏西皇使涉予。

路修远以多艰兮，腾众车使径待。

路不周以左转兮，指西海以为期。

屯余车其千乘兮，齐玉轪而并驰。

驾八龙之婉婉兮，载云旗之委蛇。

抑志而弭节兮，神高驰之邈邈。

奏《九歌》而舞《韶》兮，聊假日以媮乐。

陟升皇之赫戏兮，忽临睨夫旧乡。

仆夫悲余马怀兮，蜷局顾而不行。

大禹

第九节大意如下：

灵氛既已告诉我吉利的占辞，选个好日子我将远行。折下玉树的枝条做美味，舂细玉屑作干粮。为我驾起飞龙，用美玉和象牙镶嵌起我的车子，心思不同怎能合到一起呢，我将远远地离去，主动与他们拉开距离。

掉转车子朝昆仑山驶去,道路漫长,我将周游四方。扬起云霞的旗帜遮蔽白日,让车前的铃铛啾啾响个不停。早晨从天河的渡口出发,傍晚到达西方的边际,凤凰展翅托起绘有蛟龙的云旗,在天空高处从容地翱翔。忽然我就行到了这流沙地带,沿着赤水河缓缓地前进。指挥蛟龙在渡口架起桥梁,命令西皇渡我过赤水。路途遥远义多艰险,飞腾起众车在前面保护我的车骑。取道不周山向左行驶,指定两海为我们约聚之地。聚起我们千乘的擎辆,对齐了车轴一起前进。驾御起八条蜿蜒曲伸着的飞龙,车载的云旗随风翻卷飘动不停。控制住自己激动的心情,让车子停止前进,我神思飞扬,思绪飞向很远很远的地方。奏起《九歌》舞起《韶》,暂且借这一点时光娱乐一下自己。

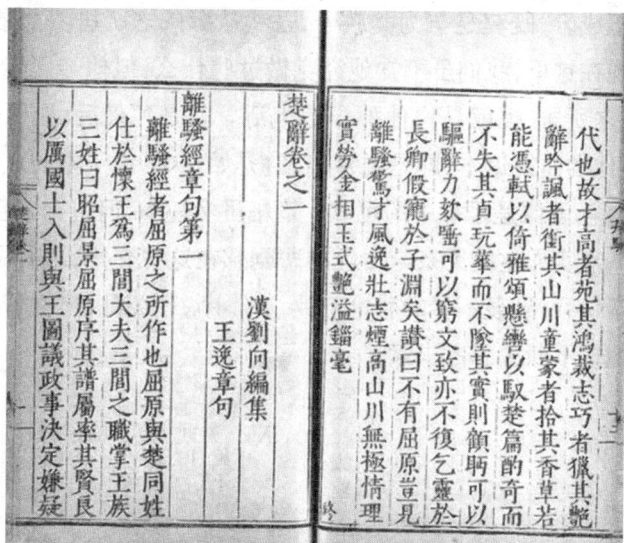

《楚辞》书影

升上光辉灿烂的高空,忽然低头瞥见了故乡,我的仆从悲伤起来,马儿也心怀眷恋,弓起身子再也不肯前行。

经过一番思想斗争,屈原似乎打定了主意要"远逝以自疏",但这仍然只发生在精神的世界里,是一次精神上的突围尝试。在想象中,他又一次驾起了飞龙的车子,转道奔向了昆仑,在神话的世界里四处奔波,在经历了路途的修远与艰难以后,在一片天庭的乐舞声中,他想象的车骑升上了一个光明的高度。然而,就是在这时候,忽然看到了家乡,"仆夫悲余马怀兮,蜷局顾而不行",仆从和马匹都因离乡而痛苦,这一番神游最后留下的竟是一个蜷局回望的姿态。昆仑高举与旧乡情结,成为《离骚》充满超越感和责任感的终极关怀所系,在一派飞翔、歌舞和光明之中,升华出震撼人心的精神力量。至此,我们才能真正明白《离骚》开头那一句"帝高阳之苗裔",对他来说真正意味着些什么,它在倾诉着人生根本之所在。

乱曰:已矣哉! 国无人莫我知兮,

又何怀乎故都! 既莫足与为美政兮,

吾将从彭咸之所居!

乱辞大意如下:

算了吧,国内没有人能了解我啊,我又何必怀恋这故国之都。既然不足以实现理想的政治,我将去追随彭咸所过的生活。

在经历了许多的矛盾痛苦,许多的期望失落,以及想象中的洒脱热闹之后,《离骚》临近了它的尾声。但笼罩在这里的,却是一派绝望:"国无人莫我知兮,又何怀乎故都!"留又留不得,走又走不成。"既莫足与为美政兮,吾将从彭咸之所居。"彭咸,这个音影模糊的人物,又一次出现在这里,我们虽不知他究竟做过些什么,但他却无疑是屈原心目中的人格典范。从彭咸之所居,也就是像他那样地生活。就是到最后,屈原也不肯放弃他做人的原则。这就是他的曲终返本,即是说,《离骚》是始于本,终于本的。

楚辞中的"乱"辞,就像是乐章中的尾歌。篇幅虽然短小,但包含丰富,仿佛凝缩无限的感慨于一声叹息,现实人生的无奈与命运的悲剧感在这里交集,言有尽而意无穷,即便掩卷,仍有一种余音绕梁,袅袅不尽的悲怆韵致,剪不断,理还乱,搅扰着两千多年中国文人的魂梦,催迫着他们不断去思考求索。

九歌

屈原

《九歌》原是流行于楚国南部沅、湘之间的古老巫歌。东汉王逸《楚辞章句》说："《九歌》者,屈原之所作也。昔楚国南郢之邑,沅湘之间,其俗信鬼而好祠。其祠,必作歌乐鼓舞以乐诸神。屈原放逐,窜伏其域,怀忧苦毒,愁思沸郁。出见俗人祭祀之礼,歌舞之乐,其词鄙陋。因为作《九歌》之曲,上陈事神之敬,下见己之冤结,托之以风谏。故其文意不同,章句杂错,而广异义焉。"根据这种说法,屈原是在流放期间,接触到了一些属于民间宗教的歌舞,在它们的基础上,糅进了自己的思想和想象,加工点染,创作出了这些散发着浓郁的楚文化气息的芬美诗篇。这是巫歌诗人化的带有里程碑性质的艺术精品。

《九歌》的表现物件,是一个神人杂糅的世界,这里的所有场面,无一不带有巫文化的色彩。巫在这里扮演着一个最为重要的角色,她(他)们常常一身数任,可以同时既是迎神者,又是神灵附体者;既是表演者,又是叙述者。这就给《九歌》的艺术表现带来了意味丰富的多视角、多声部特点,许多场面都带有朦胧幽艳的戏剧性。

东皇太一

吉日兮辰良,穆将愉兮上皇。
抚长剑兮玉珥,璆锵鸣兮琳琅。
瑶席兮玉瑱,盍将把兮琼芳。
蕙肴蒸兮兰藉,奠桂酒兮椒浆。
扬袍兮拊鼓,疏缓节兮安歌,
陈竽瑟兮浩倡。
灵偃蹇兮姣服,芳菲菲兮满堂。
五音纷兮繁会,君欣欣兮乐康

《东皇太一》是《九歌》的第一首,祭祀的是楚人心目中的最高天神。歌词大意如下:
在一个吉日良辰,恭敬虔诚的人们将举行仪式以取悦东皇太一。主祭的巫师手握镶

东皇太一

玉的长剑,身佩的玉饰相撞叮当作响。美玉般光洁的座席用玉石的镇席压着边角,双手供上美玉般的化朵蕙草包裹着肴蒸,下面垫着兰草,祭献上香美的桂酒和椒浆。扬起鼓槌敲击大鼓,奏起舒缓的音乐悠然歌唱,陈列在堂前的竽啊瑟啊一类的器乐热烈地相互应和。扮成神灵的巫师仪容尊贵,服饰漂亮,香气弥散,充满着整个厅堂。各种各样的音乐交相奏鸣,祝愿东皇太一快乐而安康。

　　这是一出庄严肃穆的祭神曲。由于所祭之神的尊贵,整个仪式显得庄重严谨,乐歌的节奏也舒缓悠扬。精美的器具,香洁的供品,端庄的人物,曼妙的歌舞,共同创造了一个华美高贵,热诚炽烈的人神交接场面。

云中君

浴兰汤兮沐芳,华采衣兮若英。

灵连蜷兮既留,烂昭昭兮未央。

蹇将憺兮寿宫,与日月兮齐光。

龙驾兮帝服,聊翱游兮周章。

灵皇皇兮既降,猋远举兮云中。

览冀州兮有馀,横四海兮焉穷。

思夫君兮太息,极劳心兮忡忡。

《云中君》是祭祀云神的乐歌，可分三个层次，分别表现降神、扮神和送神的过程。这首祭歌的表现主体是云神，表现者是祭神的女巫，她既是迎神者，又是神的代表，因而乐歌的视角和口吻不停地变换。一开始是迎神的场面和巫女的自述，接着是对神灵降下情形的描绘，再接下去，是神灵附体后的代神言说，然后是神灵离去后祭神者的想象和怀恋之情。歌词大意如下：

　　（祭神的巫女）用散发着兰花香气的热水沐浴，身穿如花美丽的彩衣。神灵如云霞翻卷而下，光芒灿烂照射无边。

　　（巫女代神歌唱）将安居于神堂，像日月一样放射光芒。驾着飞龙的车子，穿着天帝的服饰，暂且在这儿盘旋飞翔。

　　（巫女唱）神灵光芒耀眼地降下，忽然又远远地飞向云中。他的目光扫视到中国之外，他的行踪横绝四海哪见个尽头？思念神君呀长长地叹息，心儿怦怦啊最是让人劳想。

　　云神不像东皇太一那样尊贵，但他与人们生活的关系更为切近，云的流动变换带来的是雨水或阳光，这都是人类最需要的东西。巫女对云神的期待和思念，表现出的是原始时代人们对于雨水和阳光的期盼，因而取悦云神也是一件十分重要的宗教仪式。出现在这首诗中的云神，既带有云的自然形象的特点，又带有神话人物的某种意气。他忽而"连蜷既留"，"搴将憺兮寿宫"，忽而"焱远举兮云中"，来去自如，捉摸不定。他出现时，光芒灿烂——"烂昭昭兮未央"，驾着飞龙的车子，穿着天帝的服饰，在神堂之上盘旋飞翔；他离去时，飘然远举，"览冀州兮有馀，横四海兮焉穷"，不知消失在什么地方。这样的描写，自始至终以巫女对他的迎候、想念贯穿起来，使整首诗的情绪气氛显得相当错综多变而又活泼生动。

湘君

　　　　君不行兮夷犹，蹇谁留兮中洲？
　　　　美要眇兮宜修，沛吾乘兮桂舟。
　　　　令沅、湘兮无波，使江水兮安流。
　　　　望夫君兮未来，吹参差兮谁思？
　　　　驾飞龙兮北征，邅吾道兮洞庭。
　　　　薜荔柏兮蕙绸，荪桡兮兰旌。
　　　　望涔阳兮极浦，横大江兮扬灵。
　　　　扬灵兮未极，女婵媛兮为余太息！
　　　　横流涕兮潺湲，隐思君兮陫侧。

國學智慧全書

楚辞

277

桂棹兮兰枻，斫冰兮积雪。

采薜荔兮水中，搴芙蓉兮木末。

心不同兮媒劳，恩不甚兮轻绝。

石濑兮浅浅，飞龙兮翩翩。

交不忠兮怨长，期不信兮告余以不闲。

朝骋骛兮江皋，夕弭节兮北渚。

鸟次兮屋上，水周兮堂下。

捐余玦兮江中，遗余佩兮澧浦。

采芳洲兮杜若，将以遗兮下女。

时不可兮再得，聊逍遥兮容与。

湘君

此篇所祭的湘君和下篇的湘夫人，都是湘水的神灵。相传舜帝南巡死于苍梧之野，他的两个妃子娥皇、女英寻到洞庭湖边，听说死讯后，南望痛哭，投湘水自杀，后人就以她们为湘水的女神。《九歌》里的湘君、湘夫人是一对配偶神，在他们的故事中显然渗入了娥皇、女英的传说，但湘君、湘夫人却不一定就是舜及他的二妃，他们更像是一对自然的神灵。民间传说本来就是一种在不断添加叠合中丰富着的东西，传说故事渗入自然神灵的崇拜后，更为它增添了一重扑朔迷离的魅力。

《湘君》《湘夫人》二篇，相对为歌，表现一对恋人间的深深思慕。《湘君》是思恋湘君的歌，可能由装饰成湘夫人的巫女来演唱。歌词大意如下：

你犹犹豫豫不行走，为谁滞留在水中的沙洲？我打扮得体，神态动人，浩浩荡荡驾乘起桂木舟。命令沅湘不要起波浪，让长江平稳地流。盼望着你啊，你却没有来，吹起悠扬的排箫啊还能思念谁呢！

驾着飞龙之舟啊北行，拨转我的航向啊向着洞庭。薜荔装饰着舱壁啊蕙草缠绕，荪草饰桨啊兰草饰旗。远望着涔阳遥远的水边，横渡大江而显灵。显灵还没有完呢，就听见那个女子激动地为我叹息。

泪水横流啊潺湲不断，心疼地想你啊悲苦不已。挥动桂木的长桨啊举起兰木的短楫，击打着如冰的水面啊扬起浪花如雪。（但这就像是）在水中采摘薜荔，上树梢折取荷花。两心不同啊媒人徒然劳累，恩爱不深啊轻易就将我抛弃。乱石间的激流啊水花飞溅，飞龙之舟啊船行翩翩。相交不忠啊怨思深长，相约不信啊却对我说没有空闲。

早晨我奔走在江边，傍晚停留在北边的洲渚。鸟儿栖息在屋上，流水环绕在堂下。

将我的玉玦抛到江中，将我的佩饰留在澧浦。采来芳洲的杜若，将要把它送给下女。时光一去啊就不回来，暂且逍遥啊徘徊在这里。

國學智慧全書

诗学智慧

湘君驾飞龙

　　这是一曲神的恋歌,但充溢其中的仍是人间爱的间阻和疑虑。说屈原借《九歌》表达了自己久积心中的情愫,应该说不为无据,要不然,《九歌》中为什么会有这么多的"不遇"？在《湘君》的一开始,湘夫人就因候人不来而心生疑虑,带着这种疑虑,她开始了沿着江流的寻求。从后面的表现看,湘君并没有为谁而滞留在什么地方,造成阻隔的只是一种带点命运意味的路途上的错失。湘君和湘夫人始终在相互寻找,却到诗篇结束也没有相互找得到。这种思念、追求、错失、等待,形成了一种诗意的张力,爱情大约本来就是这样美好而又这样恼人。《湘君》和《湘夫人》的表现方式,带有沅湘民间情歌对唱的特点,不仅两篇之间存在着这种相对的关系,每篇的内部也存在着不同的声音。另外,由于思念的强烈,唱歌者常常处于一种迷幻的状态,这就常常使我们分不清其中的一些诗句,是湘君的答歌,还是只是湘夫人的想象。但这同时也就为我们提供了更丰富的想象天地,不同的解读,并不影响到整体诗意的完美,相反倒造成一种扑朔迷离,似真似幻的效果,更增加了这一曲神的恋歌的奇异。

湘夫人

帝子降兮北渚，目眇眇兮愁予。

袅袅兮秋风，洞庭波兮木叶下。

登白薠兮骋望，与佳期兮夕张。

鸟何萃兮蘋中？罾何为兮木上？

沅有芷兮澧有兰，思公子兮未敢言。

荒忽兮远望，观流水兮潺湲。

麋何食兮庭中？蛟何为兮水裔？

朝驰余马兮江皋，夕济兮西澨。

闻佳人兮召予，将腾驾兮偕逝。

筑室兮水中，葺之兮荷盖。

荪壁兮紫坛，播芳椒兮成堂。

桂栋兮兰橑，辛夷楣兮药房。

罔薜荔兮为帷，擗蕙櫋兮既张。

白玉兮为镇，疏石兰兮为芳。

芷葺兮荷屋，缭之兮杜衡。

合百草兮实庭，建芳馨兮庑门。

九嶷缤兮并迎，灵之来兮如云。

捐余袂兮江中，遗余褋兮澧浦。

搴汀洲兮杜若，将以遗兮远者。

时不可兮骤得，聊逍遥兮容与。

这是湘君思念湘夫人的歌，大概由扮成湘君的男巫演唱。大意如下：

那个天帝的女儿啊降落到了北渚，远望不清啊使我愁郁。袅袅的秋风吹过，洞庭湖泛起波浪，树上的叶子纷纷飘落。

登上长满白薠的山坡纵目远望，与佳人相约啊从傍晚就开始张罗。鸟儿为什么聚集在水草间？渔网为什么挂在树梢上？沅水边有芷草啊澧水边有兰，思念着她啊未敢开言。恍恍惚惚远望不见啊，低头观看流水潺湲。

麋鹿为什么来庭中吃草？蛟龙为什么来到水边？早晨我放马信步在江边，傍晚渡到水的西岸。听说佳人在召唤我啊，将和我驾起车子一同远去。

在水中修一座房子，用荷叶铺成屋顶。荪草的墙壁，紫贝的庭院，播撒花椒砌成厅

堂。桂木的梁栋，兰木的屋椽，辛夷木的门楣，白芷装饰的卧房。编结薜荔制成帷帐，撕开蕙草做成的屋檐板已经铺张。白玉做的镇席，摆放四处的石兰花散发着芬芳。荷叶的屋顶覆盖上白芷，又在周围缠绕上杜衡。汇集百草啊布满庭院，散放着香气的物品堆满门庭。九嶷山的神灵一起来欢迎，神灵缤纷如彩云。

湘夫人

将我衣袖丢到江中，将我的单衣留在澧浦。采来汀洲上的杜若，将要把它送给远方的人儿。时机不可能突然得到，就让我暂且在这里徘徊逍遥。

仍然是等待，仍然是期盼，仍然是遥遥地望眼。秋风袅袅而起，黄叶飘落，洞庭湖泛着微波。"袅袅兮秋风，洞庭波兮木叶下"，成为融情于景的千古名句。湘君仿佛远远望见湘夫人降到了水中的洲渚，是耶非耶？始终不太分明。折磨过湘夫人的那种错位感，同样在折磨着湘君，"鸟何萃兮蘋中，罾何为兮木上？"与前篇的"采薜荔兮水中，搴芙蓉兮木末"，在构思上何其相像！"沅有芷兮澧有兰，思公子兮未敢言"，爱情的表达难道总是这么困难？仍然是奔走，仍然是仿徨，仍然是幸福的想象，仍然是欲罢不能的牵挂。"筑室兮水中，葺之兮荷盖。荪壁兮紫坛……"这是一座水神的新房，没有龙宫式的富贵华丽，有的只是超尘脱俗的清净、芬芳，这里体现的不正是屈子的美学？

大司命

广开兮天门，纷吾乘兮玄云。

令飘风兮先驱，使冻雨兮洒尘。

君回翔兮以下，逾空桑兮从女。

纷总总兮九州，何寿夭兮在予！

高飞兮安翔，乘清气兮御阴阳。

吾与君兮斋速，导帝之兮九坑。

灵衣兮被被，玉佩兮陆离。

一阴兮一阳，众莫知兮余所为。

折疏麻兮瑶华，将以遗兮离居。

老冉冉兮既极，不寝近兮愈疏。

乘龙兮辚辚，高驰兮冲天。

结桂枝兮延伫，羌愈思兮愁人。

愁人兮奈何！愿若今兮无亏。

固人命兮有当，孰离合兮可为？

大司命是掌管人的生死寿夭的神灵。歌词大意如下：

（主巫扮成大司命唱）大开天门，我乘着纷飞的黑云。令旋风在前开路，让暴雨洒水乐尘。

（巫唱）您盘旋飞翔而下啊，我们追随您越过空桑。（大司命唱）纷纭的九州众乍啊，为何寿夭生死都要由我来定？

（巫唱）高高地飞啊悠悠地翔，乘着天地的清气啊驾驭着阴阳。我恭谨虔诚地跟从着您啊，引导天帝到九州的山冈。

大司命

（大司命唱）我的神衣飘飘垂垂，玉佩的光彩斑驳陆离。天地间的一阴一阳变化无常，没有人能懂得啊都是我的作为。

（巫唱）折一枝疏麻啊采一朵瑶华，将要赠它啊给离开的人们。老境渐渐啊已经来临，不与他亲近啊越来越生疏。

（巫唱）乘着辚辚的龙车，高高地飞驰啊冲天而去。扎一束桂枝啊久久地伫立，更加思念他啊使人忧愁。

（巫唱）使人忧愁啊又能怎么办呢？但愿像今日啊平安无损。人的寿命本来就有一定，谁又能对司命之神的离合有所作为？

大司命是主宰人的寿夭生死的神灵，他的出场就带着一种逼人的气势，说话的口吻也与其他神灵不同。天门大开，黑云滚滚，旋风开道，暴雨洒尘，表现出的都是一个主宰者的气概，但"纷总总兮九州，何寿夭兮在予"一句，于自负里却又透露出一丝迷惘，"一阴兮一阳，众莫知兮余所为"，人的生死寿夭竟取决于一位天神偶然的意志，似乎连大司命也感到有些不可思议。祭神是为了取悦于神，也就是为了延长人的生命，但这个神的意志是不可揣测的，他的来去也没有人能掌握，因而祭歌的最后还是归结于一种无可奈何的怅惘，承认"固人命兮有当"，大司命的眷顾既然无人能够掌握，一切就还只能听任命运的安排了。

少司命

秋兰兮麋芜，罗生兮堂下。

绿叶兮素枝，芳菲菲兮袭予。

夫人自有兮美子，荪何以兮愁苦？

秋兰兮青青，绿叶兮紫茎。

满堂兮美人，忽独与余兮目成。

入不言兮出不辞，乘回风兮载云旗。

悲莫悲兮生别离，乐莫乐兮新相知。

荷衣兮蕙带，倏而来兮忽而逝。

夕宿兮帝郊，君谁须兮云之际？

与女沐兮咸池，晞女发兮阳之阿。

望美人兮未来，临风恍兮浩歌。

孔盖兮翠旍，登九天兮抚彗星。

竦长剑兮拥幼艾，荪独宜兮为民正。

少司命是掌管子嗣和儿童命运的神灵。歌词大意如下：

秋兰、麋芜，遍生堂下，绿色的叶白色花，香气菲菲啊沁人肺腑。人们自会有好儿女，你为什么还要为他们而愁苦？

秋兰青青，绿色的叶，紫色的茎。满堂都是美人啊，忽然独对我以目传情。

进门不说话啊出门不告辞，乘着旋风啊载着云旗，悲莫悲啊生别离，乐莫乐啊新相知。

穿荷衣啊佩蕙带，突然就来了，忽然又走了。傍晚歇息在天帝的城外，你在等待着谁啊在那云之际？

和你一起在咸池洗头，晾晒你的头发在向阳的山阿。望美人啊她却没有来，迎风怅惘啊放声高歌。

孔雀翎毛的车盖啊，翠鸟羽毛的旌旗，登上九天啊手把彗星。手持长剑啊怀抱婴孩，独有你最当得起为民做主的人。

大约所有的原始宗教都曾有过祈求子嗣的仪式，也都有它们掌管生育和儿童健康的神灵，《九歌》中的少司命，就是这样一位带给人们幸福的神灵。怎样才能获得他的眷顾呢？那些希望怀孕生子的妇女可得动些脑筋。《少司命》一开头提到的秋兰麋芜，表面看去似乎只是对神堂环境的描写，实际却已隐含着一种寓意。麋芜又名芎䓖，据古籍记载，

"芎䓖味辛温,主……妇人血闭无子"。"兰有围香,人服媚之,古以为生子之祥"。由此可见,《少司命》中的歌舞,其主要目的在"媚"神,因而,这就是一曲人与神的恋歌。"夫人自有兮美子,荪何以兮愁苦?""满堂兮美人,忽独与余兮目成",都是要将少司命的注意力吸引到自己的身上来。在迷幻恍惚中,求子者仿佛看到了少司命对自己的注目,看到了他的忽来忽去,甚至听到他的邀请"与女沐兮咸池,晞女发兮阳之阿"。虽然只是祭神求子仪式上的歌谣,但这种人神之恋中其实已渗入了真实的爱情经验与想象,"悲莫悲兮生别离,乐莫乐兮新相知",这样深挚的感情表达,谁又能分得清是在对神诉说衷情,还是在表达着另一些更为具体的情感生活体验?《九歌》中的神神之恋,人神之恋,之所以特别动人,都因为它所表达的不止是一种宗教情感。甚至可以说,它把原始宗教仪式人情化,或把人情神圣化了。

东君

暾将出兮东方,照吾槛兮扶桑。

抚余马兮安驱,夜皎皎兮既明。

驾龙辀兮乘雷,载云旗兮委蛇。

长太息兮将上,心低徊兮顾怀。

羌声色兮娱人,观者憺兮忘归。

絙瑟兮交鼓,萧钟兮瑶虡。

鸣篪兮吹竽竹,思灵保兮贤姱。

翾飞兮翠曾,展诗兮会舞。

应律兮合节,灵之来兮蔽日。

青云衣兮白霓裳,举长矢兮射天狼。

操余弧兮反沦降,援北斗兮酌桂浆。

撰余辔兮高驰翔,杳冥冥兮以东行。

《东君》是祭太阳神的乐歌。开头一节写日升,中间写祭神的歌舞,最后写日落。歌词大意如下:

朝阳将升啊东方,照在我的栏杆上啊照亮高高的扶桑。轻拍着我的马儿啊缓缓出游,夜色皎皎啊天已放亮。

驾起龙拉的车子,乘着滚滚的雷声,载着满天云霞翻卷的旗子,长叹一声将要升上高空,心里留恋啊顾念徘徊。声色迷人啊,看的人都忘回来。

绷紧瑟弦啊相对击鼓,猛烈敲钟啊钟架晃动。吹起篪,吹起竽,思恋神君啊贤良美

好。舞姿轻妙啊像翠鸟翩飞,展诵诗章啊一起跳舞。应着旋律啊合着节拍,神灵降临啊遮天蔽日。

青云衣啊白霓裳,举长箭啊射天狼。操着我的小弓啊回身向下降,拿起北斗啊饮酒浆。抓住我的马缰啊高高地飞翔,乘着幽暗的夜色啊返回东方的扶桑。

太阳的东升西降是自然界最壮丽的景观,太阳的温热和光明也最和人们的生活相关,祭祀太阳神的仪式自然应该格外隆重庄严。

东君

《东君》一开篇,先从太阳的上升写起:"暾将出兮东方,照吾槛兮扶桑",朝阳从东方升起来了,它的光线最先照到的,却是太阳神自己的屋门和他门前的扶桑树。这是一个神话的境界,但透映的却是人间生活,那门前温暖的阳光,扶桑树梢头明亮的光线,不就是人们日常所见到的东西吗?"抚余马兮安驱,夜皎皎兮既明",一种平和安详的节奏,暗示出人们对和平安定生活的向往。"驾龙辀兮乘雷,载云旗兮委蛇",第二节的描写更多了一些神奇的色彩,从满天云霞翻卷的旗子中,我们看到了太阳的自然形态和他的神格的一种交融。作为神的太阳也是有意志,有感情的,它仿佛也在留恋着人间的欢乐,娱神的歌舞使他流连忘返,"长太息兮将上,心低徊兮顾怀。羌声色兮娱人,观者憺兮忘归。"还未看到歌舞的场面,我们就看到了一种效果,这不就是祭神者所要追求的吗?太阳的行进也就是时间的行进,留住太阳也就是留住时间,留住生命,屈原的作品中多次写到"时不可以淹",在祭东君的这种场面中,是否也有一些对于生命永恒的期盼,很值得仔细回味。

诗的第三节写歌舞的热烈场面。第四节又回到太阳的运行,但充满了神话意味,天狼、弧矢、北斗,这些天上的星名,都化成了真实的形象,而太阳神的一举一动,也充满了英雄般的阳刚之气。这种神话想象,深远地影响了后世借天象抒情的诗词想象。

河伯

与女游兮九河,冲风起兮横波。

乘水车兮荷盖,驾两龙兮骖螭。

登昆仑兮四望,心飞扬兮浩荡。

日将暮兮怅忘归,惟极浦兮寤怀。

驾龙辀兮乘雷,载云旗兮委蛇

鱼鳞屋兮龙堂,紫贝阙兮朱宫。

灵何为兮水中? 乘白鼋兮逐文鱼,

与女游兮河之渚,流澌纷兮将来下。

子交手兮东行,送美人兮南浦。

波滔滔兮来迎,鱼邻邻兮媵予。

《河伯》祭祀的是黄河的水神。歌词大意如下:

和你一同畅游啊九流归海的黄河,暴风吹起啊水扬横波。乘着行驶水中的车子啊荷叶作成车盖,驾驭着两条龙啊骖马用螭。

登上昆仑啊放眼四望,意气飞扬啊情思浩荡。白日将暮啊惆怅忘归,思念那遥远的水边啊醒里梦里都不忘怀。

鱼鳞盖成的屋子啊龙鳞的厅堂，紫贝的门楼啊红色的宫墙。神灵在水中都做些什么？乘着白鼋啊追逐着五彩斑斓的鱼。与你一同畅游啊河中的沙渚，解冻的冰水啊将要流下来。

和你拉着手儿向东行，送别美人啊在南浦。波浪滔滔啊来迎接，鱼儿挨挨挤挤啊陪送着我。

河伯

在《九歌》各篇中，《河伯》的恋爱，气氛较为欢快。"与女游兮九河，冲风起兮横波"，诗篇一开始，恋人们就在享受畅游的快乐。迎着暴风，乘着汹涌的波涛，驾着行驶水上的龙车，他们一直来到传说中的黄河源头，"登昆仑兮四望，心飞扬兮浩荡"，游兴淋漓处又暗暗生出一丝怅惘，"日将暮兮怅忘归，惟极浦兮寤怀"。身在河源，又想象着那遥远的水边——那或许是黄河入海的地方吧。接下去的描写直到篇末，不时让我们感觉，仿佛走进了现代海洋馆的某个地方，那鱼鳞的屋子、龙鳞的厅堂、紫贝的门楼、红色的宫墙、嬉逐的白鼋、五彩的游鱼，还有鱼儿们成群结队的样子，都仿佛是我们透过一堵玻璃墙看到的热带水底世界。

山鬼

若有人兮山之阿，被薜荔兮带女萝。

既含睇兮又宜笑，子慕予兮善窈窕。

乘赤豹兮从文狸，辛夷车兮结桂旗。

被石兰兮带杜衡，折芳馨兮遗所思。

余处幽篁兮终不见天，路险难兮独后来。

表独立兮山之上，云容容兮而在下。

杳冥冥兮羌昼晦，东风飘兮神灵雨。

留灵修兮憺忘归，岁既晏兮孰华予？

采三秀兮于山间，石磊磊兮葛蔓蔓。

怨公子兮怅忘归，君思我兮不得闲。

山中人兮芳杜若，饮石泉兮荫松柏。

君思我兮然疑作。

雷填填兮雨冥冥，猨啾啾兮狖夜鸣。

风飒飒兮木萧萧，思公子兮徒离忧。

《山鬼》祭祀的是山间的神灵。歌词大意如下：

恍惚有个人啊在那山湾里，披挂着薛荔啊缠带着女萝。美目含情啊笑貌迷人，你恋慕着我啊姿态姣好。

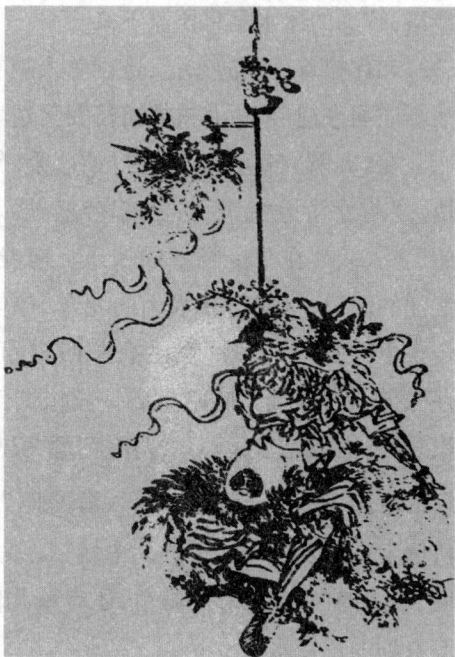

山鬼

乘着赤豹啊跟着花狸，辛夷木的香车啊桂枝的旗。披挂着石兰啊佩戴着杜衡，折一枝香花啊送给思念中的人。我住在深深的竹林里啊总见不着天空，道路险难啊独自来迟。

醒目地站立在高山之上，流云容容啊在我之下。天色深幽啊白日昏暗，东风飘送啊神灵下雨。等待着我的心上人啊忘记了回去，年岁已晚啊谁能给我再一次青春美丽。

采摘芝草啊在山间，乱石磊磊啊葛藤蔓蔓。心怨公子啊怅然忘归，你思念着我啊难道总没空闲？山中的人啊芬美像杜若，饮的是清泉啊遮荫的是松柏。说是你想念着我啊，禁不住又生疑。

雷声隆隆啊阴雨冥冥，猿声啾啾啊深夜抗鸣。风声飒飒啊树木萧萧，思念公子啊徒然忧愁。

山鬼是什么神，现在已没有什么人能完全说得清，从诗里看，她只是一个居住在山间的精灵，地位似乎并不怎么高贵，却格外美丽多情。诗人在这里要表现的，与其说是诸神威慑人间的神圣感，不如说是缠绵悱恻的人情味，以及清新直率的民俗野性活力。从山鬼的出场和她居住的环境看，她的存在应该是带有原始意味的山林神秘的一部分。"若有人兮山之阿"，迷离恍惚，若有若无，像希腊神话中的林泽仙女，她的踪迹总是透着一些神秘。她的服饰仪从，也带有自然神灵的明显特征："……被薛荔兮带女萝……乘赤豹兮从文狸……"但林泽仙女们似乎总是成群地出现，快乐地舞蹈，而我们的山鬼，生活中更多一些孤寂。她住在山林的最幽深处，而且也没有什么同伴，"余处幽篁兮终不见天，路险难兮独后来"。正因如此，她也就更加向往人间的爱情和欢乐。但她又似乎总是处于爱情的等待之中，就是在这种等待中，她的青春年华悄悄流逝，她的心境也更苦恼寂寞。

国殇

操吴戈兮被犀甲，车错毂兮短兵接。

旌蔽日兮敌若云，矢交坠兮士争先。

凌余阵兮躐余行，左骖殪兮右刃伤。

霾两轮兮絷四马，援玉枹兮击鸣鼓。

天时坠兮威灵怒，严杀尽兮弃原野。

出不入兮往不反，平原忽兮路超远。

带长剑兮挟秦弓，首身离兮心不惩。

诚既勇兮又以武，终刚强兮不可凌。

身既死兮神以灵，子魂魄兮为鬼雄。

《国殇》祭祀的是为国捐躯的战士。歌词大意如下：

手持吴戈啊身披犀甲，战车交错啊短兵相接。旌旗蔽日啊敌兵若云，箭矢交坠啊士卒争先。敌人侵入了我们的战阵啊践踏着我们的行列，左边的骖马死了啊右边的又受了刀伤。埋住两轮啊绊住四马，拿起嵌玉的鼓槌啊击起响亮的战鼓。上天怨愤啊神灵发怒，严酷地杀尽啊弃于原野。

出门不入啊去而不返，平原茫茫啊路途遥远。身带长剑啊臂挟秦弓，首身分离啊心无悔恨。真正是既勇敢啊又英武，至死刚强啊不可欺凌。肉体虽已死去啊精神永存，你的魂魄啊是鬼中的英雄。

《国殇》歌颂的是为国捐躯的战士，因而它的风格也与《九歌》其他各篇截然不同，一扫前面各篇恋歌的缠绵怨悱的气息，它的格调变得悲壮激烈。作品一开始就描绘出一幅惨烈的战争场面："操吴戈兮被犀甲，车错毂兮短兵接。旌蔽日兮敌若云，矢交坠兮士争先。"但战争的形势并不利于我方，敌人很快就突破了我们的防线，一场殊死搏斗的结果，是原野上留下了一片战死者的遗骸。作品的后半，抒情语气加重，开始对战死者的凭吊，英雄们虽然死了，但他们的精神却永远感动着人们，他们的气概也不因首身分离而减损分毫。因此，此诗当得一篇坚毅勇武的战魂颂。

礼魂

成礼兮会鼓，传芭兮代舞。

姱女倡兮容与。

春兰兮秋菊，长无绝兮终古。

《礼魂》是《九歌》的最后一曲，也是祭祀活动临近结束时的送神曲。诗意大体如下：

祭礼告成啊一齐击鼓，传递着鲜花啊轮流跳舞。美丽的巫女领唱啊有着从容的风度。春天的兰花啊秋天的菊，长相供养啊永无绝。

美丽的巫女

祭礼既完，送神的歌舞就无须太长。《礼魂》只是简简单单描绘了一下鼓乐、舞蹈与祭神者的意愿，它的句式也比前面各诗变得更为简单。"成礼兮会鼓，传芭兮代舞"，两字一顿的节奏，本身就像仪式结束时的鼓点，铿锵、明快。"姱女倡兮容与"，从句式到语意都更显悠徐。"春兰兮秋菊，长无绝兮终古"，所有的祭礼都完成了，歌舞也结束了，但仍有一种绵延不绝的余韵，萦回在亘古的时空里。

卜居

屈原

屈原既放,三年不得复见,竭知尽忠,而蔽鄣于谗,心烦虑乱,不知所从。乃往见太卜郑詹尹曰:"余有所疑,愿因先生决之。"詹尹乃端策拂龟曰:"君将何以教之?"

卜居

屈原曰:"吾宁悃悃款款,朴以忠乎?将送往劳来,斯无穷乎?宁诛锄草茅,以力耕乎?将游大人,以成名乎?宁正言不讳,以危身乎?将从俗富贵,以媮生乎?宁超然高举,以保真乎?将哫訾栗斯,喔咿儒儿,以事妇人乎?宁廉洁正直,以自清乎?将突梯滑稽,如脂如韦,以絜楹乎?宁昂昂若千里之驹乎?将泛泛若水中之凫乎?与波上下,偷以全吾躯乎?宁与骐骥亢轭乎?将随驽马之迹乎?宁与黄鹄比翼乎?将与鸡鹜争食乎?此孰吉孰凶?何去何从?世溷浊而不清,蝉翼为重,千钧为轻;黄钟毁弃,瓦釜雷鸣;谗人高张,贤士无名。吁嗟默默兮,谁知吾之廉贞?"

　　詹尹乃释策而谢曰："夫尺有所短,寸有所长,物有所不足,智有所不明,数有所不逮,神有所不通。用君之心,行君之意。龟策诚不能知此事。"

　　屈原已经被放逐,三年没能再见到楚王。他竭尽心智,用尽忠心,却被谗言阻隔。心情烦闷,思虑纷乱,不知该怎样做。于是去见太卜郑詹尹,对他说:"我有一些疑惑,想借先生的帮助来做出决定。"于是,郑詹尹摆正蓍草,拭净龟壳,对他说:"您将有何见教?"

　　屈原说:"我是宁可诚诚恳恳,朴朴实实以尽忠呢?还是整天送往迎来,就这样不断地做下去呢?我是宁可铲除茅草尽力耕作呢?还是去游说大人物以求出名呢?我是宁可直言不讳给自己带来危害呢?还是顺随世俗贪图富贵苟且偷生呢?我是宁可超然高举保持自己的本性呢?还是忸怩小心,支吾柔顺,讨好女人呢?我是宁可廉洁正直以保持自身的高洁呢?还是油滑圆转,像油脂,像熟牛皮,周旋应酬呢?我是宁可志气昂昂像千里马呢?还是像水中漂浮的野鸭,随波上下,苟且偷生以保全自己呢?我是宁可同骐骥一道驾辕呢?还是跟随驽马的足迹呢?我是宁可与黄鹄比翼飞翔呢?还是和鸡鸭在一起争食呢?这些做法哪个吉哪个凶?我该何去何从呢?世间混乱污浊而分不清是非,蝉翼被当作重东西,千钧却被说成轻。黄钟被毁弃,瓦锅却响声如雷。谗人身居高位,趾高气扬,贤士却没有声名。唉声叹气、沉默无言啊,谁又知道我的廉洁、正直?"

　　郑詹尹放下蓍草辞谢说:"尺有所短,寸有所长,事物有不足,智慧有不明,数理有不能及,神明有不能通。按您的心思去想,按您的意思去做吧,这样的问题,龟壳与蓍草实在不能知道。"

　　卜居的意思,说白了就是求问处身之道。在古人,龟策本来是用来决疑的,但遇到屈原这样的问题,占卜者却只能逊谢龟策的无能。屈原在这里揭示的世态人心与生活矛盾,其是非并不难判明,他的提问方式本身,其实已包含着鲜明的价值判断,那样一种愤激的情绪,也已再清楚不过地表明了他的选择。然而,明白了事理不等于就解决了矛盾,作为一个难题,他所提出的一切,真正困扰人之处,却在生活实践的层面。自古至今,这样的问题从来就存在,也从来没有得到真正的解决。《卜居》的意义,正在于表现出了这样一种普遍的人生困境和生存体验。

　　在写法上,《卜居》也很独特,这是一种近乎散文诗的写法。它所开创的主客问答结构和反讽语调,对后世文学,尤其是汉赋产生了很大的影响。

渔父

屈原

屈原既放，游于江潭，行吟泽畔，颜色憔悴，形容枯槁。渔父见而问之曰："子非三闾大夫与？何故至于斯？"

屈原曰："举世皆浊我独清，众人皆醉我独醒，是以见放。"

渔父曰："圣人不凝滞于物，而能与世推移。世人皆浊，何不淈其泥而扬其波？众人皆醉，何不哺其糟而歠其醨？何故深思高举，自令放为？"

屈原曰："吾闻之，新沐者必弹冠，新浴者必振衣；安能以身之察察，受物之汶汶者乎？宁赴湘流，葬于江鱼之腹中。安能以皓皓之白，而蒙世俗之尘埃乎？"

渔父莞尔而笑，鼓枻而去，乃歌曰："沧浪之水清兮，可以濯吾缨。沧浪之水浊兮，可以濯吾足。"遂去不复与言刀。

屈原已被放逐，漫游在江河湖泊之间，沿着水边边走边吟。面色憔悴，形貌干枯瘦弱。渔翁见了，问他说："您不是三闾大夫吗？什么原因让你变成这个样子？"

屈原说："整个世间一片浑浊唯独我清明，众人都醉着唯独我清醒。所以我被放逐。"

渔翁说："圣人不胶着于外物，而能随着世情改变自己。世人都浑浊，你何不也搅浑泥沙而扬起水波？众人都醉着，你何不也吃一些酒糟饮一点薄酒？为什么要想得那么深，行为那么高洁，自己让自己遭受放逐呢？"

屈原说："我听说，新洗了头的人一定要弹一弹帽子，新洗完澡的人一定要抖一抖衣服。怎么能以身体的干干净净，去蒙受衣物的晦暗不洁？我宁愿投身江流，葬身江鱼腹中。又怎能以洁白的情操，去蒙受世俗的尘埃呢？"

渔翁莞尔而笑，挥动船桨远离而去。放声唱歌道："沧浪之水清啊，可以洗我的帽缨。沧浪之水浊啊，可以洗我的脚。"就这样离去了，不再说什么。

不必真有一个渔父，这故事颇似《庄子》中那些以庄周为主角的寓言，它很可能只是一种艺术的虚构，但却深刻地抒写出了作者的内心真实。两千多年前的屈原，面对的其实是一对具有永恒意味的矛盾：个体人格与不适于这种人格存在的社会环境之间的冲突。屈原的身世际遇，将他推逼到这样一种抉择面前，要么保持人格的清白与独立，要么

顺随环境,同流合污,前者的后果无疑是悲剧性的,对屈原来说,它意味着放逐,意味着苦难,甚至意味着现实生存可能的失去;后者的结果也是悲剧性的,而且是更深刻的悲剧,个体人格的丧失,也就意味着灵魂,亦即决定一个人之所以为人的东西的丧失。"渔父"的说辞,看上去颇有几分道理,但是,"向一个人建议他应当成为其他的某些人,这就好像是向他建议说他应该停止成为他自己"(乌纳穆诺《生命的悲剧意识》)。《渔父》中的对答,可以看作屈原内心两种倾向的对搏,个体人格在这里获得了胜利,但问题似乎并没有被解决,莞尔而笑,鼓枻而去的渔父最后所唱的歌似乎在暗示着另一种可能的合理,屈原在这里是被自己肯定着呢,还是怀疑着?

招隐士

淮南小山

桂树丛生兮山之幽，偃蹇连蜷兮枝相缭。

山气茏苁兮石嵯峨，溪谷崭岩兮水曾波。

猿狖群啸兮虎豹嗥，攀援桂枝兮聊淹留。

王孙游兮不归，春草生兮萋萋。

岁暮兮不自聊，蟪蛄鸣兮啾啾。

块兮轧，山曲岪，

心淹留兮恫慌忽。

罔兮沕，憭兮栗，

虎豹穴。

丛薄深林兮人上栗。

嵚岑碕礒兮硱磳磈硊，树轮相纠兮林木茷骪。

青莎杂树兮薠草靡靡，白鹿麏麚兮或腾或倚。

状貌鉴鉴兮峨峨，凄凄兮漇漇。

猕猴兮熊罴，慕类兮以悲。

攀援桂枝兮聊淹留。

虎豹斗兮熊罴咆，禽兽骇兮亡其曹。

王孙兮归来，山中兮不可以久留。

　　西汉初年，淮南王刘安喜好辞赋，他的门下招罗了不少的宾客。这些人的著作被编集起来的时候，有的标为"大山"，有的标为"小山"。具体写了《招隐士》的人是谁，现在已无法确知。他为什么要写这样一篇作品，后人也有不同的推断。有说是招屈原的，有说是劝谏刘安的，因为刘安常去长安朝见皇帝，他的宾客们担心他的安危，所以写了这篇作品提醒他留心朝中的险恶。但这些说法都无法从作品本文看出，因而我们宁肯将它理解为一般性地召唤山中的隐士。全篇大意如下：

　　桂树丛生啊山谷幽深处，弯弯曲曲啊枝柯缠绕。山间的云雾四起啊巨石高耸，溪谷王孙出游啊至今未归,春草萌生啊萋萋茂盛。一年将尽啊情无所寄,蟪蛄鸣叫啊啾啾不停。

山路崎岖啊,曲折难行,心要留在这里啊恐惧恍惚。迷惘啊消沉,恐惧啊战栗,虎豹穴居,草木丛生的深林啊人走到这儿止不住战栗。

山势险峻乱石高低啊怪异峥嵘,大树盘结缠绕啊枝柯稠密交接。青青的莎草丛生树间啊,蘋草随风摇晃。白鹿獐子啊,有的跳跃,有的站立。山势到处巍巍峨峨,林木凄凄啊草坡潮湿。猕猴啊熊罴,思慕着同类啊悲声呼引。

手牵着桂枝啊暂且居留,虎豹相斗啊熊罴怒吼,禽兽惊惧啊逃散离群。王孙啊归来,山中啊不可以久留。

汉代初年,战乱渐平,社会趋于安定,统治者开始有意识地从民间网罗人才。一些曾经隐居的人,受招请陆续回到了朝中,所谓"商山四皓"就是著名的一例。《招隐士》的出现,无疑与这样一种时代背景有关。

因为意在召唤山中人的归来,作品着力渲染的,就是山林的幽深险恶。这首诗在描写山间景物、渲染恐惧气氛上很有表现力。这样一种对于山林的描写,既带有明显的主体意向,又透露出当时人与自然关系上的一种现实状况,具有很高的审美价值。"王孙兮归来,山中兮不可以久留",这一声深沉的召唤,声音直穿透千年的时空,唐诗人王维在《山居秋暝》的结尾说"随意春芳歇,王孙自可留",就似乎在直接回应着淮南小山的这声呼唤。对比后者"明月松间照,清泉石上流"的山中景物描写,和这里的"虎豹斗兮熊罴咆,禽兽骇兮亡其曹",是一件饶有意味的事。尽管主体意向的不同是造成它们差异的一个重要原因,但我们从汉代的粗犷到后世的温润,还是能分明地感受出,随着农耕文明的发展,人与自然的关系发生了怎样的改变。不过此篇用语艰涩,已趋向汉赋捧着字典措辞的套数,这也意味着楚辞文体已到了尾声。

第三篇 《唐诗》智慧通解

导读

唐诗,千百年来一直闪烁着耀眼的光辉,它的许多诗句优美流畅,脍炙人口,至今仍使人们从中得到无尽的艺术享受。诗中有反映诗人颠沛流离、喜怒哀乐的生活片段;有描写生活在水深火热中广大劳动人民的疾苦;有描写封建社会帝王将相花天酒地、醉生梦死的奢侈生活;也有反映人们向往美好生活、美好爱情的民间故事……总之,故事颂扬真善美、赞扬劳动人民勤劳勇敢的优秀品质;鞭挞假恶丑,揭露封建制度及贪官污吏的腐朽和荒淫。本篇集历史性、知识性和趣味性于一体,也从不同侧面、不同角度反映了唐朝的社会状况。

读诗如读史,在"以史为鉴"中,我们将能领会更深的含义。

第一章　史鉴

★唐诗中的秦始皇

焚书坑儒

章碣

竹帛烟消帝业虚，关河空锁祖龙居。

坑灰未冷山东乱，刘项原来不读书。

烧过的竹帛硝烟刚散，秦王朝也很快垮台了，险关和黄河也保护不了秦朝都城，焚书坑的灰还未凉，山那边的农民揭竿而起，那农民起义的领袖刘邦和项羽原来都不是读书之人。

秦始皇统一中国后，统一了文字和度量衡，确实做出过许多有利于历史发展的举措，但他也制定了许多残暴的愚昧政策。唐人章碣诗中就是写秦始皇"焚书坑儒"典型的高压手段和残暴的愚民政策。秦始皇还不惜民力财力，大兴土木修筑宫殿，其中工程最大，耗费人力财力最多的就是豪华宏伟的建筑阿房宫。唐代诗人胡曾写下了这样一首诗：

咏史·阿房宫

新建阿房壁未干，

沛公兵已入长安。

帝王苦竭生灵力，

大业沙崩固不难。

诗中说："新建的阿房宫墙壁还没有干，沛公刘邦的军队就攻进了秦的首都。帝王们榨干了百姓的血汗，但他们的政权就像沙漠中的宫殿很快就会倒塌。"

秦始皇享尽了人间的荣华富贵，难怪他成了中国历史上第一个求长生不死的皇帝。他四处求仙寻求长生不老药，结果上当受骗，其中最有名的骗子就是方士徐福。

传说公元前 219 年，方士徐福上书秦始皇，谎称海中有三座大山，名叫蓬莱、方丈、瀛洲，山上有神仙居住，长有长生不老草。秦始皇居然相信此事，并要派人去海中求药，徐福这下惊慌失措，怕秦始皇派自己去，于是谎说海中有鲛鱼作怪，船无法行走。始皇下令派一批弓箭手前去射鲛鱼，射手们在山东一带真的射死一条大鱼，秦始皇更深信不疑。徐福见实在无法推辞，便准备了船队，载了童男童女各 3000 人，装了许多淡水和食品向东海进发。但东海哪里有什么蓬莱山，更没有什么长生不老草，他们来到日本岛在这里居住下来。

唐代诗人熊曒曾写下一首诗讽刺秦始皇这一愚蠢的幻想。

秦始皇

祖龙词

并吞六国更何求，童男童女问十洲。

沧海不回应怅望，始知徐福解风流。

诗意是：秦始皇灭掉六国统一天下，享受人间快乐，他还有什么要求呢？原来他想长生不死，于是派徐福带上童男童女各三千漂洋过海求仙取药，但这一去再也没有回来，他很惆怅。徐福这个人也算是当时的风流人物了吧！

秦始皇的残暴统治和愚昧无知注定了他的最终灭亡。

公元前 210 年，他东游巡视，当时的项羽见大队人马不可一世的场面，愤愤地说："总有一天我要取而代之！"

他的叔叔项梁忙堵住他的嘴吓得一身冷汗："若是被皇上听见了，是要被灭族的。"

刘邦也曾目睹秦始皇东游巡视，也说过："大丈夫就应如此，总有一天我也会同他一样。"

果然很快爆发了秦末农民战争，最后项羽同刘邦争夺天下，秦王朝在疾风暴雨中被彻底摧垮了。

★ 得意忘形的汉高祖

奉和幸长安故城未央宫应制

汉皇未息战，萧相乃营宫。
壮丽一朝尽，威灵千载空。
皇明账前迹，置酒宴群公。
寒轻彩仗外，春发幔城中。
乐思回斜月，歌诗继大风。
今朝天子贵，不假叔孙通。

诗意是：汉高祖征战还没停止，萧丞相便开始修建宫殿。未央宫非常壮观华丽，千百年都能保持它的壮美和威严。皇上感叹之余，设宴款待众大臣。外面寒意尚未消尽，屋内却春意融融。晚宴多快乐，但天气已晚，真想使太阳再退回来。群臣饮酒赋诗，正是继承汉高祖的大风歌。今天唐朝的天子尊贵，不用叔孙通的一些礼节了。

唐朝大诗人宋之问在《奉和幸长安故城未央宫应制》一诗中，介绍了汉朝建宫的故事。

据《汉书》记载，公元前200年，曾转战南北的汉高祖刘邦由前线返回长安。见一座规模宏大的宫殿拔地而起，而且修建得十分壮美华丽，便很不高兴地转过头问身边的萧何："这是建的什么宫殿？"

萧何

萧何忙答道："取名未央宫，不知是否合适，将来专供皇帝同群臣们举行宴会。"

刘邦沉思了片刻说："如今天下大乱，能否统一天下还很难预测，修这样好的宫殿做什么？"

萧何忙解释说："天子转战南北四海为家，回此地也有个安身之处，再说统一天下大势所趋，以后历代宫殿都很难超过此宅。"

刘邦听后也觉得有道理，便高兴地同意了。

诗中的末两句："今朝天子贵，不假叔孙通。"流传着这样一个故事：

汉高祖刘邦进入关中称帝,他废除了秦朝的一整套礼仪制度,结果引起了宫内无礼节的混乱,百官入朝无礼仪可循,乱七八糟,吵吵嚷嚷,这使他大为不满。后来,他采纳了大臣叔孙通上奏的新的礼仪制度,文武百官入朝要列队,按官位的大小确定站立的位置,由御史监督,对不按礼仪行事的官轻则斥责,重则驱出。从此上朝时文武百官井然有序,彬彬有礼,对皇帝更是毕恭毕敬。

刘邦曾高兴地当众说:"我现今才感到做皇帝的威严!"

从此,他有些得意扬扬,在一次宴会上,他举杯给父亲敬酒时说:"从前父亲大人说我是无赖,不肯下功夫读书,不肯吃苦,不如二哥那样尽力挣家业,而如今我挣的这份家业,比二哥如何?"

将父亲问得无语回答。

诗中"乐思回斜月"引用的是古代的一个神话故事。

据《淮南子》记载,鲁阳公与韩搆对战,两个人打了上百个回合,还是难分胜败,眼看天色已晚,太阳就要落山了。鲁阳公挥戈向天舞动,这时太阳又倒退了90公里,直到鲁阳公将敌方打下了马,太阳才落下山来。

★金屋藏娇话武帝

阿娇是汉武帝的第一位皇后。关于他们的传说,史书上曾有过许多这方面的记载。

汉武帝小的时候便十分受宠,一次,他姑妈长公主将他叫到跟前开玩笑:"告诉姑妈你想要妻子吗?"

小武帝眨着眼竟毫不犹豫地答道:"想要!"

姑妈又将他抱起来放到膝盖上继续问:"那你想要娶个什么样的呢?"

小武帝瞪着眼睛不回答。

姑妈指遍了周围的侍女问他要哪一个做妻子,他都摇头说不要。最后姑妈指着自己的女儿陈阿娇问:"你喜欢阿娇吗?"

小武帝爽快地回答:"喜欢!"

引起堂内的人一阵大笑。

汉武帝

小武帝认真地说:"若能娶阿娇为妻子,我要修一座漂亮的金屋给她住。"

10年后,小武帝果然被立为太子并继承了皇位,而陈阿娇也真的嫁给武帝做了皇后。根据这个历史故事,后人将"金屋藏娇"延续下来变成了今天的成语。

武帝即位后,由于专宠陈阿娇,姑妈长公主认为自己功德显著而沾沾自喜,对武帝的要求特别多,而且从不满足,令武帝很厌烦。时间长了,陈阿娇的美貌渐逝,武帝对她的宠爱也淡漠了,甚至有意疏远她去别的妃子处,这使阿娇十分嫉妒,为了继续得到皇上的宠爱,她叫来女巫做妖术,武帝知道后非常气愤,下令将阿娇打入了冷宫。

陈阿娇在长门宫十分痛苦,她听说司马相如的文章写得非常好,便以重金相求为她写下一篇《长门赋》并呈给了皇上,武帝读后大为感动,阿娇因而又得到了皇上的宠爱。

但史书上记载,武帝看过《长门赋》是很激动,但并没有起多大作用,他所宠爱的已不再是阿娇了。大诗人李白据此写下了一首五言律诗:

妾薄命

汉帝宠阿娇,贮之黄金屋。

咳唾落九天,随风生珠玉。

宠极爱还歇,妒深情却疏。

长门一步地,不肯暂回车。

雨落不上天,水覆难再收。

君情与妾意,各自东西流。

昔日芙蓉花,今成断根草。

以色事他人,能得几时好?

这首诗的意思是讲:汉武帝宠爱阿娇,想造一座金屋供她居住,她吐口唾沫也像似从天空飞来随风化成的珠玉。但宠爱到了极点,感情便逐渐淡漠,她越是嫉妒,皇帝越是疏远她。长门宫虽然很近,但武帝也不愿看她一眼。雨是不会朝天上下的,泼出去的水不能再收回。武帝同阿娇的感情从此像流水一样各奔东西,再也不能融在一起。过去的阿娇像芙蓉花一样受人宠爱,如今却像断根草一样无人理睬。靠美貌来博得人的喜欢,时间是不会长久的。

★慎终如始

行次昭陵

旧俗疲庸主,群雄问独夫。
谶归龙凤质,威定虎狼都。
天属尊尧典,神功协禹谟。
风云随绝足,日月继高衢。
文物多师古,朝廷半老儒。
直词宁戮辱,贤路不崎岖。

在唐朝之前,昏君庸帝统治着历朝历代,到了隋朝,天下群雄并起,讨伐隋炀帝这个害民独夫。有龙凤之气的太宗皇帝是天命所归,攻打下隋朝都城。先是李渊称帝,然后太宗继位。他治理国家的功德可以同大禹相比,他的群臣贤明如龙虎,建立了无比的功绩,并采取古代的规章制度,朝廷中多半任用老儒生,犯颜直谏不但不会遭受杀身之祸,还要受到鼓励,贤能之士都能被重用,施展他们的才干。

唐太宗登基后,能够任用贤才,使一些有才华的大臣献计献策,对他忠心耿耿,尽力报效国家,使唐朝国泰民安,经济日益发展,出现了历史上繁荣昌盛的时期。

贞观十七年,太宗最信任的大臣魏征病逝,他非常悲痛地说:"我失去了一面镜子。"并为他的墓碑亲自书写碑文。

可后来一位奸臣对太宗说:"魏征将每次劝谏皇帝过失的奏章都抄下来给群臣看,意在贬低皇上,抬高自己,名留史册。"

太宗一听很生气,于是下令将魏征的墓碑推倒。他在以后处理朝政事务和对外的战争中屡遭失败,便又想起了魏征,并遗憾地说:"如果魏征还活着,一定不会让我有这样多的失误。"

贞观二年,一天,唐太宗对侍臣说:"神仙本是虚无的,秦始皇求仙长生,被方士给骗

唐太宗

了,方士率童男童女数千人入海求长生不死药,方士找不到药不敢回来见他,但秦王还是在痴心地等待他的归来。到了汉代,武帝为求长生不死,将女儿嫁给了方士。最后,方士的骗术被揭穿,武帝将女婿给杀了。以上说明,神仙是虚无的,长生不死是不可能的。"

这是三十几岁的唐太宗的一席话,但他晚年享乐的欲望太甚,忘记了当初治国安民慎终如始的座右铭,违背了以前反对求仙服长生不老药的做法,干出了比秦始皇和汉武帝更为愚蠢的事。

贞观二十二年,唐大将王玄策对外作战取得胜利。唐太宗听说被抓获的战俘中有一个和尚叫那罗迩娑婆,仙术高明,对此便耿耿在心,大为信任,并下令请他给配制长生不老药。

一年后,药配制好了,唐太宗非常兴奋,毫不迟疑地将药全吃了下去,后中毒身亡。这时,他52岁,是历史上被"长生药"毒死的第一个皇帝。就这样,他不能慎终如始,糊里糊涂地死了。

但历史公正地证实,唐太宗在中国历史上也算是贤明皇帝,特别是唐初时期,出现了历史上罕见的繁荣鼎盛时期,"贞观之治"的明举将永远记在后人心中。

★唐太宗的一面镜子(上)

述怀

中原初逐鹿,投笔事戎轩。

纵横计不就,慷慨志犹存。

杖策谒天子,驱马出关门。

请缨系南越,凭轼下东藩。

郁纡陟高岫,出没望平原。

古木鸣寒鸟,空山啼夜猿。

既伤千里目,还惊九逝魂。

岂不惮艰险?深怀国士恩。

季布无二诺,侯嬴重一言。

人生感意气,功名谁复论。

此诗的大意是隋末群雄争夺天下,我也投笔参加了。可惜李密不肯采用我的计策而失败,但是我远大的志向却没有改变。我骑着马投奔了唐天子,又奉命出潼关,并说服了

南越王，使其成为大唐的东部藩属。沿着曲折的山路攀登，山下的平原时隐时现。古树上孤独的鸟在鸣叫，空谷中听见猿猴在哀鸣，远处眺望使人担心我能平安归来吗？这次出使远行，由于怀念故国，夜里睡觉常常突然惊醒。皇上以国士待我，我就要报答他的恩典。守信的季布对诺言不说第二遍，侯赢说话也是一言为定。人生应当看重意气，功名又算得上什么呢？

魏征不仅是唐代杰出的政治家，也是著名的诗人。他的这首五言诗《述怀》充满了慷慨激昂之气，言明了自己的远大志向，对自己投笔从戎感到自豪，表现出他在政治上的卓越才干。

隋末群雄并起争夺天下，当时他在李密手下不得志，便投奔李世民的哥哥李建成。这位28岁的皇帝唐太宗李世民想起隋炀帝灭亡的教训，害怕重蹈覆辙，便将大臣魏征叫来问道："国家兴衰在于国君，怎样才能做一个英明的帝王呢？"

魏征思忖了一下回答说："兼听则明，偏听则暗。"

这使唐太宗很受启发，这8个字成了他日后处理国家大事的座右铭。唐太宗有两个治理国家的主要措施，那就是纳谏和用人。

纳谏就是倾听不同的意见，而且能够选择采纳。

在大臣中，魏征的犯颜直谏尤为突出，经常在朝堂上当着众大臣的面指出唐太宗的过失，这使皇上下不来台。虽然皇上经常大发脾气，但魏征据理力争，他先后上书建议200余次，对"贞观之治"的形成起到了很大的作用。

一天，唐太宗把大臣萧瑀叫来对他说："我从小就喜欢弓箭，以为熟知它的好坏，我手里有许多弓箭，并认为不会有比这些更好的了。后来制弓的工匠告诉我，这些都不算很好，弓虽很坚硬，但木纹不直，射出去要有偏差。我还没有真正懂得弓箭，更是不懂处理天下的事务了。"

果然，唐太宗即位不久，便经常召集群臣商议国家大事。

★唐太宗的一面镜子（下）

一天，唐太宗和群臣讨论如何治国安民。

魏征

他对群臣说："现在战乱刚结束，要治理国家安定民心很困难。"

魏征却不同意他的意见："民众正因长期受战乱之苦，才很容易安定，就好像饿得要死的人得到了一杯清水。"

而另一位大臣封德彝却对魏征的意见反驳说："从有人类以来，人们的心里越变越坏，所以秦王用严酷的刑法统治天下，汉代也用繁重的苛捐杂税来治理。魏征所言是书生之谈，不可相信，否则会引起天下恐乱。"

杜牧

魏征气愤地反驳道："如果说远古以来，人们愈来愈坏，天下岂不都变成鬼怪，我们这些也都变成了坏人，那天下还需要治理吗？"

封德彝无言回答。

最后，唐太宗采纳了魏征的意见，仁义治国，发展生产，所以几年以后，唐代经济繁荣，社会安定，东至海边，南过南岭，人心安定，夜不闭户。

但是，大臣封德彝早已离开了人世，唐太宗对群臣说："今天国家的昌盛，都是魏征劝我仁义之道啊！如果封德彝还活着，我定要让他看看谁是谁非？"

贞观十七年魏征病逝，唐太宗也失去了一位贤臣。他曾悲伤地对群臣说："镜子可使人衣冠整洁，而用历史做镜子，可以知道国家的兴衰；但用人做镜子，可以照出自己的过失，魏征的死，使我失去了一面镜子。"

时间过去了100多年，唐宪宗对贞观年间的政绩很是赞赏，更是钦佩魏征这样的明贤之臣，所以不惜重金买回了魏征的故居，赏给了魏征的后代。

诗人杜牧在此后不久路过魏征故居，想起往事，写下了这样一首七绝诗。

过魏文贞公宅

蟪蛄宁与雪霜期，贤哲难教俗士知。

可怜贞观太平后，天且不留封德彝。

意思是说：蝉这种昆虫哪能知道霜雪呢？目光短浅的俗士又怎能知道眼光远大的明贤之士。可惜呀！贞观年间国泰民安，天下繁荣，但却没留住封德彝，让他看魏征的建议是多么的正确啊！

國學智慧全書

诗学智慧

由于唐太宗采纳了魏征的"兼听""让百姓休养生息"等正确的主张,同时能够任用贤才,使得贞观年间唐代的文治武功都达到了空前的盛况。"贞观之治"成为我国封建时代的典范,成为后世历代君臣们学习的榜样。

★ 君主和他的众贤臣

塞上曲

大汉无中策,匈奴犯渭桥。

五原秋草绿,胡马一何骄。

命将征西极,横行阴山侧。

燕支落汉家,妇女无花色。

转战渡黄河,休兵乐事多。

萧条清万里,瀚海寂无波。

公元 626 年,李世民继位,第二次改年号贞观元年。

当时战乱刚结束,又是连年灾荒,第二年闹蝗虫,第三年黄河泛滥成灾。突厥 20 万大军又盘踞在渭河一带,经常骚扰北部居民,老百姓深受其害,苦不堪言。

贞观三年,唐太宗派李靖征讨突厥,几乎全部俘获了突厥的人口和牲畜,活捉了突厥的首领。李白写下了这首塞上曲,赞颂唐太宗的功绩。

诗意是:大唐初年对外患没有良策,以致突厥进犯渭桥。五原绿草茂盛,但胡人的兵马却骄纵横行。皇上派将士们西征并消灭了他们,这里的土地归属大唐,使匈奴妇女们都失去了往日的美貌,将士们战后渡过黄河,在这里休整,取得了胜利是多么的高兴,在辽阔的边境大漠上,再也见不到匈奴军队的踪影。

唐太宗治理国家采用了大臣魏征的忠言:"兼听则明,偏听则暗。"使唐朝政治稳定,经济繁荣。他鼓励群臣犯颜直谏,听取意见。

贞观四年,太宗下令修洛阳乾元殿,大臣张玄季直谏道:"现在国家刚刚稳定,这种大的工程要劳民伤财,况且百姓生活疾苦,这样做都不及隋炀帝。"

唐太宗一听大怒:"这么说我都比不上隋炀帝?"

张玄季毫不畏惧,耐心地解释说:"如果皇上硬要大兴土木,闹得天下大乱,百姓不满,这是走隋炀帝的老路。"

太宗醒悟了,并下令停工,称赞张玄季忠直。

在群臣中，最忠直的要数魏征，他经常当着群臣的面指出唐太宗的过失，也时常引起唐太宗的大怒，但他据理力争。一次，唐太宗下朝回来怒气未消，大声骂道："这个狗东西，总有一天我会杀了他！"皇后问他要杀谁？他气冲冲地说："魏征经常在群臣面前使我下不来台。"

皇后听后进屋穿上礼服，给他行大礼。

唐太宗不解地问："这是为什么？"

皇后说："为皇上祝贺。"

他更感到奇怪。皇后告诉他说："皇上为国定能立下大业，因为有皇上这样的英明之主，又有一群正直的贤臣。"

唐太宗明白了，气也消了。

唐太宗一生的英明之举，一是鼓励群臣直谏，二是任用贤才。

★女皇武则天（上）

天授二年（公元691年）冬天，武则天忽然兴致大发，要游览皇家花园上苑。当时因严冬白雪遍地，树木凋零。有人给她出了一个主意，让她下一道圣旨，命令花神第二天上午园中百花齐放。于是武则天写了一首五言诗作为诏书：

腊日宣诏幸上苑

明朝游上范，火速报春知。

花须连夜发，莫待晓风吹。

写完后，武则天派人去园中焚烧，以报知花神。传说第二天一清早，在园中寒冷的雪地中真的五颜六色，百花齐放。可就是牡丹花不开。武则天一见大怒，命令用火烧牡丹的茎以示惩罚，可花茎烧焦了也不开，武则天乃下令将牡丹贬到了洛阳。从此牡丹花在洛阳极其繁盛，著名品种层出不穷，传说那个被火烧焦的牡丹变成了新品种，这就是焦骨牡丹。

武则天自幼聪明过人，14岁时因貌美被选进唐太宗的后宫，封为才人。据说她同太宗的儿子李治（后来的唐高宗）有私情。当时李治被立为太子，太宗皇帝对他要求非常严格，每天让他读书，建议国家大事，以后料理朝政，继承皇位。可李治贪图享乐，整天不务正业，使太宗非常生气。

一天，太宗检查太子李治的读书情况，他读了几句文章说："太子说出文章所讲的内

容,说出文章是哪朝哪代何人所作?"

李治答不上来,急得满头大汗。这时在一旁的武则天趁太宗不注意偷偷地告诉了李治,唐太宗发现后大怒,不久,太宗皇帝又发现了武则天同儿子李治的私情,将武则天贬出宫外做了尼姑。

武则天是一位很有才干和见识的政治家,为人十分严厉而狠毒。唐高宗即位后,一次他到寺院祭祀,偶然中被武则天发现,旧情复发,唐高宗李治便偷偷地常来院中同当时的尼姑武则天私通。后来,武则天怀有身孕,被高宗皇帝召进宫中,立为昭仪。武则天阴谋夺皇后之位,宫廷里的皇后和皇妃们早有察觉,皇后和淑妃串通一气,准备对武则天家法葬毙,此事被武则天知道后,她先下手为强,准备致皇后于死地,于是策划了一场悲剧。

皇后对武则天被召进宫中和怀上孩子非常嫉妒。武则天生下小公主后,皇后虽然不高兴,但又不能不来看望,当外面传来"皇后驾到"的传令时,武则天从窗子望见是皇后一人,便狠下心含泪将女儿活活勒死后躲了出去。皇后进屋后见无人,以为小公主睡觉,便轻轻打开襁褓,只见小公主嘴角流出了鲜血,便惊叫着喊来了人,等皇帝赶来见公主已经死了。皇帝和部分大臣认为是皇后杀死了公主,武则天又哭又闹要家法处治皇后,因此高宗废王皇后为平民,终身监禁,并且立武则天为后,王皇后监禁中被武则天偷偷处死。后又将同她作对的淑妃打入冷宫,终身监禁。

★ 女皇武则天(中)

武则天被立为皇后以后,她的儿子李弘立为太子,太子天性仁爱,而且非常能干,在很多事情上与母亲有分歧,武则天想自己专权,所以对他很不放心,怕他当皇帝后自己控制不了,于是在李弘 20 岁那天,用毒酒将他害死。李弘死后,武则天又立第二个亲生儿子李贤为太子。

李贤是个非常聪明又有才干的人,在帮助父皇高宗处理政务上很有办法,在群臣中享有较高的威望。他博学多才,诗文写得很好,写了许多著名的文章,《后汉书》就是他注释的。

当时武则天阴谋夺权,她感到太子对她的威胁很大,就想尽办法准备搬掉绊脚石李贤,但始终没找到合适的机会。太子李贤也看出了母后夺权的野心后,预感到了自己今后不会有什么好下场,于是做了一首诗《黄台瓜辞》,让乐工练习后在宫中演唱,希望武则天听了之后有所感悟。原诗是这样的:

唐诗

黄台瓜辞

种瓜黄台下,瓜熟子离离。

一摘使瓜好,再摘使瓜稀。

三摘尚自可,摘绝抱蔓归。

这首诗从字面上讲意思很简单,实际的含意是将武则天的四个亲生儿子比做瓜。诗中的瓜熟子离离讲的是您的孩子们都长大了,一摘使瓜好的意思是您杀了大儿子,会使其余的孩子们有所警惕,他们都会学好不敢胡作非为,如果杀死两个那余下的就太少了,杀光了的话就只会剩下您孤零零的一个人了。

武则天是个铁石心肠的人,这首诗歌很难打动她的心。唐高宗调露二年(公元 680 年),李贤被贬为庶人,并且让他到巴州(今四川巴中县)居住。李贤临行前要求见上母后一面,也好当面向母亲讲个明白,祈求武则天大仁大慈,不让儿臣流落在外,但武则天坚决不肯见儿子李贤,并下令让他马上离开长安。李贤在走出宫廷流下眼泪大声呼喊:"狠心的母后,你为何要这样做?"然后一句句哭诉这首《黄台瓜辞》的诗走出长安城门。李贤被流放出京城后,有的大臣对此事不满,认为李贤德才兼备,立太子将来继承皇位理所当然。武则天对此事绝不善罢甘休,派人来巴州逼令李贤自杀,李贤含泪大声斥责武则天的残暴:"狠心的母后,你为何这般残忍狠毒?"然后反复吟诵自己所

武则天

作的《黄台瓜辞》悬梁自尽,时年 31 岁。武则天的第三个儿子李哲和第四个儿子李旦,都是昏庸的糊涂虫,对皇后的话句句照办,百依百顺。也就是因为这样,武则天感到他们容易控制,所以才保住了性命。李贤死后,武则天立李哲为太子。公元 683 年,唐高宗病死,李哲即位唐中宗。不到一年的时间,武则天废中宗庐陵王,又立四子李旦为皇帝,即唐睿宗,实际上大权一直在武则天手中,皇帝始终处于被软禁地位。

公元 690 年,武则天终于亲自登上了皇帝的宝座,将国号由唐改为周。

★女皇武则天（下）

武则天称皇帝后，在治理国家上，她很有胆识和才干。她善于选拔人才，委以重任，她能将反对过自己的人重新拉过来。

武则天篡夺皇位，曾经遭到一些人的反对，当时有个叫徐敬业的人起兵反对她，任用著名诗人骆宾王写了一篇《讨武曌檄》流传天下。文中揭露了武则天入宫后以色惑君，残害忠良，篡夺皇位等罪行。当时，武则天在宫中正患感冒卧床不起，读罢骆宾王骂她文章，不知是害怕还是生气，出了一身的冷汗，病顿时好了大半。

不久，诗人骆宾王被捕入牢，他在狱中写了一首《咏蝉》诗，流传至今。

咏蝉

> 西陆蝉声唱，南冠客思深。
>
> 不堪玄鬓影，来对白头吟。
>
> 露重飞难进，风多响易沉。
>
> 无人信高洁，谁为表予心。

诗的一开始点出秋蝉高唱，触耳惊心。接下来就说出了他在狱中深深怀念家乡的思恋之情。这大好的青春，经历了多次的政治磨难已经消逝，头上增添了许多白发，如今只有在这狱中听着窗外的蝉鸣而独自悲伤了，这环境的压力，政治上的不得志，蝉如此，我也如此，秋蝉高居树上，餐风饮露，有谁相信它不食人间烟火呢？

武则天得知骆宾王被抓进监牢，立即叫来了宰相及群臣。宰相问："皇帝陛下，贼寇骆宾王押在大牢，将对他如何处治。"

武则天拿出骆宾王的那篇《讨武曌檄》说："骆宾王辱骂圣上，罪该万死，理应斩首示众，但群臣中有哪个能写出这样好的文章？这样有才华的人不委以重任，而让他流落在外，误入贼寇门下，岂不是你们的过错。"

宰相和群臣听罢大吃一惊，事后，骆宾王被放了出来，武则天让他为朝廷做事，他不肯，便返回家乡。骆宾王对自己的遭遇愤愤不平，对武则天的统治深为不满，总想为匡复李唐王朝干出一番事业，但对于武则天的不杀之恩又牢记在心，这种沉沦压抑的境遇，更使得诗人陷入彷徨苦闷之中。他的《于易水送人一绝》就曲折地反映了他的这种心境。

于易水送人一绝

此地别燕丹,壮士发冲冠。

昔时人已没,今日水犹寒。

诗人在易水送别友人,想起了历史上荆轲为燕太子丹复仇,"风萧萧兮易水寒,壮士一去兮不复还"的悲壮故事。把昔日荆轲易水壮别和今日易水送人融为一体,有力地抒发了抑郁难耐的悲痛心情。

总之,武则天心胸宽广,能听人劝告,在她统治时期,唐王朝继续向上发展,广大百姓还是能安居乐业的。

公元705年,武则天已高龄82岁,当时的宰相张柬之乘她年迈体弱发动政变,拥唐中宗复位,恢复国号为唐,不久武则天病重去世。

第二章　情志

★终南山——大唐诗人的理想王国

终南山

太乙近天都，连山接海隅。

白云回望合，青霭入看无。

分野中峰变，阴晴众壑殊。

欲投人处宿，隔水问樵夫。

——王维

唐代诗人喜欢云游四方，交友求学，足迹遍及中华大地，留下了不少流传千古的名篇佳作。在这些名胜古迹里，有一座山与许多诗人发生了密切的关系，这就是终南山。

终南山，又名太一山、中南山，是秦岭山脉的一段，靠近长安都城，西起陕西武功，东至陕西蓝田，千峰叠翠，景色优美，素有"仙都""洞天之冠"的美称。谚语里的"寿比南山不老松"中的南山指的就是此山。据说，当年老子骑青牛出关，应函谷关尹喜之请在终南山的楼观上讲授《道德经》五千言，然后飘然而去。从此，终南山成为道教发祥地之一，历代统治者都曾在此地修建道观殿宇。唐朝时，因唐代君主认道教始祖老子为圣祖，更是极力推崇道教，终南山的楼观又被重新修葺，规模气势宏大。

终南山

唐代诗人都有一种"终南山情结",因此我们在很多诗歌中都可以看到终南山的影子。这种情结产生的原因主要有两种:一种是陶醉于终南山的自然和人文景观,开阔个人心胸;一种则是借隐居终南山来实现入仕的政治目的。

开元二十九年,王维隐居终南山。目睹终南山钟灵毓秀的自然风光,诗人情不自禁赋诗一首,这就是我们在本文开始引用的《终南山》。这首诗歌大意是:遥看终南山,气势恢宏,太乙峰仿佛与天上的宫殿相毗邻,连绵不绝的山脉仿佛一直通到海边。走在这层峦叠嶂的终南山里,向前看,白云弥漫,朦朦胧胧;走过去,白云纷纷让路;向后看,白云又纷纷合拢,人就徜徉于茫茫云海之中。走出这茫茫云海,前面又是蒙蒙雾气,走上去却又消失了,摸也摸不着;回过头去看,雾气却又合拢起来,似茫茫雾海。站在中峰远眺四周景象,各个山谷阴晴不同,风光各异。真是个好地方,让人流连忘返。眼看着天就黑了,还是找个地方借宿一晚吧,明天接着欣赏。你看,对面的小溪旁,不是正有一个背着柴的樵夫在喝水么,还是去向他打听打听吧。

王维不愧是著名的山水诗人,全诗妙在动静结合,人山互融,传递出了终南山云山雾海、层峦叠嶂的神奇画面,正所谓"诗中有画,画中有诗",这首诗也被后人公推为描写终南山诗歌的最佳之作。

晚唐的诗人林宽写过一首同名诗歌:

终南山

标奇耸峻壮长安,影入千门万户寒。

徒自倚天生气色,尘中谁为举头看。

诗歌大意是:终南山气势恢宏,山势奇峻,给京城长安增添了几分壮观之色。庞大的山影遮住了千家万户,令人感到深深的寒意。终南山呀终南山,你高耸入云,景色雄奇,可是追逐名利的世俗之人谁会抬头来欣赏你呢?

本诗与王维的诗歌意境差异很大,诗人林宽从终南山看到的是一种寒意,一种对世俗人生的无奈。终南山何曾观照这世俗人间的喧嚣呢?沉默的终南山,只是无言地见证着历史的迁徙和文人的慨叹。

其实这种情绪在大诗人白居易的笔下也有相似的表达,其诗云:

过天门街

雪尽终南又欲春,遥怜翠色对红尘。

千军万马九衢上,回首看山无一人。

这天，白居易走在天门街上，遥看着终南山，山上的雪已经开始融化，春天不远了，惹人怜爱的青翠山色在目光的照耀下粼粼发光，真是让人心旷神怡呀。看看身边，唉，这天门街上熙熙攘攘，尘埃漫天，人们为了世俗功利四处奔波，谁也没有想到回头看看那奇妙的终南山色呀。

林宽和白居易这两位诗人都感叹世人整天钻在世俗红尘之中，不知道使自己的心安静，去欣赏这自然奇观。不过两首诗之间也有些差异：林宽突出的是"寒"，一种冷色调；而白居易突出的是"春""翠"，是自然生命的气息，是一种暖色调。《终南山》给人一种压抑沉重的感觉，《过天门街》则给人一种温暖新生的感觉。

终南山不仅是诗人们青睐的地方，也是官方极力尊崇的地方。唐玄宗开元十二年，科举考试的试题就叫《终南望余雪》，终南山成为唐代文化教育部门考察读书人的一个重要内容。当时有一个年轻的诗人，叫祖咏，风尘仆仆地赶到京城来参加科举考试。当他拿到这个富有诗意的试题后，不由得想到了自己来时经过终南山所看到的一番景象，心有所感，遂提笔写下了四句：

终南望余雪

终南阴岭秀，积雪浮云端。

林表明霁色，城中增暮寒。

诗歌的大意是：你看，终南山北岭的景色是如此的秀丽，洁白的积雪好像漂浮在云端之上。初晴的阳光照在树林末梢，傍晚的长安城又增添了几分寒意。这首诗妙在冷暖色调和谐互融，没有给人留下严寒酷冷的感觉，反而让人觉得心胸开阔。短短四句，言已尽而意无穷。

祖咏写完这四句后，就不想写了，他认为再写的话就是画蛇添足。可是有一个很大的问题困扰着他，因为这是试帖诗，有自己的体例要求，规定必须是十二句。祖咏琢磨了半天，还是交卷了。主考官一看他只写了四句，就告诫他时间还长，让他把诗歌写完整。祖咏拱手道："大人，这个试题我四句就足够，何必再画蛇添足呢？"说完就走了。

祖咏回到客栈，收拾收拾包袱，打算过两天就回去，准备下次的科举考试，因为他想这次肯定是没戏了，且不论诗歌内容到底如何，单就破坏考试规矩而言，马上就要被主考官毙掉。

不久，到了放榜的日子，祖咏正准备交付房租离开。忽然，外面鞭炮齐鸣，哒哒的马蹄声疾驰而来，只听得有人在不停地高喊："洛阳士子祖咏高中进士了！洛阳士子祖咏高中进士了！"祖咏一听，当时就呆了，周围的人纷纷向他道贺，好久他才回过神来。

原来这个主考官见祖咏气度不凡，看了祖咏的四句诗后更是啧啧称赞：的确是好诗，短短四句而意味无穷。主考官就将试卷呈献给玄宗，极力推荐。玄宗经常与李白、王维这些大诗人在一起，耳濡目染，也是懂些诗文的，一看的确是首好诗，就提起朱笔打了个勾，意思是破格录取。

终南山风光秀丽，环境幽雅，适合隐居，所以有不少人都在此隐逸修道，是为隐士。当然，这隐士也分真隐士、假隐士。所谓真隐士，就是淡泊名利，一心想在山里修道终老一生，不屑于世俗事务，即便有人邀请出山入仕，也是不愿意放弃这神仙美景的。所谓假隐士，就是本心在于入仕做官，只是由于找不到合适的机会，很难被当权者所赏识，只好跑到某个山里修道，但不是真的修道，而是遍邀文人吟诗作赋，借此提高自己的声誉和名望。朝廷重视人才，尤其是这种身在民间的隐逸之士，隐士之名一旦传到当权者的耳朵中，就会召见并委以重用，也就不需要去参加严格的科举考试了。

初唐时期，有个道士司马承祯，精通道家法术，博学多才，书画皆通，在民间和官方都极负盛名，曾经受到过武则天、唐睿宗、唐玄宗三代帝王的召见，并且都要封个大官给他做，可是此人生性淡泊，鄙弃名利，根本就不愿出仕做官，是个真正的隐士。

祖咏

睿宗景云二年，睿宗亲派特使前去天台山寻找司马承祯，请他入宫说话。睿宗的诏书写得极为诚恳，高度赞扬了司马承祯的高尚情操，表达了自己作为一代君王对司马承祯的敬慕之心，希望他能够赐教治国之道。司马承祯也不好拒绝，就随着使者来到了长安。当天，睿宗就和司马承祯彻夜长谈，获益良多，尤其是司马承祯的"无为治国"思想深受睿宗的认同。睿宗为司马承祯的学识和品行所折服，再三请求他留下来辅佐自己。但是司马承祯坚决不接受，说自己已经献身道教，只想过清静无为的生活，恳请睿宗放他回去继续修道。

睿宗一看没辙，只好放他回天台山，还特命左拾遗卢藏用去送行。送到十里长亭时，两个人就必须告别了。卢藏用拱手道："道长，皇上是真想把道长您留在身边呀。今天临行时我都看见皇上郁郁寡欢的。道长您看，这终南山，环境幽雅，风景秀丽，道长也可以在这里修道呀。何必舍近求远呢？"

國學智慧全書

诗学智慧

司马承祯微微一笑，指着终南山说："卢大人说的没错。不过在贫道看来，这里不仅仅环境幽雅，风景秀丽，更是通向做官的捷径呀。"

这话一说出来，把卢藏用闹了个大红脸。只见卢藏用连连说道："惭愧惭愧，让道长见笑了。"

司马承祯哈哈大笑，飘然而去。卢藏用怔怔地呆在那儿，神情十分尴尬。原来当初卢藏用考中进士后一直得不到皇帝的重用，很是郁闷。有一天得高人指点，告诉了他一个为官的捷径。第二天，他就跑到终南山隐居。隐居期间也不闲着，通过各种途径传播自己的名声。终南山离皇帝的寝宫很近呀，所以玄宗很快就得知了有卢藏用这么一个人，召见了他并且让他做了左拾遗。卢藏用通过假隐居这种方式得到了重用，后来官运亨通，中宗期间做过中书舍人、黄门侍郎等官职。大凡知识分子，都还有那么一点清高，他这样假隐真出的做法有违知识分子的清高，所以最怕别人揭他的短。现在司马承祯说出终南捷径这样一句话，正好戳中了卢藏用的心思，自然尴尬万分。"终南捷径"这种说法就是这个时候产生的。

晚唐有个诗僧齐己，他写过一首五律《题终南山隐者室》，就委婉地提到过这种说法。诗云：

题终南山隐者室

终南山北面，直下是长安。
自扫青苔室，闲欹白石看。
风吹窗树老，日晒窦云干。
时向圭峰宿，僧房瀑布寒。

诗歌的大致意思是：终南山的北面就是豪华的长安城。你在山中隐居，每天自己清扫长满青苔的房舍，闲暇时倚着山石眺望长安城。山风吹着窗前的老树，太阳晒着山洞上的白云。经常到圭峰的寺中住宿，在僧房听那寒夜里瀑布飞溅的声音。

诗歌从表面来看，没有提到终南捷径，但是"自扫青苔室，闲欹白石看"一句已经暗含了隐居者对世俗功名生活的一种向往，所以看到山中的景色也并不怡人，"风吹窗树老，日晒窦云干"，充满了衰败与残破的气息。隐居者无以摆脱那种孤独，只有寒夜里的瀑布声可以为伍。诗僧其实已经把假隐士那种孤独寂寞、苦闷焦灼的心态揭示得十分透彻。可贵之处在于，此诗全用景语，含蓄蕴藉，非一般人不能看出其中的深刻内涵。

除了诗僧齐己之外，大诗人王维还曾经写过一首五言诗表达类似的意思，诗云：

送别

下马饮君酒，问君何所之。

君言不得意，归卧南山陲。

但去莫复问，白云无尽时。

这是一首诗人送友人时宽慰友人的诗歌，大致意思是：朋友，下马来我请你喝酒。你准备到哪里去呀？你说你在长安混不下去了，准备到终南山去隐居。那很好呀，也不要乱想什么了，山上的白云悠悠，时光无限好，好好地过吧。

由此可知，当时的人之所以到终南山隐居，都是因为在长安城混不下去了，受不到重用，迫不得已才选择的这条路。待在终南山，就有可能像卢藏用一样有机会东山再起，重出江湖，名播天下。其实，唐朝有很多人都在利用"终南捷径"这条道路，卢藏用仅仅是我们提到的一个范例罢了。

除了这种"终南捷径"以外，有的诗人隐居终南山，是为了排遣心中不得意的忧愁与焦灼，倒不是为了传播自己的名声。玄宗天宝十年，岑参从西域边疆回到了长安城，不过也没有得到什么重用，只是做了一个小官，有些失落，觉得没什么意思，就跑到终南山自己筑起了一个小茅屋，没事的时候就住在这小茅屋里，过起了一种半官半隐的生活。诗人曾经写作一首五言长诗表达自己在终南山隐居的日子和感受：

终南双峰草堂作

敛迹归山田，息心谢时辈。

昼还草堂卧，但与双峰对。

兴来恣佳游，事惬符胜概。

著书高窗下，日夕见城内。

曩为世人误，遂负平生爱。

久与林壑辞，及来松杉大。

偶兹近精庐，屡得名僧会。

有时逐樵渔，尽日不冠带。

崖口上新月，石门破苍霭。

色向群木深，光摇一潭碎。

缅怀郑生谷，颇忆严子濑。

胜事犹可追，斯人邈千载。

诗人说:辞谢友人的关心,我来到了终南山,决心在此隐居。白天回来躺在茅屋里,还能看见外面相对的山峰。在这里生活十分宁静惬意,并无世俗事务的干扰。当我在窗旁写诗时,还能看到山下长安城里忙碌的人群。以前都是被这些世俗名利所累,辜负了这美好的山林隐居生活。在这里,我还能经常参加高僧们的法会,聆听佛家教诲;也可以随意地与山间的百姓交谈,不必理会什么官场礼仪。你看,一轮新月在山崖口升起,屹立的石门直指天空,仿佛刺破了这苍茫的云雾。新月无言,清淡的月色下,树林显得更加深邃;徐风吹过,摇碎了一池的宁静,水底的月影也在荡漾着。想当初,郑朴和严子陵两位隐士,痴情于山水,谁也不肯涉足世俗人间,情操是多么高尚!我想追随他们的足迹,只是斯人已去很多年了,不由得让人慨叹不已。

还有一次,岑参去云际精舍拜访高僧法澄,不巧高僧出去了。他回来后写了一首诗:

> 昨夜云际宿,旦从西峰回。
> 不见林中僧,微雨潭上来。
> 诸峰皆青翠,秦岭独不开。
> 石鼓有时鸣,秦王安在哉。
> 东南云开处,突兀猕猴台。
> 崖口悬瀑流,半空白皑皑。
> 喷壁四时雨,傍村终日雷。
> 北瞻长安道,日夕生尘埃。

这首诗描写诗人在回来的路上所目睹的终南山的怡人山色。值得注意的是最后一句"北瞻长安道,日夕生尘埃",意思是说:你看那长安路上,每天都是漫漫尘埃,怎比得了这山清水秀的终南山呢? 我摆脱这世俗尘埃,在终南山隐居,真是惬意呀。

细心的读者由上面两首诗都不难发现一个问题:岑参虽然隐居在终南山,其实还有着浓厚的世俗情怀。身在山中,但老是把山中生活与世俗生活相比较,说明诗人根本就没有把世俗之心放下,还没有达到王维"明月松间照,清泉石上流"的境界。究其根由,诗人一心想报效国家,可是位卑官微,无施展之地,有些心灰意冷了才寄情于终南山,企图以此来摆脱心中的忧愁和焦灼。可是一旦有机会一展抱负,就会离开终南山重返滚滚红尘的。事实也证明了这一点。

唐肃宗至德二年,因安史之乱肃宗被迫从灵武迁到凤翔。听到这个消息后,岑参风尘仆仆地赶到凤翔。经由杜甫等人的推荐,岑参担任了肃宗的右补阙。

岑参是一个忧国忧民的大诗人,终南山怎能容得下他深沉的忧患意识和报国情怀呢? 但是,终南山毕竟给了他很多美好的回忆,也给了唐代不少文人士子心灵的慰藉。

白云悠悠,青山依旧。终南山,是大唐诗人心目中的理想王国。

★杜审言——高傲自负的诗人

杜审言(公元645~689年)是杜甫的祖父。年轻时与李峤、崔融、苏味道齐名,号称"文章四友"。

唐高宗咸亨元年(公元670年)中进士,仕途失意,一直充任县丞、县尉之类的小官。到了永昌元年,诗名大震,但官还是那么大,他心里很不高兴。

江南早春时节,他和朋友们游览风景,本是赏心乐事,他却赏心而不乐,于是写下了一首五言律诗:

和晋陵陆丞早春游望

独有宦游人,偏惊物候新。

云霞出海曙,梅柳渡江春。

淑气催黄鸟,晴光转绿蘋。

忽闻歌古调,归思欲沾襟。

诗人感慨地说:"只有离别家乡、奔走仕途的游子,才会对异乡的气候感到新奇而大惊小怪。江南春光同东方大海中的太阳一起升上天空,像曙光一样映照满天云霞。梅柳渡过江来,江南就完全变成了绿色的春天了。春天气候温暖,江南黄莺叫得更欢,这时忽然听到一曲古时的调子,本来思乡情切,所以一经触发,便伤心落泪。"

杜审言的诗在"文章四友"中是最出色的,尤其是五言律诗格律谨严,当代称著。但他非常自负,高傲自大,甚至有些狂妄自大。

有一天,他刚刚编好一集诗文,便哈哈大笑起来。

下官问他:"先生为何发笑?"

他回答说:"这下苏味道知道一定要死的。"

下官一惊忙问:"先生怎么知道?"

杜审言指着那集诗文说:"他看到我这本诗集,还不羞死他吗?"

接着,杜审言站起来,昂起头,用手捋着长须高傲地说:"我的诗文,我的书法,应让屈原和王羲之前来膜拜!"

杜审言虽然狂妄自大,但他的诗确实很有特色。

他在唐中宗时被贬到南方偏远的峰州去,当他渡湘江时,正值春归大地、花鸟宜人的时节,看到滔滔江水朝他行进的相反的方向流去,想起自己的遭遇,追思昔日,怀念京国,

國學智慧全書

诗学智慧

悲思愁绪一触而发,于是写下了这首诗:

渡湘江

迟日园林悲昔游,今春花鸟作边愁。

独怜京国人南窜,不似湘江水北流。

春日迟迟,园林秀美,今天想起被贬外地,处境可悲。虽然春风徐徐,鲜花盛开,群鸟齐唱,但还是愁闷和哀伤。可怜我离开京国被贬南方,不能像这湘江水滚滚朝北方流去。

这首诗最大的特色是诗中今昔、哀乐、人物、南北都形成对比和反衬,有很高的欣赏价值。

尽管他的诗很有艺术特色,也不可能同大诗人屈原、大书法家王羲之媲美。

他临死前也没有改了高傲自大的坏毛病。据说,他临死前对去看望他的大诗人宋之问说:“我活着时,我的诗文压得你们抬不起头,但我要死了,你们可以抬起头轻松一下了,可还是没有来继承我的人。”

★温庭筠——蔑视宰相的怪秀才

温庭筠(公元812~870年),字飞卿,山西太原人,晚唐著名诗人。

他一生政治上不得意,好几次考进士不中,在当时的社会条件下,他生活颓废,私生活放荡,经常与一些纨绔子弟喝得酩酊大醉,爱和歌妓们厮混在一起,所以写下的诗多半与歌妓们有关。他又是一个多才多艺之人,据说他音乐修养很高,有孔即吹,有弦即弹,总以为自己的才学高,艺术修养深而瞧不起别人。

相传唐宣宗非常喜欢听唱温庭筠的《菩萨蛮》:

水晶帘里颇黎枕,暖香惹梦鸳鸯锦。江上柳如烟,雁飞残月天。藕丝秋色浅,人胜参差剪。双鬓隔香红,玉钗头上风。

屋里的窗帘水晶一般的明净,枕头玻璃般洁白,她躺在温暖芳香绣有鸳鸯的锦被中,慢慢地进入了梦境。江山绿柳如烟,残月下的孤雁向西边天际飞去。她身穿色泽鲜艳的服装,两鬓簪着香红的鲜花,插在玉钗上的幡胜随风飘拂。

唐宣宗非常喜欢这首《菩萨蛮》词,还以为是宰相令狐绹所做,其实都是温庭筠代写的。

据讲温庭筠同令狐绹私下交往很多。令狐绹为了讨好皇上,经常向唐宣宗献上他最爱听的《菩萨蛮》词,以讨得皇上的欢心。可他自己又写不好,便暗下叫温庭筠代作,同时

也提醒温不要将此事告诉别人,可温庭筠不听他那一套,因为他瞧不起这个无才无德、只靠巴结皇上而爬上去的宰相。在一次酒后闲谈中说出了此事,令狐绹耿耿于怀,对此事记恨在心,但又不敢当面得罪他,因为以后还要求他帮忙写词。

有一次,令狐绹拿来一首诗词问温庭筠:"你可知诗中的典故从何而来?"

温庭筠轻蔑地看着他回答说:"这个典故是引用《庄子》一书,这种书非常多,也很简单,只是大人平时只知道怎样才能使得皇上开心,而无暇顾及这些,所以才会变得这样无知。"

令狐绹听后勃然大怒,并大声吼道:"你竟敢诬蔑当朝宰相,真是胆大包天,你虽然有点学问,但也太缺少品德啦!"

温庭筠

温庭筠不甘示弱,讥讽他无才又无德,令狐绹对他无可奈何。

在唐代诗词中,有关宣宗皇上喜欢听的《菩萨蛮》还流传这样一首也是温庭筠所作。

小山重叠金明灭,鬓云欲度香腮雪。懒起画蛾眉,弄妆梳洗迟。照花前后镜,花面交相映。新贴绣罗襦,双双金鹧鸪。

灿烂的阳光映照着色彩斑斓的屏风,她鬓发缭乱,脸庞飘香洁白如玉。醒来后,懒得起来梳妆打扮,描画秀眉。她前后都有一面镜子,照出窈窕的身段和美丽的面容,在她崭新的绣花内衣上,绣着一双金闪闪的鹧鸪图案。

★孟浩然——人如其名,浩然正气

据唐史记载,著名诗人孟浩然游历京都长安,并参加了进士应试。在当朝官吏王维官衙内巧遇皇帝唐玄宗,因为给皇上吟诵一首《岁暮归南山》诗,触怒了皇帝,被放回南山。他回归故乡,隐居南山破旧的茅草屋内,写下了许多不朽的流传千古的著名诗篇。

唐玄宗开元二十一年(公元733年),孟浩然再度西游长安,并带去一首诗赠给了当时在位的宰相张九龄,这首诗是他游览洞庭湖时写下的。

那是在盛夏时节,洞庭湖水涨船高,一片浓雾笼罩湖面。孟浩然站立船头望着这朦胧景色,浮想联翩。当今的朝廷正像这洞庭湖水,不是清澈见底,而是被一层雾遮掩着。

当年的王维和多次引见他入朝做官的宰相张九龄都在这雾气朦朦的湖面上时隐时现,他很想见到他们,诉说一下几年来郁积心中的沉闷。这首诗是这样写的:

望洞庭湖赠张丞相

八月湖水平,涵虚混太清。
气蒸云梦泽,波撼岳阳城。
欲济无舟楫,端居耻圣明。
坐观垂钓者,徒有羡鱼情。

八月的洞庭湖水涨得满满的,和岸上几乎相连,水和天已混成一体,水气笼罩着整个云梦泽(湖的一部分),浪波撼动了湖岸边的岳阳城。我面对烟波浩渺的湖面,真想渡过去,如果一直过隐居的生活,那可太对不起这个时代了。当我看到湖面垂钓的人,真羡慕他能钓到鱼的心情,但这也是一场空想。

后两句的诗意是说,我有参政的想法,可找不到门路,希望能借助张丞相,不想使愿望落空。

看罢这首诗,似乎同诗人当时在皇帝面前吟诵的那首《岁暮归南山》诗相互矛盾。但从孟浩然一生的经历和他身边的友人及当时的社会现状来看,又不难理解。他想施展才华,报效国家,但又蔑视权势,厌烦朝中的尔虞我诈;他想隐居南山,与世无争,但看朋友们在朝中当官,又不想埋没自己,所以此一时,彼一时,一生始终处于矛盾的心理状态之中。

当年他在故园同朝中很有实权的采访使韩朝宗相遇时,充分表现出了那种复杂矛盾的心理状态。韩朝宗问他:"你的才能应在晚年得到施展,这次同我回长安寻官。"

孟浩然茫然地说:"我曾得罪过皇上,怕是这辈子也不能进京在朝中做官了。"

韩出主意:"你进宫拜见皇上,请求皇上恕罪,也许皇帝能开恩,赐你官做。"

孟浩然当时答应了,并约好了进京的时间。可就在那一天,孟浩然的一位朋友来看望他,两个人开怀畅饮,一醉方休。当时有人来催他:"先生约好同韩大人一同启程进京,今天可是出发的日期。"

孟浩然不以为然地说:"今天喝酒很高兴,顾不上这些了。"

孟浩然

韩朝宗在约定的地方等孟浩然不到，非常生气地说："今生不同孟浩然谈及进京做官一事！"

后来韩朝宗独自返回了京城长安。

★李白——我辈岂是蓬蒿人

南陵别儿童入京

白酒新熟山中归，黄鸡啄黍秋正肥。
呼童烹鸡酌白酒，儿女嬉笑牵人衣。
高歌取醉欲自慰，起舞落日争光辉。
游说万乘苦不早，著鞭跨马涉远道。
会稽愚妇轻买臣，余亦辞家西入秦。
仰天大笑出门去，我辈岂是蓬蒿人。

天宝元年(公元742年)，李白与道士吴筠共同隐居浙江的剡中，并结识了当时出家为道士的唐玄宗的妹妹玉真公主，吴筠和玉真公主都非常赏识李白的诗才，玉真公主多次在哥哥面前夸耀李白文章写得好，于是唐玄宗下诏书召李白入京在他身边做事。李白非常兴奋，自认为施展自己政治抱负的时机来了，在南陵(安徽省南陵县)与家中妻儿告别时，写下了这首《南陵别儿童入京》七言诗。

诗的大意是：我刚从山中回来知道家乡又酿出了新酒，正在啄食的黄鸡长得多么的肥，叫孩子们杀鸡烹熟了再备上新酿的酒，儿女们高兴地牵着我的衣裳边唱边跳，酒兴正浓便起身舞剑，剑光与落日争辉，只怨我被皇帝发现得太晚了，如今我就要跨马扬鞭远道而行了。朱买臣的愚妻嫌家贫而离开了他，我是告别家乡西去长安。出门前我仰天大笑，我李白岂是在草野上默默无闻过上一辈子的人？

一次，唐玄宗正在欣赏歌舞，高力士凑上前去说："在此美好的时候，再有高才诗人的作诗吟诵岂不更好。"

唐玄宗忙赞同地说："快召李白进宫作诗。"

李白

这时李白正同玄宗的哥哥宁王在饮酒,并且喝得酩酊大醉,被人搀扶来到皇帝面前,唐玄宗有些生气地说:"喝得如此大醉,怎能为皇上作诗?"

李白醉态百出,连礼都行不出来了,拉着长声说:"臣已喝多了,希望皇上赐罪。"

唐玄宗说:"如能做出好文章,皇上决不怪罪于你!"

于是两个太监磨墨濡笔,李白构思了片刻,然后提笔疾书,10首诗便写好了。其中的两首诗是:

宫中行乐词二首

(一)

卢桔为秦树,葡萄出汉宫。
烟花宜落日,丝管醉春风。
笛奏龙鸣水,箫吟凤下空。
君王多乐事,还与万方同。

(二)

柳色黄金嫩,梨花白雪香。
玉楼巢翡翠,金殿锁鸳鸯。
选妓随雕辇,微歌出洞房。
宫中谁第一,飞燕在昭阳。

诗意如下:卢桔成为秦地的树木,葡萄栽在汉代的宫苑中,落日下的烟花分外艳丽,管弦的音乐声在春风中令人陶醉。笛子吹得犹如龙在水中鸣叫,箫声引下了空中的凤凰,皇帝多么开心,还需与万民同乐呀!

嫩嫩的柳条如黄金般,梨花芳香如白雪,美丽的玉楼上翡翠鸟在筑巢,金殿里还关养着鸳鸯。歌妓们随着皇帝坐在雕辇之上,优美的歌声传出洞房,这宫中的女人谁最美,当然是住在昭阳殿的杨贵妃。

唐玄宗听罢太监为李白诵读出来的诗后,又拿过李白的诗稿,看到上面那龙飞凤舞的墨迹,不觉龙心大悦,夸奖李白是天下奇才。

望岳

岱宗夫如何？齐鲁青未了。
造化钟神秀，阴阳割昏晓。
荡胸生层云，决眦入归鸟。
会当凌绝顶，一览众山小。

泰山别名东岳，是五岳之首，所以称之为岱宗。杜甫见到泰山，惊奇地叹道：泰山啊，你到底怎么样呢？你莽莽苍苍，郁郁葱葱，耸立在望不到头的齐鲁大地上。大自然造化了泰山的神奇秀丽，又把它的景色在傍晚和早晨分割开来，只见山中云气迷漫，看后觉得胸襟激荡开阔，久久凝望后眼睛疼得受不了，但还是不愿离去，一直到傍晚归鸟入林宿息。杜甫下了决心：明天一定登上泰山顶峰，那时再看周围的山峰，显得又矮又小了。

这是唐代大诗人杜甫游山东时写下的一首生气勃勃的遥望东岳泰山诗。

杜甫3岁那年母亲便去世了，他被寄养在洛阳的二姑母家里，姑母一家人都非常喜欢他，他们不但从生活上关心照顾杜甫，对他的读书学习也要求得特别严格。

杜甫

在大人的正确引导和耐心帮助下，杜甫从小便养成了刻苦读书、勤奋学习的好习惯，而且进步很快，他7岁便能作诗。有一天，杜甫坐在家里的小板凳上朗朗读诗，在屋外作活的二姑母听到这悦耳动听的诗句，忙放下手中的活儿大声问："侄儿，今天你在读谁的诗呢？"杜甫高兴地说："二姑母我在读自己作的诗。"

二姑母忙走进屋里，拿过杜甫读的诗稿，这是一首叫《凤凰》的诗。二姑母也高兴地同他大声朗读起来。读完后，她兴致勃勃地说："凤凰是百鸟之王，嗓子清脆，唱出的歌最动听了，你将来一定能做诗国中的凤凰，比任何诗人唱得都好听！"杜甫受到了表扬，读书

的兴趣更浓了,写诗的劲头也更足了,他每天写呀读呀从不间断。

14岁那年,二姑夫把他推荐给了当时洛阳城里诗文非常有名望的地方官崔尚和魏启心。杜甫经常登门求教,同他们互相往来谈论诗文,崔尚和魏启心虽年龄比杜甫大二三十岁,但他们都非常欣赏杜甫的才华,尊重这位有才华的小诗人,并同他结成了忘年之交。

杜甫从不自满,学习写诗更加刻苦。他通过自己刻苦读书的感受写下了"读书破万卷,下笔如有神"的千古绝句。他决心像著名文学家、史学家司马迁那样,行万里路去开阔眼界,增长见识,提高文学修养。从20岁起,他便漫游祖国的大好河山,24岁那年他来到齐鲁大地上,刚一到泰山,望见莽莽苍苍一眼望不到头的岳岭群峰,顿感诗兴大发。第二天,当他兴致勃勃气喘吁吁地登上山顶,高兴得不知道怎样形容才好,他揩擦了满脸的汗水,又认真地揣摩了片刻,便大声地吟出了那两句流传至今的绝唱:"会当凌绝顶,一览众山小。"

★王维——我的上一辈子错当了诗人

九月九日忆山东兄弟

独在异乡为异客,每逢佳节倍思亲。

遥知兄弟登高处,遍插茱萸少一人。

——王维

在我国,一个身在异乡的人,每到佳节时,就会想起一句极其著名的俗语"每逢佳节倍思亲",这句话来自唐代大诗人王维的一首七绝诗。

王维的老家原在山西太原祁县,到他父亲这一辈,迁居于今天的山西永济县。王维多才多艺,在少年时代就很有名气,十七岁时离家来到当时著名的长安、洛阳等地游学,城里商业的繁华,文化的丰富,给年少的王维带来了很多收获。他在街头巷尾漫步,在酒肆楼台与文友相聚,愉快的时光过得飞逝,转眼间就到重阳节了,家家户户都在忙着过节,人们按照节日的习俗,插茱萸,饮菊花酒,并登高游览。

看见别人忙着过节,王维这时感到了孤独,心里更加怀念家乡的亲人,想到家人一定也在想念自己。他想回去,但路途遥远,一股思乡之情化作一首流畅的诗句在他的心中流淌,他一气呵成写成了这首流传千古的佳作《九月九日忆山东兄弟》。

这首诗感情浓烈,朗朗上口。诗的意思是说,我一个人身在他乡,每逢佳节,总会加倍思念我的亲人，在这遥远的他乡，想我的兄弟们登高时，一个个地插着茱萸，可是就少了我一人。

王维

游历和求学使王维的学识更加成熟。到了唐开元九年，王维决定参加进士考试，他准备了好久，也对自己的学问有足够的信心，他年轻气盛决心要取头名。可正当他雄心勃勃准备迎考时，却听到另一个叫张九泉的人，已托熟人走了权势显赫的公主的门路，被京兆试官内定为头名进士。王维心里十分郁闷，于是就通过别人的引见，拜访了岐王，想请他帮忙从中找一条路子。岐王名李范，是唐玄宗的弟弟，岐王听了王维的叙说后，要他回去耐心等待。

有一次公主举行宴会，也邀请了岐王参加，岐王喊来王维，把他打扮成伶人的模样，一同前往赴宴。王维年轻英俊，风姿潇洒，在宴会上一出现，就引起了公主的注意，岐王趁机提出让王维演奏自制的琵琶曲，王维会心地弹了起来，音乐声在大厅里回旋起伏，打破了以往陈旧的曲调，使人耳目一新，公主听了赞不绝口。

岐王又让王维将平日所做的诗文呈献给公主，公主展诵后，更是赞叹，忙令王维更衣，坐上贵宾席位。岐王见时机成熟，便向公主提出让王维参加进士考试，公主在欣喜之余满口答应，并派人把京兆试官召至府上，让宫婢告诉他，必须以头名录取王维。这年王维果然中了头名进士。

王维运气不好，他刚走上仕途不久，唐朝就发生了安史之乱。唐肃宗至德元年，安禄山在洛阳登基称帝，国号大燕，自称雄武皇帝。安禄山攻破长安后，将皇宫内的金银珠宝、珍奇古玩、后宫美女、图书典籍等都抢到了洛阳。

安史之乱发生后，许多文人都随唐玄宗逃往蜀地，没有逃走的文人，都被安禄山看押起来，然后逼他们出来任职。当时王维也被安禄山的军队拘禁在菩提寺中，他没有办法逃走，便心生一计，每天服下药剂，让自己变得病怏怏的，想以此来麻痹安禄山，放他出去。

一天，他的好友裴迪冒着生命危险来寺中看望他，两人久别重逢十分高兴，王维向他打听一些外面的情况，裴迪给他说了许多，其中说到，安禄山把玄宗的乐师也掳走了，有一天，安禄山在凝碧池畔大宴手下，并且下令把这些乐师召来，让他们吹奏弹唱，为酒宴助兴，有不少乐师相视泪下，不愿演奏，士兵恼羞成怒。拔出刀剑相威胁，有个叫雷海青的乐师再也忍不住了，他将手中的乐器摔得粉碎，然后扑在地上，向玄宗逃去的方向哭

國學智慧全書

诗学智慧

泣。安禄山大怒,下令将他吊在台子上,肢解而死。

王维听了长叹良久,愤怒加上感慨,立即写下了一首诗:

凝碧池

万户伤心生野烟,百官何日更朝天。

秋槐叶落空宫里,凝碧池头奏管弦。

这首诗可以说是为乐师雷海青写的一首悼诗和对安禄山伤残百姓的谴责。

王维除了诗写得好,他在音乐上的造诣几乎可以和诗歌相提并论,因此,他的诗赋有韵律,每首都能吟唱。

有一次,在安史之乱中逃走的著名音乐家李龟年辗转到了湘潭,在湘中采访使举行的一次宴会上,应采访使的邀请,李龟年唱了两首王维的名作:

相思

红豆生南国,秋来发几枝。

劝君多采撷,此物最相思。

伊州歌

清风明月苦相思,荡子从戎十载馀。

征人去日殷勤嘱,归雁来时数附书。

李龟年在宴席上唱罢,满座的宾客都为之歔欷流泪,遥望远在成都的玄宗皇帝的方向悲伤叹息。

传说李龟年唱罢不久,忽然昏倒在地,连呼吸也停止了,家人摸了他的左胸还有热气,不忍心将他装入棺材。四天之后,他居然醒了,对妻子说:"是湘江的水神湘君和湘夫人召我去教她们的侍女兰苕唱王维的这两首歌,并告诉我,皇上不久将返回长安。"可见王维的诗被吟唱后所引起的反响。

王维的诗在唐朝受到如此的喜爱,是不争的事实,可他在晚年,却打趣地说自己错当了诗人,他曾写过一首诗:

偶然作六首

老来懒赋诗,唯有老相随。

宿世谬词客,前身应画师。

不能舍余习,偶被世人知。

名字本皆是,此心还不知。

此诗的意思是,我老来变得疏懒了,久不作诗,只有衰老与我相伴随,我的上一辈子错当了一个诗人,其实应该是一个画师的,这一生不能抛弃前生带来的习惯,因此才以诗和画著名,虽然诗人和画家的名声我原来皆有,可我并不认为自己真是诗人和画家。

其实,王维除了诗歌对后人产生了深远的影响外,王维的画也是国宝级的。

王维的画富于田园风味,如陡峻的山、栈道、村庄、捕鱼、雪景及各种植物。由于他具有高深的文学修养,因此所绘的画诗味很浓,具有耐人寻味的意境,也产生了许多神奇的传说。

据说有一次,王维为岐王画了一幅《巨石图》,图中没有其他东西,只有一块巨石卧在那里,巨石也是王维随意涂抹而成的,侍人去给岐王送画时,心里直嘀咕,画什么不好,画一块大石头岐王会喜欢吗?岐王是皇帝的弟弟可得罪不起啊。岐王接到画时,看着画上的石头,完全像天然的真石一样,岐王越看越喜欢,高兴地收了下来。

岐王把这幅《巨石图》挂在墙上,经常独自坐在画前沉思,想象着自己进入了画中,在巨石旁欣赏游览。这样过了几年,有一天突然来了暴风雨,外面电闪雷鸣,岐王坐在家中,只听到一声巨响,觉得有东西冲破屋顶,岐王赶紧过来查看,屋里的东西还是原来的陈设,一件不少,岐王觉得有点奇怪,最后却发现《巨石图》只剩下一个空轴,上面画的巨石不见了,岐王才知道刚才的巨响是画上的巨石飞走了。

过了许多年后,高丽(今朝鲜)的使者来访,说有一年,一天狂风暴雨,高丽的神嵩山上飞来一块奇石。消息传开了,大家都上山去看,见这块石头上有王维的名字和印章,知道这东西是中国的,高丽国王不敢留下,便派使者专程送来。皇帝听了后,下令将王维原画的空轴拿来和石头相对比,发现正是从画上飞去的那块石头。

另外,根据记载,宋哲宗元祐二年,著名诗人秦观在汝南任学官,这年夏天,他患肠炎久不痊愈,只好卧床休息。一天,他的好友高符仲来看他,带来了王维的名画《辋川图》,他对秦观说,欣赏这幅画,你的病就会好了。秦观见图后非常高兴,让两个孩子在他的病床前拉开给他看,不知不觉,仿佛自己真的随王维来到了辋川,游历了各处的风景,呼吸着新鲜的空气,并下棋饮茶,分韵赋诗,于是他的精神为之一爽,完全忘记自己还躺在床上,几天之后,病果然好了。不久,高符仲来取回此图,秦观便将这一段经过写在此图的后面。

王维画的真迹,流传到现在已极其罕见,有两幅真迹都在早年流入了日本。

第三章　忧思

★风雨下的茅草屋

乾元三年(公元760年)的春天。年近五旬,历尽沧桑的诗人杜甫,求亲拜友,在四川成都浣花溪边盖起了一座茅草屋,总算有了一个安身的栖所。

到了八月,秋高气爽,狂风怒号,阵阵秋风卷走了屋顶的茅草。茅草翻飞,洒满了江边,有的挂在了树梢上,有的落在低洼的池塘里。

南村的一群顽童欺负杜甫年老无力,居然当面偷盗房上刮下的茅草。

杜甫焦急地在一旁呼喊:"孩子们,快放下!"

尽管他口干舌燥地大声呼喊,孩子们也不听他的话,顽皮地朝杜甫做着鬼脸跑进了竹林。

杜甫见顽童消失在竹林中,垂头丧气地倚着拐杖独自站在那里叹息。

过了一会儿风停了,但一片片乌云遮盖住了天空,夜色已经降临了。

杜甫

屋里油灯的火苗跳动着,散发着微弱的光亮,屋外淅淅沥沥下起了小雨。

妻子在灯下缝补着衣裳,孩子睡觉很不老实,把那多年的破被都蹬破了。这时屋顶漏雨了,老两口忙把孩子抱到干爽的地方。外面的雨还在下个不停,不一会儿整个屋里没有干的地方了。

自从安史之乱后,兵荒马乱给广大穷苦百姓带来了不尽的灾难。杜甫为国家担忧,为百姓发愁,晚上睡得很少,今天在这秋雨绵绵的夜晚,床上到处湿漉漉的,就更难以入睡了。这样的漫漫长夜何时才能挨到天亮啊!

杜甫在这雨夜,从这痛苦的生活体验中迸发出了奔放的激情和火热的希望,一种炽

热的忧国忧民的情感从黑暗的现实升华到崇高的理想,他站起来从内心呼喊道:"什么时候才能得到千万间宽大的房子,让天下所有的穷苦人都能住上而发出欢乐的笑声,即使是暴风骤雨也能安稳如山!"

杜甫长叹一声:"唉!如果眼前真的见到了这些高大宽敞的房子,贫穷的读书人都住进去,我的茅草屋即使被狂风吹倒,被冻死在这里也是心甘情愿啊!"

天亮了,雨停了。

杜甫坐在那里把昨夜的遭遇和美好的愿望都写在了纸上。这就是千古传诵的一首名作。

茅屋为秋风所破歌

八月秋高风怒号,卷我屋上三重茅。茅飞渡江洒江郊,高者挂罥长林梢,下者飘转沉塘坳。南村群童欺我老无力,忍能对面为盗贼。公然抱茅入竹去,唇焦口燥呼不得,归来倚杖自叹息。俄顷风定云墨色,秋天漠漠向昏黑。布衾多年冷似铁,娇儿恶卧踏里裂。床头屋漏无干处,雨脚如麻未断绝。自经丧乱少睡眠,长夜沾湿何由彻!安得广厦千万间,大庇天下寒士俱欢颜,风雨不动安如山!呜呼,何时眼前突兀见此屋,吾庐独破受冻死亦足。

★ 卖炭翁

唐朝有这样的制度,宫廷里买东西,要有专门的官吏去市场上购买,价格要与卖主共同商量,平等交易。可到了唐德宗年间,却派皇宫的宦官直接选购。他们看好了什么就声称这是皇上要买的,并让卖主亲自送进宫内,付的价格也不过货物的十分之一,市民们非常气愤,说这等于强抢,但这是皇上要的东西,白白拿走也是没有办法的。也有的人不畏强权,奋起抗争,反抗这不合理的剥削制度。

这天,有一个农民进城卖柴,一个宦官要将这一车柴买下,只付给他几尺绢,还要农民赶着毛驴车把柴送进宫内,进宫还要付进门钱。农民哭泣哀求,愿将这车柴白送,几尺绢不要了,但不付进门钱。宦官不但不答应,还动手打人。农民说:"我上有父母,下有孩子,整天连饭都吃不饱,哪来的进门钱?求求你,别难为我了,要我命也拿不出钱来。"

宦官非常恼火,还不停地用车上的柴条抽打着农民。这个年轻的小伙子气急了,奋起反抗,并把这个宦官打翻在地。

天气渐渐冷了起来。宫内需要大量的木炭取暖,宦官纷纷来到街头抢购木炭。

这天上午,有一个白发苍苍的老人赶着牛车来到街头卖炭。他满脸尘土,烟熏火燎的双手黑黢黢的。

这时,前面来了两个骑着马的人,一个穿黄色绸缎的,一个穿白色绸缎的。两人走到老人面前停了下来,并拿出一张纸说:"老头,这车炭皇上要买下了。"

老头高兴地问:"大人给多少钱?"

宦官回答说:"给你些红纱和绫。"

老头急忙哀求说:"大人,我是在南山砍木烧成的炭,天气这样冷,路又这么远,城外的雪足有一尺厚,天还没有亮我就赶着牛车上路。这会牛累了,我也饿了,我们一家子人都等着我卖了炭钱好买粮。大人,行行好,给些钱吧!"

两个官人厉声吼道:"少啰唆,快赶车进宫送炭!"

老人没有办法,只好胆怯怯地赶着牛车跟着他们进宫送炭去了。

回来时,宦官只给了他半匹红纱和一丈绫,算是给老人充了炭钱。

老人流着泪牵着牛车边走边说:"一车炭,足有一千多斤,只给了这么点东西,太不值了。"

白居易目睹了这一情景,问明了这里发生的一切,于是写下了这首不朽名作。

卖炭翁

卖炭翁,伐薪烧炭南山中。满面尘灰烟火色,两鬓苍苍十指黑。卖炭得钱何所营?身上衣裳口中食。可怜身上衣正单,心忧炭贱愿天寒。夜来城外一尺雪,晓驾炭车辗冰辙,牛困人饥日已高,市南门外泥中歇。翩翩两骑来是谁?黄衣使者白衫儿。手把文书口称敕,回车叱牛牵向北,一车炭,千余斤,宫使驱将惜不得。半匹红纱一丈绫,系向牛头充炭值。

★石壕村的不眠之夜

唐肃宗乾元二年(公元759年)春,唐朝大将郭子仪等9位节度使60万大军由于指挥不统一,被安史叛军打得落花流水。唐王朝为了补充兵力,继续围剿叛军,使在洛阳以西至潼关一带,强行抓人当兵,穷苦百姓苦不堪言。这时,杜甫正由洛阳经过潼关,赶回华州任所。

傍晚,天色灰暗,夜幕降临。诗人杜甫行至到一个叫石壕村的地方,见天黑下来,便投宿在这里。

夜深了,他睡意正酣,突然被一阵阵吵吵闹闹的声音惊醒。他忙爬起来披上衣服,走到窗前向外观望着,仔细听着外面的动静,窗外一片漆黑,什么也看不见。这时,又一阵吵闹声传到了他的耳边:"快走!到那边去集合。"

杜甫听了半天才明白,原来是官吏趁夜深人静时又在出来抓人。他心情沉重,想起了"安史之乱"给广大穷苦百姓带来了多少痛苦,许多青壮年战死沙场,血流成河,许多家庭妻离子散,家破人亡,又有多少田地荒芜,不产粮食。家家户户的青壮年几乎都抓没了,剩下的少数也是躲躲藏藏,他们知道,当兵就是丢下妻儿老小去送死。杜甫想着想着,不觉长长地叹息着。

他悄悄地披上衣服,轻轻地打开房门来到院子里。这时院东那家大门被敲响,发出砰砰的声音,外边的官吏还在不停地大声叫喊:"开门!快把门打开!"

杜甫忙躲藏在黑暗处仔细地观察着。这时,房东的屋门悄悄地打开了。一个黑影从屋内闪了出来,原来是那家的老头慌忙跑出来翻墙逃跑了,很快消失在黑夜中。

房东的屋里闪起了油灯光,那家的老妇人害怕地伸出头来偷偷地望着老头翻墙逃走后,才慌慌张张地准备出去开大门,这时大门已经被官吏给撞开了。

几个官吏冲进来气势汹汹地朝老妇人大声吼道:"老婆子,为什么不开门?"

老妇人战战兢兢地回答:"家里没有男人,所以不敢出来。"

官吏嚷道:"家里没有男人,男人哪去了?"

老妇吓得躲到了一边。

官吏们又冲进屋里四处搜寻,也没有找到人,于是冲老妇人厉声喝道:"你家的男人都躲到哪去了,快交出来!"

老妇人哭哭泣泣地说道:"三个儿子都当兵去守护邺城了,一个儿子刚刚捎来了一封信,我那两个儿子都已经战死了,只有我一个老婆子还勉强地活着。"

说着,她又呜呜地哭了起来。

杜甫躲在暗处听着、看着。

他虽然看不清楚老妇人的面孔,但从她的哭泣中可以想象,老人家一定是泪流满面。杜甫心里一阵阵的疼痛,他很想过去帮助老人家,可他这老弱多病的老头子又能帮她什么忙呢?

老妇人的一番话不但没有打动官吏,反而使他们大发雷霆:"别说那么多废话,难道你家里真的再没有别的人了吗?"

这时,里屋传来孩子受到惊吓后的哭声。

官吏气呼呼地大喊,"你老婆子竟敢撒谎,房子里不是有孩子在哭吗?"说着就要往屋里闯。

老妇人忙拦住他说："那是我的小孙子，他还在吃奶呢，小得很！"官吏又嚷道："孩子小，在吃奶，是谁的奶，一定是孩子妈吧！把她给我交出来！"

老妇人担心的事终于发生了，她只好央求道："我那可怜的儿媳妇，她的丈夫不久前在邺城战死了，这么年轻就成了寡妇，因为孩子小要吃奶，所以没有离开这个家去改嫁。可怜她衣不遮体不敢出门，怎么能出来见官人呢？请官府老爷行行好快放过她吧！"

老妇人又哭了起来，可恶的官吏还是不肯罢休，继续说："我们没有带回去人，怎么向当官的交差呀！你和你儿媳妇必须跟我们走一个！"

老妇人吓得慌忙问道："跟你们去做什么？"

官吏不耐烦地回答："女人家还能做什么，去兵营里生火做饭。"

老妇人怕守寡的儿媳妇被他们带去，便挺身而出，跟着官吏们走了。

看到这里，杜甫虽心如刀绞，但也没有什么办法。这时，那屋里又传来媳妇呜呜地哭声，那声音令人心碎，那声音在这漫漫长夜的空中久久地回荡着。

清晨，东方天际出现了一丝鱼肚白。一夜没有睡觉的杜甫还在院子里踱着步子，这时，房东那家逃跑的老头又偷偷地跑了回来。老人家同杜甫诉说着一家人的不幸，他实在不忍心继续听下去，便同老人家握手道别，匆匆地上路了。

离开这里，诗人杜甫的心久久不能平静，石壕村发生的那一切历历在目，那哭声还在耳边回荡。回去后，杜甫在悲愤中挥笔写下了一首反映穷苦百姓疾苦的著名诗篇。

石壕吏

暮投石壕村，有吏夜捉人。老翁逾墙走，老妇出门看。吏呼一何怒！妇啼一何苦！听妇前致辞："三男邺城戍。一男附书至，二男新战死。存者且偷生，死者长已矣！室中更无人，惟有乳下孙。有孙母未去，出入无完裙。老妪力虽衰，请从吏夜归。急应河阳役，犹得备晨炊。"夜久语声绝，如闻泣幽咽。天明登前途，独与老翁别。

★ 新安泪

唐肃宗乾元元年（公元758年）冬，唐朝大将郭子仪率军打败叛军，并同李光弼、王思礼等9位节度使乘胜追击，以20万的兵力在邺郡（河南安阳）包围了安庆绪的叛军。然而昏庸君主唐肃宗对郭子仪等将帅不信任，又派鱼朝恩为观军容宣慰处置使，这样诸军不相统属，又加上粮食不足，士兵情绪低落，两军一直相持到次年春天。这时史思明派大批援军赶到这里，同唐朝军队展开了大战，唐军在邺城大败，郭子仪退守东都洛阳，唐朝为了扩充军队大肆抽丁拉夫。

诗人杜甫从洛阳到华州途中,经过新安这个地方,遇见了当时充军时的情景。

刚到新安这地方,就听见官吏吵吵闹闹地在点兵。杜甫忙走过去问:"官人,新安这地方不是充过军了吗?"

这个官吏上下打量了一下他说,"新安县太小,22岁的壮丁全抽完了,可昨夜上面又下了征兵的文书,让不足龄的中男从军。"

杜甫不解地问:"中男才18岁,个子那样矮小,怎么能去守城打仗呢?"

官吏不耐烦地说了声:"你怎么这么多事?"

杜甫望着那些刚征调来的中男,其中有一个胖一点儿的,他的母亲流着眼泪来为他送行,一个人瘦瘦的孤零零的站在那里,他们就要出发了,这时前来送行的亲人们像似要同自己的亲人诀别,那哭声就像奔流不断的河水,就连青山都为之伤心落泪。

郭子仪

杜甫从心里安慰他们:"从军的孩子们,前来送行的乡亲们! 你们快别哭了,即使哭坏了眼睛,也不会有人来怜悯你们。我们的军队围攻相州,就是希望早日消灭叛军,可谁能料到,叛军是那样的狡猾,我军被打得军营散乱。为了军粮供应的方便退到旧营地,这次你们就去洛阳附近训练。新入军的孩子们,你们放心地去吧! 挖战壕不会有水深的地方,放马的活不算很累。何况我们的军队是正义之师,对士兵的照顾也是比较周到的。送行的父老乡亲! 别再伤心地哭了,孩子们的将领,那位尚书左仆射郭子仪治军宽厚,他会像父兄一样照顾他们的。"

新安县的征兵充军,震撼了诗人杜甫,为此他写下了一首反映人民群众在战乱蒙受痛苦的不朽诗篇。

新安吏

客行新安道,喧呼闻点兵。借问新安吏:"县小更无丁?""府帖昨夜下,次选中男行。""中男绝短小,何以守王城?"肥男有母送,瘦男独伶俜。白水暮东流,青山犹哭声。"莫自使眼枯,收汝泪纵横。眼枯即见骨,天地终无情! 我军取相州,日夕望其平。岂意贼难

料,归军星散营。就粮近故垒,练卒依旧京。掘壕不到水,牧马役亦轻。况乃王师顺,抚养甚分明。送行勿泣血,仆射如父兄。"

★漫漫潼关道

唐玄宗天宝十四年(公元755年)十一月,蓄谋已久的安禄山叛变了。他率领15万大军从范阳长驱南下,向唐朝的统治中心洛阳和长安大举进攻。唐朝军队百年没有战争,又在毫不准备的情况下突然遭受进攻,加上朝政腐败,不少军官和地方官贪生怕死,结果叛军没有遇到大的阻碍,不到一个月就渡过黄河攻占了洛阳。

当时唐玄宗非常器重安禄山,先以为是谣言,得到证实后,惊恐万状,派封常清和高仙芝两位大将前去迎战。两位是唐朝有名的战将,足智多谋,能征善战,但手下是临时招凑的几万人的乌合之众,和叛军一触即败,被迫放弃洛阳退守潼关。

唐玄宗对二将不放心,又派边令诚当监军,监督二将作战。边令诚和二将有私仇,乘这次战败向玄宗谗言:"两位将军同安禄山从前有过很深的私交,这次战败是二人故意退却,很可能同叛军同谋。"

唐玄宗听后大怒:"传旨,杀掉这两个逆贼!"二将军临死前大声呼喊:"请皇上明察,天在上,地在下,说我们与叛军勾结实属冤枉!"

玄宗在奸贼的谗言下哪管他们的喊冤,终于替敌人办了一件想办而办不到的事情。接着他又派哥舒翰镇守潼关,哥舒翰也是身经百战大将,他曾多次打败吐蕃,收复西北大片国土,当地百姓流传这样一首歌谣《哥舒歌》:

> 北斗七星高,哥舒夜带刀。
>
> 至今窥牧马,不敢过临洮。

诗中赞扬哥舒翰夜间带刀巡视,像北斗七星高照,敌人看见他就不敢过临洮到内地来骚扰了。

哥舒翰吸取封常清和高仙芝惨败的教训,当时他重病在身,加上手下军队又是新招的,没经过训练,此时不宜和叛军硬拼,所以固守潼关天险。安禄山的叛军无法向西前进,每天晚上哥舒翰军队在潼关点燃烽火,一座座烽火西传,在长安都能望得见,唐玄宗望见烽火就可以继续安心寻欢作乐了,可他听从奸贼宰相杨国忠的谗言:"哥舒翰按兵不动,消极厌战。"

唐玄宗当即传旨"令哥舒翰率兵出击,将叛军打退黄河以东"。

皇帝的圣旨,哥舒翰不敢违抗,他本知道这样盲从出击,定会凶多吉少,被叛军消灭,

但他还是下达了出击的命令,经过近一天的鏖战,他的军队全部被叛军消灭,他本人也被叛军俘虏。这天晚上,长安城再也望不见潼关的烽火,因为叛军已经打过了潼关天险。这时,长安城内的宫廷乱作一团,唐玄宗带上杨贵妃姊妹和杨国忠等少数亲信仓皇西逃。

诗人杜甫曾到过潼关。

这天,天气特别清朗,湛蓝的天空飘浮着几朵白云,白云下群山起伏,潼关险道蜿蜒伸向远方。诗人杜甫路过这里,见无数士兵紧张备战的情景。漫漫潼关道上,士兵们有的挥镐,有的扬锹,有的在搬运着石头修筑城墙,他们个个挥汗如雨地加固潼关工事。站在这里放眼望去,沿着起伏的山势而筑起的大小城墙,既高峻又牢固,显出一种威武的雄姿。

这时,修筑城墙的士兵们停下来休息,杜甫走近一个正在喝水的士兵面前问道:"修工事干什么?"

士兵上下打量着这位不速来客,有些不解地说:"这你都不知道,是为了防止胡人的再次进攻!"

这位士兵有些生气地拉过杜甫的手说:"你过来望一望!"他指着远处的山峰说:"你瞧一瞧!那高耸的山峦,那层层的战栅,是那样的高,高的连接了云天,就连飞鸟也很难从这里飞过。敌人来了,来多少就让他们留下多少,只要坚持固守,敌人怎么能够从这里越过呢? 何必要担心长安城的安危呢?"

他的语气是那样的坚决,对战胜叛军的信心又是那样坚定,紧接着他又指着远处说:"你跟我来,再望一望那山口的要冲,那里狭窄得只能容单车通过,真是一夫当关,万夫莫开!"

杜甫望见了这一切,又看了看这些士气十足的士兵,他也深受鼓舞。这里的将士那种坚忍不拔、英勇顽强的抗敌斗志深深地感动着他,杜甫激动地望着这一切,沉思了片刻说:"当年哥舒翰兵败桃林,上万军队败给了叛军,真令人痛心,是什么原因呢? 就因为他们不坚守这潼关天险,盲目出击,结果是惨痛的失败。请转告守军的将士们,千万不要学他的鲁莽轻率啊!"这次途经潼关,这里的将士,这里的城防工事给杜甫留下了深刻的印象,感慨之余他写下了这首著名的诗篇《潼关吏》。

潼关吏

士卒何草草,筑城潼关道。大城铁不如,小城万丈余。借问潼关吏:"修关还备胡?"要我下马行,为我指山隅:"连云列战格,飞鸟不能逾。胡来但自守,岂复忧西都。丈人视要处,窄狭容单车。艰难奋长戟,万古用一夫。""哀哉桃林战,百万化为鱼。请嘱防关将,慎勿学哥舒!"

第四章　友谊

★李杜文章在,光焰万丈长

唐代诗人李白和杜甫,给后人留下了无数的诗篇,被人们称为诗仙和诗圣,他们的诗备受人们的喜爱。可在唐朝,有一些人对李白和杜甫的诗进行攻击和贬低。在诗人们去世数十年以后,著名诗人韩愈写了一首五言古诗《调张籍》,严厉驳斥了某些人的荒谬看法,高度赞扬了李白和杜甫这两位诗人在诗歌著作上的成就,在诗中表达了他对这两位前辈诗人的钦佩和敬仰。

这天晚上,韩愈在家刚吃过晚饭,他的一位友人,在朝中任水部员外郎的张籍来到家里,张员外非常敬佩韩愈的才华,经常来向他学习写诗,有时也一起议论时务。张籍谈话中问韩愈:"先生十分崇尚李白杜甫的诗文,为什么会有那么多人攻击他们、贬低他们的诗文呢?"

韩愈生气地说:"都是些不学无术的小人在嫉妒他们罢了。"

张籍说:"先生一定读过很多他们的诗。"

韩愈告诉他说:"只有多读他们的诗,才知道他们的诗好在哪里,才知道那些小人为什么要攻击诽谤他们。"

晚上,韩愈坐在桌前挥笔写下了一首五言律诗:

调　张　籍

李杜文章在,光焰万丈长。不知群儿愚,那用故谤伤!蚍蜉撼大树,可笑不自量。伊我生其后,举颈遥相望。夜梦多见之,尽思反微茫。徒观斧凿痕,不睹治水航。想当施手时,巨刃磨天扬。垠崖划崩豁,乾坤摆雷硠。惟此两夫子,家居率荒凉。帝欲长吟哦,故遣起且僵。剪翎送笼中,使看百鸟翔。平生千万篇,金薤垂琳琅。仙官敕六丁,雷电下取将。流落人间者,太山一毫芒。我愿生两翅,捕逐出入荒。精诚忽交通,百怪入我肠。刺手拔鲸牙,举瓢酌天浆。腾身跨汗漫,不着织女襄。顾语地上友:经营无太忙! 乞君飞霞佩,与我高颉颃!

全诗的意思是:李白和杜甫的文章,光芒万丈。那些小人们太愚笨,他们的诽谤就像蚂蚁想摇大树一样,真是不知自量。我生在李杜之后,伸长脖子遥遥相望,晚上常常梦见他们,可白天回想梦境,反而感到渺茫。他们的精美诗篇,好像夏禹治水,只能看见斧凿开河痕迹,见不到治水的航线(只见到李杜的诗,见不到构思的过程)。看来他们写诗也像夏禹开山,挥舞巨斧擦天而过,悬崖被劈开,天地间震响着雷鸣般的声响。李杜二人生平都不得意,这是上帝想让他们写出好诗而故意使他们经受磨难,剪去他们的翎毛锁在笼中,看着外面百鸟飞翔。李杜一生写下千万首诗,像金玉珠宝琳琅满目,仙宫里命令天将,将他们诗收归天上。流传在人间的是极少一部分。我愿长出双翅,飞向四面八方去追逐李杜诗歌的精华。由于我的诚心,思想忽然与李杜诗歌神韵相通,许多新奇的构思都涌上了心头,我转手能拔下鲸鱼的牙齿,举瓢能舀天上的酒浆,飞身太空,连织女织的衣裳也不穿。我那地上的朋友张籍啊! 不要匆忙跟我学写诗,还是同我一起到云霞中飞翔吧(意思是开阔思路和我一同学习李杜的诗吧)!

★两为诗友长相思

天宝三年(公元744年),李白离开长安来到洛阳。这一年,中国文学史记下了值得纪念的大事件,诗仙李白与诗圣杜甫在洛阳见面了。当时杜甫33岁,李白44岁,杜甫对经历丰富的李白非常敬佩,李白对杜甫的诗也十分欣赏。两个人成了好朋友,他们一起游历,一起饮酒,一起谈论诗文,他们先后到过梁(今开封)、宋(河南商丘)、齐州(今济南),游览中杜甫曾赋诗一首赠送李白。

赠 李 白

秋来相顾尚飘蓬,未就丹砂愧葛洪。

痛饮狂歌空度日,飞扬跋扈为谁雄。

秋天到了,我们还像满地随风的蓬草在外流浪,李白呀! 你的长生丹药没炼成,真是愧对炼丹的祖师葛洪。每天只有痛饮狂歌打发日子,这样飞扬跋扈到底是为了什么?

这首诗充分表现出两位诗人怀才不遇,无可奈何终日痛饮狂歌的烦闷心情。一日,诗仙与诗圣又在一起谈论诗文,杜甫说:"太白兄能入朝廷为皇帝做事,又周游各地,不仅经历多,见识广,而且写出许多好文章。"

李白喝得有几分醉意:"那些都是一挥而就的文章,写诗就应提笔成文、出口成章。"

杜甫接过话题:"写诗各有各的写法,我以为要反复吟诵,多次推敲,才出佳作。"

李白笑着说:"你近来身体不算太好,一定是近来作诗太辛苦了,不要过于劳累,要保重身体。"

随后李白写了首七绝诗送给了杜甫。

戏赠杜甫

饭颗山前逢杜甫,头戴笠子日卓午。

借问别来太瘦生,总为从前作诗苦。

在饭颗山前遇到了好友杜甫,头戴斗笠时间是正午。近来他为什么这样瘦,是因为他作诗过分地辛苦。

这年秋天,两个人就要分别了,他们在石门(今山东曲阜县)分别,李白写了首诗赠别杜甫。

鲁郡东石门送杜甫

醉别复几日,登临遍地台。

何时石门路,重有金樽开。

秋波落泗水,海色明徂徕。

飞蓬各自远,且尽手中杯。

再过几天就要分别了,我们已经游遍了附近的山水楼台。这次石门分别,不知要等到什么时候才能再开酒樽痛饮?在这深秋时节,泗水低落,徂徕山在迷茫中时隐时现,你我像蓬草一样被狂风吹得各奔远方,还是先干了杯中的酒吧!

杜甫与李白分别后,经常思念这位性格豪爽的朋友,他先后为李白写了十几首诗。

★ 洒泪赋诗

永贞元年(公元805年),柳宗元、刘禹锡等对朝政进行大刀阔斧地改革,革新失败后,他们被贬外地,10年后,当朝宰相赏识他们的才干,又将他们召回长安。刘禹锡在观赏桃花时写下了一首《元和十年自朗州承召至京戏赠看花诸君子》的七绝诗,在当时流传很广,平日嫉妒他诗才的人将诗抄给当时宰相看,并加油添醋说刘对朝廷有怨气。

几天后,刘禹锡就接到命令让他外放去做刺史,当时柳宗元也要流放外地,于是两个人准备结伴上路。他们渡过湘江到衡阳,两人就要在这里分手了,他们恋恋不舍,想在一起倾吐衷肠却又相对无言。柳宗元写了一首七律《衡阳与梦得分路赠别》送给了刘禹锡。

衡阳与梦得分路赠别

十年憔悴到秦京,谁料翻为岭外行。
伏波故道风烟在,翁仲遗墟草树平。
直以慵疏招物议,休将文字占时名。
今朝不用临河别,垂泪千行便濯缨。

刘禹锡

这首诗实际上是诗人柳宗元内心的一段独白:你和我在外地一同过了十年艰难困苦的被贬谪生活,十年后又一同调回长安,谁知现在我们又要到遥远的五岭以外去赴任,现在我们的车马慢步走在旧路上,古代的风烟景色依旧,湘水西边是一片废墟,只剩下石人埋没在草木之中。由于懒散粗疏遭到别人的议论,不要再用诗文去争自己的声名了。要分别了,当年李陵和苏武在河边分别,临水洗帽缨,今天我们的千行泪水是超过那滔滔的江水啊!

刘禹锡读罢诗后,两行泪水滴落下来,他也写了一首七律诗《再授连州至衡阳酬柳柳州赠别》作为酬答,表示一下内心的独白。

再授连州至衡阳酬柳柳州赠别

去国十年同赴召,渡湘千里又分歧。
重临事异黄丞相,三黜名渐柳士师。
归目并随回雁尽,愁肠正遇断猿时。
桂江东过连山下,相望长吟有所思。

刘禹锡内心是说:你我离开后十年一同召还,今天在千里之外渡过湘江又要分别了。我虽然两次到连州,但情况和汉丞相黄霸两度任颍川太守大不相同,黄霸是汉宣帝重用的人,颍川也受黄霸器重,而我是皇帝厌恶的人,因而两次被贬在外。我虽然也是三次被黜,可比起春秋时柳下惠的三次被黜深感惭愧。北望长安的目光,随着归雁消逝在天边,悲凄的断续猿啼再使人愁肠百结。那桂江的水啊!它将流过我所在的连山下,愿我们两

地吟唱,相望相思。

柳宗元读罢这首诗,激动得也流下了眼泪。

刘禹锡这首诗的第四句"柳士师"指的是春秋时期的柳下惠。柳下惠当时任司法官,三次受到降职和免官。有人劝他说:"你在这里不顺心,可以到别的国家去嘛,何必在这里受气。"

柳下惠回答说:"我办事公道,到哪里都会有这样的下场,但我不能昧着良心去治理国家呀!"

刘禹锡在诗中说自己名渐柳士师是语意双关,一方面说自己不如他,另一方面说自己同他一样,所以才多次被贬。

★依依惜别芙蓉楼

芙蓉楼送辛渐

寒雨连江夜入吴,平明送客楚山孤。

洛阳亲友如相问,一片冰心在玉壶。

芙蓉楼原名西北楼,在润州(江苏镇江)西北。

王昌龄这首诗写于约唐朝开元二十九年之后。

这天,芙蓉楼来了两位士人,一位是大诗人王昌龄,另一位便是他的朋友辛渐。原来,辛渐要在这里渡江,取道扬州到洛阳去,船已停在岸边了。

迷蒙的烟雨笼罩着吴地江天,织成了无边无际的愁网,两位好友站在芙蓉楼上,俯视楼下滚滚东去的江水,王昌龄慢慢抬起头来,望着西北面的楚山,不无伤感地说:"辛兄,此次一别,何日再能相见啊!"

辛渐沉默不语,仍然凝视着流淌着的长江,心情沉重地说:"这几年,只因你不拘小节,不受束缚,总是发泄心里的愤懑和不满,所以受到许多人无中生有的诽谤。"

王昌龄感慨万端:"是啊,几年来多次被贬官,先到岭南,后又到这里,贬来贬去,还是屈居下级官吏行列。"

辛渐接下来又说:"但你还是这样淡然处之的态度,像似过惯了被别人诽谤、指责的生活。"

王昌龄停了停说:"我在洛阳有不少好友,他们也一定听到了许多小人对我的谗言,请你转告他们,我仍然不会被功名利禄和谗言所左右。"

辛渐关心地说:"昌龄兄为人忠厚,性格豪爽,昨天你为我设宴饯行,今天又送我来江边,情意深长,我不知道将来怎么感谢你。我走后,你要放开胸怀,好好保重自己!"

王昌龄很受感动,他久久地望着浩浩江水,吟出了《芙蓉楼送辛渐》这首诗。

诗的大意是:昨夜下了一场寒雨,吴地又增添了萧瑟的秋意。清晨,天色已明,来到江岸为好友送行,自己却要孤零零地站在这里遥望楚山。如果你到了洛阳,有亲友问起我,告诉他们,我的心像玉壶里的一片冰凌那样纯洁无瑕。

辛渐被王昌龄的诗打动了,连连高声赞叹道:"好诗!'一片冰心在玉壶'这句诗表明了你始终坚持自己清白自守的节操,像荷花一样,出淤泥而不染,多么高尚,实在令人敬佩。我很高兴,因为我听到了你的心声,看到了你的灵魂,你的大作我定能牢记心中。"

两位朋友再次珍重道别,辛渐一步一回头,登上了船,小船悠悠,慢慢驶向远方。

这时的王昌龄还久久地站在江岸,望着远去的帆影,他回转头来,又向远处矗立的楚山望去,真像诗中所说的只剩下自己一个人孤零零地面对楚山了。

★郭子仪报恩救李白

流夜郎赠辛判官

昔在长安醉花柳,五侯七贵同杯酒。气岸遥凌豪士前,风流肯落他人后?夫子红颜我少年,章台走马著金鞭。文章献纳麒麟殿,歌舞淹留玳瑁筵。与君自谓长如此,宁知草动风尘起?函谷忽惊胡马来,秦宫桃李向明开。我愁远谪夜郎去,何日金鸡放赦回。

过去在长安时沉醉于花前月下,与当朝的权贵们同饮一杯酒,那傲岸的气概使豪杰之士折服,放荡风流从不落在他人后面。当时我年轻气盛,挥着金鞭奔驰在长安的章台街上。在宫中曾向皇帝献上华美的文章,久久地留在珍贵筵席上欣赏歌舞。总觉得可以长久这样下去,谁知会爆发了安史之乱。函谷关被胡人骑兵攻破,许多人才像桃李向阳一样,得到朝廷的重用。而我却被远远地流放夜郎,何日才能遇到金鸡大赦,使我回还(唐代制度,大赦之日,在七尺高的长竿上,竖起四尺高的金鸡,用黄金饰鸡头,并以红幡红绳装饰)。

安史之乱爆发后,李白受到李璘牵连,关在浔阳监狱中。经过当时的宣慰大使崔涣和御史中丞宋若思的大力营救,才免去杀头之罪,可唐肃宗李亨还不肯赦免他,要办他的罪。这件事被当时任天下兵马副元帅的郭子仪知道了,他非常着急地说:"李白曾救过我一命,他现在遭难,我岂有不救之理?"

于是他上书唐肃宗，愿用自己的官爵为李白赎罪。这样，李白算是出了牢狱，肃宗皇帝下令从轻发落。在乾元元年，即永王兵败的第二年春天，李白受到流放夜郎（今贵州桐梓一带）的处分。诗人这时已 58 岁了，在流放起程的前几天，写下了这首《流夜郎赠辛判官》七言诗。

李白何时救过当时天下兵马副元帅郭子仪的命，那还是他被唐玄宗任命为翰林侍诏时的事。

传说李白一次出长安漫游，见一辆囚车飞奔而来，车中囚着一个雄伟的汉子。李白跳下马问押车的士兵："车上的囚犯叫什么名字？"

一个小头目回答说："叫郭子仪。"

"他犯了什么罪？"李白又问。

小头目又回答说："他在大将哥舒翰部下带兵，他的手下不慎失火烧了军粮，罪应当斩。"

李白起了爱惜之心，走过去同郭子仪谈了几句，又问了他一些兵法，郭子仪谈吐不凡，对答如流。

李白说："他的手下犯罪不应治他死罪，待我去见哥舒翰。"

哥舒翰久闻李学士大名，谈到放郭子仪时，他为难地说："我治军一向赏罚严明，郭子仪按法该斩，不敢擅放，须上奏皇帝决定。"

李白说："请暂缓用罚，我也附书一封请一并上奏天子。"

不久圣旨下，准了李白的奏章，赦免郭子仪准他戴罪立功。后来郭子仪成为平定安史之乱及抵御外患的主要将领，也成了李白的好朋友。

第四篇 《宋词》智慧通解

导读

在我国蕴藏极富的文学宝库中，宋词是一株光耀千古的奇葩，是一块无比珍贵的珠宝。千百年来，它随着时光的流逝愈发显出它的不朽。

宋词之所以有千古不衰的魅力，是由于词人们在创作中倾注了自己满腔的才情与心血，凝入了爱的欢乐与恨的悲怆。

宋词中，篇什短小的小令，清隽旷远，优美明快，别有韵致；长调则倾荡磊落，雄奇清旷，如无风海雨，横放杰出，别具一格。

宋词素有婉约与豪放之说。婉约词秀雅飘逸，自然真挚，寄情无限；豪放词体制恢宏，风格多样，有"横绝六合，扫空万古"的气势。

放眼宋代词坛，华彩纷呈，百卉竞妍，《全宋词》中那一万九千九百余首词，为我们后世耸起了一座奇崛的艺术丰碑。

本编所收宋词，从四个方面分章，以"壮志""情趣""解忧""交友"为题，更能贴近生活，感染读者。

第一章　壮志

★词人也是砥流柱

宋神宗熙宁十年(公元 1078 年),中秋节刚刚过去,徐州便发生大水灾。

霎时黄河决口,河水淹没了巨野,直抵徐州城下。异常凶猛的水势,淹田达 30 万亩。此时急坏了徐州知州苏东坡,他见此情景心忧如焚,站在徐州城头,一刻也不敢离开。

对于此次大洪水,苏东坡早已有所准备。他事先组织百姓准备工具,积蓄土石,修补堤坝,采取了一系列的防洪措施。然而,苏东坡无论如何也没有料到,这次洪水会如此之大。这时他接到监测官的报告,说徐州城外的水深已达到两丈,水面高出城中平均高度一丈有余,城墙随时都有被冲垮的危险。

这时,天上的乌云越来越厚了,一阵闪电响雷之后,大雨如注,洪水猛涨,大水倒灌城中,苏东坡不禁大惊。

但苏东坡却惊而不惧,他站在城头的席棚中,镇定地指挥军民万余人堵住被洪水冲坏的城墙。随着天色逐渐地暗下来,雨势更加猛了,雷电闪过,苏东坡看到城外洪水中漂过一个个茅草房顶和大树。

苏东坡心里清楚,形势已非常危急了。他不敢有半点怠慢,在城上加紧巡查督责,一夜没有走进席棚一步。军民们看到苏东坡在大雨中镇定自若,不辞辛劳,干劲倍

苏东坡

增,同心同德,誓死护城。众志成城,此时徐州城竟成了铜墙铁壁,再凶的洪水也无法打开缺口了。

一夜在拼搏中过去了。第二天,雨势有所减弱。这时,有一位叫应言的和尚找到苏

东坡,他建议苏东坡采取疏导的办法治水,选派精兵强将把清冷口那里凿开,将大水导入古废河,使水顺东北方向排入大海。

苏东坡听从了他的建议,果然使水势稍退了。

可是,好景不长,没过几天,老天又阴了起来,并刮起了大风。苏东坡登城一看,只见巨浪拍城,大有吞下徐州城之势。全城人又都大吃一惊。

这天夜里,阴风怒号,直刮得天摇地动,吹得全城人提心吊胆。这时,忽然听到监测官在街上大喊:

"水退了!水退了!"

大水退后,苏东坡抓住时机,发动军民依地势修筑长堤十余里,又改筑外城,在城东门上建了一座黄楼,以镇水邪。

这座黄楼高十丈,竣工时,苏东坡在黄楼上大宴宾客,命人鼓乐欢庆。苏东坡想起一万余军民大战洪水,欣然提笔写下一首《满江红》词:

东武城南,新堤固,涟漪初溢。隐隐遍,长林高阜,卧红堆碧。枝上残花吹尽也,与君更向江边觅。问向前,犹有几多春?三之一。　　官里事,何时毕?风雨外,无多日。相将泛曲水,满城争出。君不见兰亭修禊事,当时座上皆豪逸。到而今,修竹满山阴,空陈迹。

写罢,命歌女演唱,宴会沉浸在一片欢乐之中。

★怀古北固亭

宋宁宗嘉泰三年(公元1203年)的春天虽然姗姗来迟,但它毕竟是降临了。

温暖的阳光照耀着雨后初晴的大地,麦田、树林、旷野、山岗,到处是一片嫩绿。

此时辛弃疾已经64岁了,他被窗外的鸟语吸引着,在家待不住了,于是换上一身春装,兴致勃勃地向村外走去。

这几天,辛弃疾不仅为春光所感染,而且还为政治形势的变化有些许激动。因为,最近从临安传来消息,说当今皇上宋宁宗赵扩的叔岳韩侂胄执掌了朝政,他准备起用一批老臣,说不定自己还有再度出山、轰轰烈烈做一番事业的机会呢。

想到这里,辛弃疾忍不住兴冲冲地抬腿伸臂,亮出了一个招式。好啊,腿脚灵便,还不减当年!顿时,曹操"老骥伏枥,志在千里;烈士暮年,壮心不已"的诗句,又在他心底响起。他抬起头来,仰望长空,只见一只苍鹰从远处山岗后冲天而上,搏击着高天的飙风,

翻动着舒卷的白云……

忽然，一阵"得得"的马蹄声传入他的耳鼓。他没有回头，仍然凝视着翱翔蓝天的雄鹰，好像要从它那儿获得更多的力量。

马蹄声在辛弃疾不远处戛然而止。骑马人高声问道：

"请问老大爷，辛公弃疾的府上在哪里？"

辛弃疾猛然一惊，反问道：

"你找他干什么？"

"有圣旨到。"

辛弃疾怔了一下，自我介绍说：

"我就是辛弃疾。"

来人一听，高兴地说：

辛弃疾

"辛公，请原谅我的失礼。恭喜您，皇上有旨任命您担任浙江东路安抚使，请赶快收拾入朝吧！"

辛弃疾向前一指，说道：

"既是圣旨到，请到我屋里坐。"

来人随辛弃疾来到家中，宣读了圣旨后，便催促道：

"公事急迫，就请准备起程！"

辛弃疾笑道：

"这么急迫？"

"眼下韩相公执掌朝政，求贤若渴。辛公是前朝老臣，德高望重，所以特地敦请您出山参政，共商军国大计。"

辛弃疾兴奋地说道：

"既然韩相公看得起我，我一定竭尽全力为国效劳。"

这时，辛弃疾想起了志同道合的挚友陈亮。陈亮雪夜来访，已过去了15年，而陈亮也已在七年前不幸病逝了。如果陈亮地下有灵，知道我辛弃疾又要出山为收复中原去努力实现我们共同的目标了，他在九泉之下一定会笑逐颜开。

辛弃疾在心中暗暗发誓：

"同甫啊同甫，只要我一息尚存，我就要尽一切努力，实现咱们恢复中原的壮志。"

这一年的夏天，辛弃疾正式被任命为绍兴府（现在的浙江省绍兴）知府兼浙江东路安

抚使。

　　到了第二年的正月,宋宁宗赵扩在便殿召见了辛弃疾,太师韩侂胄也在场。

　　赐座以后,赵扩开口说:

　　"今天召卿前来,不为别的事。韩太师准备兴师北伐,以雪本朝近百年的奇耻大辱。卿是力主抗战的元老,在这个时候,必须贡献良策,不负朕望。"

　　辛弃疾说道:

　　"金兵与我朝有不共戴天之仇,出师北伐,这是理所当然的事情。据臣所知,金邦内部相互争权夺利,中原赤地千里,百姓无衣无食。由此可见,金邦的失败是指日可待的。希望陛下召集所有主战派的元老大臣,把这一重任托付给他们,做好一切准备,一旦时机成熟,收复中原,统一全国!"

　　韩侂胄一听大喜道:

　　"金邦年来被蒙古族所扰,屡战屡败,兵力日衰,财库日竭,这正是咱们大举北伐的极好机会。刚才辛侯的意见,和我不约而同。北伐大计,就在今天决定下来了。"

　　韩侂胄决心北伐,辛弃疾是完全赞同的。但是,辛弃疾也听到一些同僚说,韩侂胄急于北伐,带有巩固自己权力的动机。因为韩是外戚,按照宋朝祖宗的家法,是不允许外戚专擅军国大权的,况且,韩比较年轻,又没有什么功绩,在朝廷上下威望不高。

　　辛弃疾觉得,韩侂胄想通过北伐来提高自己的威望,这也是情理之中的事,所以他并未因此而放弃对韩的支持。但是,韩侂胄毕竟太缺乏经验了,因而对他能否主持北伐大业,抱有怀疑。于是试探地说道:

　　"机不可失,失不再来,这的确是至理名言,但据我了解,金邦虽然年年内忧外患,兵马仍然不弱,咱们倘若准备不足,仓促出兵,恐怕未必一定能取胜呢!"

　　韩侂胄哈哈大笑说:

　　"辛侯所见极是。《孙子兵法》上说过,'知己知彼,百战不殆'。八年以前,我曾出使金邦,对于他们内部的混乱情况略有所知。从那以后,每年每次出使归来的人,都认为他们内忧外患,天灾人祸,力量正一天天削弱下去。至于咱们,自去年开始,我已下令聚财募卒,厉兵秣马,打造战船,在军事上做好了准备。为了激励人心,鼓舞士气,我还打算追封岳飞为'鄂王',改谥秦桧为'缪丑'。有了这种种准备,我敢说,一旦出兵,必然势如破竹!"

　　辛弃疾争辩说:

　　"本朝长期积弱,需要花相当时间奋发努力,才能使国力强盛,准备充足。如果贸然兴兵,我很担心不一定有必然取胜的把握。"

辛弃疾接着又说：

"太师对北伐考虑的确实十分周到，而且还有百折不回的意志，我一定要在相公的麾下，竭尽全力，为国效劳！"

辛弃疾对北伐准备不足的委婉批评，使韩侂胄有些不高兴，但他深知辛弃疾在大臣中的影响，便建议皇上委以重任。

于是，这年的三月，朝廷又正式任命辛弃疾为镇江知府，要他坐镇镇江这个军事重镇。

三月的长江，白浪滔天，一泻千里。辛弃疾精神抖擞地带着下属在江边巡视。

江风吹着他银白色的长须，给他带来了江南暮春的气息，使他感到春天就要过去，炎夏马上就来临了。

前面是北固山，山并不算高，但形势非常险要。它从平地拔起，紧临大江，悬崖壁立，给人一种"一夫当关，万夫莫开"的感觉。辛弃疾抬头望了一望，把手一挥，兴奋地说：

"咱们上去看看。"

一个下属关心地说：

"辛帅年事已高，还是乘轿子上去吧！"

辛弃疾大笑道：

"这么一座山都爬不上去的话，还谈什么疆场杀敌！别看我老了，咱们不妨比试一下，看谁第一个登上山顶！"说罢，甩开大步，冲上山去。不到一炷香的功夫，辛弃疾和一个叫岳珂的年轻下属首先到达山顶。

站在北固山上，万里长江尽收眼底。浩瀚的江面上，飘动着点点风帆。金山和焦山从水面跃出，恰似两名刚勇的卫士，扼守着大江的咽喉，背后三面山峦环峙，又仿佛是列成战阵的士兵，只要一声令下。就可立即出击。辛弃疾望着镇江的雄伟景色，不觉豪情满怀。

辛弃疾指点着江山，激动地追忆道：

"陈亮对我说过，他曾经特地到这里来观察形势，说镇江三面是山，前临大江，它的形势就如猛虎出洞，而并不像洞里藏虎，因此决不应该据江自守，苟且偷安。今天登临此山，觉得陈亮当年所说，确是很有见地。如果他今天还在。在这次北伐中，他定能做出极大的贡献。"

说到这里，辛弃疾回过头问一个下属：

"军服和募兵的事情进行得怎样了？"

下属回答道：

"定做的一万套军服,已经开始制作了,招募江淮之间一万名士兵的事情,也已派人分头进行,大约需要一年才能招齐训练。"

辛弃疾嘱咐道:

"募兵的事情还得抓紧,必须赶在北伐前训练完毕。要知道朝廷的禁军由于长期骄惰,有事不肯上前,有功相互争夺,只能把他们分布在大江沿岸,摆摆样子,要是渡过淮水迎击敌人,左右应援,就非得依靠江边一带的民兵不可。他们从小就走马弯弓,无时不在警惕金兵的侵扰,对于敌人的情况也比较熟悉,一旦临阵,他们绝不会像禁军那样怯懦。"

辛弃疾站在山顶对下属侃侃而谈,越谈兴致越高。

众下属都点头称是。

北固山的山顶有一座亭子,叫北固亭,人们又称它北固楼。辛弃疾带领下属们登上楼头,凭栏四望,视野更加辽阔。

"你们知道吗?"辛弃疾说道,"这里就是三国时孙权创业的基地。他在19岁那年,继承了父兄的基业,统治了江东。后来又率领千军万马,同魏、蜀争夺天下,造成了三国鼎立的局面。如今江山依旧,可是,当年的舞榭歌台与英雄人物,却都成了历史陈迹,一去不复返了。"

他又指指山下鳞次栉比的房屋说:

"你们看,在斜阳草树掩映下的那条街巷,看起来是那么普通,人们都说,刘裕就曾经在那里住过。他是南朝刘宋的开国君主,小名叫'寄奴'。当年,他挥舞金戈,骑着铁马,伐鲜卑、灭南燕、亡后秦,真像猛虎一样,气吞万里。后来,他的后代宋文帝,企图建立像汉代霍去病战胜匈奴、封狼居胥山那样的丰功伟绩,在元嘉年间仓促北伐,终因准备不足,落了个敌人南侵、自己狼狈败退的结局。这是多么沉痛的历史教训啊!"

辛弃疾说到这里,岳珂插嘴说道:

"辛帅认为目前北伐的准备工作做得还不足,是吗?"

"我有这样的担心。"辛弃疾点点头,接着说道:

"不过,咱们不能再坐等下去了。记得43年以前,我从北方南归,那时完颜亮南侵刚刚失败,扬州一路,烽火连天,到处是残破的景象。而现在,听说在对江瓜州佛狸的祠堂前面,人们都在击鼓烧香,迎神赛会,乌鸦翩舞,一片太平,好像忘却了国家的深仇大恨,这真令人不堪设想啊!你们想想,再苟且偷安下去,还得了吗?"

岳珂笑道:

"此次北伐,辛帅有了用武之地了。"

352

辛弃疾叹息道:

"看来有些人以为我年纪大了，不会让我亲率大军北伐了。这倒使我想起了战国时赵国的名将廉颇，他被人陷害，出奔魏国，后来赵国想重新起用他，却又遭仇人的谗言，说他已经老了，虽然饭量很好，但精力已经很差，结果没有再用他。"

辛弃疾说罢此话，不禁拔剑在手，在北固楼上舞起剑来。

只见他那矫捷的身躯、精湛的剑术，丝毫不减当年，下属们看了，都非常惊异，不禁齐声赞叹。

舞罢剑，辛弃疾心潮澎湃，让下属们取来笔墨纸砚，乘兴写下了一首《永遇乐》词：

千古江山，英雄无觅，孙仲谋处。舞榭歌台，风流总被，雨打风吹去。斜阳草树，寻常巷陌，人道寄奴曾住。想当年，金戈铁马，气吞万里如虎。　　元嘉草草，封狼居胥，赢得仓皇北顾。四十三年，望中犹记，烽火扬州路。可堪回首，佛狸祠下，一片神鸦社鼓！凭谁问：廉颇老矣，尚能饭否？

辛弃疾写罢置笔于地，激动地说：

"希望在座诸公，同心同德，不负朝廷重托，早日收复中原！"

★两阕《满江红》

到宋恭宗德祐二年（公元1276年）时，南宋王朝已是岌岌可危。这一年，元朝的淮安王伯颜亲率大军进逼南宋都城临安，经过数日激战，临安被元兵攻破，南宋小朝廷遭到了灭顶之灾。

宋人成了亡国奴，宋宫中的皇后、女官、宫女全都成了元兵的俘虏，在元兵的铁蹄看守下被掠往元朝的都城。

在这些人中有一位叫王清惠的女官。她是一位非常有血性的女子，虽然成了元兵手中的羔羊，但她却始终傲然不屈，没有半点奴颜媚骨。她在被押解的路上，萦绕在脑海中的只有这样一个念头，好端端的一个国家，竟败在那些须眉浊物的手中，真是可叹可恨，如果自己是个男子，一定要拼死疆场，杀敌报国，守土保民，为国立功。

步步向北，王清惠一步一回头，思念陷落了的故国家园。

这一天，她们被押到汴京的夷山驿中。住在这里，四面全部有凶残的元兵把守着，他们不时地来欺凌这些不幸的女人。王清惠以绝食来表示自己不屈服的意志，已经有好些天滴水不进了。她暗自下定决心：生为大宋人，死为大宋鬼，决不做亡国奴，所以她决心以一死明志。

连日来,王清惠遥望南天,痛哭不已。看到她这样,那些后妃宫娥都来劝她说:

"现已国破家亡,伤心也没有什么用了,不如保重自己,留得青山在,不怕没柴烧!"

王清惠听了她们的话,怒不可遏,愤愤地说道:

"这是什么话,国破家亡,还能留得什么'青山'!我早已下定必死的决心,你们不必多言!"

说完,又面向南方大哭不止。

当天晚上,月光如水,冷风清凄,在万分的悲愤中,王清惠昏昏入梦。

在梦中,她又见到了巍峨辉煌的宋室宫殿,那里还是那样一片繁荣、升平的景象:熙熙攘攘的街市,车水马龙的都城,安居乐业的人民。忽然间,铁蹄踏来,如狼似虎的元兵,随着动地的战鼓杀了过来,霎时间,烽烟滚滚,黄尘蔽日。自己多想提刀跃马,驰骋疆场去斩杀元兵,哪怕是马革裹尸,战死沙场,也在所不惜。

如今家亡国破,黎民百姓遭此奇耻大辱,而那些身受朝廷恩禄的文臣武将,却都不知逃到何方去了。在极度的悲愤中,她手执利刃,决心与元兵拼个鱼死网破。不料元兵已把她团团围住,容不得她半点施展。

她大吼一声,想杀出重围,可是不知怎么的,她的双手已被元兵牢牢地捆住了。她更加怒不可遏,恨不能冲上去用嘴把元兵身上的肉咬下来。她看准时机,趁元兵不备,挣脱绳索,拼命朝前奔去。

追兵潮水般涌来,向她步步进逼。横在她前面的是一座高山,她飞一般地向上攀登着。来到山顶之上,她极目远眺,只见遍地狼烟烽火,到处都是元兵。国亡家破,一切都没有希望了,她大喊一声,纵身朝万丈深渊跳了下去……

原来是在梦中。王清惠醒来,涕泪满巾。这亡国的千古之恨,使她痛心裂肺,于是挥笔在驿馆的墙壁上题下了一首《满江红》词:

太液芙蓉,浑不似、旧时颜色。曾记得,春风雨露,玉楼金阙。名插兰馨妃后里,晕潮莲脸君王侧。忽一声、鼙鼓揭天来,繁华歇。 龙虎散,风云灭。千古恨,凭谁说?对山河百二,泪盈襟血。驿馆夜惊尘土梦,宫东晓碾关山月。问姮娥、于我肯从容,同圆缺。

在这首《满江红》词中,王清惠以今昔对比的手法,写出了宋宫室往日的繁荣、欢乐,被俘后的凄惨与愁苦。词中将悲惨的现实情景,沉痛的历史回顾与不甘屈辱、渴望自由等熔铸于一炉,议论纵横、慷慨淋漓。词的最后三句采用疑问句式表达了自己的不向元朝低头,渴望脱离苦难人世的思想。

次日,王清惠又与后妃宫娥们在元兵的看押下,日夜兼程地继续北上。来到元朝的都城,在元兵的百般威逼下,王清惠至死不降,元人无奈,便让她出家做了女道士。不久,

王清惠便在郁愤之中离开了这个世界。

说来极巧,文天祥在第二次被元兵俘虏后,押到汴京,被囚在一个驿馆中。他如猛狮被困,在被囚中无法抒发自己的一腔报国之情。

突然,他发现墙壁上题有一阕《满江红》词,这首词正是王清惠留下的。

此时,王清惠早已以身殉国,魂归九泉。但她的这一阕词,却已南传北诵深深地留在人们的心目中。文天祥虽早就听说过此词,但今天读完仍激动不已。可是慢吟细品,却觉得结尾:"问姮娥,于我肯从容,同圆缺",似可斟酌,字里行间流露出一种无可奈何、俯仰由人的幸免苟安之意,文天祥不禁叹道:

"惜哉!夫人于此欠商量。"

于是,他便仿王清惠的口吻,"代夫人"另写下了一首《满江红》词:

试问琵琶,胡沙外,怎生风色!最苦是,姚黄一朵,移根仙阙。王母欢阑琼宴罢,仙人泪满金盘侧。听行宫,半夜雨淋铃,声声歇。　　彩云散,香尘灭。铜驼恨,那堪说!想男儿慷慨,嚼穿龈血。回首昭阳离落日,伤心铜雀迎秋月。算妾身,不愿似天家,金瓯缺。

文天祥不愧为爱国诗人与民族英雄,他这一改作,格调比王清惠原词高了许多,词中道出了王夫人"不愿似天家,金瓯缺"的节操,同时体现了文天祥的浩然正气。

★零落成泥香如故

由于积极主张抗金,反对妥协投降,朝廷中的投降派对陆游进行了打击报复。

本来,朝廷要将陆游调任嘉州知府,现在,那些主张投降的官员就乘机进行造谣污蔑,给陆游加上了"不拘礼法""宴饮颓放"等罪名。于是,陆游受到了罢免嘉州知府的处分,而只给了他一个主管道观的名义,领取一点薪俸。

受到这次打击后,陆游心中十分愁闷,也很悲观。他想找老朋友们聊一聊,排解一下心中的不快,但又一想,事已至此,也只有这样了。在孤独、失望中,陆游却又觉得自己的人格是高尚的、清白的。

一天黄昏,天色灰灰,细雨迷蒙。陆游漫步在一座驿站的旁边。这座驿站因年久失修,早已破败不堪。陆游在细雨中望着这凄冷冷的景象,觉得与自己现在寂寞的心境互相适宜。

正在他独自发愁的当儿,忽然看到驿站外面断残的小桥旁盛开一株梅花。那株梅花孤独地挺立在那里,显得格外冷清。

陆游十分喜爱梅花，在他的一生中曾写下过100余首咏梅的诗词。在他的眼中，梅花性格刚劲、坚毅，不畏风吹雨打，不惧冰雪严寒，所以，他赞美梅花是"花中气节最高坚"。

可是，眼前这株梅花呢？冷冷清清的在这里饱经风雨的吹打，却没有人来过问，真是"开尽人不知"。然而，尽管是这样的遭遇，梅花依然独自吐着芬芳，散发出一阵阵幽香。这不正是自己遭受投降派嫉妒、排挤和打击的命运的写照吗？这不正是自己寂寞愁苦而又坚贞不屈、孤芳自赏的性格的象征吗？

想到这里，陆游不禁心潮翻滚，久久无法平静。在蒙蒙的细雨中，陆游转身朝自己的住处走去。在当天夜里，陆游打开笔砚，在淡淡的灯光下，伏案写下了一首《卜算子》词：

驿外断桥边，寂寞开无主。已是黄昏独自愁，更著风和雨。　　无意苦争春，一任群芳妒。零落成泥碾作尘，只有香如故。

陆游

词写好了，陆游放下手中的笔，拿起那张词稿，反复地看了几遍，他觉得这首《卜算子》小词，寄寓了自己的深情，与自己写的其他咏梅的诗词比较，别具一格。

接着，陆游情不自禁地吟咏起这首小词来。

窗外风雨如注，屋内灯影摇曳，灯光只照在了案头上，周围是无边的黑暗。

陆游吟咏着，越读他越感到孤独、悲凉和激愤，郁积在心头的愁闷好像人的影子那样始终无法摆脱。但陆游认定，就是"零落成泥碾作尘"，他依然要永吐芬芳。

第二章　情趣

★独具慧眼苏东坡

水光潋滟晴方好,山色空濛雨亦奇。

欲把西湖比西子,淡妆浓抹总相宜。

这是北宋大诗人苏东坡任杭州通判时写下的一首《饮湖上初晴后雨》诗。这首诗以我国古代美人西施来比西湖,传诵千古,脍炙人口,堪称歌咏西湖的绝唱。

苏东坡对杭州、对西湖有着特殊的感情,他曾先后两次到杭州做官。

第一次是在宋神宗熙宁四年(公元 1089 年)七月,来杭州任知州之职。第一次出任杭州时,苏东坡仅 39 岁,正是年富力强,但第二次再来时,却已是 50 岁开外了。他自己曾说:"居杭积五岁,自忆本杭人",这可见他与杭州关系的深厚了。

作为杭州的地方长官,他为杭州人做了许多好事。特别是整修西湖,更为后人所称道。

他向朝廷上呈《乞开杭州西湖状》,提出西湖不可荒废的五点理由。他以工代赈,雇工开捞,从夏到秋,花了 20 万人工,把西湖中的葑草打捞干净。从此,西湖烟水渺渺,绿波盈盈。他还命人用葑草和淤泥,筑成一条长堤,自南到北,横贯湖面。并在堤上建了云桥九亭,遍植桃柳、芙蓉。这就是著名的苏堤。他还在西湖中立三座石塔,石塔以内湖面不准种植菱藕,以免再次湮塞。这三座石塔,便是西湖十景之一的"三潭印月"。

一天,苏东坡与两位客人来到西湖孤山的临湖亭上吟风啸月。

突然,湖上有一叶彩舟翩然而至。只见彩舟上有几位女子,她们淡妆轻抹,罗衣飘然,其中一位虽已年过 30,但却是位风韵娴雅的女子,在她将要动手鼓筝的一瞬间,早已显示出她那动人的姿态了。

此时,坐在亭子里的那两位客人都看得直了眼睛。然而筝乐还没有演奏完,彩舟却翩然而去了。苏东坡是位有心人,他不仅为眼前的湖光山色所陶醉,更把刚才的一切都看在了眼里,听在了耳里,记在了心上。

苏东坡的那双眼和那对耳朵,非同一般,能见常人所不能见,也能听常人所不能听。

不信,请来看看他是如何描述刚才湖上发生的事情的:

凤凰山下雨初晴,水风清,晚霞明。一朵芙蓉,开过尚盈盈。何处飞来双白鹭,如有意,慕娉婷。　　忽闻江上弄哀筝,若含情,遣谁听!烟敛云收,依约是湘灵。欲待曲终寻问取,人不见,数峰青。

这是首《江城子》词。这样的写景、写人、又写情的绝妙好词,可不是谁都能写出来的。不信,你看临湖亭上的那两位客人(即词中所谓"双白鹭")是绝对写不出来的,因为他们只顾看那美人了。

★为争气填《桂枝香》

这一天,王安石送走来做客的苏东坡之后,一个人独坐在自己的半山园中,觉得十分寂寞。

他与苏东坡尽管在政见上不和,但在诗词歌赋方面却十分谈得拢。他们都是文坛的高手,特别是苏东坡,更是志大才高,王安石向来不敢轻视他。

当时,王安石已经不在相位,于是便在这南京城里选了个好地方,建成了"半山园"。他之所以将园子取此名,是因为它距金陵城七里,又距紫金山七里。

每天,王安石都要出去走一走,或骑驴,或登舟,放怀湖山,吟风啸月。

可是,自从苏东坡来访之后,他的这些兴致不知为什么都跑得无影无踪了。到底是什么原因呢? 原来是这位王安石争强好胜之心太强了。

苏东坡来他的半山园做客,谈得最多的是诗歌,而苏东坡在当时的词坛上,又是大名鼎鼎的人物,这一点王安石心中是十分清楚的。可是王安石一生做大官,在任何方面都自视很高,所以在诗词创作上也不想落在苏东坡之后。他决心写出一首绝好的词来,把苏东坡这位天纵之才比下去。

于是,王安石这几天几乎是足不出户,静坐于半山园中,苦思冥想。这一天,他澄心静虑地坐了一会儿,使全身心都进入了创作的最佳状态。他调动起毕生的功力,将那万千气象点染生化,然后倾注笔端,一挥而就,写出了一首《桂枝香》词:

登临远目,正故国晚秋,天气初肃。千里澄江似练,翠峰如簇。征帆去掉残阳里,背西风、酒旗斜矗。彩舟云淡,星河鹭起,画图难足。　　念往昔、繁华竞逐,叹门外楼头,

悲恨相续。千古凭高对此,漫嗟荣辱。六朝旧事随流水,但寒烟衰草凝绿。至今商女,时时犹唱,《后庭》遗曲。

这首《桂枝香》词,上阕写山川,气象开阔;下阕写人事,感叹六朝时期金陵(六朝之都)的表面虚荣繁华。细读这首词,直觉风骨清肃,没有半点绮罗香泽之气。

王安石写罢,为了慎重,他没有把词马上拿出来,过了两天,取出再细看,觉得更好。心中暗想,这一定能让苏东坡大吃一惊,于是便动手抄了一份给苏东坡寄去了。

苏东坡接到王安石的来信,便想起了王安石陪他畅游金陵名山胜水的情景。当时,王安石已对金陵的山水十分熟悉,于是他为苏东坡做向导,几天之中游遍了金陵人迹罕至的绝妙去处。现在有信来,苏东坡想一定与游玩有关。

他打开信看到是一首词,便朗读起来。当时有几位文友在场,他们一听都赞不绝口,但苏东坡的称赞却独具特色。他说:"王安石这老东西真是个野狐狸精呀!"

由于他的称赞与众不同,便被人们记载下来,流传到现在。

★ 沉醉不知归路

宋代婉约派著名女词人李清照,与金石考据家赵明诚结为秦晋之好不久,住在汴梁。那时,他们都正当年,特别富于感情,又值新婚宴尔,自然生活得格外快乐。

七月中旬的一天,李清照与赵明诚兴致冲冲地带着美酒、佳肴与文房四宝外出郊游。出去没有多久,太阳便从东方冉冉地升了起来,于是,空气仿佛突然透明了,他们朝前望去,一条文静幽美的河横卧在他们的面前。

看到那条小河,他们像两个孩子似的,争抢着跑到船上,把船桨操在手中,同心协力地向前划去。船桨一下下地挥入水中,溅起朵朵浪花,如同他们心中的喜悦闪烁在晨光中。

上岸后,他们携手来到一条小溪边的亭子里歇息。

太阳高高地升起来了,夏日的风清爽地吹来……整整的一天,他们几乎都是在迷离恍惚的幸福中度过的。他们不是开怀畅饮,就是联句赋诗,要么就互相比赛背诗、解句。他们笑着、乐着,一直到颇有些醉意了,才在暮色苍茫的时候寻路回家。

大概是因为醉了,他们无论怎样努力也找不到来时的渡口了,赵明诚有些焦急了:"这怎么办呢?"最后,好不容易才在水草丛中找到一只小船,他们醉眼惺忪地踏上船,又争抢着划起桨来。

小船划过一带水草萋萋的地方,水面豁然开朗了。河水是碧绿的,在苍茫的暮色中绿得发暗,显得是那样的宁静而又平和,犹如一面翠绿、巨大而又平滑的宝镜。

没有了城市的喧嚣,没有了车马的烦闹,没有了凡世俗人的纷扰,一切宁静得像春天的梦那样令人迷恋。

在酒的微醉中,李清照与赵明诚相依偎着,四目相望,彼此倾注了无限的深情。此时,一切语言都成了多余。他们沉醉在一片澄明中,有晚归的水鸟飞来,它们轻轻地扇动翅膀,悄悄地落下,生怕惊动这一对幸福的人儿。

而当小船划破平静的水面默默无声地穿过去的时候,在微弱的落日余晖中,他们两人的身影便倒映在水中轻轻地晃动起来。

李清照深情地看着赵明诚,赵明诚以更加深情的目光回报。他们彼此看着看着,都会心地笑了。

小船刚一转弯,赵明诚突然大叫了起来:

"啊哟,易安,你看我们究竟闯到了哪里来了!"

李清照吃惊地抬眼望去,啊,原来是一处藕花茂密的地方。

只见白色、粉红色的荷花衬托着碧绿宽大的叶子,正在晚风轻轻地吹拂中摇曳着。

此时,小船在花丛中穿过,使得一群鸥鹭突然从藕花深处惊飞起来,随之,发出嘎嘎的长鸣声。李清照看到这一切,发出银铃般的笑声,她大声地称赞说:

"这里不正是一个最有诗意的地方吗?明诚,我一定会写出一首最清新的小词来。"

赵明诚此时却有些焦急,对李清照说:

"易安,我当然相信你会的,可是,我们还得在天黑之前找到回家的路啊!"

天越来越黑了,他们努力地划着桨,渐渐地穿过了这片藕花,前面不远处就是河岸了。此时,月亮已升起来了,洒下一片银辉,晚风更加清爽了,他们相互搀扶着上岸,趁着皎皎月色走回家去。

两个月后的一天,赵明诚正在书房读书,李清照走进来递给他一篇词稿。赵明诚细细地读了起来。

这是李清照新填的一首小令,词牌为《如梦令》:

常记溪亭日暮,沉醉不知归路。兴尽晚归舟,误入藕花深处。争渡,争渡,惊起一滩鸥鹭。

赵明诚不读便罢,一读竟不忍放手,他吟诵了许久,才颇为感慨地对李清照说:

"易安,我太佩服你的才能了,这首词填得是多么出色啊!'常记'点出了这段有趣的、值得回忆的生活片断;'溪亭日暮',点出了时间地点;'不知归路','误入藕花深处',

自然都是由沉醉引起的了。你瞧,你把那天的情景描绘得多么生动。特别有意思的是,你简直把我带进了一个'临源挹清波'的隐居的环境中去了。"

赵明诚说到这里,竟一下子严肃了起来,仿佛不再像一个年轻人了,他接着说道:

"易安,你看,自元符年以来,时局动荡,党争异常激烈,内忧外患不断袭来。作为我们这些人,只希望能有一个好一点儿的环境,使我们真正地安下心来,认认真真地去做点学问。如果有一个地方可以供我们偕隐,我也就满足了。你在这首《如梦令》中不就为我们提供了一个可以偕隐的环境吗?你在这首词中流露出的想法与我心底的想法是多么的一致啊,我是深深地感激你的!"

这首《如梦令》从日暮饮酒,兴尽晚归,迷途误入,到争渡惊鸥,结构浑然一体,环环相扣,表现了李清照闺阁生活自在闲适及潇洒风雅的生活情趣。

但就是这首词,引发了赵明诚的一番议论。听了这番议论,李清照笑而未语,因为,她的心是与丈夫赵明诚相印的。

★ 当风借力入高空

北宋时,山东有个叫侯蒙的人,他自幼聪颖,而且读书非常刻苦,真是到了头悬梁锥刺股的地步。由于勤于读书,他对《五经》《四书》、诗、词、歌赋都十分精通。

但令人遗憾的是,这位侯蒙却屡考屡败,直到 31 岁时,才被地方上推荐去考进士。

来到考场上,侯蒙一看,在座的都是年轻英俊的后生,只有自己是 30 多岁的人,但他却没有因此而灰心。

可是,考场上的考生们一见到侯蒙都对他不大尊敬。因为侯蒙生得又丑又老:突出的眼珠,很大的鼻头,斜斜的眼角,再加上一脑袋花白头发,使年轻的后生们怎么看他都不顺眼。

考完试出来,一个泼皮无赖看见了侯蒙的这副尊容,便想捉弄他一下。于是,他把侯蒙的头像画到了自己放的风筝上,接着又把风筝高高地放到了空中,以供人们取笑。

如果是一般人看到有人这样戏弄自己,怕是都要恼火了,但侯蒙却没有那样,他不但没有觉得难堪,反而仰天大笑,然后对那个泼皮无赖说:

"谢谢你,这是我要平步青云的好征兆啊!"

说着,侯蒙又掏出钱来赏给那个泼皮无赖,并接过泼皮无赖手中的风筝,找来笔墨,在风筝上题下了一首词:

未遇行藏谁肯信,如今方表名踪。无端良匠画形容,当风轻借力,一举入高空。才得吹嘘身渐稳,只疑远赴蟾宫。雨余时候夕阳红,几人平地上,看我碧霄中。

这是一首寄情《临江仙》的词。侯蒙在这首词中说道:没有施展才能的机会,有谁会相信我是个有真正本事的人呢? 我现在能登高露脸,多谢有人来吹捧我啊。那风筝放得又高又稳,简直要把我带到蟾宫里去了。

你知道蟾宫是什么地方吗? 那时候,人们是以蟾宫折桂比喻考试中举的。到了蟾宫,谁又不去折桂呢? 侯蒙苦求到31岁,不就是为了这个吗?

这一次可真让侯蒙说对了,就是在这次考试中,侯蒙果然考中了进士。

人们听说侯蒙考中了进士,都纷纷前来祝贺,其中也有那位泼皮无赖。侯蒙见到他,非但没有责备他,反倒把他视为座上宾,好酒好菜地把他款待了一番。

过去那些看不起侯蒙,嫌他又丑又老的年轻后生们,现在对他则刮目相看了。

侯蒙从此步步高升,累迁御史中丞,刑部、户部尚书,又拜同知枢密院事、进尚书左丞、中书侍郎,整天与皇帝策划国家大事。就是招降宋江、讨伐方腊这样的大事情,他都为皇帝出过谋划过策。

这一纸风筝,真把侯蒙送上了碧霄。

★ 恶作剧后悔不已

姜夔是南宋时著名的词人。年轻时,他曾在吴兴的好朋友张仲远的家中住过一段时间。

姜夔的这位好朋友是位大忙人,经常出门去办事。张的妻子虽然是位比较善良、知书达礼的人,但她也有一点不足,那就是疑心太重,好猜测别人。

特别是每当家中有客人来时,她总是要反反复复地三番五次地盘问;别人写给她丈夫的书信,她总是要先偷偷地看完以后,再交给丈夫。

姜夔很早就听说过张仲远妻子的这种心理,便总想寻找个机会"帮助帮助"她。

于是,当他在张仲远家住了一段时间回去后,便以一个女子的口吻,偷偷地写了一封信寄给了张仲远。

恰巧,这封信又落在了张仲远妻子的手中。看到信封上几行清秀的字,她心中有些急了,迫不及待撕开信封,展开信笺一看,只见信上是一首《眉妩》(亦称《百宜娇》)词,词中写道:

看垂杨连宛,杜若侵沙,愁损未归眼。信马青楼去,垂帘下,婷婷人妙飞燕。翠尊共款。听艳歌,郎意先感。便携手,月地云阶里,爱民夜微暖。　　　无限。风浪疏散。有暗藏弓履,偷寄香翰。明日闻津鼓,湘江上,催人还解春缆。乱红万点,怅断魂,烟水遥远。又争似相携,乘一舸,镇长见。

张仲远的妻子看完这首词,不禁妒火中烧,她知道写的是一位女子与张仲远相会的情景。

这还了得,这个张仲远真是无法无天了。于是,她怒气冲冲地坐在家中,单等张仲远回来与他算账。

没过多久,张仲远回来了,他刚一进门,还没等坐下,妻子便怒气冲天地把那封信扔了过去,大声叫道:

姜夔

"你干的好事,看你还有什么话要说!"

张仲远看妻子大发雷霆,不知其中的缘故,便拾起那封信来看,看完那首词,心想:自己并没有与哪个女子相会过,怎么会有位女子给自己写词呢?看看这词的风格很像姜夔的,但这位姜老弟从来不和我开玩笑。

张仲远看过词,支支吾吾地不知如何解释。

他妻子一看他不说话,便认为张仲远一定干了亏心事,立即赶上前来对张仲远大打出手。张仲远躲闪不及,脸上竟被抓出了伤痕。

此时,姜夔在家中想:张仲远一定能看出是我写的,他肯定会上门来找我,我就等着看笑话了。

可是,几天过去了,仍不见张仲远的到来。后来,姜夔偷偷地一打听,才知道张仲远被妻子抓破了脸,已经好多天没有出门了。

姜夔本想治治张仲远妻子的多疑,谁想竟害苦了朋友。

后悔,后悔,姜夔真是后悔不迭。

★《兰陵王》救周邦彦

周邦彦是北宋时的大词人。

他不仅写得一手好词,而且还精于作曲,他常常把自己创作的精美的词配上优美的曲子。这些词曲一经传出,便为人们争相传唱,所以歌妓、舞妓都知道周邦彦的大名。

那时,有才气的人都时常出入娼楼妓馆,而这周邦彦更是这样的人。特别是开封的名妓李师师,与周邦彦更有交情。

那名妓李师师色艺双绝,最爱唱的就是周邦彦的作品。他们两人情好日密,周邦彦也就经常住在李师师那里,久而久之,竟到了难以自拔的地步。

周邦彦身为朝廷命官,却整天泡在歌妓那里,免不了要遭到人们的非议。于是他只得趁人不注意时去与李师师幽会,而平时,他就装作与李师师关系极一般的样子。

但是,生性风流的周邦彦无论怎样也是管不住自己的,便常常倚在柳树下的亭栏上,愁闷不已,想起李师师与他分别时那种依依不舍、泪眼汪汪的样子,十分难过,便作了一首词,放在信封里,差心腹人送给李师师。

李师师也一直思念着周邦彦,打开他的信,一看是一首《洛阳春》词,便有滋有味地读了起来:

李师师

眉共春山争秀,可怜长皱。莫将清泪湿花枝,恐花也、如人瘦。　　清润玉箫闲久,知音稀有。欲知日日倚栏愁,但问取、亭前柳。

读着读着,李师师不禁感动得流下了眼泪,因为她看到在词中周邦彦把自己看成了知己。她想,周邦彦这样真心待她,不如干脆嫁他为妻,也省得别人瓜田李下地胡乱议论,闲扯是非。

谁料,好事多磨,事与愿违,当李师师下决心要嫁给周邦彦时,一件出乎意料的事情,使他们的这段姻缘画上了一个句号。

这年的正月十五闹花灯,京都开封格外热闹。这一天,男人们自不必说,观灯、饮酒尽兴地欢乐。就是那些平时大门不出二门不迈的大姑娘们,也呼朋唤友,成群结队地来

國學智慧全書

诗学智慧

到热闹非凡的街头巷尾,观灯游玩。

在观灯的人潮中,有一位十分特殊的人,他虽然穿着一身普通的衣服,但却气度非凡,他就是微服出游的当今皇上宋徽宗。

徽宗领着几个身着便服的亲信挤在熙来攘往的人群中观赏花灯,偶然经过李师师家的门口。其中一位亲信知道里面住的是李师师,便建议皇帝进去玩一玩,可另一位亲信觉得皇帝到这种地方是不应该的,可是徽宗偏要进去见识一下。

这一去可不要紧,整整一夜过去了,也没有见徽宗皇帝出来,原来皇帝被李师师的美色给迷住了。从此,一有空闲,皇帝就跑到李师师的家里去寻欢作乐。

这事不久便被周邦彦知道了。他想,皇帝一朝天子都到那种地方去,妨碍了他的事,心中十分懊恼,但又无可奈何,只能在与李师师幽会时更加谨慎。

好事不出门,坏事传千里。宋徽宗与李师师的风流事儿,很快便传遍了整个京城开封。

宋徽宗觉得事情已传开了,如果再到李师师那里,容易被人们发现,便有心要把李师师接到宫里来,但这又不合礼法。

想来想去,他便想到了这样一个办法,命人从宫中挖通一条地道,直通李师师的家中。这样一来,到李师师家中去可就方便了,宋徽宗有了这条通道,便有空就往李师师家跑。

这样一来,周邦彦去李师师家的机会就少了。有一天,周邦彦估计皇上不在李师师那里,便偷偷地来找李师师。正要上前亲热亲热,忽听徽宗皇帝从地道里上来了,这把周邦彦吓得大惊失色,不知如何是好。

但机灵的李师师却异常镇静,她马上让周邦彦藏起来。当徽宗皇帝推开地道门时候,李师师恰好转身去迎接,装作好像什么事也没有发生过一样。此时,周邦彦暗自庆幸。

却说徽宗皇帝从地道上来后,便与李师师寒暄了一番。这时使女拿来了取暖用的温水包,放在锦缎子被里温着,李师师又往兽形的香炉里加了些香料,于是屋中顿时香气缭绕。

徽宗皇帝见一切都安排妥当,便从怀中掏出一个新从江南进贡来的橙子,笑着让李师师品尝。那李师师是一代名妓,就连吃橙子都十分讲究,她特意取来一柄又薄又亮的并州特产小刀,把橙子轻轻地切开,又往碗里撒了一点吴地产的雪白的精盐,用凉开水冲化,然后把切好的橙子放在盐水中蘸着吃。

李师师边吃边与徽宗皇帝嬉笑着,接着他们又吹了一会儿笙,说了些温存的话,这时

夜就很深了。

却说躲在一旁的周邦彦，把刚才发生的一切都看在了眼里，听到了耳中。对于这一切，他本应该是守口如瓶，绝对不能说出去的。可是作为文人的周邦彦无论如何也按捺不住创作的冲动，并把自己看到听到的徽宗皇帝与李师师的一夜风流韵事，写成了一首《少年游》词：

并刀如水，吴盐胜雪，纤手破新橙。锦幄初温，兽烟不断，相对坐吹笙。　　低声问：向谁行宿？城上已三更。马滑霜浓，不如休去，直是少人行。

周邦彦写完这首词仍不罢休，又教给李师师去演唱。

有一天，徽宗皇帝又来到李师师家，听到李师师唱起这首《少年游》，便有些恼火地问是谁作的。李师师说是周邦彦作的。徽宗皇帝一听，怒火上窜，回到宫中，立即把宰相蔡京招了来。他对蔡京说：

"那个监税官周邦彦征税不利，为何不治他的罪？"

蔡京不知其中的奥妙，只好说回去查一下。不久，周邦彦便背着荒废公务的罪名，被贬到外地做小官去了。

处理完了周邦彦，徽宗皇帝心头的怒气也渐渐地消了。

第二天，他又迫不及待地从地道赶来找李师师，可是来到屋中一看，李师师根本不在。

没见到李师师，徽宗皇帝怎么肯离开呢？便在房里耐下性子，百无聊赖地等呀，等呀。一下午过去了，直等到半夜时分，李师师才无精打采地回来了。

进到房来，李师师十分勉强地与徽宗皇帝打了个招呼，往日的那股殷勤劲儿不知早跑到什么地方去了。

一看这种情况，本来就已等得十分不耐烦的徽宗皇帝，便有些发火地问道：

"朕在这里等了这么长时间，你究竟到哪里去了？"

李师师一看徽宗皇帝有些发火，便眼含热泪，非常委屈地说：

"周邦彦得罪了皇帝，现在被贬到外地去了。我与他是至交朋友，他要走了，我便备了些薄酒素菜，去给他饯行，以表旧日之谊。因为不知皇帝您的到来，所以回来晚了。"

徽宗皇帝一看，心先软了一半，便问李师师说：

"周邦彦是被贬到外地去了，他与你告别时又填什么新词了吗？"

李师师马上回答说：

"他填了一首《兰陵王》。"

徽宗皇帝一听，便来了兴趣，立即说：

"来来,快唱给我听听!"

那李师师可不是一般的风尘女子,她是何等的聪明。一看徽宗皇帝有了兴趣,她知道这是解救周邦彦的千载难逢的好机会。于是,轻盈地来到徽宗皇帝的跟前,依偎在他的身边,回手又为他倒上了一杯美酒,然后娇滴滴地说:

"请让我以这首歌祝皇帝您万寿无疆!"

说完,李师师起身取来唱词用的檀板,轻启朱唇,展开婉转的歌喉唱道:

柳阴直,烟里丝丝弄碧。隋堤上,曾见几番,拂水飘绵送行色。登临望故国。谁识京华倦客?长亭路,年去岁来,应折柔条过千尺。　　闲寻旧踪迹。又酒趁哀弦,灯照离席。梨花榆火催寒食。愁一箭风快,半篙波暖,回头迢递便数驿,望人在天北。　　凄恻,恨堆积!渐别浦萦回,津堠岑寂。斜阳冉冉春无极。念月榭携手,露桥闻笛。沉思前事,似梦里,泪暗滴。

周邦彦的这首《兰陵王》的题目是咏"柳",实际上他是借柳话别,寄托自己的离别之情。

那徽宗皇帝,颇识辞旨艺境,他看这首词萦回曲折,似浅实深,有吐不尽的心事流荡其中。词中无论景语、情语,都耐人寻味。这高妙的文笔,再加上李师师圆润婉转的歌喉,立即使徽宗皇帝陶醉了。

他听完这首《兰陵王》,不仅气消了,还大为感动,于是又下令赦免了周邦彦,令他官复原职。

★蔡京吟改《西江月》

在宋代的历史上,有一个臭名远扬的人物,他就是遭万人唾骂的太师蔡京。

我国有句俗话说是:恶有恶报,善有善报。这前半句用在蔡京的身上可是再恰如其分不过了。

蔡京在宋徽宗时极受宠幸,成为炙手可热的权倾天下的重臣。于是,他仗着徽宗皇帝给他撑腰,勾结宦官大头目童贯,祸国殃民,为非作歹。

徽宗皇帝退位之后,宋钦宗登基作了皇帝。这个新皇帝还算有些头脑,比他昏庸的老子强一些。初登大宝,贵为九鼎之尊,他也十分勤勉,能临朝办几件像样的公务。

就在他登基的第二天,他就看到案头上已堆起了足足有三尺高的文书。随手翻开一看,竟全都是来自全国各地揭发蔡京一伙不法行为的文书。

这钦宗皇帝当太子的时候,便对蔡京的所作所为极为不满,现在大权在握,不除掉这条老狗,更待何时?

你想那蔡京也不是等闲之辈,他的嗅觉比谁都灵,徽宗皇帝一退位,他就预感到了自己末日的来临,便惶惶不可终日。

这一天,他突然举家南迁,逃亡他处。钦宗皇帝得知消息,一看时机已到,一道圣旨下来,便把这个老奸巨猾、作恶多端的蔡京,一下子罚到了数千里之遥的边远儋州。

偏远蛮荒的儋州也是不会欢迎这个老家伙的,到了那里也会够他受的。

蔡京被押解着起程了。在去儋州的途中,人们听说那披枷带锁的老头儿就是老贼蔡京,无不义愤填膺指名痛骂他,就连路边的酒家和客栈,也都不肯卖东西给他吃。

见此情景,蔡京仰天长叹道:

"想不到我堂堂蔡京,丧失天下人心,竟到了这般地步。可叹,可叹!"

押解蔡京的差官,怕他半路上被饿死,到儋州时交不了差,便买些东西给他吃,但却不让他吃饱。

一路上,蔡京遭人唾骂,困饿交加,真是狼狈至极。这一天,他们来到了潭州地界。此时,这位曾神气十足,权倾天下的蔡京,早是衣衫褴褛、蓬头垢面变成了一个穷叫花子。

突然,人们见他猛地向前抢了几步,面对苍天,眉头紧锁,高声唱起了一首《西江月》词:

八十一年住世,四千里外无家。如今流落向天涯,梦到瑶池阙下。　　玉殿五回命相,彤庭几度宣麻。只因贪恋此荣华,便有如今事也。

蔡京在被贬奔赴儋州的路上,到此地实际才只走了几个月,但在他已觉得走了一年了。

那一年他刚好80岁,而他却以为自己已经81岁了,所以他在《西江月》中称自己是"八十一年住世"。

唱罢《西江月》,他们继续赶路,到了晚上,找家客栈住了下来。

蔡京静下心来,仔细地想了想自己白天唱得那首《西江月》,觉得有些地方不对头,自己明明是80岁,竟然误以为是81岁了。这也难怪,那词是在自己狼狈得一塌糊涂的时候,顺嘴吟出来的。不过,在这种情况下能吟出词来,他心中也不无得意。

现在歇下来了,蔡京便把《西江月》词加以增删润色,于是便成了这个样子:

八十衰年初谢,三千里外无家。孤行骨肉各天涯,遥望神京泣下。

金殿五曾拜相,玉堂十度宣麻。追思往日谩繁华,到此番成梦话。

蔡京在词中说:我,堂堂蔡京,80岁上,刚刚向皇帝谢了恩,就向三千里外的蛮荒之地

进发了。所到之处，无不遭人唾骂，天下之大，竟无我蔡京的容身之地，哪里才有我的家啊！我的亲人骨肉，全都被发配到边远地区去受罪，多么可怜啊！遥望那昔日居住的京都，不觉老泪横流。想当年，我曾经五次拜相，在金殿上，我曾经十次荣幸地听到皇帝宣诏，每次都得到奖励和提拔。追思往昔，整天为功名富贵而忙碌奔波，现在想来，哎，那才真是白忙活呢，面对这一切，再去说那些，都是梦话啊！

改完这首《西江月》词，蔡京站在窗前，久久沉思，直到夜很深了，也无半点睡意。

第二天继续赶路。从此，蔡京沉默无语，没有几天，便在郁闷和人们的唾骂声中死去了。

却说这押解蔡京的差官，是负有监督蔡京责任的。那天蔡京在路上高唱《西江月》词时，那首词早被其中的一位差官记了下来。

由于蔡京是朝廷的要犯，他的一言一行都不能轻易放过，都要记录下来上报给皇帝。那位差官记下词来，哪里敢怠慢，马上命潭州的驿使快马报告给朝廷。

可是他哪里料到，到了晚上，蔡京把词又给改了，改完后，蔡京低声吟唱了一遍，这时却被另一位差官听见，又把改后的词记录了下来。

当朝廷接到老蔡京白天吟唱的《西江月》时，马上记录在案，于是，它便成了经官方审查过的，具有权威性的定稿。

而老蔡京晚上改过，又低声吟唱的《西江月》，不久也被送到朝廷，交到了有关人员的手里，但这事可就有些不好办了。

此时，分管案卷的那位官员想，如今蔡京这老东西被贬儋州，走在路上还如此啰唆，今天写词，明天唱曲的，谁愿意听他的聒噪呢，谁有耐心伺候他。于是，顺手在后报来的《西江月》词上写下了"不足为信"四个字。

但是有心人为了保留历史真实，把这件事记在了《大宋宣和遗事》中了。

第三章 解忧

★问君能有几多愁

南唐后主李煜是一位只会风花雪月，而无济世之才的亡国之君。他在向宋称臣之前多写些宫廷生活之类的风格柔靡之作，后期的作品多抒发亡国之痛和怀旧伤今之情。作品语言清丽明净，形象鲜明生动，意境深远，感情真挚并富有极强的感染力，在五代、宋初词中具有很高的艺术成就。

宋兵攻破金陵（现南京）之后，李煜被迫投降，过了两年如同囚犯的生活。

有一天，宋太宗（赵光义）闲暇无事，心血来潮，忽然想起李煜来，命人召李煜的旧臣徐铉前来询问道："近来可否见到后主李煜？"徐铉叩礼答道："没有圣主之命，小人怎敢私自前去探望。"宋太宗虚情假意地说："你们君臣一场，应该前去探望才是啊！"

于是，徐铉于第二天专程前往李煜的住所，见到了面容憔悴、身穿道袍的后主。李煜此刻正坐在书案前，两眼露着哀伤、悲凄之光，不知在想什么心事。徐铉上前叩拜君臣之礼后说道："臣此次前来，是为我主请安、叙旧的。"李煜见到昔日的老臣，面带愁容的脸上，立刻增加了几分悦色，忙请徐铉落座后，长长地叹了一口气，接着无限感慨地说："我真恨自己

李煜

呀！当初不听你们的劝阻，只知享乐，误国误民、错杀忠良，给国家带来灾祸啊！"徐铉听了这话，万分紧张，害怕扯到国家政事，引来灾祸，忙用话岔开，说道："我主近来有什么新作吗？"李煜又是一声长叹说："唉，春去秋来，秋去春至，我实在是度日如年啊！"此刻，说

话声已有些哽咽。过了一会儿，他拿出一张素笺，十分凄切地说："我近来靠填词度日，写了一首《虞美人》。"接着，又非常动情地给徐铉念了起来：

春花秋月何时了？往事知多少！小楼昨夜又东风，故国不堪回首月明中。　　　雕阑玉砌应犹在，只是朱颜改。问君能有几多愁？恰似一江春水向东流！

这首词不仅写出了他个人的愁苦，而且有极大的概括性，它概括了所有遭受亡国之痛的人的痛苦之情。尤其是最后两句"问君能有几多愁？恰似一江春水向东流！"已成为千古名句，用长江春水比喻愁绪之多，把满腔的愁苦之情一泻而出，充分地表现了对故国之思。

李煜读罢此词后，竟失声痛哭起来，徐铉也长叹几声，觉得此地不可多待，忙说了几句安慰之话，慌张而去。

不久，这首词终于传到了宋太宗的耳朵里，他很愤恨地说："这首词写得很有艺术特色，不过可以看出，李煜的亡国之心不死啊！"

几天后，一个风高雨骤的夜里，李煜被太宗"赐酒"毒死，死时 41 岁。

★才子一生多愁怨

晏几道虽身为两朝宰相之子，而且十几岁便受到仁宗皇帝的赏识，但他却是一生落寞，还吃过官司，坐过监狱。特别是到了晚年，更是不幸，几乎到了衣食不继、生活无着落的地步。

晏几道为什么会落到如此的境地呢？宋代诗人黄庭坚说，晏几道平生有"四痴"，这使得他一生境况不佳。

这"四痴"都是什么呢？

"仕宦连蹇而不能依傍贵人之门，是一痴也；论文自有体，不肯作一新进士语，又一痴也；费资千百万，家人饥寒，而面有孺子之色，此又一痴也；人百负之而不恨，已信人终不疑其欺己，此又一痴也。"黄庭坚所说的"四痴"，反映出了晏几道这位贵公子性格的天真与耿直；更反映出他的生活作风，坚持自己的独立人格，不依傍权贵和磊落的思想。

晏几道

371

　　试想，这样一位既单纯而又天真的词人，亲身经历了盛衰不同的历程，尝尽了世态的炎凉、人情的冷暖，但仍不改自己的秉性，在现实生活中，他能不处处碰壁吗？

　　那时他在颖昌府中许田镇（现在的河南许田镇）做官时，曾写下诗词，呈给府帅韩维。韩维看过他的诗词后，在写给他的信中说：

　　"得新词盈卷，盖才有余而德不足者，愿郎君捐有余之才，补不足之德，不胜门下老吏之望。"

　　这位韩维府帅把晏几道看成"才有余而德不足"，这使得晏几道非常厌恶腐败的官场，更不愿去攀权附贵，甚至使他还未到退休的年龄，便自己提出离开官场，"退居京城赐第，不践诸贵之门"。宋元祐三年（公元1088年），大诗人苏东坡经黄庭坚介绍，想拜访一下他，他也婉言谢绝，对人说：

　　"现在政事堂中的那些人，大都是我家以前的客人，我都没有工夫去见呢！"

　　这一天，晏几道的心情十分悲凉，虽不为"春花秋月何时了"而哀叹，但也无法排遣生活中"无处话凄凉"的苦闷，只好借酒浇愁。他坐在家中自斟自饮，越喝越觉心头苦闷。心中郁积的不快向哪里去倾诉，生活为什么对自己如此不平？

　　晏几道一杯接一杯，直喝得酩酊大醉。在醉梦中，一切都离他远去了：人世的不平，难以排遣的烦恼……可是，酒醒以后呢？

　　酒醒了，但向晏几道袭来是更加难解的迷惘，重重围困他的仍是悲愁的罗网，何以排遣，他伏在案边，写下了一首《蝶恋花》词：

　　醉别西楼醒不记，春梦秋云，聚散真容易。斜月半窗还少睡，画屏闲展吴山翠。衣上酒痕诗里字，点点行行，总是凄凉意。红烛自怜无好计，夜寒空替人垂泪。

　　啊，看天外一弯新月，渐渐落下去了，尽管还是照着半个窗口，但人已无眠。抬头望那房中的画屏，画上的吴山空自翠色生辉，也难解人间愁苦，可怜红烛也"自怜无好计"，为人悲愤而落泪。

★借词发牢骚的沈唐

　　沈唐在楚州当差时，有一年闹蝗虫，胡楷知府让沈唐具体负责消灭蝗虫的事。

　　这沈唐是位文弱书生，平时心高气傲，对胡知府的这种安排十分不满，认为是知府有意让他受罪，便牢骚满腹地写下了一首《蝗虫之叠》以解闷，其中写道：

　　"不是这下辈无礼，都缘我自家遭逢。"

谁料这词传到了胡知府的耳朵里。这可把胡知府气坏了。他判了沈唐一个"带禁写随行"的罪名,让沈唐从此吃了30年的冤枉。

过了一些年,担任通判的韩琦了解到这件事,认为沈唐是被冤枉了,便为他翻了案,并让沈唐做了大名府的签判。

照礼说,沈唐被平了反,又做了签判这样的官,本该知足了。但他却不是,总抱怨自己是大材小用了。他觉得现在的他不是春风得意,而是面临寒冬,于是他呼唤东君(司春之神)早日到来。怎样才能把自己心中的想法说出来呢?他写下了一首《霜叶飞》词:

霜林凋晚,危楼回,登楼无限秋思。望中闲想,洞庭波面,乱红初坠。更肃索,风吹渭水。长安飞舞千门里。变景催芳榭,唯有兰衰暮丛,菊残余蕊。 回念花满华堂,美人一去,镇掩香闺经岁。又观露珠,碎点苍苔,败梧飘砌。谩赢得,相思泪眼,东君早做归来计。便莫惜丹青手,重与芳菲,万红千翠。

谁料该沈唐倒霉,他的这首《霜叶飞》词被来这里视察的王安石看到了。

王安石与韩琦历来政见不和,他正有对韩琦的气无处撒,这会儿找到了出气筒,于是便把气全出在了沈唐的身上。

王安石抓住沈唐《霜叶飞》词中的"东君早做归来计"一句,把沈唐招去,狠狠地臭骂一顿。

事过不久,黄河决堤,给百姓带来很大苦难。众官员们事先都有所准备,在防洪和疏通上级官员上大卖力气,于是都没有受到什么责难,唯有沈唐受到了降职的处分。

幸好他有位叫王广渊的同乡在朝廷里做大官,便把他派到渭州去做签判。可沈唐又嫌那里太远,就写了一首《雨中花》发牢骚,词中写道:

"有谁念我,如今霜鬓,远赴边堠",并把词交给歌女去唱。

说来也是沈唐倒霉上加倒霉,这首《雨中花》又被王广渊听到了,心想,这个沈唐也太不识抬举,但他不好意思当着歌女的面骂沈唐,便骂那个歌女:

"该死,谁教你唱的?"

沈唐一听,明知是在骂他,哪里敢说半个不字,于是乖乖地到渭州上任去了。

到渭州后,沈唐一直把火憋在心里,从此再也不敢写词发牢骚了。

★白发簪花不解愁

宋徽宗建中靖国元年(公元1101年)春天,年已56岁的著名诗人黄庭坚,两次辞谢

了朝廷的委任,从四川东下,历游两湖各地。

到洞庭湖登览岳阳楼时,他写下了《雨中登岳阳楼望君山》诗二首,其中一首写道:

投荒万死鬓毛斑,生入瞿塘滟濒滩。

未到江南先一笑,岳阳楼上对君山。

在诗中,诗人用"万死""生入"四字,写出了自己仕途的失意,抒写了自己从被贬到召回的种种坎坷和无限感慨。

宋徽宗崇宁元年(公元1102年),朝中奸臣蔡京专权,黄庭坚恳请出任太平州知府,但到任仅仅9天便遭罢免。随即检察洪州玉隆观,居住在鄂州。谁料,第二年有人告发说他在荆州时写的《江陵府承天禅院塔记》中有"幸灾谤国""讪谤侵陵"之句,于是他被除名,并被送往宜州羁管。

到了崇宁三年(公元1104年),黄庭坚经洞庭湖南下,在一首《过洞庭青草湖》诗中,他倾吐了连遭贬斥的悲愤之情,并表明了自己漠然处之的态度。路过零陵时,他把家眷寄居在朋友家中,自己独赴任所。

时值夏天,他才到了宜州。在宜州时,他的生活非常艰苦,许多人怕受牵连都不敢接触他,至于帮助他,那更是谁都不敢的了。那时他居住在宜州城小南门的戍楼之上,沐雨招风,人皆苦不堪言,他却一如既往地读书赋诗。

崇宁四年(公元1105年),此时的黄庭坚已是61岁的老人了,他又被改调永州。九月,朝命还没到达,他于重阳这日登上郡城之楼,放眼远处高山起伏,道路崎岖,联想起自己坎坷的一生,不禁感慨万端。于是,在城楼之上,他旁若无人地凭栏高歌,吟出一首《南乡子》:

诸将说封侯,短笛长歌独倚楼。万事尽随风雨去,休休,戏马台南金络头。 催酒莫迟留,酒味今秋似去秋。花向老人头上笑,羞羞,白发簪花不解愁。

在这首《南乡子》词中,黄庭坚把一生中的不幸全部一倾而出。最后他想到"万事尽随风雨去,休休"。酒味虽然没有变,但自己已是白发皓然的老人了。这有何妨,把花插在白头发上,以此自娱,可是这花怎能解尽心头的苦闷与闲愁呢?

这次重阳日登高之后,黄庭坚的心情更加忧郁,到了这个月的三十日,他竟一病而逝了。

这位在宋代颇有影响,开创了江西诗派的著名诗人,逝世之时,竟无一子弟、亲人在身边。最后是零陵的蒋伟为他办理了后事,后来又将他的棺木归韩祖茔。

★"山水郎"不慕功名

朱敦儒在宋代的词坛上，虽不是一流的大家，却也是有着相当名气的人物。

朱敦儒出身仕宦人家，他的父亲朱勃曾于宋哲宗绍圣年间做过谏官。那时的北宋王朝还是一派安定繁荣，到处是太平景象，这就使得朝野上下滋生了一种优游享乐之风。此风一兴，人们争相享乐，把国家社稷统统都丢到了脑后。

朱敦儒就生活在这种社会环境中，自然身上也沾染上了这种社会风气。于是，年纪轻轻便整天过着裘马轻狂、寻欢逐乐的生活。但他与那些花花公子还有所不同，他没有把自己的青春时光全都消磨在红袖青楼的荒唐中，去追求醉生梦死，他还留有一分清醒，去认真地读书学习。

对于诗词歌赋，朱敦儒有一种炽烈的情感，于是他热心于学习、揣摩前人留下的优秀作品，并以此砥砺自己的品行、德性。功夫不负有心人，在岁月的流逝中，他不断地学习，到中年时，朱敦儒已被人们称誉为"志行高洁"的人了。此时他虽未考取功名，只是一个布衣，但在朝野上下都有了一定的声望。

在安定繁荣中潜伏的危机一步步地逼近了。北宋末年，金兵大举南侵的战事虽未发生，但他们已蠢蠢欲动，随时都有南侵的可能。这时，在朋友的引荐下，朱敦儒被朝廷召到京城，准备任命他为学官，但他无心为官，十分坚决地推辞掉了。

他自我表白说自己是"麋鹿之性，自乐闲旷，爵非所愿也"。功名利禄在朱敦儒的眼中无足轻重，他根本没有把做官当成一回事。他在赠给友人的一首《鹧鸪天》词中是这样说的：

我是清都山水郎，天教分付与疏狂。曾批给雨支风券，累上留云借月章。　　诗万首，酒千觞。几曾着眼看侯王？玉楼金阙慵归去，且插梅花醉洛阳。

在词中，朱敦儒将自己描绘成了一个"斜插梅花，傲视侯王"的"山水郎"，给人留下极为深刻的印象。

朱敦儒的这种性格，在北宋末年"靖康之难"发生以后的很长一段时间里也不曾改变。

金兵入侵中原，烧杀掠抢，无所不为。朱敦儒与当时的朝官、名流、绅士们一道携家南逃，先来到淮海地区，以后又渡过长江，来到金陵。

这时，宋高宗赵构也逃到了金陵，正在那里筹建南宋政权，广招"草泽才德之士"，拟

量才录用,授以官职。由于朱敦儒久有名望,便有人向朝廷推荐朱敦儒为"文武之才",建议朝廷对他提拔重用。

可是,朱敦儒还没有改变"山水郎"的初衷,始终不肯赴召,便从金陵沿长江溯流而上,经江西南下,一路观山赏水,避难到广东的雄州去了。

宋高宗绍兴二年(公元1132年),正是南宋王朝用人之际,此时又有人推荐朱敦儒到朝廷做官。

但他听到这个消息,只是淡淡地一笑便丢在了脑后。第二年,宋高宗正式颁下诏令,任命朱敦儒为迪功郎。可是他不赴任。朝廷有些急了,命肇庆府督促他立即上任。就在这种情况下,朱敦儒还是迟迟不想赴召。朋友们看到他如此固执,都来相劝。这才使他翻然而起,从岭南赶赴临安。

朱敦儒一来到京城,宋高宗立即在便殿召见了他,听了他明畅通达的议论、旷达疏放的对策,心中十分高兴,认为朱敦儒是个不可多得的人才。于是赐他进士出身,为秘书省正字,兼任兵部郎官,不久又调任两浙东路提典刑狱。

功名利禄非所愿的朱敦儒,现在无奈也得做官了。

朱敦儒的不愿为官,并不是一味地为了闲适自娱。此时的朱敦儒,由于时代的影响,个人生活的变化,早年的那种恬淡心情减少了,诗酒轻狂的情趣也逐渐消失了。这正如他在《苏武慢》一词中所写的那样:

谁信得,旧日风流,如今憔悴,换却王陵年少。逢花倒躲,遇酒坚辞,常是懒慵笑。……

此时朱敦儒的心境,也如其他爱国并有正义感的文人一样,转而关心国事,念乱忧时,忠愤之致。这期间,他经常是"北客相逢弹泪坐""回首中原泪满巾"。正是有了这种忧国忧民的思想感情,才有了朱敦儒的应召"出山"。

但正当朱敦儒要为报效国家做番事业时,有人弹劾他"喜立异论",与主战派大臣李光来往密切,便被免去官职。

宋高宗绍兴十九年(公元1149年),朱敦儒上疏请求退居嘉禾。到了晚年的时候,他的儿子与秦桧的儿子颇有些诗酒之交,这使得他又被重新起用。不久,秦桧死去,他又被罢免了。

从临安任职到宋高宗绍兴二十九年(公元1159年)他去世,朱敦儒一方面追求放怀纵心,闲适安静,另一方面也时常把国事放在心上。特别是在退居嘉禾时,他的词一扫绮丽华美的词风,语言清新,明白如话,这首《感皇恩》就是这类作品:

一个小园儿,两三亩地。花竹随宜旋装缀。槿篱茅舍,便有山家风味。等闲池上饮,林间醉。　都为自家，胸中无事。风景争来趁游戏。称心如意，剩活人间几岁。洞天谁道在，尘寰外。

如此的语言、风格，在唐以来的文人词中是极为罕见的。朱敦儒之所以有这样的情趣，其中也透出了他的无可奈何。

朱敦儒晚年的另一首词《忆帝京》更是别开生面：

元来老子曾垂教，挫锐和光为妙。因甚不听他，强要争工巧？只为忒惺惺，惹尽闲烦恼。你但莫多愁早老，你但且不分不晓。第一个随便倒拖，第二君言亦大好。管取没人嫌，便总道，先生俏。

词中说不要有棱角，不要逞精明争是非，学点聪明，顺风转舵，迎合别人只管说好。这看似劝人学之说，其实正是激愤之辞，以讽刺的笔调投向现实社会，投向那种喜欢别人吹捧、阿谀的势利人物和善于吹拍捧的狡黠之徒。

第四章 交友

★苏东坡与"山抹微云君"

苏东坡的名气令许多人仰慕,而秦观就是其中的一个,但在很长一段时间里,他却无缘与苏东坡见面。

有一天,秦观听说苏东坡路经扬州,他便有了主意:模仿苏东坡的风格和笔迹,写了几首诗,预先题写在扬州一座有名寺庙的墙壁上。

为什么要这样做呢?因为秦观知道,苏东坡非常爱好游览,每到一地必访名山大川和名胜古迹,扬州的寺院十分有名,这是他的必游之地。可是,一说来也是缘分,扬州名寺古刹实在不少,苏东坡就偏偏来到了秦观预先题写的那座古寺。

走进这座寺院,苏东坡各处观赏流连。大雄宝殿的雄伟,钟鼓楼的巍峨,松柏深深的庙院,琳琅满目的碑刻,但最吸引苏东坡的还是墙壁上文人墨客们的题诗。

看来看去,大都是些俗不可耐的平庸之作。可是,当有几首诗跳入他的眼帘时,他不觉有些诧异。看那诗,看那字,明明是自己的,但仔细地想来,自己是第一次来扬州,更是第一次来这座寺院。再仔细看看、读读,他不仅暗暗吃惊,是谁竟有如此的能耐呢?带着满腹疑惑,苏东坡离开了这里。

苏东坡

不久,他到一位朋友家去做客,在那里看到秦观的数百首诗词。苏东坡不读则已,一读竟不肯放手,读着读着不禁拍案称绝,大加赞赏。这时,他突然想起了扬州那座寺院墙壁上的几首诗。经过仔细地琢磨,苏东坡断定,寺院墙壁上的诗就是这位叫秦观的人写

國學智慧全書 — 詩學智慧

的。只可惜的是,秦观没有在这里,他们无缘在此相见,于是便开始了"神交"。

春去秋来,过了很长一段时间,大名鼎鼎的苏东坡终于与对他万分仰慕的秦观在徐州相会了。他们两人一见如故,真是相见恨晚。从此,他们形影不离。

苏东坡认为秦观是很不可轻视的文坛后起之秀,所以对秦观十分关心。他们每每在一起攀谈创作体会,谈诗论词,研文挥毫。同时,苏东坡还劝秦观要参加科举考试,求取功名,以便能为百姓做点实实在在的事情。

在苏东坡的劝导下,不久秦观便参加了乡员考试,但可惜的是没有考中。可是,秦观并没有灰心,而回到高邮老家闭门苦读。

过了一段时间,秦观在去会稽亲戚家串门时,恰巧在路上遇到了要去湖州赴任的苏东坡。两人相见,格外高兴,于是他俩携手同行。一路上,他们朝夕相处,时时交心,处处相互照顾,谈诗论词是他们最主要的话题。

他们一路行来,游无锡的惠山,观吴江的垂虹桥,赏湖州的寺院……玩得非常开心,特别是秦观从苏东坡那里学到了许许多多的东西。

要分手了,他们依依不舍,最后,还是洒泪而别。

秦观在会稽的亲戚家中住了一些日子,有一天,他突然听说苏东坡被人弹劾,朝廷下令把他逮了起来。

这一消息非同小可,秦观听后立即乘船渡过钱塘江,急忙赶到湖州探听有关的详情,希望能为苏东坡的事出些力气。可是,秦观费了好大劲儿,先后找了许多人也没能问出个究竟,因为苏东坡的许多朋友怕受到株连都远远地离开了他。有的甚至把他们之间来往的信件和唱和的诗词全都烧掉了,更不愿为秦观送消息。但秦观却不管这些,不怕涉嫌,仍然不停地为苏东坡的事奔走,可见他对苏东坡的感情之深。

秦观在苏东坡的教诲与熏陶下,诗词创作有了长足的提高。当他要离开会稽时,曾写下了一首《满庭芳》词,这在当时的词坛引起了很大的轰动。他在词中写道:

山抹微云,天黏衰草,画角声断谯门。暂停征棹,聊共引离尊。多少蓬莱旧事,空回首,烟霭纷纷。斜阳外,寒鸦万点,流水绕孤村。　　销魂,当此际,香囊暗解,罗带轻分。谩赢得青楼,薄幸名存。此去何时见也?襟袖上、空惹啼痕。伤情处,高城望断,灯火已黄昏。

这首《满庭芳》是秦观在会稽蓬莱阁的告别宴会上写的。人们都认为它风格和婉平易,余韵袅袅,尤其是"山抹微云"一句,堪称千古绝唱。此词传到苏东坡的手中,他认为全词在气势与格调上稍有不足,但"山抹微云"句确是极佳。于是,他便戏称秦观为"山抹微云君"。

不久，秦观在京城又遇到了苏东坡，一见面，苏东坡二话不说，张口便与秦观谈词。苏东坡已看准秦观是个人才，便对他格外严格。苏东坡让小妾王朝云给这位"山抹微云君"泡上一碗密云笼茶，然后手捋长髯，不无敬佩地对秦观说：

"现在京城里到处都在传唱你的'山抹微云'呢。"

秦观听后谦虚地笑了笑。接着苏东坡口气一转说道：

"没想到我们分手后，你写词竟模仿柳永，而且还让人看不出痕迹来。"

秦观一听马上强辩说：

"秦某虽无才，也不至此，先生之言怕是过分了。"

苏东坡是何等人，在文学上他有天纵之才，对于文学作品有着超常的鉴赏力，于是他一针见血地对秦观说：

"你词中的'销魂，当此际'难道不是学柳永的句法吗？"

苏东坡批评秦观受柳永词的影响太深。秦观听了苏东坡的这番话，真是又钦佩，又惭愧，只是连连点头称是。

秦观接受了苏东坡的批评，在词的创作上大有长进。只是那首《满庭芳》已经传开，不好再改了，但秦观也因此词而名声大振。

★ 苏轼与道潜

　　有情风万里卷潮来，无情送潮归。问钱塘江上，西兴浦口。几度斜晖？不用思量今古，俯仰昔人非。谁似东坡老，白首忘机？　　记取西湖西畔，正春山好处，空翠烟霏。算诗人相得，如我与君稀。约他年东还海道，愿谢公雅志莫相违。西州路，不应回首，为我沾衣。

　　这首《八声甘州》（寄参寥子）词作于宋哲宗元祐六年（公元 1091 年），此时，苏轼由杭州太守被召为翰林学士。当他准备离开杭州时，写下这首词送给参寥。

　　你道参寥是谁？他就是道潜和尚，参寥是他的字。这位道潜和尚不但精通道义，而且在诗歌创作上很具特色，以清新脱俗著称，所以为苏轼称赏。最初，苏轼与道潜和尚相识于徐州。那时他们经常在一起论道义，谈诗歌，两人情好日密。

　　当苏轼因祸被贬到黄州时，道潜和尚不辞辛苦，不远千里赶到黄州，在那里追随苏轼好几年。在这几年中，苏轼虽是位豁达之人，但由于仕途与生活上的种种不幸，难免有许多苦恼，而正是道潜和尚常随其左右，或谈天说地，或棋琴书画，为苏轼解去了许多不快。

当苏轼被贬海南,许多曾围在他身边的旧故避之唯恐不及,而又是这位道潜和尚几次千方百计地捎去书信,并要过海去看望苏轼。在道潜和尚的眼中,风高浪险的大海算得了什么,他与苏轼间的感情是任何艰难险阻都无法阻挡的。苏轼收到他的信,马上托人捎去书信,才劝止了他。

就是这样肝胆相照莫逆之交的朋友,苏轼终生难忘,在这首《八声甘州》中,苏轼充分地表达了深厚的情谊。

在词中,苏轼以钱塘江潮喻人世间的聚散分合,充分表现了词人的豪情。地下水无情而归,天上夕阳无情而下,则是天地无情,自然万物无情。"俯仰昔人非",写人生社会的无情。但对此无情的人生,词人的态度怎样呢?是高度乐观的。不必为古人伤心,也不必为现实忧虑,他能超脱时俗,"白首忘机"。词人俯仰天地,纵观古今,得出的结论是"一切无情"。可见,他的"忘机"有深刻的悟性。

既然看穿了古今万物,所以无意去名利场上角逐。但词人并没有完全忘世,更没有忘情,词接下来写与道潜和尚的友情。

回想起在西子湖畔与道潜和尚和诗饮酒,饱览春山美景,谈禅说理,流连忘返的日日夜夜,词人不禁从心灵深处对他以知己许之——"算诗人相得,如我与君稀"。可见苏轼对道潜和尚的欣赏。在诗歌创作上的共同兴趣,是他们友谊的一个重要基础。

接下来"约他年东还海道"以下五句,则表现出词人不愿再在仕途上跋涉,决定归隐的决心,并写出,我一定不会像谢安一样雅志相违,使老朋友恸哭于西州门下,表现出了他们情谊的深切。

★ 论词结友谊

北固亭怀古不久,辛弃疾举行了一次宴会。

在这次宴会上,他与下属们谈论北伐,饮酒填词,又请来歌女们演唱词作。

歌女们演唱了辛弃疾的旧作《贺新郎·甚矣吾衰老》和新作《永遇乐·千古江山》以后,客人们都齐声称赞。辛弃疾更是兴致勃发,唱起了他这两首词中的得意句子来。

他先唱《贺新郎》中的警句:

"我见青山多妩媚,料青山见我应如是";"不恨古人吾不见,恨古人不见吾狂耳"。

接着他又唱出《永遇乐》中的警句:

"千古江山,英雄无觅,孙仲谋处";"寻常巷陌,人道寄奴曾住";"可堪回首,佛狸祠

辛弃疾一边唱，一边用手击着桌子打节拍，由于感情激动，额上的皱纹显得更加分明，脸颊有些涨红，颏下的花白胡须也随着头部的不住摇动而飘拂起来。

他那豪迈的词句、苍凉的腔调，配合着激动的神情、有力的手势，使所有的客人都深深地受到了感染。

辛弃疾刚一唱完，客厅里便响起了一片热烈的叫好声。但他马上十分谦虚地请客人们提意见：

"请诸位不要顾虑，坦率地指出我这两首词的不足之处。"

客人们异口同声地说道：

"写得好，写得好！"

但辛弃疾却不罢休，一定要人们提点缺点。当他问到岳飞的后辈岳珂时，他见辛弃疾确实是诚恳征求意见，便坦率地说：

"辛帅的词，雄视千古，不落熟套，自成一家，晚生何知，岂敢妄言？不过，老先生要像范仲淹那样，用千金来征求把《严子陵先生祠堂记》改动一个字，晚生不才，也不是挑不出一点毛病的。"

辛弃疾听了十分高兴，连忙把座椅移向岳珂，鼓励地说："请你把话说完。"

岳珂见辛弃疾毫无见怪之意，也就放胆直言：

"前一首《贺新郎》，慷慨激昂，写得很有气魄，但前面的'我见青山多妩媚，料青山见我应如是'，与后面的'不恨古人吾不见，恨古人不见吾狂耳'两句，显得有些雷同。后一首《永遇乐》，一连用了吴大帝孙权、宋武帝刘裕、宋文帝刘义隆、赵国大将廉颇等四个典故，不熟悉史实的人，怎能听得懂呢？"

辛弃疾刚一听完，便满脸笑容地站了起来，对客人们说："岳公子这话正好抓准了我的毛病，我就是爱用典故啊！"说完，辛弃疾满斟了一杯酒，双手递到岳珂的手中，表示谢意，并满怀感激地说：

"请岳公子满饮此杯！"

客人们也都端起酒杯一饮而尽。

从此，辛弃疾与晚辈岳珂结下了深厚的友谊。

★ 刘克庄送陈子华

宋高宗建炎元年（公元1127年），赵构在应天府登基做了大宋的皇帝。他命老将军

宗泽为开封尹,兼任东京留守。

那时,已沦陷了的山东、河北等地的人民不甘心忍受金兵的奴役,纷纷揭竿而起,组织队伍与金兵对抗。这其中最有名的是由王善领导的一支有七万人马的队伍。宗泽非常重视这支力量,便亲自劝他们为国家出力,报效朝廷;另外还有一支人马则是岳飞曾经隶属过的王彦的部队。这位王彦原是宋朝军队中的一名都统制,金兵南侵以后,他便率众聚兵太行山。他手下的人脸上都刺有"赤心报国,誓杀金贼"八个字,因此人们称他们为"八字军"。这些抗金爱国队伍为了联合打击金兵,都自动接受宗泽的指挥,伺机以给金兵沉重地打击。

赵构

可是,不久不幸的事情发生了。建炎二年(公元 1128 年),宗泽老将军病故。朝廷又派了一名叫杜充的人接替宗泽。此人不但没能继承宗泽的遗志,反而制造摩擦,千方百计地消灭异己,攻击反军,这使山东、河北的民众抗金武装陷于自生自灭的地步。

这时,南宋初年的词人刘克庄有位叫陈子华的朋友到真州去为官。他想到宗泽组织民众抗金的壮志未酬,便鼓励陈子华加强同北方民众武装的联系。在送陈子华成行之时,刘克庄写下了《贺新郎》(送陈真州子华)一词:

北望神州路,试平章、这场公事,怎生分付?记得太行山百万,曾入宗爷驾驭。今把作握蛇骑虎。君去京东豪杰喜,想投戈下拜真吾父。谈笑里,定齐鲁。　　两河萧瑟惟狐兔。问当年、祖生去后,有人来否?多少新亭挥泪客,谁梦中原块土?算事业须由人做。应笑书生心胆怯,向车中、闭置如新妇。空目送,塞鸿去。

刘克庄在诗中愿陈子华"君去京东豪杰喜",这样就能进一步"谈笑里,定齐鲁",愿他为收复中原失地奠定坚实的基础。

他这样落笔,可以说建立了"堂堂之阵,正正之旗",紧紧地掌握了群众的愿望,发出了时代的最强音。

接下来,他又以东晋祖逖的故事去鼓励陈于华百般振作,去做一番大事业。他问道:"两河萧瑟惟狐兔。问当年、祖生去后,有人来否?"

接着他又问道:

"多少新亭挥泪客,谁梦中原块土?"严厉地鞭挞了只求保住半壁江山的南宋群臣,又进一步指出:"算事业须由人做",希望陈子华看准时机,干出一番事业来。

老将军宗泽临死时,手指北方,大喊"渡河"。"子华老弟啊,你慷慨北行吧,我盼你报来佳音!"

刘克庄以一首《贺新郎》词送走了陈子华。

★ 他乡遇知己

宋末元初,有一位叫李生的读书人,由于战乱被迫流落到了元大都,住在一家不大的客店里。

这一天晚上,风清月朗,使人格外舒畅,但独在异乡的李生却感觉不到这些,一种孤独、失落感重重地压在他的心头,此时对着明月,他心底油然而生的只是对故国和过去生活的无限怀念。

在百无聊赖中,他举步走出小旅店,来到门外,对天吟道:

> 万里倦行役,秋来瘦几分。
>
> 因看河北月,忽忆海东云。

他刚吟诵完,忽听邻近的人家传来一阵妇女的哭声。那哭声哀怨凄惨,李生听了感到非常吃惊。

第二天早上,一大早他便到邻屋去敲门,出来开门的果然是一位妇人。

李生一看这位妇女,穿着十分朴素,脸上虽然略施脂粉,但也隐藏不住眼中淡淡的哀愁。还没等李生开口,那妇人便先问道:

"你就是昨天晚上吟诗的那个人吧,那首诗写得太好了。"

李生忙说:

"昨晚是我吟诗,但那诗却不是我写的,是我来大都时在船上听一位同船人吟诵的。因为我很喜欢,便把它记在了心中。冒昧问一句,不知你是何人?"

那位妇人听到李生问他,便对他说:

"我本是宋朝昭仪王清惠的一位宫女,名叫金德淑。大宋被元灭后,我被迫沦为歌女,在这里谋生。你昨夜吟诵的那首诗,是亡宋昭仪王清惠寄给汪元星先生的一首诗,昨夜听你吟诵,勾起了无限的伤心往事,所以听完我就哭了。"

李生听完金德淑的一番话,心中不禁涌起了敬佩之情,同时也非常同情她的遭遇。

"同是天涯沦落人，相逢何必曾相识"，于是李生也把自己在战乱中家破人亡，被迫流落到这里，举目无亲的遭遇，特别是身在异乡的孤独、寂寥与无奈告诉了金德淑。相同的遭遇，同样的命运，一下子拉近了他们之间的距离，尤其是彼此初次见面便能这样非常倾心地交谈，更使他们感到非常亲切。于是，金德淑给李生吟了一首她自己写的《望江南》词：

春睡起，积雪满燕山。万里长城横玉带，六街灯火已阑珊。人立蓟楼间。　　空懊恼，独客此时还。辔压马头金错落，鞍笼驼背锦斑斓。肠断唱阳关。

吟完这首《望江南》，金德淑眼中又含满了泪花儿，而李生也在掩面流泪。

他们泪眼相对，半晌两人才又谈论起这首词，李生非常赞赏这首词，认为金德淑十分有才华。接着他们又谈起灭亡了的大宋，最后又谈到今后各自的打算。

后来他们一起离开了这里，回到李生的家乡，结为夫妇，去过平安的日子去了。

第五篇 《元曲》智慧通解

导读

　　在中华民族灿烂文化宝库中,元曲是一朵奇葩,它和唐诗宋词鼎足并举,成为我国文学史上三座重要的里程碑。

　　相比于唐诗、宋词而言,元曲有着它独特的魅力:一方面,元曲继承了诗词的清丽婉转;一方面,元代社会使读书人位于"八娼九儒十丐"的地位,政治专权,社会黑暗,因而使元曲放射出极为夺目的战斗的光彩,透出反抗的情绪;锋芒直指社会弊端,直斥"不读书最高,不识字最好,不晓事倒有人夸俏"的社会,直指"人皆嫌命窘,谁不见钱亲"的世风。元曲中描写爱情的作品也比历代诗词来得泼辣、大胆。这些均足以使元曲永葆其艺术魅力。

　　蔚为一文学之盛的元曲的兴起对于我国民族诗歌的发展、文化的繁荣有着深远的影响和卓越的贡献,元曲一出现就同其他艺术之花一样,立即显示出旺盛的生命力,它不仅是文人咏志抒怀得心应手的工具,而且为反映元代社会生活提供了人民群众喜闻乐见的崭新的艺术形式。

第一章　胸中一片山水情

★胸中一片山水情

刘秉忠年近 50 岁时还没有结婚,他辅佐忽必烈制定朝纲,参与中枢机密决策,有宰相之实而无任何职务,当然也不能穿蒙古官服。

翰林院学士承旨(专门为皇帝起草圣旨的专职官员)王鹗为此上奏忽必烈,建议给刘秉忠授职,劝刘秉忠娶妻。忽必烈欣然采纳,并下诏书,将翰林院侍读学士窦默的女儿嫁刘秉忠为妻。刘秉忠早年为僧,无意功名,更没有建立家庭的想法,迫于皇帝旨意,不能公然对抗,只好委屈自己勉强从命。婚后 10 年,刘秉忠不置产业,公务之余焚香默坐,偶有余兴也只是像陶渊明那样观赏自家栽种的菊花。他还特别喜欢冬雪的晶莹洁白,每到北风乍起,大雪初停,他总是骑一只小毛驴到野外踏雪自娱。谁也想不到,这个衣着俭朴的骑驴小老头竟是当朝堂堂一品的宰相。

刘秉忠这种不奢侈、不做福威的生活方式很让当时的官僚们不解。在他们看来刘秉忠是个傻瓜,或者是不近人情的书呆子。有人出于好心,将这种议论说给刘秉忠,劝他迎合时尚,不要特立独行。刘秉忠听了置之一笑,吟出两曲〔折桂令〕:

一

梧桐一叶初凋。

菊绽东篱,佳节登高。

金风飒飒,寒雁呀呀,促织叨叨。

满目黄花衰草,一川红叶飘飘。

秋景萧萧。

赏菊陶潜,散诞逍遥。

二

朔风瑞雪飘飘。

暖阁红炉,酒泛羊羔。

如飞柳絮,似舞蝴蝶,乱剪鹅毛。

银砌就楼台殿阁,粉妆成野外荒郊。

冬景寂寥。

浩然踏雪,散诞逍遥。

曲中所说的陶潜就是东晋末年不为五斗米向权贵弯腰低头的隐逸诗人陶渊明。浩然指的是与王维齐名,让李白十分钦佩的诗人孟浩然。这两位诗人久享盛名,不仅诗作清逸淡远,意味悠长,而且性格高洁,不肯与世俗同流合污。

刘秉忠写秋景的萧疏衰飒,冬景的寂寞辽阔,在歌颂他心中所推崇的古人的同时,也向他的朋友表明了他的散诞心怀和清高的情致。

刘秉忠做过高官,但他既不谋利,又不贪名,只是尽自己能力为人民切切实实地做些好事,这样的古代贤哲实在是令人怀想追念。

★ 放情山水解千愁

马致远(约1250~约1321),号东篱,大都(今北京市)人。一度任江浙行省务官,不久即辞职,专门从事杂剧、散曲写作。与关汉卿、郑光祖、王实甫齐名,并称为元曲四大家,所撰《汉宫秋》尤为后人称道。其词"典雅清丽,若神凤鸣于九霄",应列群英之上。

马致远在做官以前,部分时间在乡间度过。每日里读书饮酒,品茶制曲,也有时与樵夫、渔父闲话古今。无忧无虑,十分快活。这期间,有两首小令,大体反映了隐居山林的散诞逍遥,如:

[清江引]

野兴

樵夫觉来山月低,钓叟来寻觅。

你把柴斧抛,我把渔船弃。

國學智慧全書

诗学智慧

寻个稳便处闲坐地。

西村日长人事少，一个新蝉噪。

恰待葵花开，又早蜂儿闹。

高枕上梦随蝶去了。

品味词意，可以看出作者的心态十分恬淡消闲，所以笔下的樵夫、渔夫的身上都透出一种隐士的风度。你看，樵夫扔掉了砍柴的斧头，渔人离开打鱼的小船，坐在一起闲聊，完全没有功利思想。作者自己也在夏日长天的白昼里，任凭蝉鸣树林，蜂舞花间的热闹，却独自拥枕高卧，像庄周一样，梦魂无拘无束，忘却人间烦恼。

马致远后来被派到江浙做官，不过这官做得很不舒心，胸中浩气无从施展。这时他想起了家乡，于是提笔写道：

［落梅风］

潇湘夜雨

渔灯暗，客梦回，一声声滴人心碎。

孤舟五更家万里，是离人几行情泪。

客居在外的心绪可远不如在家闲居的闲适，连充满诗情画意的雨声，听来都让人心碎。

马致远回到家，想想官场的污浊，自己的壮志难酬，觉自己太好笑，他嘲笑自己，写道：

［四块玉］

恬退

酒旋沽，鱼新买，满眼云山画图开。

清风明月还诗债。

本是懒散人，又无甚经济才，

归去来。

喝着新买的酒，品尝刚出水的鱼，对着那如画江山，正话反说"无甚经济才"，更耐人寻味，可以看出当时的黑暗。

★情寄山水的闲人

贯云石 20 岁时就任两淮万户府达鲁花赤。当时的地方官主要职责是完成赋税,调派人役为当局做无偿劳动。这件事认真办起来,对百姓干扰十分严重,甚至把许多家庭逼得家败人亡,但完不成任务则必受到朝廷责罚。贯云石不忍过分扰民,又不能公然对抗朝廷命令,情急之下,将黄金虎符交付给他弟弟忽都海涯,他则只身来到北京,拜姚燧为师,学习古文。

姚燧当时任翰林院学士承旨,见贯云石的古文很有法度,散曲慷慨激烈,立即表奏他为翰林院侍读学士同修国史。这个职务对文人说来十分尊崇,无奈贯云石与同僚的作风格格不入,他看别人龃龉,别人看他孤傲。弄得贯云石在翰林院十分孤立,心绪非常抑郁。当时,姚燧仍在翰林院供职,贯云石觉得尚可忍耐。不久姚燧告病辞官,朝政日益紊乱,贯云石终于耐不住性子,也辞官不做,息影山林。隐居后,他以《清江引》的曲牌写下二十几首小令,其中,有四首最能表明他当时的心态:

> 弃微名去来心快哉,
>
> 一笑白云外。
>
> 知音三五人,
>
> 痛饮何妨碍?
>
> 醉袍袖舞嫌天地窄。
>
> 兢功名有如车下坡,
>
> 惊险谁参破。
>
> 昨日玉堂臣,
>
> 今日遭残祸。
>
> 争如我避风波走在安乐窝。
>
> 避风波走入安乐窝,
>
> 就里乾坤大。
>
> 醒了醉还醒,
>
> 卧了重还卧。
>
> 似这般的清闲谁似我。
>
> 荣枯自天休觊图,

且尽杯中物。

莫言李白仙，

休说刘伶墓，

酒不到他坟上土。

这几首小令写得言浅意深，痛快淋漓。他把追名逐利喻为车下陡坡，危险至极。他认为闲来无事，邀上三五知己，醉后狂舞，连天地都显得狭窄，这种豪情真如李白在世。

最后一首是说，得意、失志自有天定，人大不必存非分之想（荣枯自天休觊觎），还是像李白、刘伶那样长在醉乡为妙。这种人生态度，现在看来似不足取，但在当时却有积极意义。

★落雪的心绪

鲜于必仁，出身于官宦世家，其父名枢，做过太常寺典簿。鲜于必仁一生没有做官，与海盐杨梓的儿子国材交好。杨氏乃浙右望族，家中僮仆千人，个个善歌南北曲。鲜于必仁受其熏陶，精通音律，尤长于度曲，成为海内名家。

他的散曲主要有三大部分构成，即写景、咏物、怀古，通过这三种形式反映自身的生活经历、感受和思想。他的作品多用白描，不常用典，但感情非常真实，富有艺术魅力。他曾用《普天乐》的曲牌写过潇湘八景，把山川草木、碧水烟云写得历历如画。下面，我们欣赏其中的两首：

［烟寺晚钟］

树藏山，山藏寺，

藤阴杳杳，

云影差差。

疏钟送落晖，

倦鸟催归翅。

一抹烟岚寒光渍，

问胡僧月下何之。

逐朝夜时，

扶筇到此，

散步寻诗。

[江天暮雪]

晚天昏，寒江暗，

雪花黶黶。

云叶氄氄。

渔翁倦欲归，

久客愁多憾。

浩浩汀洲船着缆，

玉蓑衣不换青衫。

闲情饱惜，

高眠醉酣，

世事休参。

第一首曲子写的是山上古树葱茏，山中有座寺院，黄昏时分，云影游移，把藤阴模糊得若有若无，疏疏落落的钟声送走了夕阳余晖，宿鸟归巢，如纱似雾的一抹山岚围绕青山。和尚奇怪诗人何以黄昏出游，诗人表示每天这个时候都出来寻找诗意。通首小令写得超尘拔俗，几乎不见人间烟火。

第二首小令写的是日落时候，雪花飞舞，黄叶飘飘，渔翁傍晚归来把船缆在浩浩的江面上，披着蓑衣回家。渔翁看来很辛苦，但他不肯出去做官，其中的原因就是世情险恶，不愿在官场的是是非非中惊入险。这里写的渔翁，实则是作者的自我写照。

整首小令写得幽静凄清，作者不满现实自甘淡泊的襟怀表现得十分自然，极易引起读者的共鸣。

★庄园里的笑声

彭寿之家环境分外幽雅，几间茅屋背靠青山，房前一座宽敞的园子，绿树环绕，中间却栽满了菊花。园外一条小河，清澈见底，河上架起一座拱形木桥，为田家风光增添了几分韵致。

阿里耀卿不带僮仆，单身骑着一头小黑驴来到彭寿之家。彭寿之将阿里耀卿迎到草堂

落座,吩咐小书僮摆上酒菜,二人边饮边聊。阿里耀卿见满园菊花开得金灿灿的一片,不觉心旷神怡说:"老兄昨日曾说有佳作新成,何不让小弟拜读一番,长些见识。"

彭寿之哈哈一笑说:"哪有什么佳作,陈词滥调而已,不那样说,你老兄如何肯光顾我这茅栏草舍。说来说去,无非想与老兄饮酒叙旧罢了。"

阿里耀卿道:"既然不肯赐教,须罚三大杯,以惩诓骗之罪。"

彭寿之道:"有几曲新词,听我诵与老兄。"说罢朗吟道:

> 驿尘红、荔枝风,
>
> 吹断繁华一梦空。
>
> 玉辇不来宫殿闭,
>
> 青山依旧御墙中。
>
> 乱横戈,奈君何,
>
> 扈从人稀北去多。
>
> 尘土已消红粉艳,
>
> 荔枝犹到马嵬坡。
>
> 音信沉,泪沾巾,
>
> 秋雨铃声阁道深。
>
> 人到愁来无会处,
>
> 不关情处也伤心。

阿里耀卿手擎着酒杯,慢慢饮了一口,说:"老兄腹笥深厚,人所不及,咏史寄意,犹见功力。前两首分明隐栝《长恨歌》,然词浅意深,更得讽劝之旨。想那杨贵妃受宠之时,偏嗜荔枝,玄宗皇帝不惜军力,竟命人从四川用快马运至长安,人困马乏,不过为了饱一人的口腹。后来长安失陷,宫殿紧闭,唯见青山依旧,贵妃被迫自缢在马嵬坡,昔日繁华,顿成春梦,正是'不关情处也伤心''含不尽之意见于言外',老兄当之无愧。"

彭寿之笑笑说:"词是好词,你眼光不低,说到了妙处,只可惜,白白恭维了我一番。"

阿里耀卿吃了一惊,问:"此话怎讲?"

彭寿之说:"作者是王恽,不是我呀。"

两人哈哈一笑,当晚尽欢而散。

元曲

★望月伤怀借酒消愁

　　阿里耀卿虽然是少数民族，但由于长期居住中原，深受汉文化的熏陶，除了姓氏而外，完全变成了汉族知识分子的形象。他早年做过官，不久，因为性格刚正，看不惯宦海之中尔虞我诈、明争暗斗，一气之下回乡隐居去了。

　　元代知识分子在政治抱负不能实现时，多半沉溺于享乐，在醇酒与美人中寻求安慰，阿里耀卿也莫能例外。他居官时，曾结识一位色艺双绝的名妓，两个人一见倾心，引为知己。后来好景不长，名妓被权臣抢入府中，阿里耀卿爱莫能助，只好望风怀想，对月伤情。每至风生小院，月上蕉窗，他常常低吟："侯门一去深如海，从此萧郎是路人。"

　　有一次，他登楼远望，遥遥看到一位女郎在水榭上低回垂泪，身材举止酷似自己的意中人。阿里耀卿觉得心中一动，顿时勾起前尘影事，难以自制，回到书房，铺开纸笔，写下一首小令：

［醉太平］

寒生玉壶，香烬金炉，
晚来庭院景消疏。
闲愁万缕，
蝴蝶归梦迷溪路，
子规叫月啼芳树，
玉人垂泪滴珍珠，
似梨花暮雨。

　　曲中写的是黄昏日落的凄凉寂寞的景象。手扶玉壶，微感凉意。金炉香火已然熄灭，院中显得幽静消琼，蝴蝶在花丛间飞上飞下，杜鹃在树上发出悲哀地鸣叫，听来让人倍感黯然神伤。阿里耀卿想起垂泪的美人，正如满树梨花在雨中零落，哀艳凄迷，让诗人心旌摇动。

　　阿里耀卿微微叹口气，放下笔，想起往事如烟，似梦非梦，站起身，拿起酒壶。满满斟了一大杯，一饮而尽，心绪觉得豁然开朗。正在这时，他的好友彭寿之推门而入，见了阿里耀卿，说道："阿公好雅兴，自斟自饮，自得其乐。"

國學智慧全書

诗学智慧

耀卿请客人入座，又拿来一只酒杯。彭寿之不喝酒，拿起小令来玩味，沉吟一会说："老兄不但曲精词妙，且真情可感，只是太痴迷了。"

阿里耀卿却说："我辈所不能忘者，唯——一个'情'字耳，若能忘情，真成神仙矣。便是老兄，果能忘情否？"

彭寿之说："我有几首小令，正要请教，务请明日过寒舍一叙。"

二人聊了一会，拱手道别。

第二章 为民请命不怕丢官

★为民请命不怕丢官

邓玉斌30岁中进士,榜下即用,出任南皮县令,到48岁时历任河间、房山、平谷、吴桥诸县知县,官不升一品,人不出河北,直至49岁时才调升正定府同知。官升了两级,但却成了副职,不再独当一面。

同知是知府的副手,无权决定事情,但府里下行的文书必须由同知签署才能生效,因此,知府对同知的态度多半礼貌相待,不敢视为下级。

邓玉斌到任不久,高阳县呈报一件命案。知府大笔一挥,立刻批准。邓玉斌觉得人命关天,必须审慎,而且指出许多证据不足的疑点。他拒绝签署,要求将案卷调到府衙复审,知府为此老大不高兴。高阳知县见申文久不批复,竟然捏造流言,说邓玉斌受了案犯的贿赂,有意为案犯开脱。

邓玉斌听到流言大为恼怒,一气之下,自动辞职,离开是非漩涡。

知府见邓玉斌含怒辞职,担心邓玉斌不肯就此罢手,将此案闹到上司衙门,便假惺惺挽留,说:"老兄清廉人所共知,何必为这点小事大动肝火。"

韩愈

邓玉斌知道知府是虚情假意,更清楚对方的不安心理,他也不便说破,便将平时写下

的散曲抄了两首。其一是：

［快活三］

一个韩昌黎贬到水潮。

一个苏东坡置到白鹤。

一个柳宗元万里窜三苗。

一个张九龄行西岳。

［么］

俺只会春来种草，

秋间跑药，挽下藤花，班下竹笋，採下茶苗。

化下道粮，攒下菜蔬，蒲团闲靠。

则待倚南窗和世人相傲。

第一首小令提到四位古人。韩昌黎即韩愈，唐代散文家、诗人，与柳宗元都是唐宋八大家之一。韩愈因反对唐宪宗迎佛骨，由侍郎贬为潮州刺史。柳宗元因参加王叔文革新集团被降职为永州司马。苏东坡，名轼，字子瞻，是宋代诗人、词人、散文家、政论家，因反对新法外放杭州太守，贬官海南。张九龄曾任唐玄宗宰相，后披李林甫排挤去职。邓玉斌借用这四位古人暗示给知府，不必担心，表示自己只是喜欢侍弄花花草草的读书人，绝不搞权谋。

知府是个聪明人，当然明白邓玉斌的态度，当下向邓玉斌致歉。

邓玉斌辞职归田，体验到了从来没有过的轻松自在，心情十分愉悦。

★以笔作刀抱不平

关汉卿，大都(今北京市)人，号斋叟，名失考，曾为太医院尹，后辞职，专门编戏制曲成为职业剧作家。

他依据实事创作了名剧《六月雪》又名《窦娥冤》。在剧中借主人公窦娥之口指责天地失聪，暗昧不明，窦娥临刑前，愤怒唱道："地也，你不分好歹何为地？天也，你错勘贤愚枉做天！"

國學智慧全書

元曲

397

这出戏演出后非常轰动,老百姓赞不绝口。由于剧情揭示了官吏的贪鄙愚蠢,引起朝中权贵的强烈不满,立即责令停演,并将演员抓入监牢,甚至威胁,要对关汉卿进行责处。

京中的文人学士一方面四处奔走,消弥此事,一方面劝关汉卿暂时出京避祸。

关汉卿听说此事,嘿嘿冷笑,激愤之下,写了一套[南吕·一枝花·不伏老],表明心志。这套散曲由四首组成,在最后一曲[尾声]中,他写道:

我是个蒸不熟、煮不烂、捶不扁、炒不爆响珰珰一粒铜豌豆,凭子弟每教钻入他锄不断、斫不下、解不开、顿不脱慢腾腾千层锦套头。我玩的是梁园月,饮的是东京酒,赏的是洛阳花,插的是章台柳。我也会围棋、会蹴踘、会打围、会插科、会歌舞、会吹弹、会咽作、会吟诗、会双陆。你便是落了我牙,歪了我嘴,瘸了我腿,折了我手,天赐与我这几般儿歹症侯,尚兀自不肯休。则除是阎王亲自唤,神鬼自来勾,三魂归地府,七魄丧冥幽,天哪!那其间才不向烟花路儿上走。

朋友们看了这一套宣言式的自白,知道关汉卿生性倔强,既不肯低头,更不会出走,不由摇头叹息,深恐他身遭不测。

正在这时朝中大局出现一股暗潮,几派之间为争夺中枢大权几乎火拼。权贵们顾不得关汉卿这样的小人物,一场风波有惊无险,平安度过,朋友们才为关汉卿松了一口气。

几天后,由关汉卿做东,在京都酒楼宴会。名优珠帘秀从狱中出来,淡扫蛾眉,浓妆行酒。关汉卿粉墨登场,唱了一出《关云长单刀赴会》,歌声苍凉,满座喝彩,度过一个良宵,然后尽醉而归。

★ 都是民间疾苦声

公元 1329 年,元朝皇帝明宗在位,历史上称天历二年。按历史惯例,新皇帝即位都另立年号,明宗却例外地沿袭了文宗的年号。

明宗很短命,在位时间仅一年便不明不白地被毒死。当时朝政日益败坏,纲常紊乱,各级官职标价出售,贪官污吏横征暴敛,百姓生活苦不堪言。就在这一年,偏巧老天爷也来凑趣,关中一带数十日滴雨不落,禾苗枯黄、土地龟裂,草根树皮被吞食一空,吃人的惨剧屡屡发生。消息传到京城,再昏愦的朝廷也不能置之不理,急急忙忙选派大臣到关中赈灾。大臣们在京城养尊处优安逸得太久,谁都不情愿跑这趟苦差。当时任中书省参政的张养浩自愿请行,被任命为陕西行台中丞,到关中赈灾。

张养浩当时已年满 60 高龄,想到百姓生死交关,顾不得满头白发,立即登车上路。一路风尘仆仆来到关中地面,沿途看到面黄肌瘦的灾民络绎不绝到外地乞食。张养浩立即命部下筹集粮食,赈济灾民,对于已经饿死的饥民则命人就地埋葬。

张养浩一边救济灾民,一边祈雨,果然普降甘霖。风雨中,一日车马来到潼关,他望着东临崤山、北对中条山、西接华岳三峰的潼关险隘,不由感慨交集,一股悲天悯人的激愤之情油然而生,遂援笔写下了调寄[山坡羊]的散曲《潼关怀古》的千秋绝唱:

> 峰峦如聚,波涛如怒,
>
> 山河表里潼关路。
>
> 望西都,意踟蹰。
>
> 伤心秦汉经行处,
>
> 宫阙万间都做了土。
>
> 兴,百姓苦;
>
> 亡,百姓苦。

在诗人眼中,山山水水,万阙宫殿都浓浓地涂上了一层为百姓苦难而不平的感情色彩,至今读来仍觉惊心动魄。

怀古之作充斥唐诗、宋词、元曲,但立意多半为一朝一代的兴亡而嗟叹、惋惜,间或寄托自己的怀才不遇。像张养浩这首小令,不以一家一姓的王朝更迭为意,直接道出人民心声的作品,可以说是卷帙浩繁的古代文学作品中唯一的一首。

小令字数寥寥,笔笔精悍,字字珠玑,大气磅礴,令人叹为观止,为官如此,可以说是百代楷模了。

★ 窦娥冤

本篇介绍的是关汉卿的著名杂剧《窦娥冤》的故事。

楚州秀才窦天章,妻子早年亡故,膝下只有一女名唤窦娥,年方 7 岁。窦天章欠下蔡婆婆 20 两纹银,多年不还,连本带利欠到了 40 两之多。这一年,窦天章准备赴京应试,想起女儿无人照料,决定将窦娥送给蔡婆婆作童养媳抵债。他带着女儿来到蔡婆婆家,说明来意,蔡婆婆欣然同意,留下窦娥,将借据烧掉,另外送了十两银子给窦天章作路费。窦天章感谢不尽,他带着银子走出蔡家,心里很是难过,叹息道:

［赏花时］

我只为无计营生四壁贫，

因此上割舍亲儿在两处分。

从今日远践洛阳尘，

又不知归期定准，

则落得无语暗消魂。

他想自己远去洛阳应试，不知何年才能归家与女儿团聚，这种骨肉离别之苦真让他倍感伤神。

窦天章一去10年没有音讯，窦娥长到17岁，蔡婆婆的儿子却死了，只剩下婆媳二人相依为命。城外有个名叫赛卢医的医生，他的医道很不高明，生意十分清淡，为了维持生计，借了蔡婆婆20两银子。蔡婆婆为了讨债，不知跑了多少次，赛卢医无力还钱，心生歹意，决计在蔡婆婆讨债回家的路上，寻个僻静处将蔡婆婆杀死，了却身边的债务。

有一天，蔡婆婆又为讨债，赛

窦娥

卢医好说歹说将蔡婆婆哄走，答应过几天亲自奉上。蔡婆婆走后，赛卢医悄悄跟在身后。在一片树林外，赛卢医左右看看，没发现有过往行人，赛卢医拿起绳子就勒住蔡婆婆的脖子，蔡婆婆拼命挣扎。正在危难之机，从树林里跑出两个人，救了蔡婆婆。

这两个人是父子，儿子叫张驴儿。张驴儿问明了赛卢医的身份和住处，觉得没大油水可捞，就把他放了。后来听说蔡婆婆只有婆媳两人过日子，便对蔡婆婆说："这样正好，你嫁给我父亲，我娶你儿媳妇，你也不必谢什么救命之恩了。"

蔡婆婆说："这件事使不得，我的儿媳非常刚烈，她不会答应的，我还是给你们些钱，救命之恩不能不报。"

张驴儿说："我不要钱，你答应了，咱们是一家人，不答应，这有现成的绳子，我送你上西天。"

蔡婆婆无可奈何，只好将张驴儿爷俩带回家中。

窦娥见婆婆将一老一少两个男人带回家中,心中不解,问:"这两个人是怎么回事?"

蔡婆婆说:"在路上,我险些被人勒死,是这父子俩救了我。那个年老的娶我,年轻的要娶你,两家人并作一家人。"

窦娥见张驴儿父子生得獐头鼠目,举止委琐不堪,心中十分生气道:

[青哥儿]

你虽然得他营救,

须不是笋条年幼,

划的便巧画娥眉成配偶。

想当初你夫主遗留,

替你图谋、置下田畴,

早晚美粥、寒暑衣裘。

满望鳏寡孤独、无挨无靠,

母子每到白头。

公公也,则落得干生受。

蔡婆婆被窦娥一顿抢白,满心委屈说:"我不是像竹笋那样细嫩的小孩,更不想嫁人,无奈受了人家救命之恩,不能不报。咱家不缺钱,给钱他们不要,你说怎么办。"

窦娥赌气说:"我不知道怎么办,反正我绝不能嫁。"

蔡婆婆回头对张驴儿说:"我的儿媳刚烈,待我慢慢劝她回心转意,你可先给我做儿子,住在这里,往后的事从长计议。"

张驴儿见窦娥生得千娇百媚,不由垂涎三尺,拉住窦娥的手,就要亲近。窦娥气急,把张驴儿推倒在地,转身回到自己房中。

张驴儿见一时不能得手,只好耐定性子住下来,等待窦娥改变主意。好好的一家人,凭空添了两个无赖,窦娥整日阴沉着脸,蔡婆婆心头郁闷,渐渐病了。窦娥每天衣不解带在床头侍候,张驴儿见有机可乘,从赛卢医手中买来毒药,准备将蔡婆婆毒死,只是没有机会。

有一天,蔡婆婆要喝羊肚汤,窦娥做好了,蔡婆婆病久了,喝起来觉得味不够浓,让窦娥加些盐醋。张驴儿趁窦娥不在之际,将毒药放进汤内,然后溜掉。正这时,张驴儿的爹走了进来,闻到汤味十分鲜美,拿起来,喝了个精光,不一会七窍流血而死。

窦娥回来,见死了人,大叫起来。张驴儿闻声赶到,心中大惊,却故意诬赖窦娥下毒。

他对窦娥提出,只要私了,窦娥嫁他,则万事皆休,不然就去打官司。

窦娥心中不做亏心事,便同意公堂相见。

楚州太守姚杌是个十分贪婪的糊涂官,他自称:"我做官人胜别人,告状来的要金银。若是上司当刷卷,在家推病不出门。"

就这样一个只知贪赃枉法、不问是非曲直的地方官收了张驴儿的贿赂,审理命案。他以儿子不可能毒死老子为由,动用酷刑让窦娥承认毒死公爹的罪名。窦娥义正词严说明事实,无奈太守得了贿赂,连半句都听不进去。窦娥被折磨得死去活来,仍然不肯承认。

姚杌见窦娥不招,便喝令衙役们给蔡婆婆用刑。窦娥心疼婆婆,只得含冤负屈地招供,姚杌大笔一挥,将窦娥判了死罪,只待上司批文一到,即刻开刀问斩。窦娥悲愤抗议道:

[滚绣球]

有日月朝暮悬,

有鬼神掌着生死权。

天地也只合把清浊分辨,

可怎生糊涂了盗跖、颜渊。

为善的受贫穷更命短;

造恶的享富贵又寿延。

天地也做得个怕硬欺软,

却原来也这般顺水推船。

地也,你不分好歹何为地?

天也,你错勘贤愚枉作天。

哎!只落得两泪涟涟。

封建社会中,天、地、皇帝、父母、老师,简称为天、地、君、亲、师,是冒犯不得的,稍有不敬,便是大逆不道。皇帝自称天子,骂天等于骂皇帝。窦娥斥天、地昏庸糊涂,不辨是非,连著名大盗盗跖与大贤人颜渊,谁善谁恶都分不清楚,可见愚蠢到了顶点。行善的人受穷短命,作恶的人却长寿富贵,整个世界完全弄得颠颠倒倒,一塌糊涂。

太守得了钱,并不计较窦娥的强烈抗议,他坚持把窦娥定为死罪。行刑之际,监斩官问窦娥还有什么要求。

窦娥说："我死得太冤，不能下跪，要站立受刑，在头上悬三尺白绫，我死得冤了，满腔碧血点滴不会落到尘埃，一定全喷到白绫上。还有，我死后，天将降三尺瑞雪掩埋我的尸体，楚州要大旱三年，让天地证明我的冤屈。"

监斩官例外答应了窦娥的请求。他认为，窦娥即便冤屈，也不会在六月三伏天下雪。却不料，刽子手斩落人头，窦娥一腔鲜血全部喷到白绫上，地上连一滴都没有。窦娥身体倒地，突然阴云四合，刮起北风，接着便下起纷纷的鹅毛大雪。监斩官这才知道窦娥太冤枉了，围观的人们也叹息不止。

窦天章将女儿窦娥托付给蔡婆婆，来至京师赴考，一举成名，做官以后，曾差人巡访女儿，不料蔡婆婆举家迁徙，从此失去音讯。

十几年来，窦天章沉浮宦海，辗转升为两淮肃政廉访使，这一年奉了王命出京巡行天下。途中，他听说楚州连旱三年，赤地千里，心中惊疑不止。窦天章谙熟经史，他知道汉朝时期，东海孝妇蒙冤而死，苍天震怒使东海郡大旱三年。他认定楚州必有旷古奇冤，遂下令到楚州驻节，将历年案卷调到廉访使衙门重新审理。

却说窦娥屈死之后，一缕冤魂不散，终日在望乡台上等候冤案昭雪。当她得知父亲窦天章官至廉访使来到楚州查办案件，便在夜间托梦给他父亲，诉说冤情。

《窦娥冤》剧照

窦天章翻阅案卷时，看到有一窦姓女子毒杀公公一案，心中震怒，以为这是件十恶不赦的大罪，不以为疑。便将案卷投抽出来，压在最后，他觉得有些困倦，伏在案上蒙眬睡去，梦寐中他听到有人喊冤。窦天章抬起头来问道："你是何人？有何冤情？慢慢道来，本官为你做主。"

窦娥说："我是你的女儿窦娥，被人冤杀了。"

窦天章听了窦娥的叙述，叹息说："你既冤屈，何必招认。"

窦娥悲愤道：

[梅花酒]

你道是咱不该，

这招状写得明白。

本一点孝顺的心怀，

倒作了惹祸的胚胎。

我只道官吏每还复勘，

怎将咱屈斩首在长街。

第一要素旗枪鲜血洒，

第二要三尺雪将死尸埋，

第三要三年旱示天灾。

咱誓愿委实大。

窦天章听了窦娥的哭诉，说："我的好女儿，原来你受了这般委屈，才发下这样的毒誓，你且退去，待为父明日早衙为你昭雪冤情，严办恶徒。"

第二天，窦天章调齐案卷、人犯，重新宣判：将张驴儿判了剐刑，赛卢医边远充军发配，楚州太守姚杌脊杖一百，革去官职，永不录用。

窦娥请求窦天章收养蔡婆婆，窦天章爽快地答应了。

沉埋三年的冤案至此方得昭雪，突然一阵南风吹过，阴云四合，又是一阵雷鸣电闪，紧接着普降甘霖，楚州旱情解除，迎来一个丰收的年景。

★包公智斩鲁斋郎

本篇讲的是关汉卿又一部剧作《包待制智斩鲁斋郎》的故事。

宋朝仁宗年间，郑州城住了一个花花太岁叫作鲁斋郎。其人深受皇帝宠爱，一味地胡作非为，见人家的器物好便强行索要，看谁家的坐骑神骏便不问主人同意与否，骑了就走，简直是一颗灾星，走到哪里便给哪里的百姓带来灾难。不仅寻常百姓对他切齿而怒，只是无奈他有当今皇帝撑腰，人们毫无办法，只能敢怒而不敢言。

有一天，鲁斋郎闲极无聊，带着手下恶奴来到徐州沿街驰马飞奔，吓得行人奔走躲避，店铺纷纷关门。李四在临街开了一家加工金银首饰的铺面，见鲁斋郎飞马而来，急忙

招呼妻子帮忙关门。李四的妻子有几分姿色，不巧被鲁斋郎经过时瞧见，只因马走得太快，看不真切。鲁斋郎即命恶奴打探明白，那银铺是何人所开，那美妇人是谁人的妻子。

鲁斋郎听了恶奴的回话，当时调转马头，带着十数名如狼似虎的家奴闯入银匠铺。李四见是鲁斋郎，吓得心惊胆战，小心翼翼上前回话。

鲁斋郎斜视李四一眼，大咧咧地说：“你不必害怕，唤你妻子出来见我。”

李四哪敢说个“不”字，乖乖地将妻子唤出。鲁斋郎见李四的妻子生得貌美，便命奴仆放下10两银子，然后对李四说：“我把你的妻子带回家中，服侍我，与你十两银子作路费，你心中不服，可拣哪个衙门告我去。”说完一挥手，奴仆驾起李四的妻子，呼啸而去。

关汉卿

李四家中尚有一儿一女，失去妻子，家中无人照料，顿时气得七窍生烟，顾不得儿女，打算寻到郑州有司衙门状告鲁斋郎强抢民女。

李四初到郑州，不知路径，走得又饥又渴，更兼心头如火，竟昏倒在一家门首，引得行人驻足围观。这家主人是六案孔目，名唤张珪。张珪将李四救醒，得知要告鲁斋郎，立时吓得六神无主，道：

［幺篇］

你不如休和他争，忍气吞声罢；

别寻个家中宝，省力的浑家。

说那鲁斋郎胆有天来大，

他为臣不守法，将官府敢欺压，

将妻女敢夺拿，将百姓敢踏踏，

赤紧的他官职大的忒稀诧。

李四这时方知官府也怕鲁斋郎，难怪张珪劝他忍下窝囊气，另外娶个妻子。李四望

着张珪,不觉泪流满面。

张珪见李四可怜,将李四让到家中。张珪的妻子姓李,觉得李四遭遇悲惨,便认李四作了弟弟。李四惦念家中儿女,便辞别张珪夫妇,赶回徐州老家。

却说鲁斋郎将李四的妻子抢回家中,玩了十数天便觉得兴味索然,不觉又动了喜新厌旧的念头。这天刚好是清明节,鲁斋郎心想:清明节家家上坟祭祖,妇人女子大都要借机出门,或者看到绝色女子,正好趁机抢入家中,供他淫乐。想到这,他立刻呼唤恶奴随他出门去渔猎美女。他们一行人来到郊外,发现一围高墙圈着一座坟田,青枝绿叶露出墙头,枝头落着两只黄鹂在跳跃啼鸣,鲁斋郎拿起弹弓射向黄鹂。

张珪带着妻子李氏和两个孩子在自家的坟田焚香祭祖,不妨弹子落到孩子的头上,打得孩子哇哇大叫。张珪边骂边走出来,一见是鲁斋郎,登时吓得跪地磕头求饶。

鲁斋郎说:"你不知是我打的弹子,若知道是我,谅你也不敢骂,我到你家坟田略坐一坐吧。"

鲁斋郎到了坟田,看到了李氏,他觉得李氏生得光彩照人,不禁动了歹念,对张珪说:"把你的妻子明日送到我府上,不然,两罪并罚。"

鲁斋郎说完,扬长而去。张珪回到家中,又悲又气,恨恨地骂道:

[一枝花]

全失了人伦天地心,

倚仗着恶党凶徒势,

活支剌娘儿双拆散,

生各扎夫妇两分离。

从来有日月交蚀,

几曾见夫主婚、妻招婿?

今日个妻嫁人、夫做媒,

自取些查房断送陪随,

那里也羊酒、花红、缎匹。

李氏两泪交流哭道:"那鲁斋郎简直是没人味的畜生,倚仗权势活生生拆散人家夫妻。日月无光,从来少见,更不曾听说丈夫为妻子做媒,另招夫婿,还要陪送嫁妆。这算什么混账世道,还有人的活路吗?"

张珪说:"我也舍不得你,只是怕惹恼了鲁斋郎,他会把你抢入府中,还要害了我与孩子的性命,为了孩子,你还是去吧。"

李氏想想,别无生路,只好忍痛含恨跟随张珪来到鲁斋郎家。

鲁斋郎留下李氏,却把李四的妻子送与张珪为妻。张珪不敢拒绝,委委屈屈将李四的妻子带回家中。

李四赶回徐州,意外发现一儿一女不在家中。他急急忙忙向左右邻居询问,才知道孩子在他出门以后便离开家,出门寻找父母去了。李四心中没有主张,决定到郑州寻访张珪,然后再作计议。

张珪见了李四,叹口气说:"咱们兄弟的命运忒不济,你姐姐也被鲁斋郎那厮抢入府中去了。我比你略强些,鲁斋郎给了我一个女人做妻子,这女人模样不及你姐姐,好在脾气还柔顺,对孩子也好,你们不妨见一见,日后好往来走动。"

张珪说完,将李四的妻子唤出来与李四相见。两个人见了面,心中都分外惊奇,面上露出异样的神情,似乎都有万语千言,一时不知从何说起。

张珪见二人神态有异,心中深感奇怪,但又不便询问,自言自语道:

[红绣鞋]

他两个眉来眼去,

不由我不暗暗踌躇,

似这般哑谜教咱怎猜做?

那一个心犹豫,

那一个口支吾,

莫不是你两个有些面熟?

张珪不知他们二人原是结发夫妻,他只是看出来这二人关系不似寻常,相互眉来眼去,用目光传情,一个心怀犹豫,开口不得,另一个则口中嗫嚅,却又说不出话来。

正在这时,衙门里来人,让张珪去办理文书。张珪从衙门赶回来时,惊奇地发现他二人正抱头痛哭。

李四见张回来,立刻与妻子跪在地上,向张珪说明,他们原来本是夫妇,所以情不自禁互叙别情。

张珪对李四说:"既然你们是夫妻,还是回家团圆去吧。"

李四说,"我们夫妻团聚了,你的孩子却无人照应。"

张珪这才想起孩子,却发现孩子并不在家中,听李四夫妇说孩子到衙门寻找张珪去

了。张珪急忙出门寻找，找遍了三街六巷，哪里见孩子的踪影，到黄昏时分才垂头丧气地回家。

张珪一夜不曾合眼，一会想起娇妻，一会思念幼子，思前想后，万念俱灰。第二天醒来，唤过李四夫妻，说："我已没了家小，决计到华山云台观出家，你们夫妇就留在这里过活吧，我的家产仅够你们一生享用了。"

李四夫妇苦苦劝说，无奈张珪去意已决，只得顺从。

当天，张珪与李四夫妇作别，收拾了琴剑书囊，飘然离家，奔赴华山。

开封府包拯奉王命出京，观察民风，审理积案。在徐州，他收留了李四走失的儿女，一个是喜童，另一个叫娇儿。这一双小儿女向包拯哭诉了冤情，说母亲被鲁斋郎抢走，父亲出门不知去向，因此无家可归。

包拯带着喜童、娇儿来到郑州又收留了张珪的一双儿女，名唤金郎、玉姐。包拯一问，他们的母亲也是被鲁斋郎强抢入府。鲁斋郎的种种罪恶气得包拯浑身乱颤。包拯深知鲁斋郎是皇帝的宠臣，所以才敢无法无天，当时心生一计。在奏章中将鲁斋郎写成"鱼齐即"言道恶霸鱼齐即一贯强抢民女，罪恶昭彰，请旨处斩。皇帝不知鱼齐即是鲁斋郎，当下准奏。

包拯接到圣旨，将"鱼齐即"改成鲁斋郎，立即斩首示众，郑州百姓无不拍手称快。

转眼 15 年过去，包拯带着四个孩子来到华山云台观行香，打算顺便代孩子们寻访父母。

却说李四夫妇这天来到云台观，向观主说明，要为张珪送些钱粮，恰巧包拯与他们夫妻相遇。包拯听说他们认识张珪，便问起姓名，这才知道这二人原来就是李四夫妇，系喜童和娇儿的生身父母，包拯忙唤过喜童、娇儿与父母团聚。

李四夫妇抱着两个孩子又悲又喜，免不了痛哭一番，然后叙说别情。他们正说着话，走来一位道姑，也是寻访张珪。李四定睛一看，来者竟是张的妻子李氏。原来鲁斋郎被处斩后，李氏也出家当了道姑。

包拯知道李氏是金郎、玉姐的母亲，当下也让她们母女团圆。于是一行人等一起巡访张珪。正在这时，张珪一副道家装束向他们走来，李氏一眼认出了丈夫，张珪也认出了妻子及李四夫妇，却不知包拯和四个孩子是何人。李四向张珪说明事情的来龙去脉，张珪才知道包拯杀了鲁斋郎，孩子已长大成人，当时感激道：

［得胜令］

今日个天理竟如何？

黎庶尽讴歌。

再不言宋天子英明甚，

只说包龙图智慧多。

鲁斋郎哥哥，自惹下亡身祸，

我舍了个娇娥，早先寻安乐窝。

李四夫妇说：“幸尔包大人杀了鲁斋郎，百姓开怀歌唱，我等才得全家完聚，我们叩谢包大人。”

包拯眼噙热泪，开心地笑了。

★对项羽和刘邦的思索

王伯成，涿州（今河北涿州市）人。关于他的生卒年已经很难考据，只知道他是马致远的忘年交，大约小于马致远二十岁左右。他的杂剧作品有《天宝遗事》《贬夜郎》《兴项灭刘》等。《天宝遗事》写唐玄宗与杨贵妃的爱情故事，《贬夜郎》写的是李白贬谪夜郎的原始要终，《兴项灭刘》则反映楚汉相争的过程，三个剧本的素材皆源于史实，加以艺术处理而成。

王伯成生性豪爽，酷爱历史，钟情山水。他的一生可以概括为十四个字，即“奇峰碧水留足迹，青史兴亡寄丹心”。

王伯成读了《史记》中的《项羽本纪》及《高祖本纪》后，便决心创作《兴项灭刘》杂剧，寄托他对历史的思考。为此，他从家乡出发，沿楚汉决战的路线从江苏到安徽，行至乌江时，见江水滔滔，怦然心动。信口吟出：

［哨遍］

乌江自刎

虎视鲸吞相并，

灭强秦已换炎刘姓。

数年逐鹿走中原，

创图基祚隆兴，各驰骋。

布衣学剑，陇亩兴师，霸业特昌盛。

今日悉皆扫荡，上合天统，下应民情。

睢河岸外勇难施，广武山前血犹腥。

恨错放高皇，懊失追韩信，

悔不从范增。

整首曲子深切寄寓了作者对项羽的崇敬和因失策而败亡的惋惜。韩信原是项羽的部下，后为刘邦所用，是兴汉吞楚的关键人物。范增是项羽唯一的谋臣，无奈项羽并不重视他的意见，最终败死乌江。

就个人品格而言，项羽比刘邦要可敬得多。刘邦是个洞悉利害的成熟的政治家，但同时又是个不讲信义的无赖。

王伯成路经刘邦起义的砀山，想到刘邦推翻暴秦，忽觉得刘邦也是英雄。他拿出酒葫芦倒出一些酒，吟道：

汉祖胜乘威势，上苍助显号令。

田野布层阴重，六花飞万片轻。

不添和气报丰年，特逞凶兆害生灵。

王伯成吟到此处，忽觉得兴亡都成陈迹，想起马致远的"项废东吴，刘兴西蜀，梦说南柯……"几句散曲，顿感豪情已尽，慢慢踱下山来。

马致远的散曲是在说项羽在乌江失败，刘邦在西蜀兴起，至今说来不过都是南柯一梦。自古兴亡原是定数，后人无须自作多情为古人叹惋。

★ 反思孔明的悲剧

元代中叶，农民起义风起云涌，各地告急文书雪片似的涌向京城，朝廷大为震动，急忙下诏命阿不花为行营总管，统兵前往征讨。阿不花需要一位文思敏捷、才识渊博的文人为他掌管军中文书，有人推荐了鲜于必仁。

阿不花问："此人才学如何？"

推荐人马上开口背诵了几句鲜于必仁的散曲，当吟到"五花马三春帝乡，千金裘万丈文光。才压班杨，草诏归来，两袖天香"几句时，阿不花颔首，表示称赞，决定派人持军令，

征鲜于必仁速赴军营听候差遣。

军中有人是鲜于必仁的朋友,拿出他的《折桂令》,请阿不花过目。阿不花展开一看,见写的是:

> 傲中兴百二山河,
>
> 拂袖归来,税驾岩阿。
>
> 物外闲身,云边老树,烟际沧波。
>
> 犯帝座星明凤阁,
>
> 钓桐江月冷渔蓑,
>
> 富贵如何。
>
> 万古清风,岂易消磨!

阿不花看完,抬起头问:"这是何意?"那人解释说:"这首曲子是倾慕汉代大隐士严光所作。严光,字陵,是光武帝刘秀的布衣之交。他帮助刘秀中兴了汉室江山,但他却功成身退,跑到桐江垂钓,是个皇帝得为友不能为臣的人,只怕鲜于必仁不肯奉命。"

阿不花说:"谅他不敢不来。"

鲜于必仁忽然收到朋友的信,信中说:"肯从军速来,不肯则速逃。"

鲜于必仁情知军命难违,只好离家避祸。他行经五丈原时,触动心事,信口吟成又一首《折桂令》:

> 草庐当日楼桑,
>
> 任虎战中原,龙卧南阳。
>
> 八阵图成,三分国峙,乃古鹰扬。
>
> 出师表谋谟庙堂,
>
> 梁甫吟感叹岩廊。
>
> 成败难量。
>
> 五丈秋风,落日苍茫。

这首小令用赞美怀念的语气概括了诸葛亮的生平业绩。先说汉末大乱,诸葛隐居南阳,后来未出茅庐即论定了三分天下。出山以后,辅佐刘备奠定蜀汉基业,用八阵图的方式吓退东吴陆逊的追兵。可惜六出祁山,未能取胜,在五丈原病逝军中,至今落日苍茫,像是为诸葛亮赍志而没的悲剧在无言叹息。

这首小令通篇写景,不着议论,但作者对古代贤人的崇敬惋惜心情却跃然纸上,感人至深。

★赵氏孤儿

纪君祥,元剧作家,平生籍贯不详,所著《赵氏孤儿》800余年以来脍炙人口,下面介绍这部剧的故事。

春秋时期,晋国灵公在位期间,相国赵盾和大将军屠岸贾同理朝政。屠岸贾兵权在握,久怀篡逆,只是碍着赵盾立朝有声,威望素著,朝野倾心,屠岸贾才不得下手,因此将赵盾视为宿敌,必欲置之死地而后快。

《赵氏孤儿》剧照

为了杀害赵盾,屠岸贾用尽了心机,他养了一条西戎进贡来的猛犬,名叫神獒。他每隔三五天才给一次饮食。喂食时,他扎个草人,穿戴和赵盾一样,在草人的心脏部位悬挂一串羊肺,令猛犬扑食。如此训练百日,屠岸贾对晋灵公说:"臣饲一猛犬,善能分辨忠奸,只要是奸臣,猛犬就会将他扑杀。"

灵公信以为真,次日在朝堂会齐百官,让猛犬分辨。猛犬见了赵盾,立刻猛扑,吓得赵盾绕柱逃命。殿前太尉提弥明见状大怒,一锤将猛犬打翻,然后将猛犬劈为两半。赵盾逃席而去,不料所乘的车子被屠岸贾预先摘掉一个轮子,四匹马剩了两匹。赵盾正在惶急,从路旁飞奔出一位壮士,一手扶轮,一手策马,将赵盾救出绝地。这位壮士名叫灵辄,曾饿昏在桑树之下,被赵盾救活,此次见赵盾危机,特来报恩。

屠岸贾一计不成,又生二计,他对灵公说:"赵盾是个叛国的奸臣,如不早除,必生后

患。"

灵公大怒,立即下令将赵盾满门三百余口尽数斩首。赵盾的儿子赵朔娶公主为妻,屠岸贾不便擅杀,便假传灵公之命,派人给赵朔送去短刀、弓弦、毒酒,迫令自尽。

赵朔自尽之前对公主叮嘱说:"你将来生下孩子,如是女儿,则无话可说,如是男孩,就叫他赵氏孤儿,你千万将他抚养成人,为我赵氏一门报仇雪恨。"

公主含泪答应,赵朔仰天叹道:

［赏花时］

枉了我报主的忠良一旦休,
只他那蠹国的奸臣权在手。
平白地使机谋,
将俺云阳市斩首,
兀的是出气力的下场头。

赵朔想起一门忠良在云阳刑场一日全惨遭杀害,都是奸贼屠岸贾设计相害,今日又凭借权势迫令自己自杀,不觉悲愤交集,饮恨用短刀自刎。

公主见丈夫已死,哭个死去活来,却没料到更大的灾祸已向她逼来。

屠岸贾为了斩草除根,命将军韩厥率兵将公主府第严密封锁,待公主生下男孩,便将男孩杀死,将公主永远圈禁。

一个月后,公主生下一子,她委托唯一能出入府门的医生程婴将孤儿带出府门。程婴将孤儿藏在药箱内,却被守卫的韩厥发现。韩厥将军士调开,将程婴放走。韩厥见程婴对他不很放心,似乎是担心他会假放程婴,之后到屠岸贾处告密。韩厥为了彻底消除程婴的疑虑,当场自刎身死。守卫的兵士急忙报告屠岸贾,说:"韩将军与公主均自杀身亡,孤儿不知去向。"

屠岸贾当时残忍地下令,将全国新出生两个月以下的婴儿全部杀死。

却说程婴带着婴儿回到家中,恰恰他的妻子也为他生了个儿子。程婴顾不得高兴,带着赵氏孤儿来到太平庄,找到做过宰辅又与赵盾交好的公孙杵臼说:"万望老宰辅念在赵氏一门忠良,只此一点骨血的分上收养赵氏孤儿。我将我新出生的儿子献与屠岸贾,这样既保存了赵氏的后裔,又救了晋国所有的婴儿,老宰辅一生忠义,定不能推却。"

公孙杵臼说:"我已经老了,不堪任重,难的事情你去办吧。我今年已经七旬,20 年后赵氏孤儿才能长大成人,我能活到 90 岁吗?还是把你的儿子交付我,你抚养赵氏孤儿。

然后你去报告屠岸贾,说我窝藏了赵氏孤儿,你必须让奸贼答应,杀了赵氏孤儿,放过你的儿子和晋国所有婴儿。"

程婴想想,除此以外别无良策,只好忍痛答应,临别时公孙杵臼道:

[鸳鸯煞]

我七旬死后偏何老,

这孩儿一岁死后偏知小。

俺两个一处身亡,

落的个万代名标。

我嘱咐你个后死的程婴,

休别了横亡的赵朔。

畅道是光阴过去的疾,

冤仇报复得早,

将那厮万剐千刀,

莫要轻轻地素放了。

程婴叹息说:"老义士放心,您一定青史留名,我绝不会像赵朔那样自杀。待赵氏孤儿长大成人一定为赵家报仇,为您和我儿子雪恨,把屠岸贾那奸贼万剐凌迟。"

二人说罢,洒泪含恨而别,程婴按照公孙杵臼的意见去办理一切事宜。屠贾果然杀了公孙杵臼及孤儿,放过了程婴和他的儿子。

程婴被屠岸贾留在府中,赵氏孤儿改名叫程勃,屠岸贾见程勃自幼聪慧勇武,顿生喜爱,将程勃认为义子,命名叫屠成。

程婴却苍老许多,他亲眼看见屠岸贾将他的亲生儿子当作赵氏孤儿杀掉,公孙杵臼碰壁而死。每当他想起公孙杵臼临终前对他充满期待的目光,便有一股刻骨铭心的刺痛袭上心头。

为了使赵氏孤儿在将来容易了解自己的身世,程婴将赵氏一门受害的经过画成图画,从赵盾被猛犬追咬开始,到程婴如何牺牲亲子代替赵氏孤儿,及公孙杵臼因隐藏赵氏孤儿被迫身亡而止。

整整20年过去了,一次程婴将图画放在程勃容易看到的地方,等待程勃提出疑问。程勃看图画,十分不解,走来问程婴:"父亲,这些图,画的谁家故事,那条狗追那个当官的干什么?还有,那个将军为何自杀?还有一个老头碰壁而死,连婴儿都被杀害了。您能

給我說說嗎？"

程嬰說："我早就想告訴你。那個被狗追咬的老頭名叫趙盾，是前朝相國。自殺的將軍是趙盾兒子名叫趙朔，還是個駙馬爺呢。趙家一門忠良，只為得罪了權臣屠岸賈，便滿門被殺。趙朔的兒子被程嬰救走。屠岸賈為了殺掉趙氏孤兒，竟下令捕殺當時晉國所有嬰兒，程嬰為了保存趙氏血肉，將親生子冒作趙氏孤兒托付給公孫杵臼，然後又告發公孫杵臼。公孫杵臼因窩藏趙氏孤兒被殺害，而程嬰將趙氏孤兒認為己子，撫養至今。"

程勃問："那麼你就是救孤兒的程嬰，我則是趙氏孤兒了，對嗎？"

程嬰老淚縱橫地點點頭。

程勃悲憤道：

［普天樂］

听的你說從初，

才使我知緣故。

空長了我這二十年的歲月，

生了我這七尺的身軀。

原來自刎的父親，

自縊的是咱老母。

說到淒涼傷心處，

便是那鐵石人也放聲啼哭。

我拼著生擒那個老匹夫，

只教他償還一朝的臣宰，

更和那合宅的家屬。

程嬰說："你明白了自己的身世就好，那屠岸賈老賊絕不是你的什麼義父，正是害你全家三百餘口的元凶巨惡，報仇之事還需謹慎。"

程勃雙眼噴火，默默沉思。

良久，程勃跪在程嬰面前感激地哭道：

國學智慧全書

元曲

415

［上小楼］

若不是爹爹照觑，

把您孩儿抬举，

可不的二十年前，早撄锋刃，

久丧沟渠。

恨只恨屠岸贾那老匹夫，

寻根拔树，险些送的俺一家灭门绝户。

程婴说："自然，没有我你早死了。不过现在不是说这个话的时候，我舍了亲生子，不仅是为了你，而是为你赵家留一忠良后代，你要记清了。"

不久，灵公病死，悼公继位。上将军魏绛将赵氏冤狱向悼公秘密陈奏。悼公对屠岸贾早就心怀戒惧，担心他谋逆造反，想了想，对魏绛说："你传密诏给赵氏孤儿，让他将屠岸贾暗暗捉获，之后明正典刑，你可带兵接应，必求一鼓擒获，免得打虎不成，反被虎伤。"

魏绛向程勃传了密诏，另外拨数百名亲兵暗中相助。屠岸贾有一天从校军场点兵回府，身边只几名心腹跟随。程勃率五百亲兵候在半路，见屠岸贾车马过来，发声喊叫，一齐涌出，屠岸贾还没等弄清是怎么事，便已被结结实实绑缚起来，扔到地上。

屠岸贾十分恼怒地问程勃说："我的儿，我一向待你不薄，你因何如此对待我？"

程勃戟指屠岸贾的脑门说："你当我是谁？我就是你20年前必欲追杀的赵氏孤儿。"

屠岸贾说："赵氏孤儿早被我砍为三段，你分明是程婴之子。"

程勃说："你杀的才是程老伯的亲生儿子，我正是赵氏孤儿。"

程婴愤怒对屠岸贾说："老贼子，今日被擒，有何话说？"

屠岸贾气哼哼说："成则为王，败则为贼，今日被擒，只求速死。"

程婴哈哈大笑说："你这老贼，枉杀了多少人！赵氏一门三百余口，还有韩厥将军、公孙相辅及我的儿子，你还妄求速死，岂非做梦。今已奏准主公，要千刀将你凌迟处死，不如此，何以消天下之恨。"

第二天，悼公下令，剐了屠岸贾，为乱臣贼子之戒，程勃认祖归宗，改名赵武，封大将军。公孙杵臼为保护忠良，含恨而死，追赠上大夫，建墓立碑，永享典祀。韩厥追复上将军，依礼重新下葬，程婴年老，不宜为官，赐良田千顷供养老之资。正是"善恶到头终有报，只争来早与来迟"。

第三章 仗义疏财结英雄

★仗义疏财结英雄

　　早春二月，正是北京蔬菜青黄不接的时候，被文人雅谑为"红咀绿鹦哥"的菠菜都很难见到。这天清晨，集市上来了一位卖菠菜的，菠菜青葱翠绿，水灵灵分外喜人，但要价也太高，几乎与肉价相等。这种菜小民买不起，只有富贵人家才能问津。

　　权臣阿里那花的厨子领着几个帮工到市上买菜，看到菠菜很好，十分中意，有心要买，又舍不得钱，卖菜的偏不肯降价，争执起来。厨子倚仗主子的势力，蛮横不讲理，招呼帮工抢了菠菜，还把卖菜人一顿毒打。正这时，走过来一位书生，轻描淡写地横扫一腿便把厨子和几个帮工打倒在地。书生用手指着厨子，喝令交钱，厨子满腔怒火也不敢发作，只好乖乖听命。临行时，厨子恶狠狠地对书生说："有种的等在这，爷一会儿回来给你找个吃饭不要钱的地方！"

　　书生冷笑两声，说："爷生来就痛恨蛮不讲理，下次相逢，你再不悔改，爷还教训你。"

　　书生刚要离开，被一位中年人叫住。这位中年人就是刚由江南廉访使任上奉调入京的徐琰。徐琰说："老兄拳脚不俗，文而兼武，路见不平尤见肝胆，可否同饮三杯，略表敬慕。"

　　书生毫不推辞，二人来到酒楼，互相问过姓名，倾谈之后大有相识恨晚之感。书生善饮，数十杯酒下肚毫无醉意。徐琰将身边的散碎银两悉数交给酒保，让好酒侍候。二人只喝到夕阳衔山才依依分手，以后遂成为挚交。

　　过了几天，徐琰被任命为翰林院承旨学士，专为皇帝起草圣旨，系天子近臣，品级十分尊崇，连丞相都不敢小视他。徐琰气度宽宏，为人随和，公务之外常常被达官贵人邀去饮酒。

　　一次徐琰被一位权贵请去饮酒，饮酒中间，女乐上来献舞，一个油头粉面的男子吹箫伴奏。这个吹箫者很受权贵宠爱，权贵请徐琰为吹箫者写首曲。徐琰略加思索，援笔而

写：

沉醉东风

赠歌者吹箫

御食饱清茶漱口。锦衣身翠袖梳头。

有几个省部交、朝廷友,樽席上玉盏金瓯。

封却公男伯子侯,也强如不识字烟波叟。

曲中讥讽之意十分明显,嘲笑吹箫者攀高结贵,享受公侯一样的生活。

徐琰想起了菜市场的可恶情景,放下笔,心里很不是滋味。

★爱情友情伴诗魂

卢挚(1235~1314以后),字处道,又字莘老,号疏斋,又号嵩翁,涿郡(今河北涿州市)人。他出仕很晚,51岁时才考中进士,官少大夫、中大夫,出任河南总管,后入京任集贤院学士大中大夫。

珠帘秀是当时杂剧舞台的红星,兰心蕙质、冰肌玉骨,不仅生得娇艳绝丽,而且演技出类拔萃,很受文人学士的垂青。关汉卿创作的名剧《窦娥冤》当时在北京十分轰动,主要人物窦娥即由她扮演。卢挚在京城居官其间经常出入舞榭歌台,观看珠帘秀的演出,日子久了二人结下了很深的情谊,花前月下浅斟低唱,难舍难分。然而,好景不长,卢挚突然奉调出任湖南廉访使。赴任之际,珠帘秀前来送行,二人泪眼相看,依依难分,卢挚从袖中取出夜里写下的小令交给珠帘秀。珠帘秀展开一看,写的是:

[寿阳曲]

别珠帘秀

才欢悦,早间别,

痛煞煞好难割舍。

画船儿载将春去也,

空留下半江明月。

卢挚这首小令写得非常凝练,将离愁万种尽熔铸其中,曲中意境凄凉悲苦,画船将

去,情人渐远,空留江中月影启人愁思。

珠帘秀将小令珍藏起来,二人挥泪而别。

卢挚到了湖南,把满怀离情别绪暂时抛开,埋头公务。不过闲下来时难免想起京中往事。卢挚诗与刘因齐名,文与姚燧比肩,朝臣对他十分推许,认为他应该在朝廷"弘文佐理"。他也以此自许,不料偏偏屡任地方官。卢挚想起平生抱负,追忆与珠帘秀的缠绵情怀,不禁黯然神伤。

一日,卢挚觉得寂寞难挨,命小书僮带上酒葫芦到郊外散心。卢挚先喝了一葫芦,将另一葫芦挂到花枝梢上。自觉得自己像晋朝的山简一样,放浪形骸之外,又像列子一样,能乘风来去,只可惜眼前没人与他共享这种雅兴。沉醉之余,援笔写了一首小令:

[殿前欢]

酒杯浓

酒杯浓,一葫芦春色醉山翁,

一葫芦酒压花梢重。

随我奚童,葫芦干,兴不穷,谁人共?

一带青山送。乘风列子,列子乘风。

小令写醉态栩栩传神,一股无可排遣的寂寞情绪抒发得酣畅淋漓,因为卢挚又想起了似梦非梦的京华烟云。

★出家人制曲答友人

翰林承旨学士徐钰面见丞相,请求辞职。丞相很为难地表示说:"朝廷正借重老兄大才,老兄归田,谁可替代?"

徐钰说:"集贤院学士滕斌文思敏捷,词采富赡可以继任。"徐钰说完拿出滕斌写给他的书信,请丞相过目。丞相看到信中有"贾谊方肆于文才,诸老或忌其少;阮生稍宽于礼法,众人已谓之狂"的句子说:"此人既以贾谊、阮籍自况,文章必非凡品,待明日奏过圣上,即可下诏,你老兄从此可以息肩林下,笑傲山水矣。"

贾谊是西汉时的政论家,以文章名世。阮籍是西晋时人,竹林七贤之一,是魏晋南北朝期间很有个性的诗人。滕斌佩服贾谊、阮籍的学识,更欣赏他们二人的性格。滕斌到了翰林院,除了起草诏书之外,常常超越本职工作议论朝政。长此一来弄得丞相很不开心,连皇帝也怪滕斌多事,滕斌公务之暇,喜欢便衣到民间访问,遇到审理欠妥的案件就直找到有关衙门要求重审。这种越俎代庖的做法历来是官场大忌。有人上表弹劾滕斌恣意妄为,扰乱司法。于是滕斌被降为大理寺评事。这一纸降调令等于给滕斌兜头一盆凉水,把满以为做番利国利民大业的滕斌浇个心灰意冷。从此,滕斌像许多失意文人一样沉湎酒色之中,借以排遣心中的忧郁。

不久,滕斌的两个侍妾先后死亡。面对正值豆蔻年华又花容月貌的美人骤然谢世,滕斌顿感人生无常,他觉得只有遁迹空门才能心定神闲、潇洒终老。滕斌来到天台山清虚观为道士。事后,亲友们赶到天台山,劝说滕斌还俗,滕斌拿出两首小令,亲友见写的是:

贾谊

[普天乐]

百年身,千年债。

叹愚夫痴绝,云雨阳台。

人易老,心犹在,独倚阑干春风外。

算人间少甚花开。

春光过也,风僝雨僽,一叶秋来。

亲友们品味曲意,也觉得人生不过如此,昔日凤阁龙楼,今朝断井颓垣。曾经花团锦簇,霎时水流花谢,彩云易逝,盛景难留,只好与滕斌拱手道别。

滕斌出家为道士,将身外余财悉数散给穷人,穷人对他感恩戴德,他却笑笑说:"自家饱暖,众人冻馁,我于心不安。出家人慈悲为怀,君等不必挂心。"

第四章　丑在面目美在心

★丑在面目美在心

钟嗣成,元朝时代人,他用了15年时间,写成一部书,名为《录鬼簿》。这部书为元代"门第卑微,职务不振,高才博识"的文人立了传。《录鬼簿》为《元史》补阙拾遗,给后人留下弥足珍贵的史料。后人通过这部书才得了解大剧作家关汉卿、王实甫、马致远等人的生平及著作情况。如没有这部书,也许到今天我们都无从得知王实甫写过《西厢记》,关汉卿会有许多剧作。

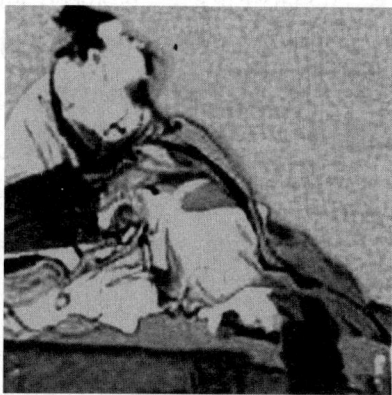

然而,关于钟嗣成本人,却没有别人为他留下哪怕是只言片语的记载。幸尔,他本人填了一套[南目·一枝花]《自叙丑斋》的散曲,为我们大写意地勾勒出了他一生的穷困潦倒。

他在第一只曲[梁州]中自我写照说:

王实甫

> 于为外貌儿不中抬举,
>
> 因此内才儿不得便宜。
>
> 半生未得文章力,
>
> 空自脚藏锦绣,口唾珠玑。
>
> 争奈灰容土貌,缺齿重颏,
>
> 更兼着细眼单眉,人中短髭鬓稀稀。
>
> 那里取陈平般冠玉精神,
>
> 何宴般风流面皮,
>
> 那里取潘安般俊巧容仪。
>
> 自知就里,清晨倦把青鸾对,

恨杀爷娘不争气。

有一日黄榜招收丑陋的，准拟夺魁。

因为容貌丑陋，当然比不上西汉谋臣陈平的美玉般仪态，更没有晋朝文人何宴、潘安靠嘴脸漂亮而受人青睐的幸运。甚至丑得惨不忍睹，连自己都不敢正视。"青鸾"是镜子的别名，不敢照镜子，看来确乎丑出了水平。如丑得仅此而已，人们还不至于不敢领教。钟嗣成继续自嘲道：

倦闲游出塞临池，

临池鱼恐坠，出塞雁惊飞，

入园林宿鸟应回避。

生前难入画，死后不留题。

丑到把游鱼、飞雁都吓得避之唯恐不及，应该承认，是丑到了极点。

作者半生潦倒，一世无名并非因为丑，更不是缺乏才气，所以他写道：

饶你有拿雾艺冲天计，

诛龙局段打凤机，

近来论世态，世态有高低。

有钱的高贵，无钱的低微。

能冲天销雾、入海擒龙、攀云捕风，本领可谓不小，但苦贫穷，即沦低贱，令人无可奈何。

钟嗣成在这套曲中以嬉笑怒骂的语气自我嘲笑，另方面也极为形象地描绘出了蒙古贵族统治下的残酷与黑暗。这套曲与其说是自画像，莫如看作是社会画卷更为适宜。

★雷霆击倒的运气

这篇介绍的是马致远所做杂剧《半夜雷轰荐福碑》的故事。

宋仁宗年间，天章阁学士范仲淹奉王命到江南寻访贤才俊士来辅佐朝政。他的朋友宋公序被任命为扬州太守，二人同日离京，分手之际，宋公序委托范仲淹为他的女儿选一佳婿。范仲淹想起了他的同窗好友张镐，便对宋公序说："我的朋友张镐博学多才，与你家小姐十分匹配，我到江南就是为了寻访他。如他寻到你时，呈上我的书信，你就可以招为女婿，此人将来必能大展宏图。"

二人说完即各自登程。

张镐，字邦彦，汴京人，自幼颖异，读书刻苦，学得满腹经纶，笔下十分了得，无耐文通运不通，多年科举不第，书剑飘零。后来流落到潞州长子县，在一个土财主家教几个村童，勉强糊口。这个土财主名叫张浩，与张镐的名字音同字不同，名字叫起来一样，学问却有天壤之别。

张镐教读之余，想起自己的前程免不了暗自嗟叹道：

马致远雕像

[点绛唇]

我本是一介寒儒，

半生埋没红尘路。

则我这七尺身躯，

可怎生无一个安身处！

他想起自己满腹文章，飘零半世，埋没在人间，竟连一个安身立命的地方都没有，禁不住有些感慨。

再说范仲淹一路寻访，得知张镐被困潞州，在一个大户人家教读，便按迹寻踪，找到张镐。张镐见做了高官的平生挚交范仲淹来到，高兴得几乎流泪。二人坐下，谈起离别后情形，范仲淹问："兄弟这几年学问必大有长进，一向读些什么书？"

张镐说："总是在残篇断简中寻生活罢了，《六经》倒是读了几遍，什么《论语》《孟子》《毛诗注疏》《尚书》《周易》《春秋三传》，可是这些却救不得饥寒，怎么可好？"

范仲淹问："兄弟可写过什么文章？"

张镐将新近写的《万言策》拿给范仲淹过目。范仲淹看过之后说："兄弟的文章切中时弊，词雄理辩，我面呈圣上，必有佳音。我送你3封书信，是写给柳员外、刘副使和宋太守的，地址在信中已写明。你投奔他们好歹有个安身之处，静候佳音即可，我这就进京面圣去，兄弟宽心等待。"

张镐送走范仲淹，立即收拾行李，赶奔洛阳，投奔柳员外去了。

张镐赶到洛阳，天色已经晚了，他先将书信投到柳员外家，然后寻家客栈安顿下来，准备第二天听候回报。第二天，张镐来到柳员外家门首，却看到门上挂着纸钱。门上人告诉他，柳员外昨天夜里突然暴病身亡。听到这个消息，把张镐惊得目瞪口呆，半晌说不出话来,他自怪运气不佳,只好到黄州投奔团练副使刘仕林。

张镐一路风霜赶到黄州,寻到团练副使衙门,远远听到悠悠的丧钟从副使衙门传了出来,他走近前一问,才知道刘副使昨天夜里突然病故。张镐忽然觉得天旋地转,像兜头一盆凉水,怀里抱着冰,直冷透了五脏。他觉得自己的命运太不济了,真似靠山山崩,靠水水流,连续地打击使他丧失了到扬州投递第三封信的勇气,他决定返回潞州张浩家暂时住下来,再作打算。

他走到潞州附近,对面传来鸣锣开道的声音。听行人说:"张浩新近被授为吉阳县令。"张镐以为天下同名同姓的人尽多,根本没放在心上,便站在路边回避。

原来这个张浩不是别人,正是他原来教读的东家,张镐哪里知道这件事的来龙去脉。原来范仲淹向皇帝推荐张镐才可大用,皇帝看了万言策立即任命张镐为吉阳县令,传令的人来到潞州,以为张浩就是张镐,把官诰送给张浩,张浩昧着良心,白捡个七品官,便兴冲冲走马上任。

张浩在轿中发现了张镐,他深恐事情败露,吩咐衙役赵实将张镐杀掉。赵实不敢违令,跟在张镐身后,寻个冷僻处准备下手。

张镐正在行走,突然见来个穿公服的人要杀他。张镐大为奇怪,问起原因,赵实说:"是新任县令让我杀你。"

张镐问知新任县令的名姓和住处,恍然明白了真相。他向赵实说明白,该当县令的是张镐,不是那个张浩。赵实听了很同情张镐的不幸,憎恶张浩的残忍,便不忍动手,只是割下张镐的衣角,作为证据,回去复命。

张镐感动地唱道:

[煞尾]

我将你的画像明烛照,

早晚一炉香,一直供到老。

赵实说:"我是个小人物,当不起你给我供长生禄位牌,又是点烛,又是烧香,你快逃命去吧。"

张镐拜别赵实,栖栖惶惶离开潞州,另寻安身之处去了。

张镐听说范仲淹新近在饶州任刺史,他便风尘仆仆赶到饶州,不料范仲淹又调回京里。张镐身边已经一文不名,便寄食在荐福寺。幸尔寺中的长老十分和善,他知道张镐的名声,又知道张镐是范仲淹的朋友,因此对张镐分外客气。

有一天,长老将张镐请到方丈室闲谈。长老说:"老僧与范相公乃是方外之交,我已让人寄信给范相公,言明你住在这里。只是老僧有些不解,在我看来,秀才你文章盖世,腹有良谋,取功名应如拾草芥,为何不进京考取功名?"

张镐叹口气说:"长老不问,张镐自不便表白,我曾被保举为吉阳县令,不料被另一个人冒充了,原想进京考取功名,无奈囊中羞涩,怎生到京,说来令人惭愧。"

长老说:"如此说并不要紧。小寺有座石碑,名为荐福碑,乃唐人颜真卿所书,至为名贵。明日让小沙弥为你拓上几百幅,每幅值一贯钱,足够先生赴京之用,你看如何?"

张镐自然感恩不尽,叹息唱道:

[普天乐]

谢吾师倾心爱,

有田文义气、赵胜的胸怀。

打一统法贴碑,

骈向京师卖。

到处里书生都相待,

谁肯学有朋自远方秉。

那里取鸣时凤麟,

则别些个喧檐的燕雀,

当路的狼豺。

长老说:"我是个出家人,怎比得孟尝君的义气、平原君的胸怀,人家是战国有名的四公子。只要先生此一去,春风得意,造福百姓,便是老僧积下的阴功。至于世人,多无识见,但也不是燕雀,更非豺狼,先生万不可如此看世人。"

张镐认为长老的话十分有理,不再发牢骚,回到住处,静等长老的帮忙。

夜里,突然阴云四合,顷刻之间落下骤雨,雨声中沉雷滚滚。第二天风停雨霁,长老听说荐福碑已被夜里的沉雷击个粉碎,碑文无论如何拓不成了,长老也叹息张镐的命运多蹇。

张镐站在槐树下,听长老说,荐福碑已被雷击崩了,他顿时感到绝望,一头向槐树撞去。头还没有触到槐树,却被一个人在身后拦腰抱住。张镐回过头来,见是范仲淹,又惊又喜。他只是奇怪,何以不迟不早,范仲淹偏偏在这个时候赶到。

张镐见了范仲淹大喜问道:"原来是哥哥,你想杀兄弟也。难道是鬼使神差,特让你

425

来救小弟性命的吗?"

范仲淹说:"是兄弟时来运转了也。我奉了公干来此州,事先得知兄弟在这里。昨夜方赶到,今早就来探望兄弟,你如何要寻短见?"

长老在一旁说了原因。范仲淹说:"此间公务一了,兄弟与我一道进京去。以兄弟之才,何愁龙虎榜上无名。蝼蚁尚且贪生,你前途似锦,怎可心灰意冷。"

张镐随范仲淹到了京师,正值春季开科,选取天下英才。张镐三场文字做得字字珠玑,一举夺得状元,在授职之前住在京城的驿馆,范仲淹时时过来与他饮酒论文。

荐福寺的长老听说张镐中了状元,也赶到京师祝贺。张镐想起在荐福寺多承长老关照,才有今日之福,感激地唱道:

[落梅风]

当日个荐福碑,

多谢你老禅师,

倒赔了纸墨。

不想那避乖龙肯分的上起,

可早霹雳做粉零麻碎。

长老说:"那原是小事,不足挂齿。便是雷轰荐福碑也非坏事,正是龙王成就你个新科状元呢。"

他们正在叙话,忽听门上人来报说:"扬州太守宋公序在门外求见。"

张镐不知道宋公序为什么来看他,范仲淹却知道,他们将宋公序接进客厅坐下,范仲淹为张镐和宋公序做了介绍。

宋公序说:"那个冒充张镐的张浩被我拿获了。"

范仲淹说:"把那张浩带上来,审问明白,即明正典刑。"

张镐问:"捉住了张浩。那赵实今在何处?"

宋公序说:"赵实也在门外,你问他做什么?"

张镐说:"那是我的救命恩人,张浩让他杀我,他却救了我。"

宋公序听了非常生气,他立即判决说:"张浩居心不良,假冒县令已罪在不赦,更有杀人灭口之罪,着即斩首。赵实深明大义,救危扶困,即任为吉阳县令。"

宣判已毕,范仲淹说起宋公序女儿的婚事,当场为张镐做媒。宋公序见张镐一表人才,非常高兴,张镐也喜不自胜,两家遂结为姻亲。荐福寺长老也留在京城,加封为紫衣

大师。

★李铁拐成仙

岳伯川，元代剧作家，济南人，又云镇江人，生平无考。《曲海总目提要》收其所作杂剧一种，即《铁拐李》。本篇讲述的是铁拐李成仙的故事。

仙人吕洞宾在云床上打坐，忽然心念一动，觉得郑州奉宁郡六案都孔目岳寿有成仙缘分。吕洞宾唯恐岳寿陷于名利场中，迷失本性，误入歧途，决定度化岳寿早列仙班，永离生死轮回之苦。想到这，吕洞宾化作游方道士，来到岳寿家门前。岳寿刚好到衙门公干，家中只有妻子和孩子在家。吕洞宾骂岳寿的儿子是没爹的孽种，骂岳寿的妻子是克夫的寡妇。岳寿的妻子听了十分生气，决心等丈夫归来时惩治吕洞宾。

魏国公韩琦奉圣命，带着金剑铜牌来郑州查办案件，有先斩后奏生杀大权。郑州的贪官污吏风闻韩国公离京，吓得纷纷弃官而逃，奉宁郡只有六案都孔目岳寿还照旧上衙门办公。奉宁郡的属县解来一伙强盗，县官受了强盗头的贿赂，将主犯改成从犯。岳寿看了案卷，深知其中有弊，迟迟不敢决断。有人问岳寿："这等人命关在的大事，为何不能依法而断。"

岳寿叹息道：

［混江龙］

想前日解来的强盗，

都只为昧心钱买转了这管紫霜毫。

减一笔教当刑的责断，

添一笔教为从的该敲。

这一管扭曲作直取状笔，

更狠似图财害命杀人刀。

出来的都关来节去、私多公少，

可曾有一件合天道。

他每都指山卖磨，

将百姓画地为牢。

对方听了岳寿的话,点点头说:"看来公门中人手握的紫毫毛笔并不公道,只要受了贿赂,便可以任意增添案卷,颠倒黑白。当官的信口雌黄,老百姓被拘管得如同坐牢,简直没有天理。"

岳寿说:"我们做吏的管不了这许多,还是回家去吧。"

岳寿和他的朋友张千回到家中准备饮酒,吕洞宾正在门口。岳寿的妻子将吕洞宾骂人的话说给丈夫,岳寿也很生气,不料吕洞宾却指着岳寿说:"你这无头鬼,死在眼前,还抖什么威风?"

岳寿恼羞成怒,命张千将吕洞宾绑起来吊在门外,准备吃过饭将吕洞宾关入大牢严加惩办,吕洞宾被吊在门首却哈哈大笑不止。

岳寿坐在二堂慢慢品茶,消解胸中的怒气,张千进来对他说:"那个疯道士不过骂了你几句,又没什么大罪过,你看在兄弟的薄面,不如放了他。我借机向他讨些酒钱,岂不是好。"

岳寿想想这不是什么大事,就答应了。张千走到门首一看,吕洞宾已经好好地站在地上,旁边站着个衣着十分普通的老者。张千问吕洞宾:"谁把你放下来的。"

吕洞宾笑吟吟地不予回答,那位老者却大模大样地说:"是我老人家看着不忍心,把他放下的,你是什么东西,敢私自将人绑吊起来? 还有王法没有?"

张千看看老者,冷笑说:"你是盆? 还是罐?"

老者很生气地说:"我自是个人,怎么会是盆儿,是罐儿的?"

张千说:"我说你连罐儿都不如,罐儿还有耳朵,你怎么连耳朵都没有。这是六案都孔目岳寿的家,岳孔目说的话就是王法。"

老者说:"不过是个区区孔目,未入流的小吏,怎敢如此蛮横?"

张千说:"岳寿的绰号叫大鹏金翅雕,惹烦了我们,把你缚到大牢里,管要了你的老命。识相些,拿些银钱出来,你自走路,孔目那里我自担待。"

老者十分生气说:"难怪人们说郑州城内无好官,小小吏目竟敢如此胡为,那些做官的更可想而知了。老夫是韩国公,带着尚方宝剑来郑州办案。你去对岳寿说,让他洗净了脖子,明日到州衙来试剑。"韩国公说完,怒怒冲冲径回衙门去了。

张千吓得六神无主,气急败坏地向岳寿报告了事情发生的前后经过。岳寿听说韩国公来到了郑州,微服私访了解了他的罪恶,而且要拿他斩首立威,吓得绝望地叹息道:

［倘秀才］

他那擎天柱官人每得权，

俺拖地曹司又爱钱。

你知我六案间峥嵘了这几年，

也曾在饥喉中夺饭，

冻尸上剥衣穿。

便早死呵，不敢怨天。

岳寿自知罪孽深重，在做孔目期间徇私枉法，收受贿赂，几乎等于在饥汉口中夺食，冻尸身上剥衣。他知道碰上韩国公凶多吉少，一时急火攻心，竟卧病不起，而且日渐沉重。于是他把妻子、孩儿叫到床头，嘱托后事，委托朋友张千照顾他的妻儿老小。

韩国公回到衙门披阅文书，意外发现六案都孔目岳寿经手的案卷居然条分缕析，无半点差错，顿时觉得错怪了岳寿，当即唤过吏目孙福，吩咐说："这个岳寿是个能干的吏员，我私访时错怪了他，要拿他试剑。听说把他吓病了，你拿上我的俸银 10 两去看他，让他安心养病，病好了依旧做他的六案都孔目，10 两银子权作药资。"

岳寿嘱托完后事，正倚在床头闭目养神，见孙福到来，忙挣扎起身，听了孙福的话，惨然一笑，没说几句话，便一命呜呼了。孙福见岳寿已死，便急急忙忙赶回去，向韩国公复命。

却说岳寿刚刚咽气，真魂便被几个鬼卒用铁锁锁了，一径带到森罗宝殿。阎王高居上坐，旁边立着虬髯判官，廊下牛头马面两厢肃立，气势分外威严。

阎王命令鬼卒架起油鼎，用烈火将鼎中的油烧得翻滚，然后丢下一文钱到鼎中，命令岳寿从油鼎中将钱取出来。

岳寿见油鼎在前，鬼卒居侧，吓得惊慌失措，又惊又怕道：

［赏花时］

火坑里消息我敢踏，

油镬内钱财我敢拿，

则为我跳塔快轮铡。

今日向阴司折罚，

望着番滚滚热油叉。

到这时,岳寿方意识到在人间勒索赃钱,就如同是在烈火中贪财,油锅中取利。他后悔像铡刀切草一样,无情地榨取民脂民膏,才落得到在阴司受罚的下场。岳寿正在惶急之间,忽看到曾被他吊打的吕洞宾笑吟吟地走来,一派仙风道骨,潇洒飘逸。阎王见了吕洞宾,急忙离座施礼。岳寿见状,才知道吕洞宾乃是上界仙人,他大叫:"师父救我!"

吕洞宾说:"只要你肯跟我出家,救你又有何难。"

岳寿说:"弟子情愿出家。"

吕洞宾对阎王说:"此人夙有仙缘,你让他随我去吧。"

阎王不敢违命,同意岳寿还阳,立即让鬼卒办理。鬼卒向阎王报告,岳寿的尸体已经火化,还有一个屠户的儿子小李屠刚死了3天,只能让岳寿借小李屠的尸体还魂才能回到阳间。小李屠跛了一条腿,请岳寿不要挑剔才好。

事已至此,吕洞宾也无力挽回,岳寿只好勉强同意。

却说小李屠死了3天,忽起坐了起来,他的父母非常高兴。

岳寿借着小李屠的尸体回转人间,睁眼一看,前面站着一对老夫妻,口口声声呼他为儿子。岳寿认不出他们是谁,四周看了一眼,又觉得十分陌生,惊慌不定,自言自语道:

[太平令]

依旧有青天白日,

则不见了幼子娇妻。

我才离了三朝五日,儿也,

这其间哭的你一丝两气。

我如今在这里,

不知他在哪里?

几时得父子夫妻完备。

岳寿奇怪周围的变化,他觉得离开家不过才三五天的光景,眼前却不见了妻子孩儿。他不知自己身在何处,更不知家里人生活怎样,心中急切盼望与家中亲人团聚。他冷静一想,忽然记起了往事,知道自己是借尸还魂,便对面前的老夫妻说:"我有三个魂,现在丢了一个,因此认不出你们。待我到城隍庙将丢失的魂寻回来,再与你们相认。"

岳寿说着走出门外,径奔自己家而来。李屠户不放心自己的儿子,便悄悄尾随在身后。岳寿的妻子正在家里伤心,见进来一个跛腿的后生,自称是岳寿。岳寿的妻子哪里

肯认,生气地让岳寿滚出去。

岳寿说:"我真的是岳寿,如今是借小李屠的尸体回到人间,你不必害怕。"

他的妻子依然不肯相信,岳寿将家中几天发生的事情细说一遍,又重点说出被韩国公吓死的原因,其中还提及朋友张千和衙门中的同事孙福。说清这一切,不由他妻子不信。他妻子急忙请来张千和孙福。岳寿又向他们说起在衙门共事的细节,张千、孙福也信以为真,并为岳寿的新生感到高兴。岳寿的妻子高兴地为他们置办酒席,祝贺丈夫从阴曹地府生还。

李屠户等在门外,不见儿子出来,便气势汹汹闯了进去,扯定岳寿,要岳寿与自己还家。岳寿不肯,他的妻子及朋友也来劝解。李屠户哪里肯信,抓住岳寿到州衙去打官司。韩国公升堂,听了两方的供词,深感过于蹊跷,难以决断。正在这时,吕洞宾来到大堂,大声斥责岳寿不该再恋人间繁华。

岳寿此时猛然醒悟,忆起阎王殿的可怕经历,立即给吕洞宾磕头拜师毅然跟着吕洞宾出家而去。

公堂上的诸人得知真仙临凡无不感到三生有幸,从此不再敢做半点坏事。

★黑旋风大闹忠义堂

康进之,棣州人,生平事迹失考,元代散曲家、剧作家,著有《李逵负荆》。本篇介绍《李逵负荆》的故事。

梁山泊都头领及时雨宋江最看重两个节日,一个是九月九日重阳节登高怀远,另一个是清明节祭奠亡灵。清明这天,例行放假三日,众好汉纷纷下山,或者祭祀先人,或观赏春景。宋江、吴用、鲁智深结伴同游,黑旋风李逵不喜拘束,单独下山。

梁山泊附近有家名为杏花村的小酒店,店主王林领着女儿满堂娇居家度日,尚可温饱。小店不远处,还有两个专门打家劫舍的强盗,一个叫宋刚,另一个叫鲁智深。清明节这天,宋刚、鲁智深闲极无聊来到酒店,他们分别冒充宋江和鲁智深的名字在店中饮酒。店主王林久闻宋江、鲁智深二人生平行侠仗义、济困扶危,对他们二人招待得分外殷勤,为了表示敬重、特意让女儿满堂娇出来为二人斟酒。

宋刚见满堂娇正值青春年少,又生得千娇百媚,一颦一笑,楚楚动人,不觉起了歹心,让鲁智深做媒,强行把满堂娇娶回山寨做压寨夫人,临行之际,答应三天以后送满堂娇回家与王林团聚。王林不敢违拗,只好委屈从命。

二个强盗走后，王林孤孤单单一个人，顿觉冷落伤心，又十分惦念女儿。

李逵踏春归来，见沿途春色醉人，不禁豪兴大发，喜滋滋唱道：

[混江龙]

可正是清明时候，
却言风雨替花愁，
和风渐起、暮雨初收，
我则见杨柳半藏沽酒市，
桃花深映钓鱼舟，
更和这碧粼粼春水波纹绉，
往来社燕、远近沙鸥。

李逵

李逵的心绪特好，在他看来和风微起，夜雨方停，杨柳格外青翠，河水漂着桃花，万红点点，一叶渔舟平添不少情趣，春水清波荡漾，燕子飞去，沙鸥翔来，一派明媚春光。李逵突然想起喝酒，大步来到酒店，店主王林愁眉苦脸为他打酒，李逵深觉奇怪，询问之下，方知宋江、鲁智深二人掳走了店主的女儿，不觉气冲牛斗，放下酒杯立即返回梁山泊，他打算杀了宋江，救出满堂娇。

梁山众好汉早已回到山寨，聚在忠义堂饮酒欢会。小喽啰来报说："黑旋风李头领回到山寨。"

军师吴用急忙迎出门外，李逵进了忠义堂，见了宋江，弦外有音地说："听说大头领新娶了个压寨夫人，想来一定生得天香国色，不然也入不了哥哥您的法眼，何不请出来与众弟兄见个面，难道还学那汉武帝金屋藏娇不成？"

宋江听了李逵没头没脑的一席话，如坠五里云雾，觉得莫名其妙，便回答说："你说的是什么鬼话，我几时娶过什么夫人？你在哪吃得酒醉，回到山寨胡闹。须知山寨也有山寨的法度，这次不与你计较，且回你房中安歇，有什么话，明日再议不迟。"

李逵怒目圆睁，生气地吼道："你倒说得轻松，你不与我计较，我却要与你计较，我虽吃了酒，却还没醉，今日的话，非今天说了不可。"

宋江也有些生气，说："你这黑厮到底想说什么？"

李逵指责道：

[倘秀才]

不争你抢了她花朵般青春艳质，

这期间哭杀那草桥店白头老的，

冤屈事谁人与他作主意，

每日家泪悲啼，

他其实怨你。

宋江说："你这话从何说起，我抢了谁家的女儿，哪个白头老人在为女儿痛哭，他凭什么怨我？你到底听了些什么没根由的闲言碎语，当着众弟兄的面前这般折辱我！"

李逵说："折辱你还是好的，我还想杀了你。要想人不知，除非己莫为，是那秃驴鲁智深与你做得好媒，强娶了杏花村酒店王林老汉的女儿，当时言明三日送还，我让你今日便送回去。"

鲁智深听了勃然大怒，骂道："你这黑炭团，几时听说过花和尚会做媒？"

宋江说："我与鲁智深、吴用在一起，吴先生说句公道话，我可曾抢过人家的女儿？"

李逵说："吴用号称智多星，又是你的心腹，当然要为你遮丑，他的话须作不得准。"

宋江说："我也不与你争执，今日便和鲁智深跟你下山，让店主相认。若店主确认我抢了他们女儿，这颗头输与你，如店主说不是我，你却如何？"

李逵说："我摆一桌酒席与你赔情就是了。"

宋江冷笑一声说："人说黑旋风天真无邪，我看却是刁钻得很。你倒会做生意，赢了是颗人头，输了却是一桌酒席，我不与你做这赔钱的生意。"

李逵说："依你说，便如何？"

宋江道："你若输了，我只要你那黑驴头，不稀罕什么鸟酒席。"

鲁智深在一旁说："便是我这颗秃头也加上，若是宋哥哥真抢了什么鸟女人，我脱不了关系，这人头也输与你。"

李逵说："不怕你这秃驴无赖，我与你们赌人头便了。"

三个人说完，立即动身往杏花村酒店而来。进了店门，李逵对店主王林说："我带来两个兄弟，短黑汉子便是及时雨宋江，胖大和尚却是花和尚鲁智深。你来看，可是这两个人抢了你的女儿？你不必怕，一切有黑旋风担待。"

王林听说李逵将二人领到店中，吓得心惊胆战，不敢正眼瞅宋江、鲁智深二人。

李逵知道王林心中恐惧，便气哼哼对宋江道：

[幺篇]

你则合低头就坐来，
谁着你睁眼先去瞧。
则你宋江威势怎生豪，
刚一瞧，早将他魂灵吓掉了。
这便是你替天行道，
则俺那无情板斧肯担饶。

宋江说："全依你，我不看店主就是，免得你说我的威风把老汉吓了，你尽管请他近前辨认就是。"

王林走近一看，眼前的宋江和鲁智深与三天前掳走他女儿的两个人形貌差得太远。便对李逵说："这两个头领我是初次相见，与抢我女儿的人生得大不相同。抢我女儿的宋江是个长大汉子，这人却矮胖；你领来的鲁智深是个没头发的和尚，那日做媒的却是个长发俗人，不是这二人。"

王林说完话，宋江、鲁智深开心地笑了，李逵却直愣愣呆在那里。宋江对鲁智深说："既然不是我们，还呆在这儿干嘛，咱们且回山寨，看他黑旋风怎生回去。"

李逵这时才知道有人冒充梁山好汉，也垂头丧气往山寨走去。

却说两个强盗在宋江走后，真的把满堂娇送回酒店。王林自知认错了人，心中惶愧，一番假热情将两个强盗灌个烂醉如泥，然后飞奔梁山泊报信去了。

李逵没精打采，一步步往山寨走去，来到碧湛崖边向谷底望去，打算跳下去，了此残生，又有些犹豫，觉得难割舍众兄弟的情怀，不由慨叹道：

[驻马听]

有心待顾不得形骸，
两三番自投碧湛涯，敬临山寨，
行一步如上吓魂台。
我死后墓顶头谁定远乡牌，
灵位边谁咒生天界。

怎擘划，得个全尸首，

便是十分采。

他想跳下去，又担心没人知道他死在这里，没人为他立碑，更没人替他念往生咒，将灵魂超度到天界，他甚至想能够落个全尸就心满意足了。正在拿不定主意的时候，军师吴用走过来对李逵说："我特来救你。你可以学廉颇负荆的故事，你脱去上衣，将自己绑了，背上插根荆条，请宋江、鲁智深责打于你。不论他们打不打，你都能得到宽恕，万万不可自寻短见。"

李逵觉得吴用的办法不错，立即照办了。他将自己绑了，背插荆条来到忠义堂。

宋江见李逵怪模怪样跪在面前，心中觉得好笑，嘴上却说："谁教你的这个主意，学着古人的样子来负荆请罪。须知我不是蔺相如，你也不是大将廉颇，我也不打你，当初赌的人头，我只要你这黑厮的脑袋，不耐烦费力气打你。"

李逵说："是兄弟一时莽撞，错怪了你与鲁智深。今日之事，哥哥您打也打得，骂也骂得，只请饶恕这一回，兄弟下次绝不敢再任性胡为了。"

宋江虎着脸说："我本有心饶恕你，无奈立了军令状，如不杀你，只恐山寨众头领不服。"

正在这时，王林赶到山寨，口中大喊"刀下留人"。

李逵生气地对他说："你又来报什么谎信，害我一个还嫌不够吗！"

王林气喘吁吁地说："前些天抢我女儿的两个强盗又来到酒店，被我灌醉了。这两个该死的东西坏了好汉爷的名头，特来报知。"

宋江说："如此很好，黑旋风你去将两个强盗捉来，听我发落。捉得来时，将功折罪，捉不来，也休回来见我。"

李逵欣然领命而去，吴用担心强盗逃掉一个，便命鲁智深一同下山。

两个强盗刚刚醒过酒来，李逵、鲁智深恰好赶到。经过一场恶斗，两个强盗双双被擒，李逵将功补过免去一死。